TRAITÉ
DE
PSYCHOLOGIE COGNITIVE

CLAUDE BONNET
RODOLPHE GHIGLIONE JEAN-FRANÇOIS RICHARD

MIREILLE BONNARD - MARIE-CLAIRE BOTTE
JEAN PAILHOUS - JUAN SEGUI

TRAITÉ DE PSYCHOLOGIE COGNITIVE

PERCEPTION, ACTION, LANGAGE

Dunod

Maquette de couverture : Franco Novati

Ouvrage réalisé
avec le concours du Centre National
de la Recherche Scientifique

ISBN 2-04-018752-9

PRÉAMBULE

Ces vingt dernières années ont été marquées par une évolution de fond de la psychologie scientifique. Le débat entre le behaviorisme et le mentalisme a ouvert une nouvelle problématique, celle du traitement de l'information, dont se réclame le cognitivisme. Cette évolution se marque par plusieurs traits :
– un remodelage du champ de la psychologie qui se traduit par une réunification conceptuelle de champs disciplinaires autonomes (psychologie générale, psychologie sociale, psychologie du développement, psychologie industrielle), qui acceptent de parler un même langage ;
– un changement de paradigme, constitué par le passage de l'étude des fonctions, voire des facultés, à l'étude des processus de traitement avec l'accent mis sur les conditions concrètes de fonctionnement, l'effet des contextes, des situations, des tâches. A la recherche de lois générales s'est substituée la recherche des mécanismes qui sont à la base du fonctionnement et qu'on étudie à différents niveaux ;
– une évolution méthodologique : à côté des recherches expérimentales se développent des méthodes sophistiquées d'observation telles que l'analyse des protocoles individuels. La validation des hypothèses sur les mécanismes utilise à la fois des méthodes statistiques de test d'hypothèses qui se sont raffinées et des méthodes de simulation ;
– l'importance accrue des collaborations interdisciplinaires (neurosciences, intelligence artificielle et automatique, linguistique, logique) et l'ouverture du champ des sciences cognitives. Parce qu'elle est au cœur de ces relations interdisciplinaires, la psychologie cognitive est un enjeu important dans le développement de ce champ, qui correspond à une évolution scientifique et qui se trouve porté par l'évolution technologique et l'informatisation.

Le temps est venu de faire le point, de tenter une présentation de la psychologie cognitive qui soit cohérente avec ce changement de paradigme et de méthodes.

Si l'on peut opérer des divisions dans la psychologie cognitive c'est seulement à partir des types de traitements et de leurs propriétés. On peut distinguer les traitements qui portent sur l'information sensorielle et ceux qui portent sur l'information symbolique. Les premiers font intervenir prioritairement des processus ascendants d'extraction des propriétés des stimulus. Les uns débouchent sur l'identification des formes, des objets, des éléments de la langue, qui deviennent les ingrédients des traitements symboliques. Les autres ont des effets qui restent au niveau sub-symbolique comme ceux qui traitent les informations qui sont utilisées dans le contrôle et la régulation du mouvement.

Les traitements qui portent sur l'information symbolique (information verbale mais aussi paraverbale et iconique) procèdent essentiellement par activation de connaissances et de représentations, attribution de significations, productions d'inférences. Ils construisent des interprétations (de situations, de comportements) à partir d'informations sensorielles ou symboliques. Sur ces interprétations opèrent des raisonnements qui débouchent sur des décisions d'action, de nouvelles connaissances ou des activités de communication. Les activités symboliques ont leur racine dans les activités de communication et sont donc dépendantes de déterminismes sociaux comme de déterminismes individuels.

Fodor distingue deux formes de la cognition : les processus centraux et les modules. Ces derniers sont des systèmes de traitement autonomes qui se caractérisent par les propriétés suivantes :

– la spécificité : ils concernent des traitements extrêmement spécifiques ;
– l'encapsulation de l'information : ils n'ont accès qu'à une information limitée et ne prennent pas en compte les informations existant dans le système cognitif extérieures au module, même si elles sont pertinentes ;
– l'imperméabilité aux processus centraux : les traitements modulaires ne sont pas modifiés par les savoirs ;
– la rapidité et le caractère irrépressible : ils ne peuvent pas être inhibés par un effort délibéré.

A la différence des processus modulaires les processus centraux ne sont pas encapsulés : ils ont accès à toute l'information du système. La modularité ne peut en fait être un critère de différenciation que si l'on adhère à une conception de la modularité dans laquelle les mécanismes qui président à ces traitements sont considérés comme innés. C'est oublier que les activités fortement automatisées ont toutes les caractéristiques de la modularité sauf le fait qu'elles résultent de l'apprentissage. L'automatisation joue un rôle considérable dans les activités symboliques et l'on ne saurait assimiler les traitements symboliques à des traitements contrôlés par des conceptualisations.

Les processus cognitifs constituent une échelle continue de traitements dont les résultats constituent les entrées pour d'autres traitements. Il n'y a pas lieu d'introduire de discontinuité aboutissant à des dichotomies. Des processus de niveau très différents contribuent en fait à la réalisation d'une activité ou d'une tâche : ils opèrent selon les cas séquentiellement ou en parallèle. L'approche cognitive est une approche intégrée et non une approche sectorielle.

La notion de représentation caractérise l'approche cognitive et s'applique à l'ensemble des processus cognitifs. La représentation est le contenu cognitif sur lequel s'exerce le traitement ; une nouvelle représentation est le produit du traitement et peut ainsi devenir l'objet d'un nouveau traitement. La suite des étapes du traitement de l'information peut ainsi être décrite comme la suite des représentations qui en sont les issues. Ces représentations consistent en extraction de traits, détection de formes, identifications, connaissances activées, significations sélectionnées, interprétations construites, etc.

Le destin des représentations est en général transitoire puisque les traitements sont liés à des tâches et qu'une nouvelle tâche engendre de nouvelles représentations. Certaines représentations peuvent cependant s'intégrer à la mémoire à long terme sous la forme de connaissances, croyances, stéréotypes, de la même façon que certains traitements peuvent être stockés sous la forme de procédures.

SOMMAIRE

AVANT-PROPOS

Reconnaître un visage sur une photographie, identifier une voix, comprendre ce qu'elle dit, marcher, courir, sauter, etc., font tellement partie de nos activités quotidiennes et sont accomplis, sauf handicap, avec une telle facilité, que nous ne soupçonnons guère la complexité des mécanismes et processus qu'un organisme doit mettre en œuvre pour les réaliser.

Considérer, comme nous le faisons dans ce volume, la perception, l'action et le langage dans une problématique de traitement de l'information entraîne l'adoption de quelques présupposés sous-jacents aux exposés.

Le premier présupposé est que les informations en provenance de l'environnement doivent être interprétées. Cette information a physiquement un support par lequel l'organisme est en communication avec son environnement. A ce titre, la première et principale étape de notre démarche consistera à déterminer la classe d'informations pertinentes pour l'organisme considéré, c'est-à-dire finalement à définir le stimulus. Ces informations dépendent des propriétés du système étudié. Le caractère visuel ou auditif d'un phénomène tient moins à sa nature physique qu'aux propriétés des récepteurs et du système sensoriels qu'il est capable d'activer.

Le second présupposé de la démarche est ainsi que les propriétés biologiques de l'organisme étudié, ici l'organisme humain, contraignent les opérations de traitement que cet organisme va pouvoir effectuer. Ceci vaut aussi bien pour les aspects perceptifs du traitement que pour les aspects effectifs ou sensori-moteurs. En conséquence, il n'y a pas pour nous de rupture entre les données biologiques et psychologiques, mais nécessaire complémentarité.

Le troisième présupposé de la démarche est qu'il existe des niveaux de traitement hiérachiquement organisés. Cette hiérarchie globale dans la complexité n'implique pas cependant que les niveaux fonctionnent de manière strictement sérielle. Certains fonctionnements localement parallèles peuvent apparaître.

Enfin le quatrième présupposé concerne l'existence d'unités ou modules de traitements dont chacun est spécialisé dans la mise en œuvre de certaine opérations. Les données de la neuropsychologie, que le manque de place nous a contraint de ne pas développer, apportent des arguments de poids à cette conception. C'est essentiellement aux niveaux des traitements abordés dans ce volume que s'applique la notion de modularité.

Parmi ces traitements, beaucoup sont automatiques et échappent au contrôle conscient. Ils dépendent essentiellement des caractéristiques du stimulus (en anglais «stimulus-dependent»). On les appelle aussi ascendants («bottom-up») dans la mesure où ils concernent l'activité des premiers niveaux. D'autres traitements sont plus contrôlés et dépendent essentiellement de nos conceptions, de nos attentes, de nos besoins, etc. («concept-dependent»). Ces traitements de haut niveau peuvent affecter de manière descendante («top-down») les traitements réalisés sur l'information entrante. Cependant, on dispose de nombreux arguments pour penser que les modules sensoriels de traitements sont cognitivement «impénétrables». Ce qui signifie d'une part que nous ne pouvons prendre conscience de leur activité, mais aussi que nous ne pouvons influencer cette activité par des activités descendantes.

L'homme est avant tout un organisme en contact avec un environnement où il puise des informations et à l'intérieur duquel il agit. Si nous concevons que le fonctionnement cognitif concerne essentiellement l'activité d'élaboration et de traitement des connaissances, nous devons conclure qu'il existe des processus infra-cognitifs aussi bien dans la perception que dans l'action. En ce sens, ce volume accorde une importance particulière à l'étude des «entrées» et des «sorties» du système cognitif et donc aux traitements ascendants. Dans les domaines de la perception visuelle et auditive, du mouvement et du langage, nous verrons comment sont intégrées les informations issues des processus automatiques (ascendants) et celles qui proviennent des processus cognitifs (descendants). Nous avons accordé une certaine prévalence aux processus ascendants parce qu'ils sont connus avec plus de précision et, d'autre part, parce que, pour être plus primitifs, ils n'en sont pas moins déterminants pour le fonctionnement des processus cognitifs d'interprétation.

C. Bonnet

Chapitre 1

LA PERCEPTION VISUELLE DES FORMES

CLAUDE BONNET

Professeur à l'Université
René Descartes
Directeur du laboratoire
de psychologie expérimentale
associé au C.N.R.S.

SOMMAIRE

INTRODUCTION

Notre connaissance du monde, particulièrement notre connaissance pratique, est essentiellement basée sur nos perceptions. La *perception* désigne l'ensemble des mécanismes et des processus par lesquels l'organisme prend connaissance du monde et de son environnement sur la base des informations élaborées par ses sens.

Chacun d'entre nous fait à tout instant l'expérience de la perception. Chacun a des connaissances vécues de ses « produits finis ». Nous n'avons aucune difficulté à reconnaître les objets qui nous entourent et dont nous nous servons quotidiennement. En réalité, nous avons conscience de représentations cognitives qui ne dépendent qu'en partie des informations qui ont pu être élaborées par nos sens. Nos connaissances antérieures, nos attentes, nos motivations jouent un rôle dans l'interprétation que nous donnons à ces informations. D'un point de vue cognitiviste, la perception recouvre en effet l'ensemble des fonctions par lesquelles l'organisme « impose » une signification aux données sensorielles (Barrow & Tenenbaum, 1986). Cette interprétation se fait essentiellement en termes de modèles cognitifs préexistants.

Les produits finis de la perception ne sont donc pas le reflet immédiat de la structure du monde comme le présupposent des auteurs comme les Gestaltistes (Guillaume, 1937) ou Gibson (1950, 1979). La conception de la perception que nous présenterons ici s'interroge sur le « comment » des phénomènes perceptifs, c'est-à-dire tente d'élucider les opérations par lesquelles un organisme transforme les signaux d'entrée en informations qui vont lui permettre de produire des réponses fondées, selon les cas, sur des circuits « courts » de type autorégulés (cf. chapitre 3) ou sur des circuits plus ou moins « longs » aboutissant à la construction de représentations conscientes. Une telle conception considère que le système perceptif est un Système de Traitement de l'Information qui élabore des connaissances sur le monde environnant (Neisser, 1967; Lindsay & Norman, 1977; Spoehr & Lehmkuhle, 1982; Bonnet, Hoc, Tiberghien, 1986).

La notion d'*information* est polysémique. Au sens technique, ce terme fait référence à ce qui réduit de manière mesurable l'incertitude. On parle alors d'information transmise (mesurée en bits, Bonnet, 1986a). Mais l'information fait aussi référence au contenu du message transmis, à sa sémantique. La structure spatiale et temporelle des radiations électromagnétiques (la lumière) constitue des signaux qui sont les supports de l'information en provenance de l'environnement. Cette information subit une série de *traitements,* c'est-à-dire de transformations. Elle est d'abord codée sous des formes propres à l'organisme. Elle doit ensuite être décodée, élaborée par l'organisme et interprétée pour en reconstituer le message, la signification. Ces traitements sont réalisés par des mécanismes et des processus de nature modulaire que nous aurons à élucider. L'élaboration de la connaissance perceptive implique enfin la notion de *système* au sens technique du terme. Nous parlerons ainsi du système visuel comme d'une entité au moins conceptuellement isolable de l'organisme et composé de sous-systèmes (ou modules, Fodor, 1983).

Ces modules de traitement sont organisés selon une architecture fonctionnelle. Il peut s'agir d'une organisation hiérarchique dans laquelle les niveaux fonctionnent en série : un niveau B ne peut fonctionner qu'à partir des informations reçues par un niveau antécédent A qui doit donc préalablement avoir terminé son traitement. Il peut s'agir de traitements en parallèle dans lesquelles deux modules A et B élaborent des informations différentes de manière indépendante et de manière plus ou moins synchrone. Il peut s'agir aussi de traitements en cascade (*infra* 5.5) ou de toute autre forme de combinaison de ces propriétés. La notion de niveau de traitement est corrélative de celle de niveau (critique) d'explication (Uttal, 1981). En fait, tout module de traitement n'est connaissable, au moins hypothétiquement, que parce qu'il permet d'expliquer certains phénomènes perceptifs sans considération des niveaux hiérarchiquement supérieurs.

Ce dernier présupposé est au premier abord paradoxal. En effet, l'étude scientifique des processus perceptifs se fonde sur l'analyse des relations fonctionnelles entre des variations de la stimulation et des effets observables de ces variations sur des réponses manifestes des sujets. La psychophysique (Bonnet, 1986a) est l'ensemble des techniques qui permet de réaliser cet objectif. Quelque soit le nombre de niveaux envisagés entre l'entrée du signal dans l'organisme et la réponse manifeste, une information élaborée à un niveau primitif devra « transiter » par des niveaux plus élevés avant qu'une réponse en soit élaborée. Parler de niveau critique d'explication revient alors à dire que cette information n'est pas fondamentalement modifiée aux niveaux ultérieurs. Pour que ce présupposé ait valeur opérationnelle, il sera nécessaire de disposer de modèles psychophysiques d'élaboration des réponses qui permettent d'isoler dans les réponses observées la part qui revient au module étudié et la part qui revient aux mécanismes de codage de ces informations dans le système de réponses imposé par la règle expérimentale.

Notre familiarité avec les phénomènes perceptifs est de ce point de vue potentiellement fallacieuse. Le recours à l'introspection ne nous permet d'atteindre que les niveaux les plus tardifs, c'est-à-dire ceux auxquels l'information est structurée en représentations accessibles à la conscience, mais aussi sélectionnées par nos attentes, et par la mise en œuvre de processus attentionnels. Qu'un sujet à qui l'on a demandé simplement de décrire ce qu'il voit ne rapporte pas la présence d'un phénomène donné ne prouve en aucun cas que son organisme n'a pas traité toute l'information concernant ce phénomène de la même manière que celui qui l'aura décrit. Un « réalisme naïf » nous conduit souvent non à décrire ce que nous voyons, mais à reconstruire ce qui doit être physiquement.

Une méthodologie conséquente doit donc être mise en œuvre qui permette, avec de bonnes garanties, de faire des inférences sur les processus sous-jacents à partir des mesures de performance. Ces dernières sont considérées comme essentiellement composites, et les psychophysiciens ont élaboré des modèles permettant de séparer les composantes relatives aux processus sensoriels, et celles qui sont relatives au système de réponse et qui sont d'ordre décisionnel ou judicatoire (Green et Swets, 1966; Luce, 1986; Bonnet, 1986a). Nous n'aurons pas le loisir de détailler ces aspects méthodologiques au cours de ce chapitre.

De manière complémentaire, nous ne devons pas oublier que le langage que nous utilisons pour décrire les phénomènes constitue un recodage, une restructuration des informations qui influent de manière capitale sur ces représentations. Or, comme nous le verrons (sect. 4), nos représentations perceptives ne sont pas nécessairement isomorphes à nos représentations cognitives.

Notre présentation envisagera l'existence de « modules » de traitement spécialisés structurés en niveaux. Conceptuellement, on peut envisager trois grands niveaux (Bonnet, 1986b, 1988).

Un premier *niveau neuro-sensoriel,* concerne les mécanismes de codage des dimensions élémentaires de la stimulation visuelle (les primitives, sect. 3). Nous verrons en effet que le système visuel procède à des analyses locales de la distribution spatiale de luminance qui constitue l'image rétinienne. Ces analyses sont effectuées à différentes échelles, autrement dit prennent en compte des surfaces plus ou moins importantes de l'image. Les dimensions élémentaires, appelées aussi caractéristiques, sont déterminées par les propriétés de fonctionnement du système nerveux visuel que nous évoquerons succintement dans la section 1 (Imbert, 1988). Puis nous exposerons les limites de la perception visuelle dans la section 2. Comme tous les systèmes sensoriels (chapitre 2), le système visuel n'est sensible qu'à un type d'événements physiques, la lumière, et ceci dans des limites précises. Connaître ces limites, permet de savoir quelle information active réellement le système visuel. Dans la section 3, nous montrerons quelles caractéristiques de la stimulation visuelle peuvent être codées. Chaque caractéristique, ou primitive de l'image, est extraite par un module fonctionnel spécialisé. Ces modules sont « encapsulés » (au sens de Fodor) et « impénétrables » (Pylyshyn, 1981) aux effets des facteurs cognitifs. La notion de traitement préattentif s'applique particulièrement à ce niveau, et signifie que les traitements y sont automatiques et en principe non modifiables par des variables attentionnelles. L'ensemble de ces codages constitue une première représentation, que nous appellerons le stimulus efficace et qui permet de décrire l'information en provenance du stimulus réellement disponible aux traitements ultérieurs.

Le second niveau de traitement est appelé, par commodité, *niveau perceptif* (sect. 4). C'est à ce niveau que se font les mises en relation des primitives et surtout l'élaboration de représentations structurales pilotées par les propriétés des stimuli. On parle aussi de traitements ascendants *(bottom-up).* Il faut concevoir que les « formes » dont nous parlerons à ce niveau ne sont définies que par leurs propriétés structurales et non par des propriétés sémantiques. Bien que pouvant correspondre à une apparence momentanée d'un objet, elles ne permettent pas encore son identification. Les représentations perceptives élaborées à ce niveau sur la base de « routines visuelles » (Ullman, 1984) correspondent encore étroitement à la structure de la stimulation rétinienne. On dit qu'elles sont egocentrées, c'est-à-dire que leur référence spatiale est le sujet lui-même. Marr (1982) parle à ce propos de représentation à 2 1/2 dimensions pour signifier que les informations sur la troisième dimension (la profondeur) y est présente, mais sous forme de distances relatives et ne concernent strictement que les parties visibles de l'objet.

Enfin, le *niveau congitif* (sect. 5) est plus proprement celui des représentations cognitives des objets, c'est-à-dire du référent physique dont les formes ne sont que l'apparence. L'identification des objets nécessite maintenant l'élaboration de représentations structurales à 3 dimensions (3D) dont le cadre de référence spatial n'est plus le sujet lui-même, mais l'environnement de l'observateur. Cette identification nécessite aussi des représentations sémantiques de cet objet, par exemple, des connaissances préalables sur sa fonctionnalité. Enfin l'organisme doit avoir aussi accès à des représentations phonologiques et lexicales (chapitre 4) pour dénommer cet objet. Ce niveau est celui de la *cognition visuelle* (Pinker, 1984). La perception consciente est une représentation construite voire rationalisée qui combine des représentations imagées et des représentations propositionnelles, qui possède une sémantique. Rien ne nous dit qu'elle reflète les traitements sensoriels et perceptifs qui ont conduit à son élaboration. Prendre conscience d'une information, c'est lui donner un sens dans une représentation du monde et de soi, dans un système d'interprétation, de symbolisation du monde. Il s'agit d'une activité cognitive qui se traduit plus souvent par des actions que par des discours.

Dans ce chapitre, nous accorderons une importance majeure aux traitements ascendants de la perception visuelle des formes. De nombreuses activités perceptives ne conduisent pas à des représentations cognitives conscientes, mais servent à la régulation de comportements par des boucles sensori-motrices courtes. Citons, parmi d'autres, les variations d'accommodation en fonction de la distance du stimulus fixé, les variations corrélatives de la convergence, les variations du diamètre pupillaire en fonction de l'intensité du flux lumineux, les saccades oculaires déclenchées par l'occurence soudaine d'un stimulus extra-fovéal ou par son changement de position spatiale, les réajustements posturaux dans le cas de déplacements des images rétiniennes périphériques, les activités locomotrices (cf. chapitre 3), les habiletés motrices, etc. Par ailleurs, une étude soigneuse des processus de la cognition visuelle fait apparaître leur extrême dépendance relativement aux informations sensorielles et perceptives. Il est alors indispensable de savoir déterminer quelles informations sont disponibles dans les traitements ascendants.

1 LA VISION : BASES BIOLOGIQUES

Comprendre les processus de la perception visuelle suppose de bonnes connaissances des bases biologiques de la vision (Imbert, 1988). Dans le cadre de cet ouvrage, nous nous limiterons à la présentation de quelques données indispensables à la compréhension des paragraphes suivants, et nous conseillons au lecteur l'étude complémentaire d'ouvrages plus spécialisés (par ex : Buser & Imbert, 1986).

Le *système visuel* est l'ensemble des structures physiologiques qui participent au recueil et au traitement des informations lumineuses pour en élaborer des perceptions. Le système nerveux visuel commence dans la rétine même. Il est constitué par l'ensemble des cellules qui répondent à des stimulations visuelles, c'est-à-dire dont l'activité est modifiable par la présentation de stimulations lumineuses à l'œil. Le système visuel humain, comme celui des autres mammifères, se compose de « modules » interconnectés. On y distingue des structures qui ont des fonctions séparées. Les premières distinctions sont anatomiques et représentées dans la Figure 1. L'œil est le « capteur » des informations visuelles qui subissent dans les structures rétiniennes leurs premiers traitements. Les axones des cellules ganglionnaires de la rétine se réunissent pour former le nerf optique.

1. A gauche, vue latérale du cerveau indiquant la localisation de quelques aires visuelles. Les Corps Genouillés Latéraux (CGL) et le Colliculus Supérieur (CS) ont représentés en transparence, n'étant pas visible de la surface. A droite, le cerveau vu d'en dessous et montrant les projections des nerfs optiques sur le CGL et sur le CS, et du CGL vers le cortex strié visuel.

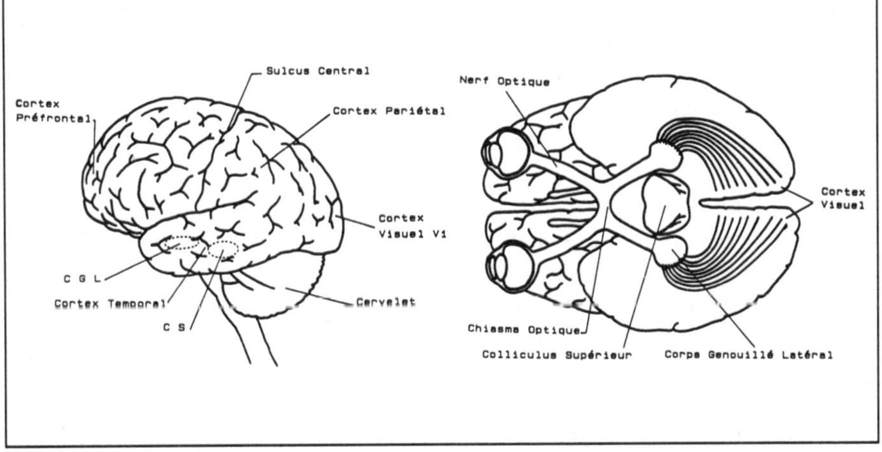

Les deux nerfs optiques se croisent pour moitié au niveau du chiasma optique. Une grande partie des fibres se projette sur une structure thalamique appelée Corps Genouillé Latéral (CGL). De là, partent les fibres qui vont se projeter dans les aires corticales occipitales. Cette voie est appelée rétino-géniculo-striée. Un autre contingent va s'orienter vers les structures mésencéphaliques : le Prétectum et le Colliculus Supérieur aussi appelé Tubercule Quadrijumeau Antérieur. Cette voie est appelée rétino-mésencéphalique. Enfin, il existe au moins une troisième voie dite voie optique accessoire dont les fibres vont se projeter dans des structures hypothalamiques (chapitre 3).

1.1. L'œil humain

Les informations sur le monde environnant sont véhiculées par la *lumière.* Celle-ci est l'une des formes de radiations électromagnétiques. Les *radiations électromagnétiques* sont des phénomènes physiques caractérisés par leur longueur d'onde. Leur vitesse de transmission est élevée (300 000 kilomètres/ seconde dans le vide). Dans ce *continuum* de radiations qui comprend aussi les ondes radio, les infrarouges, les ultraviolets, les rayons X et les rayons gamma, la lumière représente des radiations dont la longueur d'onde est approximativement comprise entre 440 nm et 810 nm (soit entre l'ultraviolet et l'infrarouge) dont la propriété principale est d'être visibles. Un phénomène physique est visible lorsqu'il provoque une activité photochimique au niveau des récepteurs de la rétine, activité qui va entraîner la formation de potentiels d'action qui se transmettent et se transforment lors de leur propagation dans le système nerveux visuel. La lumière est donc essentiellement définissable à partir de ses conséquences visuelles. De nature corpusculaire, la lumière est faite de photons ou grains de lumière statistiquement dénombrables. Outre sa nature corpusculaire, la lumière est caractérisée par son mode de propagation : les rayons lumineux se propagent en ligne droite. Mais ils interagissent avec les objets et les milieux qu'ils rencontrent. Ils sont soit réfléchis soit absorbés. Aux variations de longueur d'onde vont correspondre différentes expériences de couleur. Soulignons ici, que la couleur n'est pas un phénomène physique, mais un phénomène perceptif (Boynton, 1989).

L'œil est d'abord un instrument d'optique qui permet la formation d'une image sur la rétine. Par *image,* on entend une distribution spatiale de lumière qui préserve l'arrangement spatial des points de la source. Avant d'arriver sur la rétine pour y former une image, les rayons lumineux auront dû traverser la cornée, la chambre antérieure, passer par la pupille, par le cristallin et par l'humeur vitrée (Figure 3). Au centre de l'iris se trouve une ouverture circulaire de diamètre variable : la pupille qui joue le rôle d'un diaphragme. L'ouverture du diamètre pupillaire est réglée automatiquement en fonction de la quantité de lumière. Par le mécanisme de l'accommodation qui modifie son rayon de courbure, le cristallin assure en principe la mise au point de l'image sur le plan de la rétine. Si la convexité est trop faible, l'image sera focalisée en arrière du plan de la rétine et ne sera nette que pour les objets lointains. Ceci se produit dans la presbytie. Si la convexité est trop forte, l'image sera focalisée en avant du plan de la rétine et ne sera nette que pour les objets proches. Une pupille normale peut conduire à des résultats identiques si le globe oculaire n'a pas la taille adéquate. D'un diamètre trop court, il entraîne l'hypermétropie, d'un diamètre trop long, il entraine la myopie.

La transmission optique entraîne une série de dégradations dans la qualité de l'image rétinienne. Ainsi, tout point lumineux aura sur la rétine une image plus floue et de taille angulaire plus importante en raison des phénomènes de diffraction. En pratique (Westheimer, 1986) tout point (ou toute ligne) aussi petit soit-il, n'aura pas une image (floue) inférieure à 1 minute d'arc. Le diamètre de la diffusion augmente quand l'ouverture pupillaire augmente.

1.2. La rétine

On distingue trois couches de cellules dans la rétine : les récepteurs, les cellules bipolaires et les cellules ganglionnaires (Figure 2.).

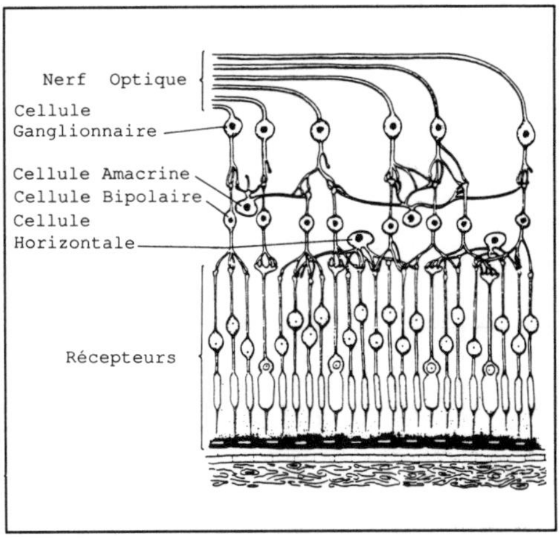

2. *Structure de la rétine.* La lumière vient du haut du dessin. De bas en haut, on observe les récepteurs, cônes et bâtonnets, interconnectés par des cellules horizontales et connectés à des cellules bipolaires. Celles-ci sont connectées à des cellules ganglionnaires. On notera la présence de connexions horizontales (cellules amacrines). Les axones des cellules ganglionnaires forment le nerf optique.

Les récepteurs situés au fond de la rétine, le dos à la lumière, contiennent des pigments sensibles à la lumière. Les photons du rayonnement électromagnétique sont absorbés par ces cellules réceptrices (cônes et bâtonnets). Des mécanismes photochimiques conduisent à une décomposition des pigments sous l'action de la lumière. Ces mécanismes vont donner naissance à des différences de potentiels électriques dans les cellules nerveuses et aux variations de la fréquence des potentiels d'action qui constituent les « messages » nerveux. Ces récepteurs sont connectés « verticalement » à des cellules nerveuses, les cellules bipolaires puis aux cellules ganglionnaires. Il existe d'autre part des liaisons « horizontales » entre les neurones, assurées par les cellules horizontales et les cellules amacrines. Toutes ces interconnections assurent une première élaboration des messages nerveux dans la rétine.

Les deux types de récepteurs, cônes et bâtonnets, ne sont pas répartis uniformément dans la rétine (Figure 3). Les cônes sont concentrés dans la région centrale (la fovéa) où leur densité atteint 150 000/mm^2. Cette densité diminue rapidement lorsque l'on s'éloigne de la fovéa : à 10° d'excentricité, elle n'est plus que de 7 000/mm^2. et à 50° de 5 000. Les bâtonnets sont totalement absents de la fovéa. Leur densité est maximale à 20° d'excentricité (150 000/mm^2) et ne diminue que lentement avec l'augmentation d'excentricité (80 000 à 50° d'excentricité). Si chaque cône de la fovéa est connecté à une cellule ganglionnaire, plus on s'éloigne en excentricité, plus le nombre de récepteurs connectés à une seule cellule ganglionnaire augmente. Globalement le taux de convergence des récepteurs sur les cellules ganglionnaires est de 120-130 à 1.

3. Schéma de l'œil gauche et Densité des récepteurs rétiniens (cônes et bâtonnets) en fonction de l'excentricité rétinienne. Noter l'absence de récepteurs dans la tache aveugle et l'absence de bâtonnets dans la fovéa.

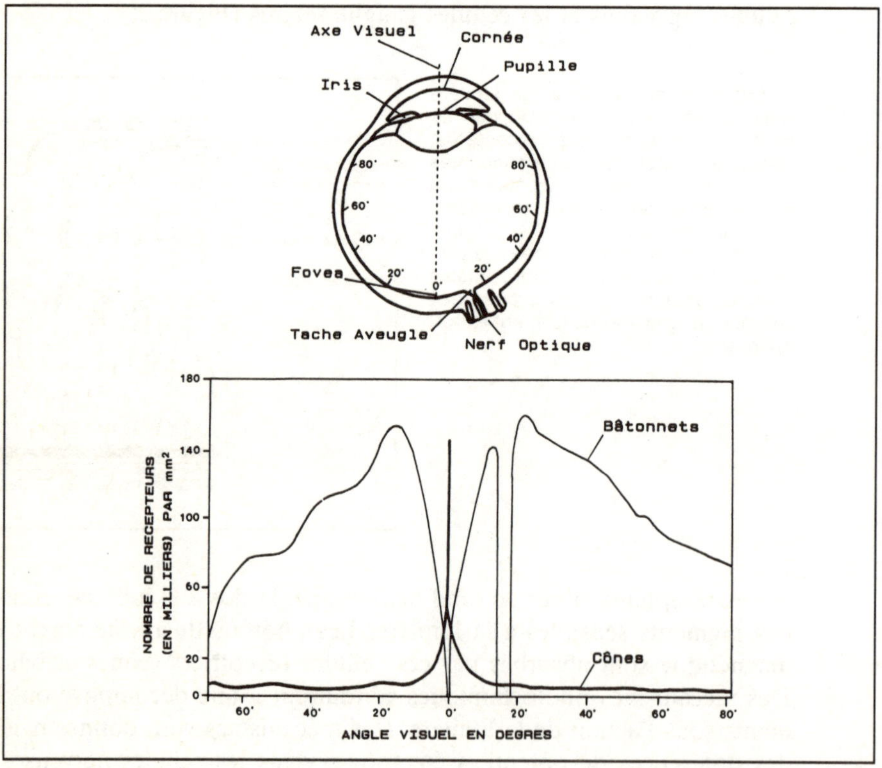

1.3. Les cellules ganglionnaires et la notion de champ récepteur

L'œil humain contient environ 130 millions de récepteurs et seulement 1 million de *cellules ganglionnaires.* Cette réduction entraîne la nécessité fonctionnelle d'une réduction (ou d'une compression) de l'information contenue dans l'image rétinienne sans perte de l'essentiel de cette information. En raison des convergences évoquées plus haut, une cellule ganglionnaire donnée va répondre à la stimulation lumineuse non d'un point de la rétine, mais d'une surface appelée son champ récepteur (Buser & Imbert, 1986). La notion de *champ récepteur* (CR, Figure 4) est une notion fonctionnelle. Le CR d'un neurone visuel est la région (surface) de la rétine et de l'espace visuel correspondant dont la stimulation lumineuse modifie la réponse du neurone. La forme des champs récepteurs des cellules ganglionnaires est approximativement circulaire et présente deux zones concentriques aux activités antagonistes. Pour certaines cellules, la stimulation du centre du champ récepteur par un flash lumineux entraînera une augmentation de la fréquence des potentiels d'action à l'allumage du spot (activité ON); lorsque le spot sera dirigé vers la périphérie, l'augmentation de réponse se produira à l'extinction du spot (activité OFF). D'autres ganglionnaires auront un champ récepteur présentant une activité OFF au centre et ON à la périphérie.

Les champs récepteurs des cellules ganglionnaires de la fovéa sont de petite taille. La taille moyenne de ces champs récepteurs augmente régulièrement avec leur excentricité rétinienne (de Monasterio & Gouras, 1975; Ransom-Hogg & Spillman, 1980). Ce phénomène correspond à l'augmentation de convergence des récepteurs vers les cellules ganglionnaires. Cependant à chaque excentricité, il existe une distribution de taille des champs récepteurs. En neurophysiologie, la structure spatiale du champ récepteur d'un neurone est explorée en notant la correspondance entre les changements de l'activité du neurone et la présentation d'un petit flash lumineux.

Il existe de nombreux phénomènes perceptifs explicables sur la base du fonctionnement des neurones ayant des champs récepteurs circulaires à zones concentriques et antagonistes. Le phénomène de contraste de la *grille d'Hermann-Hering* est de ceux-là (Figure 5) : on observe aux intersections de la grille des taches sombres. Cet effet de contraste n'est souvent pas observé à l'intersection fixée dont l'image se projette dans la région fovéale de la rétine. Si l'on considère les champs récepteurs dont le diamètre des centres est égal à la largeur angulaire des barres, on constatera que les neurones dont les champs récepteurs sont centrés aux intersections sont moins optimalement stimulés que ceux dont le champ récepteur est centré au milieu des barres. La réponse des premiers sera donc moins importante que celle des seconds, ce que l'on a pu vérifier électrophysiologiquement chez le chat (Jung, 1973). La très petite taille des champs récepteurs fovéaux explique l'absence fréquente d'effet au point de fixation.

4. *Champs récepteurs des neurones visuels.* En **A** : schéma d'un ensemble de connexions récepteurs – cellules bipolaires – cellule ganglionnaire. On enregistre l'activité de la cellule ganglionnaire lorsqu'on stimule différentes régions de la rétine avec une petite lumière, et l'on note à chaque fois si l'on obtient une augmentation d'activité de la cellule ganglionnaire à l'apparition de la lumière (ON = +), à sa disparition (OFF= –), ou aucun changement (o). On obtient ainsi la « carte » rétinienne du champ récepteur. Pour une cellule ganglionnaire, ce champ est circulaire avec deux zones concentriques et antagonistes (ON/OFF). En **B** : diverses formes de champs récepteurs. *(a)* pour des cellules ganglionnaires ou du Corps Genouillé, *(b)* pour les cellules simples du cortex, *(c)* pour les cellules complexes et *(d)* pour des cellules à propriétés hypercomplexes, le stimulus est représenté en hachuré, dans cet exemple, la meilleure réponse *(d1)* est obtenue lorsque le contour présente un angle droit.

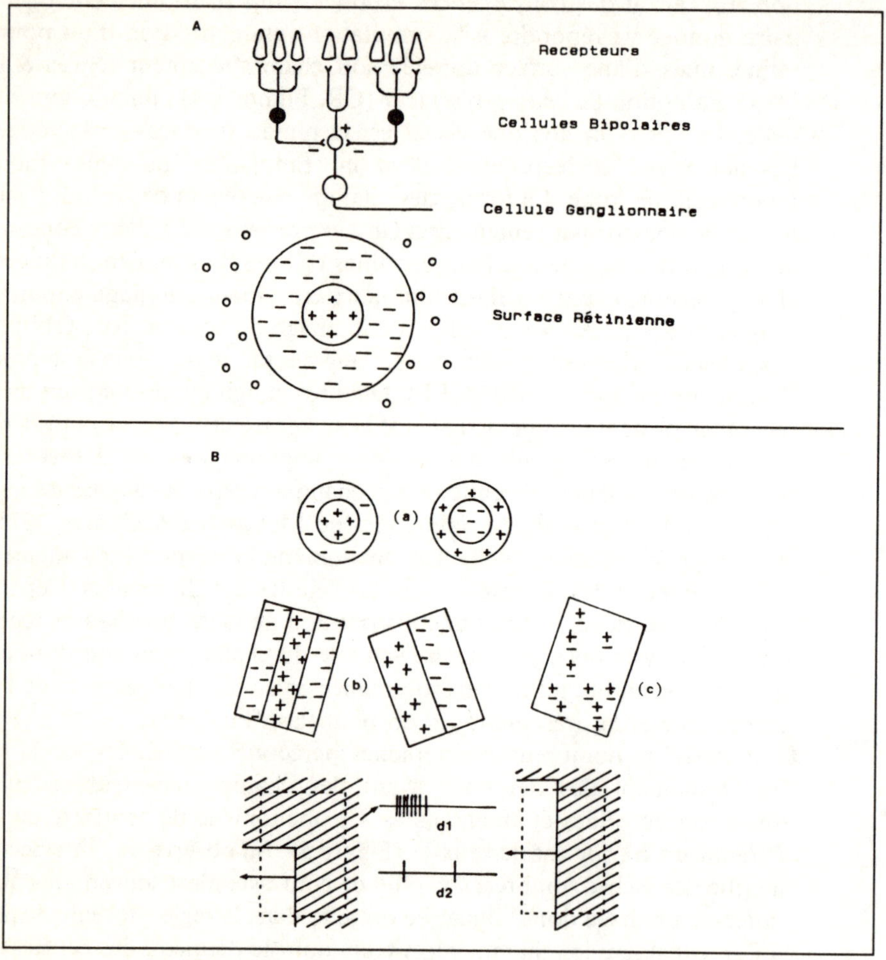

L'explication de ces effets de contraste suppose donc la comparaison des activités de neurones ayant leurs champs récepteurs localisés en différentes régions de la figure.

Des techniques psychophysiques permettent d'étudier chez l'homme des entités appelées *champs récepteurs perceptifs* qui reflèteraient fonctionnellement les caractéristiques moyennes des champs récepteurs des neurones.

5. *Grille d'Hermann-Hering et effets de contrastes.* En fixant l'intersection centrale de la grille située à gauche, on perçoit aux autres intersections des tâches grisâtres. Pour la grille de droite, l'effet de contraste sera aussi perçu à l'intersection fixée si la distance en l'œil et la figure est suffisante.
Le schéma illustre une explication possible de l'effet. Les neurones dont les champs récepteurs (centre ON, périphérie OFF) sont localisés dans des régions correspondant aux barres, et dont le diamètre du centre est égal à la largeur angulaire des barres auront une activité élevée. Un neurone dont le champ récepteur de même taille est localisé à l'intersection, aura une activité moindre, en raison de l'éclairement plus important reçu par sa couronne. La différence des activités des neurones ayant leurs champs récepteurs localisés à ces différents endroits serait responsable de l'apparition des effets de contraste.

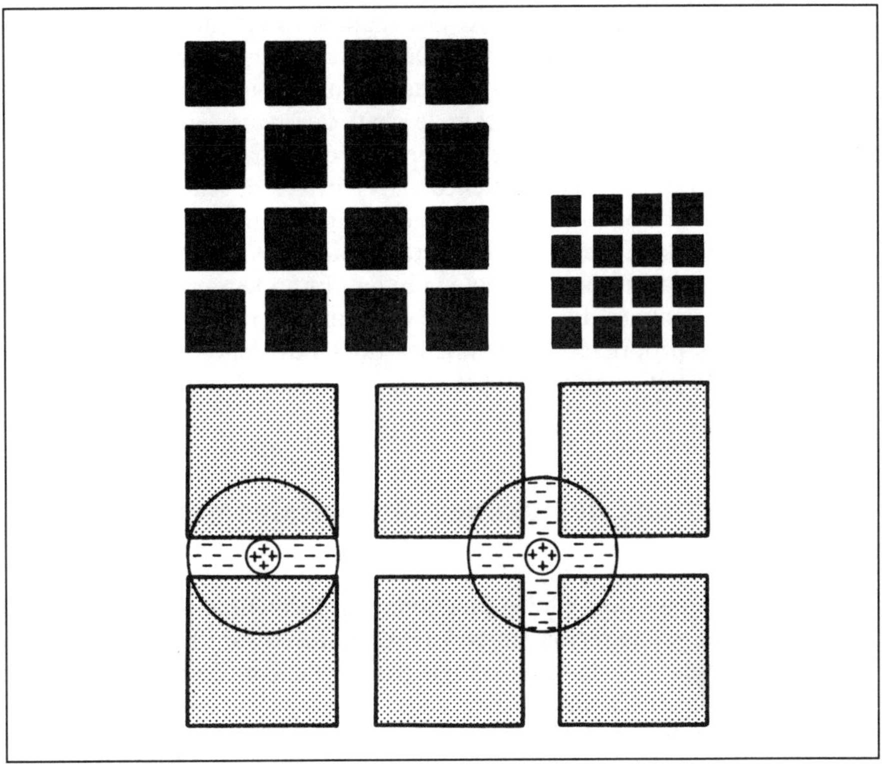

Il semble par exemple possible d'estimer la taille moyenne des centres des champs récepteurs perceptifs (puisqu'estimés avec des méthodes psychophysiques) en fonction de l'excentricité rétinienne en cherchant à déterminer la taille angulaire des intersections de la grille d'Hermann-Hering qui à une excentricité donnée optimise les effets de contraste. Les résultats obtenus (Jung, 1973) font apparaitre une variation linéaire de cette taille, de 90 min d'arc à 180 min pour des excentricités comprises entre 20° et 60°. L'accroissement de taille est plus rapide en-dessous de 20° puisque la taille moyenne d'un champ fovéal est de 5 min.

Parmi les cellules ganglionnaires, on distingue des cellules dites X et desellules dites Y. Une autre catégorie de cellules, dites W, a été décrite (Buser & Imbert, 1986) dont il ne sera pas question ici dans la mesure où leur action n'a pas encore donné lieu à un modèle opérationnel de fonctionnement testable psychophysiquement. Les cellules X ont une réponse tonique (*sustained* en anglais), c'est-à-dire une activité qui se maintient tant que la stimulation lumineuse de leur champ récepteur est maintenue. Les cellules Y ont une réponse phasique, c'est-à-dire transitoire (*transient* en anglais), qui n'est produite qu'à l'apparition et à la disparition de la stimulation (Buser & Imbert, 1986). Outre des différences morphologiques, ces deux classes de neurones présentent des différences qui suggèrent d'intéressantes conséquences fonctionnelles. Les champs récepteurs des ganglionnaires de type X ont un diamètre moyen plus petit que les champs récepteurs des ganglionnaires Y. Les vitesses de conduction dans les axones des cellules X sont plus lentes (19 à 24 m/s chez le chat) que dans celles des cellules Y (35 à 45 m/s chez le chat). A ces différences de vitesse de conduction correspondront des différences de latence dans l'arrivée de leurs messages. Tandis que les cellules X ont leurs champs récepteurs maximalement concentrés dans la région centrale de la rétine, la répartition des champs récepteurs des cellules Y est distribuée sur toute la rétine. Enfin leurs zones de projection présentent quelques différences (Buser & Imbert, 1986). Nous verrons plus loin quelques propriétés fonctionnelles dont l'existence de ces deux classes de neurones peut rendre compte.

1.4. Projections des axones des cellules ganglionnaires

Les axones des cellules ganglionnaires forment le nerf optique. Il quitte la rétine dans une région située à 15° de la fovéa sur l'hémirétine nasale. Cette région est appelé la tache aveugle parce qu'elle ne contient pas de récepteurs. Un contingent de fibres va se diriger vers des structures mésencéphaliques et en particulier vers le colliculus supérieur. C'est à partir des informations véhiculées par ce contingent que seront réalisées, pour l'essentiel, des fonctions comme le réglage de l'ouverture pupillaire, l'accommodation, la convergence et les mouvements oculaires. L'autre contingent de fibres se dirige vers des structures thalamiques, les corps genouillés latéraux, et de là vers le cortex occipital.

Les deux *Corps Genouillés Latéraux* (dorsaux) ont pour l'essentiel une structure laminaire. Les neurones y forment des couches et sont connectés à des neurones ganglionnaires caractérisés par leurs propriétés et leur localisation rétinienne. Les neurones d'une couche reçoivent leurs afférences des cellules ganglionnaires d'une même hémirétine. Ces afférences sont toutes monoculaires. Dans chaque couche on démontre une représentation rétinotopique où se trouve préservée sous une forme topologique la disposition relative des cellules ganglionnaires et de leurs champs récepteurs correspondants. La région fovéale est sur-représentée et les régions périphériques d'autant plus sous-représentées qu'elles ont une excentricité plus grande. Un troisième aspect de l'organisation du CGL est l'organisation columnaire selon laquelle les cellules des couches situées les unes au-dessous des autres correspondent aux mêmes excentricités de la stimulation par rapport au point de fixation. On dit qu'elles sont en registre.

1.5. Spécialisation des projections corticales

Au niveau cortical, on distingue deux grandes classes de neurones selon les caractéristiques de leur champ récepteur (Hubel et Wiesel, 1965, 1968; Orban & Kennedy, 1981). Celui-ci est de forme globalement rectangulaire et non plus circulaire (Figure 4). Les *cellules Simples* (S) présentent des réponses antagonistes (ON-OFF) pour des régions séparées allongées le long de grand axe du champ récepteur. Les *cellules Complexes* (C) présentent elles aussi des réponses antagonistes, mais en toute région de leur champ récepteur et non en des régions spatialement séparées. La forme rectangulaire des champs récepteurs corticaux entraine que les stimuli spatiaux qui les stimuleront de manière optimale sont allongés. Ce seront des barres, des bords ou des réseaux de barres parallèles orientés comme le grand axe du champ récepteur. Certains de ces champs récepteurs présentent des propriétés d'*hypercomplexité* (Orban & Kennedy, 1981). On entend par là que la stimulation spatiale optimale de ces neurones a une longueur inférieure à celle du grand axe du champ récepteur : à une de ses extrémités le champ présente une zone inhibitrice (Figure 4).

Trois caractéristiques des stimulations rétiniennes font l'objet de traitements nerveux dans des régions séparées : le mouvement, la forme (principalement l'orientation) et la couleur (Levingstone et Hubel, 1988). Cette séparation fonctionnelle justifie que l'on puisse, comme nous allons le faire, parler d'une de ces caractéristiques sans aborder les deux autres.

1.6. La motricité oculaire

Les yeux ne sont pas des capteurs passifs des signaux visuels. Les humains ayant une vision frontale, et une sensibilité qui se dégrade de manière hyperbolique de la fovéa vers la périphérie, le regard (mouvements conjugués des deux yeux) est souvent contraint d'explorer les scènes visuelles pour en extraire toutes les informations nécessaires au guidage de son action (Hallett, 1986). Il serait pourtant faux de croire que les mouvements oculaires sont le reflet précis des activités et des stratégies mises en œuvre pour analyser une scène visuelle. Ainsi dans la lecture, en raison des limitations de la visibilité des lettres en fonction de l'excentricité rétinienne, le regard doit se déplacer par sauts successifs (saccades) pour capter l'information graphémique support de l'information sémantique (Jacobs & Levy-Schoen, 1987; O'Regan & Levy-Schoen, 1987). Mais la succession des saccades, leur amplitude, leur répartition résulte de facteurs complexes qui interagissent. Certains de ces facteurs sont purement structuraux. Seules 5 à 6 lettres sont directement lisibles au cours d'une pause. Les « mots » vus en vision périphérique ne sont que des taches oblongues plus ou moins longues séparées par des espaces. D'autres facteurs sont plus linguistiques. Nous savons que les mots les plus informatifs (les noms) sont relativement plus longs que les autres. Il est alors plus économique, pour un lecteur expérimenté, de sauter d'un mot long à un autre mot long et d'inférer avec une certaine probabilité les mots qui sont entre. En raison du phénomène de « suppression saccadique » (Matin, 1986) ceux-ci ne sont pas vus lors de la saccade. La multiplicité des facteurs en jeu rend très aléatoire l'interprétation précise de la succession des saccades. Cette remarque s'applique bien évidemment à l'exploration d'un pictogramme ou de toute scène visuelle. La perception (reconnaissance ou identification) de ces stimuli complexes ne requiert pas nécessairement une exploration, mais, lorsque les conditions de temps de présentation rendent celle-ci possible, les causes des différentes saccades observées apparaissent multiples et pas toujours démontrables : « attirance » vers des régions de fort contraste de luminance, ou de contraste chromatique, recherche d'un élément, explorations de détails etc.

Pour l'essentiel nous concentrerons nos investigations sur des situations dans lesquelles le regard est stationnaire. C'est le cas lorsque les stimuli visuels sont présentés pendant des durées brèves (tachistoscopiques) inférieures à la durée d'un temps de réaction oculomotrice. On admet que ce temps de réaction est entre 150 et 200 ms. Comme nous le verrons par la suite, cette durée est suffisante pour extraire l'essentiel de l'information contenue dans une image.

2 LE TRAITEMENT NEURO-SENSORIEL DE L'INFORMATION VISUELLE

Tout système sensoriel est spécialisé dans le traitement d'une classe particulière de phénomènes physiques qui sont les supports des informations en provenance de notre environnement. Nous avons dit plus haut que les récepteurs visuels (cônes et bâtonnets) étaient sensibles à des radiations électromagnétiques dans une marge limitée de longueur d'onde. Chaque longueur d'onde peut avoir une amplitude plus ou moins grande et donne une impression de luminosité plus ou moins élevée, la *luminosité* étant le corrélat perceptif de l'intensité de la lumière. Dans le domaine des intensités, les capacités de réponse d'un système sensoriel sont limitées. Trop faible, la lumière ne sera pas détectée, trop forte, elle détruira les récepteurs. Ainsi, la première étape de l'étude de la perception visuelle humaine consistera à déterminer les limites de fonctionnement du système visuel. Ces limites ne sont pas fonction de la seule intensité, mais doivent être définies par une combinaison des caractéristiques de la stimulation lumineuse en deçà desquelles la lumière n'évoquera pas de sensation lumineuse. On appelle ces limites des seuils, et on s'intéressera principalement aux *seuils inférieurs* ou *absolus*. Ils correspondent en quelque sorte au niveau zéro de la sensation visuelle. Ce niveau, exprimé dans les unités du stimulus, correspond à une probabilité de détection correcte. La mesure des seuils soulève de nombreuses questions techniques et théoriques qui sont évoquées ailleurs (Bonnet, 1986a; Bonnet, Botte & Molnar, 1986).

2.1. Les sensibilités élémentaires

La *sensibilité* est une caractéristique d'un système qui dépend de sa capacité à réagir à des niveaux très faibles de la stimulation. Opérationnellement, la sensibilité est estimée par l'inverse d'un seuil de détection : plus le seuil est bas, plus le système est sensible. On trouvera des revues détaillées des questions évoquées ici dans les ouvrages ou chapitres de Graham (1965), Cornsweet (1970), Hood et Finkelstein (1986).

Du point de vue du fonctionnement du système visuel, la stimulation est décrite essentiellement en terme d'intensité lumineuse, de longueur d'onde, d'étendue et de durée. Comme la rétine n'est pas homogène, mais présente de notables différences structurales et fonctionnelles (*supra* 1.2.) avec l'excentricité rétinienne de la stimulation, il faudra aussi prendre en compte ce facteur d'excentricité rétinienne. En fait, la détermination d'une sensibilité nécessite que soient connus différents facteurs de la stimulation visuelle qui tous ont un rôle déterminant sur le seuil obtenu. Ces facteurs sont le niveau d'adaptation lumineuse, l'excentricité rétinienne de la stimulation, le contraste et les variations locales de la luminance, la composition spectrale de la stimulation, sa durée d'exposition et les facteurs temporels de sa présentation, sa taille angulaire et son contenu en fréquences spatiales (voir plus bas), la présence, la forme et la localisation des mouvements oculaires. Par soucis de simplification, comme il a été dit plus haut, nous raisonnerons comme si l'œil était immobile.

2.1.1. *Sensibilité à la lumière*

La quantité de lumière reçue par la rétine dépend de la quantité émise par une source et du diamètre pupillaire. Si l'on augmente l'intensité lumineuse (*luminance,* mesurée en candéla par mètre carré, cd/m^2) du champ regardé, le diamètre pupillaire diminue progressivement. La fonction reliant la luminance de la source et le diamètre pupillaire est assez complexe (LeGrand, 1964). Pour tenir compte de cette variation, on peut exprimer l'intensité lumineuse du champ en terme d'*éclairement rétinien* (exprimé en Trolands, Td), ou quantité de lumière reçue par la rétine. Il est égal au produit de la luminance (L, en cd/m^2) multipliée par la surface (S) de la pupille exprimée en mm^2 :

$$Td = S \times L$$

Le Tableau 2.1. présente quelques valeurs de la correspondance en la luminance d'une source et l'éclairement rétinien correspondant avec des valeurs approchées du diamètre pupillaire moyen.

TABLEAU 2.1. : Quelques valeurs de la correspondance entre la luminance d'une source et l'éclairement rétinien.

log L	-6	-4	-2	0	2	4	6
d mm	7.1	6.6	5.5	4.0	2.4	2.0	2.0
log Td	-4.4	-2.5	-0.62	1.1	2.6	4.5	6.5

log L est la luminance de la source en cd/m^2 exprimés en log;
d mm, le diamètre moyen approximatif de la pupille en mm pour chacune de ces conditions lumineuses.
log Td est l'éclairement rétinien en Td exprimé en log.

La sensibilité à la lumière dépend du *niveau d'adaptation lumineuse* de la rétine, c'est-à-dire du niveau moyen d'éclairement rétinien actuel et récent sur lequel sera présenté le stimulus lumineux à détecter. Lorsque cet éclairement est d'un niveau élevé, seuls les cônes sont fonctionnels, les bâtonnets sont alors saturés. On parle de *vision photopique.* En dessous d'une certaine limite, les bâtonnets deviennent actifs. Les niveaux pour lesquels les deux classes de récepteurs sont actifs s'appellent *mésopiques,* et les niveaux pour lesquels seuls les bâtonnets sont actifs s'appellent *scotopiques,* l'éclairement étant insuffisant pour activer les cônes. La limite supérieure des éclairements scotopiques correspond environ à 0,3 cd/m^2, soit approximativement la luminance d'une feuille de papier blanc à la lumière de la pleine lune.

Dans toutes les expériences de perception visuelle, il convient de prendre en compte le niveau d'adaptation lumineuse. Ce niveau d'adaptation correspond à l'éclairement moyen de l'ensemble de la rétine. Lorsque par une belle journée d'été, vous quittez le jardin pour rentrer dans la maison, celle-ci vous apparaît très sombre. Après quelques minutes, vous discernez mieux les détails des objets qui vous environnent. On dit que vous vous adaptez à l'obscurité. L'expérience suivante illustre l'effet temporel du niveau d'adaptation sur la sensibilité visuelle. Elle est classiquement appelée *adaptation à l'obscurité.* Dans un premier temps, on éblouit le sujet avec un éclairement de toute la rétine assez intense pour entraîner une décomposition quasi totale des pigments. Mettons ensuite le sujet dans une pièce totalement noire et mesurons répétitivement son seuil de détection d'une petite source lumineuse. A la régénération progressive des pigments correspond une récupération de la sensibilité. Celle-ci se traduit par une diminution du seuil de détection de la source lumineuse en fonction du temps passé à l'obscurité, c'est-à-dire par une diminution de l'intensité nécessaire à sa détection. On poursuit ainsi l'expérience jusqu'à ce que le seuil ne varie plus d'un essai à l'autre, ce qui peut prendre jusqu'à 40 minutes. Les résultats d'une telle expérience sont représentés sous forme de graphique dans la Figure 6.

6. Courbe d'adaptation à l'obscurité : en ordonnée le seuil de détection en cd/m^2, en ordonnée le temps passé dans le noir (en minutes) après l'éblouissement. La première branche de la courbe représente la récupération des cônes, la seconde branche, la récupérations des bâtonnets. La récupération est mesurée par la valeur du seuil de détection d'un point lumineux.

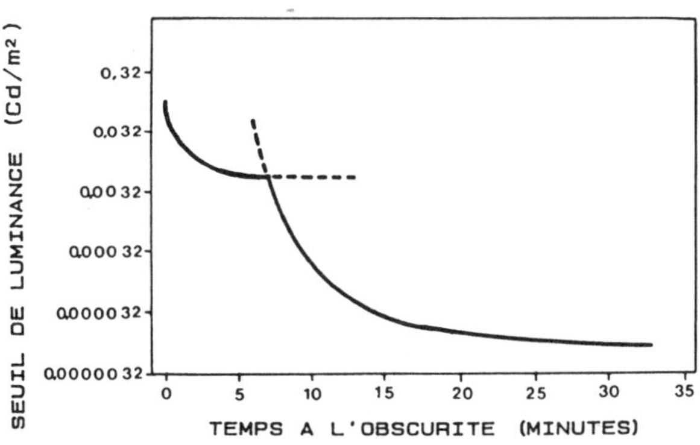

On observe sur la courbe une discontinuité pour une durée d'environ 5 minutes. La première partie de la courbe est attribuée à l'adaptation, c'est-à-dire à la récupération, des cônes, et la seconde à celle des bâtonnets. Une telle interprétation présuppose, avec quelques approximations (Hood & Finkelstein, 1986), l'indépendance de fonctionnement de deux systèmes correspondant chacun à un type de récepteurs.

Le seuil absolu d'intensité lumineuse est la plus petite quantité de lumière qui peut être détectée. En conséquence de ce qui vient d'être exposé, ce seuil ne peut être mesuré que chez un sujet complètement adapté à l'obscurité. Hecht, Shlaer et Pirenne (1942) ont, dans ces conditions, estimé le nombre de photons émis par la source nécessaire à l'évocation d'une sensation lumineuse. Selon l'observateur ce nombre varie de 54 à 148 quanta. Mais tous les photons émis ne parviennent pas à destination. Le nombre minimal de photons absorbés par les bâtonnets qui correspond à ce seuil ne peut être inférieur à 1. Les estimations les plus généralement acceptées le situent en dessous d'une dizaine (Buser & Imbert, 1986).

2.1.2. *Sensibilité visuelle en fonction de la durée et de la surface des stimuli*

La sensibilité lumineuse dépend de la durée d'exposition des stimuli. Dans la mesure d'un seuil de détection d'un point lumineux, on constate que la quantité de lumière (I) correspondant au seuil est d'autant plus faible que la durée (T) de présentation du point est longue. Cette relation de réciprocité ($I \times T = \text{cste}$) n'est valide que jusqu'à une certaine durée critique Tc (de l'ordre de 40 ms) au-delà de laquelle le seuil devient plus ou moins progressivement indépendant de la durée d'exposition. A cette durée critique (Watson, 1986 : Gorea & Tyler, 1986) correspond une intensité critique (Ic). Cette relation de réciprocité, appelée *loi de Bloch,* manifeste une sommation temporelle de l'énergie telle que, dans des conditions données de longueur d'onde, de surface du stimulus, d'excentricité rétinienne, de niveau moyen d'éclairement, le seuil correspond à un nombre constant de quanta absorbés. Pour des durées longues de présentation des stimuli, seule l'intensité détermine le seuil.

On parle de sommation spatiale lorsque le seuil diminue avec l'augmentation de la surface rétinienne du stimulus. La *loi de Ricco* spécifie qu'en dessous d'une surface critique, le seuil est déterminé par un produit constant de l'intensité lumineuse et de la surface du stimulus (Graham, 1965). En vision scotopique et à 15° d'excentricité rétinienne, une sommation spatiale complète est démontrable jusqu'à un diamètre de 1-2°. En vision photopique, au centre de la fovéa, la limite de sommation spatiale (aire de Ricco) beaucoup plus faible (6 min d'arc!). Ces différences d'étendue de l'aire de Ricco sont à attribuer essentiellement au degré de convergence des récepteurs sur les ganglionnaires. Comme ce degré de convergence augmente avec l'excentricité rétinienne, on peut s'attendre à une augmentation de la sommation spatiale. On trouve ainsi une limite de 0.5° à une excentricité de 5° et de 2° à une excentricité de 35°.

Bien entendu, sommation spatiale et sommation temporelle se combinent. Augmenter la durée de présentation du stimulus diminue la sommation spatiale. Cependant, si l'augmentation de la surface du stimulus abaisse le seuil, elle ne modifie pas la limite de sommation temporelle. Ces phénomènes de sommation ne concernent pas que la détection d'un point lumineux en fonction de son intensité, mais toute détection et discrimination visuelle les fait intervenir avec des limites variables.

2.2. Les sensibilités fréquentielles

Les stimulations utilisées dans les expériences précédentes sont le plus souvent des lumières de petite taille présentées sur un fond uniforme. Elles permettent une analyse locale des sensibilités en des points précis de la rétine. Pour des raisons qui seront développées plus loin (*infra* 3.3. et Annexe 1), on étudie aussi la sensibilité du système visuel avec des stimuli dont la luminance varie sinusoïdalement dans le temps ou dans l'espace.

2.2.1. *Sensibilité temporelle*

Une lumière n'est pas nécessairement stable au cours du temps. Elle peut s'allumer et s'éteindre de manière plus ou moins périodique. La *résolution temporelle* du système visuel, c'est-à-dire la capacité de discriminer des stimulations successives, étant limitée, les variations temporelles de la stimulation ne seront pas toujours détectées. Pour étudier les limites de résolution temporelle du système visuel, nous utiliserons une source lumineuse dont l'intensité varie sinusoïdalement au cours du temps. Cette variation périodique d'intensité est décrite par sa *fréquence temporelle,* exprimée en nombre de cycles (ou périodes) par seconde (Hertz ou Hz). Elle est aussi caractérisée par l'amplitude de la modulation d'intensité. La modulation étant symétrique par rapport à un niveau moyen de luminance, elle est décrite en terme de contraste de modulation ou *contraste de Michelson* (Cm) :

$$Cm = (Lmax - Lmin)/(Lmax + Lmin)$$

Le contraste est une grandeur sans dimension qui exprime la différence entre la luminance maximale (Lmax) et la luminance minimale (Lmin) de la source relativement à sa luminance moyenne.

Pour une source lumineuse d'une taille, d'une luminance moyenne, d'une composition spectrale données, il existe une fréquence temporelle de son papillottement qui conduira à la perception d'un éclairement stable (fusion). Cette fréquence est appelée *fréquence critique de fusion* (CFF, ou critical flicker frequency, en anglais). La fréquence temporelle à laquelle correspond la CFF (revues *in* Kelly, 1972; Watson, 1986) est d'autant plus élevée que la luminance moyenne du stimulus est élevée (Figure 7). En fait, la CFF augmente linéairement avec le logarithme de la luminance moyenne, c'est la *loi de Ferry-Porter.* Comme on peut le montrer par des expériences d'égalisation, la luminosité (luminance apparente) d'une source papillotante est égale à celle d'une source constance de même luminance moyenne *(loi de Talbot-Plateau).* Enfin, la CFF a tendance à augmenter avec l'excentricité rétinienne. La conséquence de ce phénomène est qu'une source papillotante (tube néon, écran de télévision) pourra donner lieu à une perception stable (une fusion) en vision centrale, mais à un papillottement en vision périphérique. Néanmoins, les résultats expérimentaux ne confirment pas toujours cette observation et un auteur comme Watson (1986) suggère que les propriétés de résolution temporelle de la rétine sont les mêmes à toute excentricité.

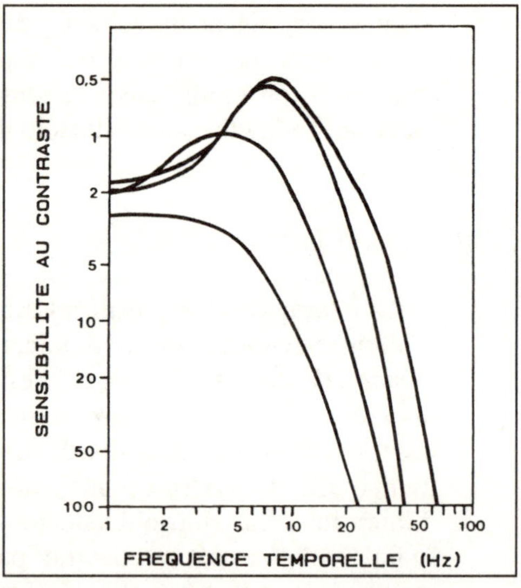

7. Fonction de Sensibilité au Contraste temporel (FSCt) selon le niveau moyen de luminance exprimé en Trolands. En abscisse (unités logarithmiques), la fréquence temporelle de modulation, en ordonnée (unités log) la sensibilité au contraste, exprimée en pourcentage de contraste (origine en haut). Les quatres courbes correspondent à des intensités différentes, de droite à gauche : 10 000 td, 100 td, 10 td et 1 td (d'après de Lange, 1958).

La CFF est généralement mesurée avec des modulations de grande amplitude (contraste élevé). Depuis de Lange (1958), la sensibilité temporelle du système visuel est étudiée en mesurant pour diverses fréquences temporelles de la source, le contraste de modulation qui permet de juste percevoir la modulation (seuil de détection). La variation des seuils de contraste avec la fréquence temporelle est décrite par une fonction appelée *Fonction de Sensibilité au Contraste temporel* (FSCt). Pour représenter cette fonction on porte en ordonnée, non les valeurs du contraste au seuil, mais l'inverse de ces valeurs (sensibilité) sur une échelle logarithmique et en abscisse les fréquences temporelles sur une échelle logarithmique. Cette fonction fait apparaître une variation curvilinéaire de la sensibilité avec la fréquence temporelle (Figure 7.). Pour des niveaux photopiques d'éclairement, la fonction présente un optimum à 8 Hz. Lorsque la luminance moyenne tend vers des niveaux scotopiques, l'optimum se décale vers des fréquences temporelles plus basses. A partir d'un éclairement rétinien d'environ 3.7 Td, l'optimum disparaît. La fonction présente un plateau pour les fréquences les plus basses. La CFF correspond sur ces courbes de De Lange (Figure 7) à leur intersection avec l'axe des abscisses; on retrouve la loi de Ferry-Porter.

2.2.2. *Sensibilité spatiale*

On étudie la sensibilité spatiale du système visuel au moyen de la mesure de seuils de contraste pour la détection de réseaux de fréquence spatiale. Un réseau de fréquence spatiale est fait d'une série de « barres » alternativement claires et sombres. La variation de la luminance selon une orientation orthogonale à celle des « barres » est sinusoïdale. L'apparence d'un tel réseau est celle d'une tôle ondulée. Deux grandeurs caractérisent un réseau sinusoïdal. Sa *fréquence spatiale* est exprimée en nombre de cycles par degré d'angle visuel (cpd). Un cycle ou période est l'étendue spatiale exprimée en degrés d'angle visuel d'une variation complète de la luminance qui passe par un maximum et un minimum. Cette fréquence spatiale peut être présentée à différents contrastes. Il s'agit ici, comme dans le cas des fréquences temporelles d'un contraste (Cm) de modulation, ou de Michelson, définit dans l'espace.

8. Fonction de Sensibilité au Contraste spatial (FSCs). En abscisse (échelle logarithmique), la fréquence spatiale du réseau, en ordonnée, à gauche, la sensibilité à droite, le contraste (échelle logarithmique) correspondant. L'origine de l'échelle des contrastes est en haut.

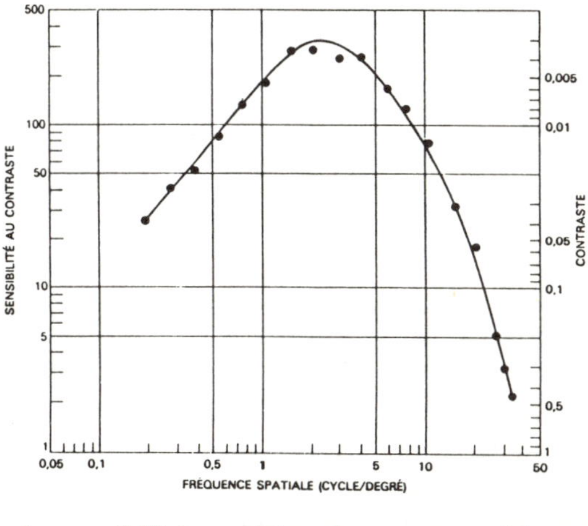

La fonction de sensibilité spatiale plus souvent dénommée *Fonction de Sensibilité au Contraste spatial* (FSCs) est la mesure du seuil de contraste pour la détection d'un réseau à différentes fréquences spatiales (Campbell & Robson, 1968; Campbell & Maffei, 1984). Cette fonction est représentée en portant en ordonnée l'inverse du seuil (la sensibilité) en unités logarithmiques et en abscisse la fréquence spatiale en unités logarithmiques (Figure 8.). Cette représentation est l'analogue pour le domaine spatial des courbes de De Lange pour le domaine temporel. Trois aspects de ces fonctions peuvent être distingués. En premier lieu, la fonction présente un optimum, c'est-à-dire une fréquence spatiale pour laquelle la sensibilité est la plus élevée. En second lieu, pour les fréquences plus basses que l'optimum, la sensibilité augmente avec la fréquence spatiale. Pour ces fréquences spatiales basses on observe une atténuation de la sensibilité d'autant plus importante que la fréquence spatiale est basse. En troisième lieu, pour les fréquences spatiales plus élevées que l'optimum (fréquences hautes), la sensibilité diminue quand la fréquence augmente. On parle alors de l'atténuation pour les fréquences (spatiales) hautes.

La fréquence spatiale pour laquelle le seuil de contraste égale 1 est appelée coupure haute de la fonction ou limite de *résolution spatiale* (ou seuil d'acuité) du système visuel. Un champ présentant des fréquences spatiales plus élevées que cette fréquence de coupure est perçu comme spatialement uniforme. Ainsi, le *seuil d'acuité* est le plus petit espacement qui permet de discriminer des éléments (ici les « barres »).

La diminution de la luminance moyenne du réseau entraîne des modifications de la FSCs : la sensibilité diminue, l'optimum se décale vers des fréquences spatiales plus basses. Pour des éclairements scotopiques, seules les fréquences moyennes et élevées sont atténuées. Corrélativement à la diminution de sensibilité, le seuil d'acuité diminue avec la diminution du niveau moyen de luminance.

2.2.3. *Sensibilité spatio-temporelle*

La plupart des expériences de mesure de sensibilité au contraste combine des variations spatiales et temporelles du stimulus. La modulation temporelle d'un réseau de fréquence spatiale peut être réalisée de différentes manières. Le regard étant stationnaire, la translation continue (*mouvement* unidirectionnel) du réseau produira une modulation temporelle sinusoïdale de la luminance en chaque point rétinien stimulé. Un deuxième type de modulation temporelle fort utilisé est appelé modulation en *contrephase.* Une telle modulation est obtenue, par exemple, en faisant défiler deux réseaux de même fréquence spatiale à même vitesse en sens opposé. On peut enfin maintenir le réseau stationnaire et moduler sinusoïdalement sa luminance en chaque point.

La Figure 9 présente les résultats de mesures de sensibilités spatio-temporelles. La FSCs se modifie quand la fréquence temporelle augmente. Il y a réduction de l'atténuation du côté des fréquences spatiales basses, c'est-à-dire amélioration de la sensibilité. L'optimum de la fonction tend vers des fréquences spatiales plus basses. La limite de résolution spatiale diminue quand la fréquence temporelle augmente.

9. Fonction de Sensibilité spatio-temporelle dans une représentation tridimensionnelle. Le stimulus est un réseau de fréquence spatiale dont le contraste varie selon une fonction gaussienne de sorte qu'il est vu au travers d'une fenêtre de 0,53° de rayon. Le réseau est modulé temporellement. Le niveau moyen de luminance est de 25 cd/m^2. Le seuil de contraste pour la détection de la présence du réseau est exprimé ici en sensibilité. Les points expérimentaux (intersections) sont définis par une valeur de fréquence spatiale, une valeur de fréquence temporelle et le niveau de sensibilité obtenu (données communiquées par H. Brettel).

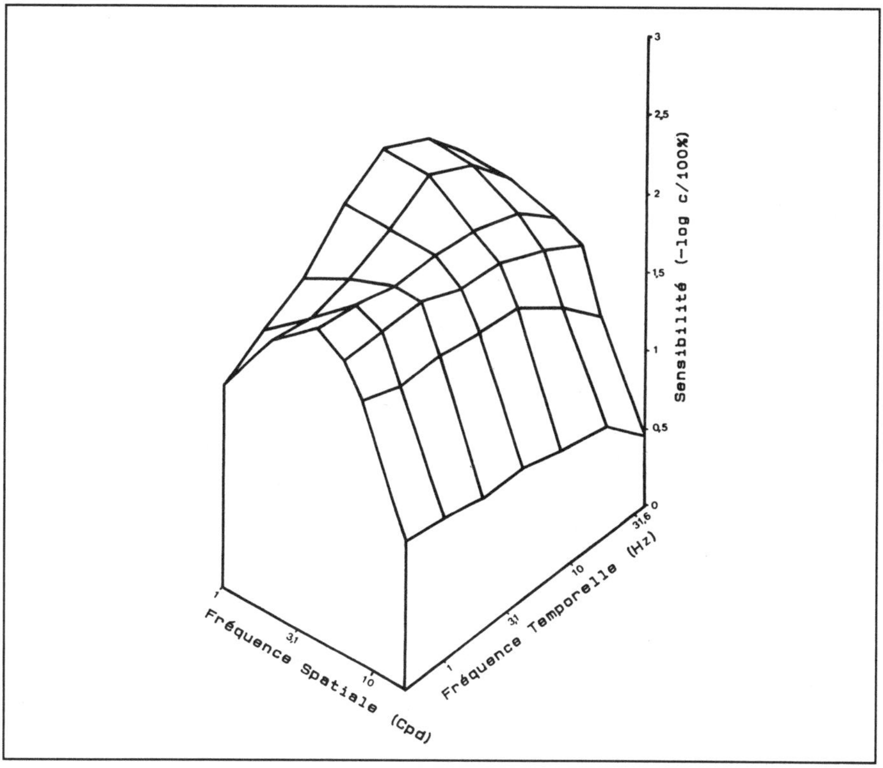

Plusieurs facteurs affectent la forme et les caractéristiques de la FSC spatio-temporelle. Koenderink, Bouman, Bueno de Mesquita et Slappendel (1978a à d) utilisant des réseaux de fréquence spatiale en translation concluent une série de 5 expériences explorant les effets de certains de ces facteurs :

– A taille constante du champ de présentation de réseaux en mouvement, la limite de résolution spatiale de la FSC (acuité) diminue avec l'excentricité rétinienne de la stimulation.

– Pour une fréquence temporelle constante du défilement (2 Hz), l'augmentation de l'excentricité rétinienne réduit globalement la sensibilité au contraste, déplace l'optimum vers les fréquences spatiales plus basses et réduit l'importance de l'atténuation de sensibilité aux fréquences spatiales basses.

– Lorsque croît l'excentricité rétinienne, l'optimum de sensibilité correspond à une fréquence spatiale de plus en plus basse et à une fréquence temporelle de plus en plus élevée. La vitesse optimale résultant de la combinaison de ces deux variables augmente avec l'excentricité.

– Si la taille du champ de présentation des réseaux augmente avec l'excentricité rétinienne, les seuils de contrastes pour les fréquences spatiales les plus basses deviennent indépendants de l'excentricité.

Parallèlement à l'augmentation de la taille moyenne des champs récepteurs avec l'excentricité rétinienne, la surface du cortex primaire correspondant à chaque région de la rétine diminue en fonction de l'excentricité de ces régions. Prenant ces facteurs en compte, il est possible d'exprimer les sensibilités au contraste non plus en fonction de la fréquence spatiale (rétinienne), mais en fonction de la surface corticale correspondante. Le facteur de cette transformation est appelé facteur de *magnification corticale.* Les FSC transformées par ce facteur sont approximativement indépendantes de l'excentricité rétinienne (Rovamo & Virsu, 1979).

Les caractéristiques de la FSC se modifient avec la maturation du système nerveux visuel au cours des premiers mois de la vie (Dobson & Teller, 1978; Aslin & Smith, 1988; Banks & Dannemiller, 1987). Le vieillissement du système visuel, dans lequel intervient la presbytie (Stark & Obrecht, 1987), entraîne aussi des modifications de la FSC et principalement un accentuation progressive de l'atténuation de la sensibilité aux fréquences spatiales élevées (Owsley, Sekuler & Siemsen, 1983; Marquié, 1986).

2.3. Système tonique et système phasique

L'existence de deux classes de neurones (X et Y, *supra* 1.3.) a suggéré de rechercher des corrélats psychophysiques de leur fonctionnement. Compte tenu de la petite taille moyenne de leurs champs récepteurs, et de leur moindre sensibilité à des modulations temporelles, on a supposé que les neurones de type X (tonique) traiteraient essentiellement les aspects spatiaux de la stimulation visuelle. Au contraire les neurones de type Y (phasiques) ayant en moyenne des champs récepteurs de plus grande taille et une meilleure sensibilité aux modulations temporelles, apparaissaient plus adéquats au traitement des informations temporelles. En mesurant des seuils de détection avec des réseaux de fréquence spatiale modulés temporellement, on constate que l'apparence du stimulus est différente au seuil. Kulikowsky et

Tolhurst (1973) ont ainsi montré qu'en augmentant progressivement le contraste, les sujets percevaient d'abord la structure spatiale d'un réseau de fréquence spatiale élevée (12 cpd) modulé à 1 Hz. Pour percevoir sa modulation temporelle (papillottement ou sens du défilement), il fallait augmenter le contraste au-delà du seuil. A l'inverse, si la modulation temporelle était de 10 Hz, celle-ci était perçue au seuil de détection, sans que la structure spatiale soit identifiable. Pour qu'elle le soit, il fallait augmenter le contraste au-delà du seuil. Il est ainsi possible de distinguer deux types de seuils de contraste. Un seuil spatial correspondrait à l'activité du *système tonique,* et un seuil temporel (ou de mouvement) correspondrait à l'activité du *système phasique* (Lennie, 1980; Breitmeyer, 1984; Watson, 1986). Il existe bien d'autres démonstrations expérimentales de la validité psychophysique de l'hypothèse de ces deux systèmes (Breitmeyer, 1984). Citons encore des résultats dus à ce dernier auteur et qui illustrent les propriétés de «vitesse de traitement» de ces deux systèmes. Le temps de réaction simple à l'apparition d'un réseau de fréquence spatiale est court (environ 200 ms) et constant si ces fréquences sont basses (1 cpd), c'est-à-dire si le système phasique est activé. Par contre, il augmente avec la fréquence spatiale pour atteindre 350 ms à 10 cpd lorsque le système tonique est activé.

2.4. Caractérisation d'une stimulation visuelle achromatique

L'ensemble des résultats qui vient d'être présenté illustre la complexité du fonctionnement du système visuel aux niveaux précoces de traitement des informations visuelles. Rappelons que pour l'essentiel ces données concernent la détection de la présence d'une stimulation lumineuse et non l'identification de ses caractéristiques. Au-delà des connaissances que ces données nous apportent sur les mécanismes neuro-sensoriels, elles nous permettent de résumer les propriétés de toute stimulation visuelle nécessaires à sa caractérisation et qui sont résumées dans la manière suivante :

– *Caractéristiques spatiales :* fréquences spatiales, orientation, position, étendue, phase spatiale.

– *Caractéristiques temporelles :* fréquences temporelles, direction du mouvement, moment d'apparition, durée, phase temporelle.

– *Caractéristiques générales :* contraste de modulation, luminance moyenne, excentricité rétinienne, œil stimulé.

Aucune stimulation n'est décrite avec assez de précision si ces caractéristiques ne sont pas connues puisque chacune peut avoir un effet sur la réponse du système visuel.

3 LES « PRIMITIVES » VISUELLES

L'analyse des sensibilités visuelles présentée au paragraphe précédent considère le système de manière relativement globale. Tout au plus, y a-t-on distingué deux sous-systèmes comme le système tonique et le système phasique. Or, tant les données physiologiques (*supra* 1) que psychophysiques nous suggèrent que le fonctionnement modulaire du système visuel est beaucoup plus prononcé que cette simple dichotomie. Nous allons en effet montrer comment le système visuel analyse séparément différentes dimensions de la stimulation (Treisman, 1986).

Cette analyse conduit à un premier niveau de représentation appelée neuro-sensorielle (Bonnet, 1986b, 1988a) auquel sont codées séparément certaines caractéristiques locales de la stimulation. Les premiers traitements neuro-sensoriels aboutissent à une décomposition de la stimulation rétinienne en une série de dimensions. Selon les régions considérées du cortex (*supra* 1.5), les neurones répondent sélectivement à certaines dimensions assez précises de la stimulation. Horace Barlow (1972) les appela caractéristiques de déclenchement *(trigger feature)* par analogie avec les stimuli déclencheurs, spécifiques de certains comportements en éthologie. En raison de leurs propriétés fonctionnelles inférées, on les appelle aussi détecteurs de propriétés ou de caractéristiques. Compte tenu des fluctuations aléatoires des activités propres à tout système biologique, il paraît plus exact de considérer les neurones visuels comme des filtres « accordés » *(tuned)* maximalement activés lorsque leur champ récepteur est stimulé par des dimensions assez précises de la distribution spatio-temporelle de luminance. Par analogie avec les systèmes informatiques graphiques, nous appellerons *primitives* ces dimensions élémentaires.

3.1. Détermination psychophysique des sélectivités de réponse à certaines dimensions des stimuli visuels

Plusieurs problématiques peuvent être adoptées pour la détermination des primitives visuelles. Dans une perspective « neuro-réductioniste » (Uttal, 1981), l'une d'entre elles a consisté à la mise en évidence par des méthodes psychophysiques des corrélats comportementaux de sélectivités trouvées dans l'étude physiologique des neurones du système visuel. Considérer qu'une dimension de la stimulation rétinienne constitue une primitive repose alors sur une problématique qui combine des informations d'origine neurophysiologique (enregistrements cellulaires) et des informations de nature psychophysique. Une dimension est une primitive pour le système visuel si celui-ci dispose de sous-systèmes spécialisés pour en coder les modalités ou les niveaux. L'orientation d'un contour (*supra* 2.2.1) constituera ainsi une telle primitive dans la mesure où l'on démontrera qu'il existe des neurones qui répondent sélectivement à cette dimension et que différents neurones répondent optimalement à différentes orientations (modalités). Plusieurs paradigmes expérimentaux sont utilisables en psychophysique pour étudier ces sélectivités (Braddick, Campbell & Atkinson, 1978; Regan, 1982). Les sélectivités mises en évidence par des méthodes psychophysiques estiment celles de populations de neurones.

– L'*adaptation sélective* et les *effets consécutifs*. L'observation prolongée d'un stimulus visuel supraliminaire entraîne consécutivement une diminution de sensibilité pour certaines dimensions de ce stimulus. Cette diminution se traduit par une élévation des seuils sélective de la valeur du stimulus d'adaptation, c'est-à-dire maximale pour cette valeur. Elle se traduit aussi, lorsque le codage est dit antagoniste, par l'apparition « spontanée » d'effets consécutifs de sens complémentaire à celui du stimulus d'adaptation. Ainsi, si l'on observe pendant plusieurs dizaines de secondes le défilement d'une texture dans le sens gauche-droite, la présentation soit d'une texture stationnaire, soit d'un champ spatialement homogène permettra d'observer un mouvement « apparent » de sens opposé (droite-gauche) pendant quelques secondes (mouvement consécutif). Corrélativement, le seuil d'un mouvement de sens gauche-droite sera augmenté transitoirement. Le paradigme est dit d'« adaptation sélective » lorsque l'on montre que la diminution de sensibilité consécutive à l'adaptation est dépendante de la valeur du stimulus d'adaptation : maximale pour la valeur du stimulus d'adaptation, elle diminue quand la valeur du stimulus test s'éloigne de celle du stimulus d'adaptation. Les *effets consécutifs* résultent de ces adaptations.

– Le *masquage* (Breitmeyer, 1984) est une procédure par laquelle un stimulus dit masque diminue la sensibilité à un stimulus dit test, que le masque soit présenté avant (masquage pro-actif), pendant (masquage simultané) ou après (masquage rétro-actif) le stimulus test. La présentation simultanée en connexité spatiale de deux modalités d'une dimension ou de deux niveaux d'une dimension peut entraîner un déplacement *(shift)* de leurs valeurs perçues. Cette classe de phénomènes est souvent appelée contrastes simultanés.

– La *sommation sous-liminaire* repose sur l'idée que deux stimulations traitées par le même sous-système vont additionner leurs effets, mais que, traitées par deux systèmes indépendants, elles vont conduire à des seuils identiques aux valeurs qu'ils avaient pour des présentations isolées (Sekuler, 1975). Par contre, si les deux systèmes sont séparés mais interagissent de manière inhibitrice, les seuils seront plus élevés que pour des stimulations isolées. Ce paradigme permet ainsi de tester la séparabilité soit de modalités d'une même dimension soit de plusieurs dimensions.

3.1.1. *Sélectivité à l'orientation*

La forme des champs récepteurs des neurones corticaux est approximativement rectangulaire (Figure 4). En conséquence, les stimuli qui les exciteront maximalement seront de forme allongée comme des barres, des réseaux de fréquence spatiale ou des bords *(edge)*. Par *bord*, on entend une transition de luminance entre une région sombre et une région lumineuse; par *barre*, on entend une double transition du type lumière-ombre-lumière ou inversement ombre-lumière-ombre. La largeur de la zone d'ombre (ou de lumière) définit la largeur de la barre. Hubel et Wiesel (1965, 1968) ont montré que de nombreux neurones de l'aire 17 avaient des réponses sélectives à l'orientation de ces stimuli. Leur réponse est maximale lorsque l'orientation de la barre coïncide avec l'orientation du grand axe de leur champ récepteur. Lorsque cette orientation s'écarte de cette valeur optimale, la fréquence des potentiels d'action du neurone testé diminue (Buser & Imbert, 1986).

En psychophysique humaine, l'observation prolongée d'un réseau de fréquence spatiale d'orientation verticale et de contraste élevé augmente considérablement le seuil de contraste pour la détection ultérieure d'un réseau de même orientation. Cette élévation est d'autant moins importante que l'orientation du réseau test est plus différente de celle du réseau d'adaptation (Gilinsky & Doherty, 1969). Des résultats comparables sont obtenus avec une technique de sommation sous-liminaire (Kulikowski, Abadi & King-Smith, 1973; Thomas & Shimamura, 1975) ou une technique de masquage (Campbell & Kulikowsky, 1966). Toutes ces recherches, bien qu'avec des variations de l'importance des effets dues aux techniques utilisées (Olzak & Thomas, 1986), permettent de conclure que des stimuli dont les orientations diffèrent de plus de 15° à 20° activent peu de neurones en commun.

10. Sélectivité à l'orientation en psychophysique estimée par une méthode de masquage. Le réseau d'adaptation est incliné à 45°. En abscisse sont portées les différentes orientations du réseau test (à détecter), et en ordonnée le pourcentage de masquage (élévation du seuil). Les cercles représentent les points expérimentaux. (d'après Gilinsky & Doherty, 1969)

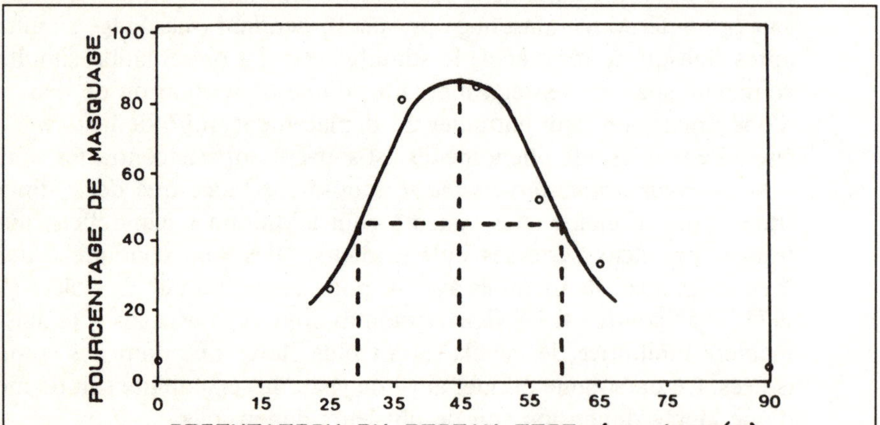

Ces différences définissent les limites de la sélectivité à l'orientation des contours (Figure 10.). Quelles sont les conséquences de cette sélectivité dans la perception de l'orientation de contours?

La présentation simultanée de stimuli d'orientations différentes peut entraîner des distorsions des orientations apparentes de ces deux stimuli. Ces distorsions peuvent s'expliquer par des interactions généralement inhibitrices entre des neurones sélectifs à des orientations voisines (Buser & Imbert, 1986). Ces interactions sont susceptibles d'expliquer au moins le mécanisme fondamental de certaines illusions comme les illusions de Fraser et de Zöllner (Robinson, 1972; Bonnet, 1988a). Tyler et Nakayama (1984) ont testé cette hypothèse dans l'expérience suivante. Le stimulus est composé de deux rangées de segments inclinés dans des sens opposés et séparés par une bande uniforme large de 4° (Figure 11).

11. Illusion de Fraser *(à gauche)* et illusion de Zöllner *(à droite)*. Dans l'illusion de Fraser, l'orientation de la ligne horizontale correspondant au centre des segments paraît déviée dans le même sens que l'orientation des segments (assimilation) : la barre blanche comprise entre les deux rangées de segments paraît de ce fait plus large à droite qu'à gauche. Dans l'illusion de Zöllner, l'orientation de la ligne horizontale paraît déviée en sens inverse de l'orientation des segments (constraste) : la barre blanche paraît plus large à gauche qu'à droite. La courbe représente les changements d'orientations ajustés de l'alignement des segments pour que les deux lignes paraissent parallèles en fonction de l'angle des segments. (d'après Tyler et Nakayama, 1984).

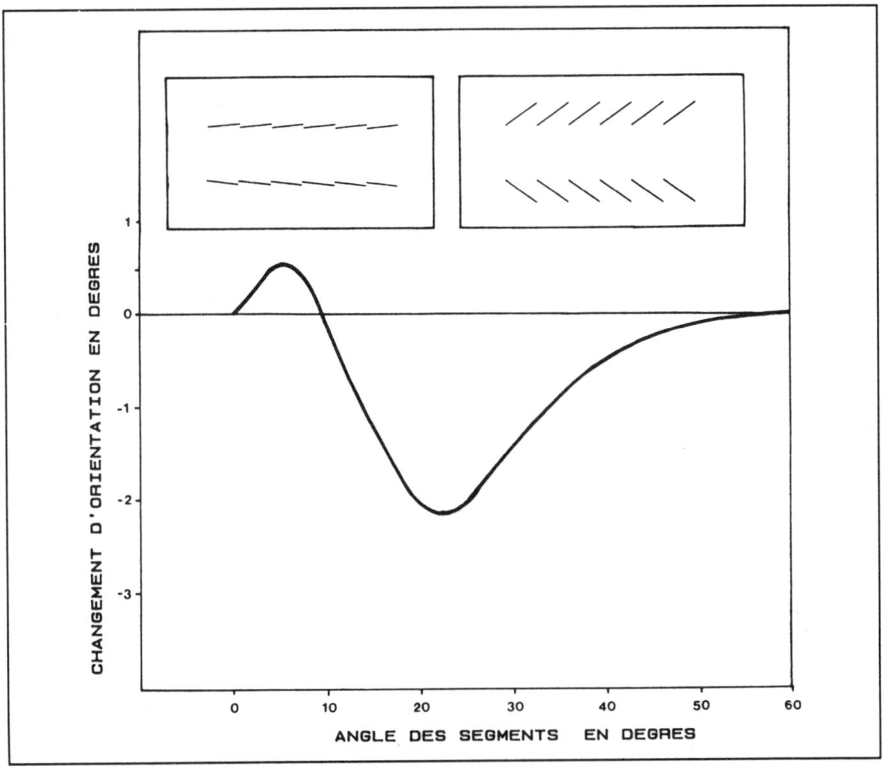

La tâche des sujets consiste à régler l'inclinaison de chaque rangée de sorte que la bande les séparant paraisse avoir des bords parallèles. Lorsque les segments présentent de faibles différences d'orientation (10°) par rapport à l'horizontale, la barre paraît s'élargir du côté de l'ouverture de l'angle virtuel des segments. Pour des différences plus importantes, avec un optimum vers 35°, la barre paraît s'élargir du côté de l'apex de l'angle virtuel des segments. Autrement dit, en raison de la sélectivité orientationnelle limitée, deux orientations voisines sont perceptivement assimilées; cependant en raison des interactions inhibitrices entre neurones codant des orientations voisines, au-delà d'un certain écart d'orientations (environ 20°), il se produit une ségrégation perceptive de ces orientations d'où résulte une augmentation apparente de leur différence d'orientation.

3.1.2. *Sélectivité à la fréquence spatiale*

Utilisant des réseaux sinusoïdaux de fréquence spatiale, on peut définir pour chaque neurone visuel son degré de sélectivité à cette dimension. Les résultats d'une série d'expérience peuvent être ainsi résumés. La sélectivité moyenne des neurones augmente des cellules ganglionnaires, aux neurones des corps genouillés et aux neurones corticaux (Shapley & Lennie, 1985; De Valois & De Valois, 1988). Sur la base d'expériences psychophysiques, Campbell et Robson (1968) avaient fait l'hypothèse que le système visuel contenait des ensembles de neurones sélectifs à la fréquence spatiale (Graham, 1981). Pour chaque ensemble, appelé *canal de fréquence spatiale,* il existerait une fréquence spatiale optimale qui l'excite maximalement. La FSC (*supra* 2.2.2) ne serait, dans cette perspective, qu'une fonction « enveloppe » d'un ensemble de fonctions caractérisant des canaux de fréquences spatiales (comme on parle des canaux de la chaîne FM en radio).

Avec une technique d'adaptation sélective, Blakemore et Campbell (1969) ont démontré la sélectivité à la fréquence spatiale (sinusoïdale). Si le réseau d'adaptation a une fréquence de 5 cpd, on observera que la FSC remesurée après adaptation comporte une perte de sensibilité centrée sur 5 cpd et s'étendant approximativement entre 2.5 cpd et 10 cpd. Le seuil mesuré après adaptation peut être jusqu'à 5 fois plus élevé que le seuil mesuré avant. Utilisant différentes fréquences d'adaptation, ces auteurs concluent que l'effet d'adaptation est réduit de moitié lorsque la fréquence test et la fréquence d'adaptation sont séparées de 0,5 octave (une *octave* est un rapport de fréquence de 1 à 2 ou de 2 à 1). Des conclusions similaires sont obtenues avec la technique de masquage (Breitmeyer, 1984).

Comme dans le cas des orientations, on peut mettre en évidence soit des interactions simultanées, soit des interactions successives (effets consécutifs) de fréquences spatiales pour des stimuli supra-liminaires. Blakemore, Nachmias et Sutton (1970) ont ainsi montré que l'adaptation préalable à une fréquence spatiale donnée entraîne une élévation apparente d'une fréquence spatiale test plus élevée et une diminution apparente d'une fréquence spatiale plus basse. Un effet analogue est observé pour une présentation simultanée des deux fréquences spatiales (Figure 12) : une fréquence spatiale test donnée sera perceptivement modifiée par une autre fréquence spatiale l'entourant. Lorsque la fréquence inductrice est plus basse que la fréquence test, celle-ci est apparemment augmentée. Lorsque la fréquence inductrice est plus haute que la fréquence test, celle-ci est apparemment diminuée. Cet effet de déplacement *(shift)* des fréquences spatiales est un effet à optima. Lorsque les composantes fréquentielles du stimulus diffèrent de moins d'une octave, des interactions apparaissent donc entre elles.

12. Contrastes simultanés d'orientation et de fréquence spatiale. A gauche, les deux disques contiennent un réseau de même orientation verticale; celui du haut paraît avoir une orientation déviée de la verticale dans le sens anti-horaire, tandis que l'orientation du réseau du bas paraît déviée dans le sens horaire. A droite, les deux disques ont la même fréquence spatiale; celui du haut paraît avoir une fréquence plus élevée que celui du bas. Dans les deux cas, l'orientation ou la fréquence spatiale perçue dans le disque paraît plus différente de celle du fond qu'en réalité.

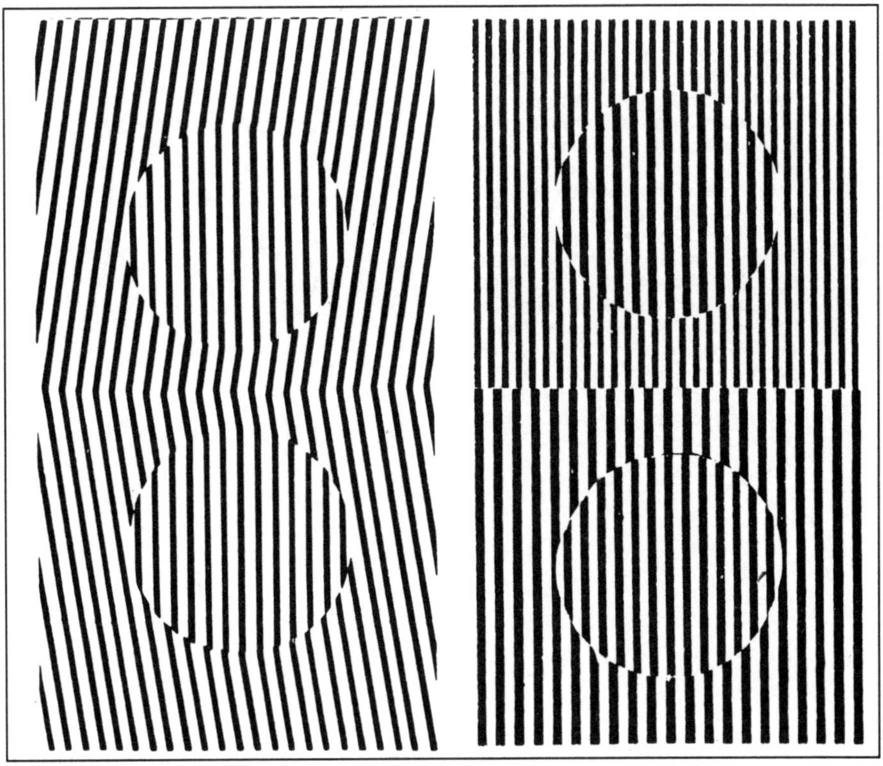

3.1.3. *Sélectivité à la disparité rétinienne*

Nous possédons deux yeux situés frontalement de sorte qu'optiquement, l'hémirétine nasale de l'œil gauche reçoit approximativement la même information visuelle que l'hémirétine temporale de l'œil droit. De plus, les fibres nerveuses en provenance de ces deux hémirétines vont aboutir dans les mêmes régions du cortex visuel (hémisphère droit). A ce niveau, et essentiellement à partir de ce niveau, il existe des neurones qui reçoivent des afférences en provenance de régions homologues de ces deux hémirétines. Ceci est la condition fondamentale pour la vision binoculaire, base de la perception de la profondeur et surtout du relief.

En effet, ces neurones binoculaires ont des champs récepteurs qui présentent des degrés de disparité. La *disparité rétinienne* est l'écart angulaire entre les positions rétiniennes des images du même objet sur les deux hémirétines par rapport aux fovéas (Figure 13).

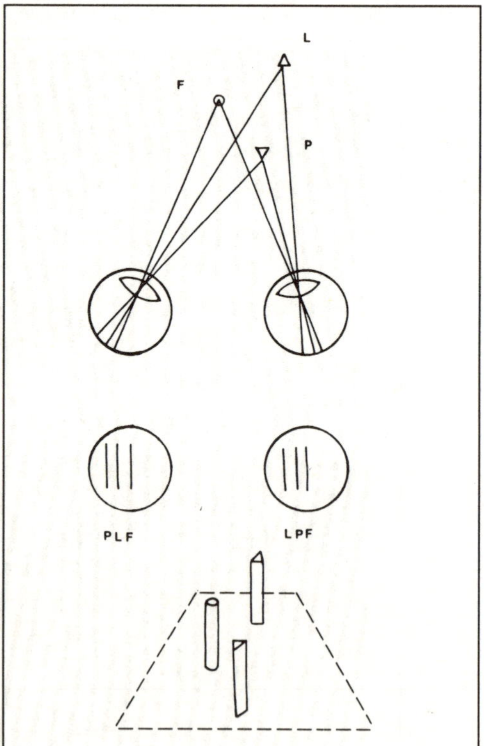

13. Schéma de la disparité rétinienne et vision stéréoscopique. En haut vue aérienne. L'objet F est fixé, son image se projette sur la fovéa de chaque œil, sans disparité. Les images rétiniennes de l'objet L, situé plus loin, présentent une disparité non-croisée : puisqu'il est situé à droite du point de fixation, son image se projette sur l'hémirétine temporale de l'œil gauche et nasale de l'œil droit, avec FLg < Fld. Les images rétiniennes de l'objet P, situé plus près, présentent une disparité croisée : son image se projette sur l'hémirétine temporale de l'œil gauche et nasale de l'œil droit, avec FPg > FPd. L'image « cyclopéenne » résultant de la fusion binoculaire est figurée en dessous, elle correspond aux profondeurs relatives perçues.

Pour que les deux images rétiniennes soient fusionnées centralement, ces disparités doivent être « interprétées » comme des différences de profondeur. Le mécanisme de la vision stéréoscopique est modélisé avec précision (Poggio, 1984). L'*acuité stéréoscopique* est l'écart angulaire des deux images rétiniennes qui permet de juste percevoir une différence de profondeur. Dans des conditions « naturelles », sa valeur est d'environ 12 secondes d'angle visuel. Ceci signifie qu'à 1 mètre de distance on pourra percevoir une différence de profondeur de 1 mm, qu'à 10 mètres on ne percevra plus de différence de profondeur qu'à partir de 90 mm et qu'à 1 kilomètre on ne pourra plus percevoir la différence de profondeur de deux objets sur la base de cette information.

Contrairement aux positions classiques d'Ogle (1950), Julesz (1971) a montré que la formation d'une « image » stéréoscopique ne nécessitait pas que des contours soient perçus monoculairement. Julesz a construit pour ce faire des stéréogrammes aléatoires faits de motifs de points disposés aléatoirement. Blakemore et Julesz (1971) ont démontré une sélectivité neuronale à la disparité rétinienne en utilisant des stéréogrammes aléatoires. Nous verrons plus loin que le relief, corrélat perceptif de la disparité, est aussi traité sur la base d'autres dimensions.

3.1.4. *Sélectivité à la direction du mouvement*

La direction et le sens du mouvement visuel sont aussi codés sélectivement (Levinson et Sekuler, 1975). La courbe d'accord de l'élévation des seuils conduit à une estimation de la sélectivité de 60° (largeur de la courbe à mi-hauteur). Si le contraste du motif test est supra-liminaire, l'adaptation entraîne une modification de sa direction apparente dans le sens d'une « répulsion ». L'effet est maximum pour un écart de 30° entrre les directions des deux mouvements et ne s'annule que pour une différence de 130°. Cette différence de 130° environ (Ball, Sekuler et Machamer, 1983).

3.2. **Séparabilité des primitives et traitement pré-attentif**

Selon les données qui viennent d'être résumées, les traitements neuro-sensoriels des informations visuelles consistent en des codages séparés de caractéristiques de la distribution spatiale de luminance que constitue l'image rétinienne. Il existerait ainsi un ensemble de « modules » localisés dans le cortex visuel. Chaque module aurait pour fonction de coder la présence de certaines caractéristiques spatio-temporelles ou de longueur d'onde avec pour chacune leur localisation rétinienne grâce aux propriétés rétinotopiques de ces projections. Les données de la neurophysiologie sont convergentes avec un tel point de vue (Maunsell & Newsome, 1987). Livingstone et Hubel (1988) ont particulièrement analysé l'anatomie et la physiologie des trois voies distinctes analysant séparément des caractéristiques de forme (l'orientation en particulier), de couleur et de mouvement.

Ces primitives sont traitées à niveau pré-attentif selon la notion proposée par Neisser (1967), et reprise, entre autres, par Julesz (1981) et par Treisman et Gelade, (1980) (Treisman, 1986; Treisman & Gormican, 1988). Il s'agirait d'une analyse automatique des propriétés locales de l'image rétinienne, conduisant à un codage séparé, et donc parallèle, de diverses caractéristiques. Nous verrons plus loin (*infra* 4.1.5) que la position spatiale relative de ces primitives n'est pas codée à ce niveau.

3.3. Le système visuel est-il un analyseur de Fourier?

Une image rétinienne achromatique est une distribution temporelle et une distribution spatiale de niveaux de luminance. Ces distributions de luminance peuvent être très complexes à analyser et donc à décrire. Une description pertinente de ces distributions spatio-temporelles de luminance est constituée par l'application d'un théorème dû au mathématicien français J.-B. Fourier (voir détails Annexe 1). Dans le domaine spatiale, une image rétinienne sera ainsi décrite comme une somme d'ondes sinusoïdales. Autrement dit, pour fabriquer (synthétiser) une telle image, on superposera une série de réseaux de fréquence adéquatement choisis en fréquence, en amplitude, en orientation et en phase (Cornsweet, 1970; Kaufman, 1974, Annexe 1).

La pertinence de cette description suppose que le système visuel fonctionne comme un analyseur de Fourier (De Valois & De Valois, 1988; Graham, 1981) c'est-à-dire comme un système qui décompose toute distribution spatiale de luminance en composantes fréquentielles (sinusoïdales). Si tel est le cas, les seuils de contraste pour la détection de stimuli périodiques de différentes formes (carrée, triangulaire, dent de scie etc) est prédictible à partir de la FSCs pour des réseaux sinusoïdaux. Le stimulus serait détectable dès qu'une de ses composantes fréquentielle atteint son propre seuil de contraste (Campbell & Robson, 1968). Ce n'est donc pas l'amplitude maximum de la modulation de luminance qui détermine le seuil, mais la sensibilité relative à chaque fréquence (Graham & Nachmias, 1971).

La sélectivité à la fréquence spatiale (*supra* 2.2.2) fonde l'existence de canaux de fréquences spatiales. Cependant, par rapport à la théorie, le modèle doit être corrigé pour tenir compte de certaines propriétés du système visuel. En premier lieu, comme la sensibilité du système varie avec l'excentricité rétinienne, il y a lieu de considérer que les analyses de fréquences spatiales se font localement (Robson, 1975) et ne sont pas identiques à toute excentricité. De plus, ces canaux n'apparaissent pas toujours indépendants les uns des autres (Graham, 1981; Olzak & Thomas, 1986), et des interactions apparaissent entre fréquences surtout lorsque les contrastes sont élevés. Avec quelques précautions, ce modèle de fonctionnement peut cependant constituer une approximation satisfaisante.

Des champs récepteurs à zones concentriques et antagonistes peuvent être le support physiologique de ces canaux de fréquence spatiale, qu'il s'agisse de ceux des cellules ganglionnaires, des neurones du CGL ou des cellules simples du cortex. Rodieck (1965) a modélisé la réponse de tels neurones selon la distance entre le stimulus et le centre du champ récepteur par une fonction en forme de sombrero mexicain (Figure 14). King-Smith et Kulikowski (1975) ont montré qu'une même fonction pouvait décrire la réponse psychophysique d'un champ récepteur perceptif correspondant à l'action moyennée de l'ensemble des champs récepteurs localisés dans la région étudiée de la rétine. Pour ce faire, ces auteurs mesurent le seuil de contraste pour la détection d'une fine ligne test (1, 2 min.) en fonction de l'écart spatial qui la sépare de deux lignes d'un constraste sous-liminaire (c'est-à-dire non vues) disposées de part et d'autre. La «réponse» portée en abscisse est le rapport entre le seuil de contraste de la ligne test mesuré en l'absence des deux lignes sous-liminaires et le seuil de cette ligne test en présence des lignes sous-liminaires. En fonction de l'écartement des lignes sous-liminaires par rapport à la ligne test, la fonction est du type sombrero. Une opération mathématique, la transformée de Fourier, permet d'exprimer les résultats non plus en fonction des distances spatiales, mais en fonction des fréquences spatiales. En exprimant ainsi la sensibilité dans le domaine fréquentiel, la fonction obtenue est une fonction analogue à la Fonction de Sensibilité au Contraste.

14. Champ récepteur perceptif et Fonction de Sensibilité au Contraste. L'expérience consiste à mesurer le seuil de contraste pour la détection d'une ligne lumineuse (T) en une position donnée de la rétine en présence de deux lignes symétriques de contraste sous-liminaire (SL), et en fonction de la distance angulaire entre ces lignes SL et la ligne T. En ordonnée on porte l'élévation du seuil de T en présence de SL relativement à ce qu'il était en l'absence de SL, en unités logarithmiques (0 signifie pas d'effet). La variation de ce seuil suit une fonction «en sombrero» analogue aux réponses cellulaires. La transformée de Fourier de cette réponse permet d'obtenir une estimation de la FSC(s). De même, la transformée inverse de la FSC(s) permet de retrouver la fonction de réponse du champ récepteur perceptif, ainsi appelé parce qu'estimé avec une méthode psychophysique.

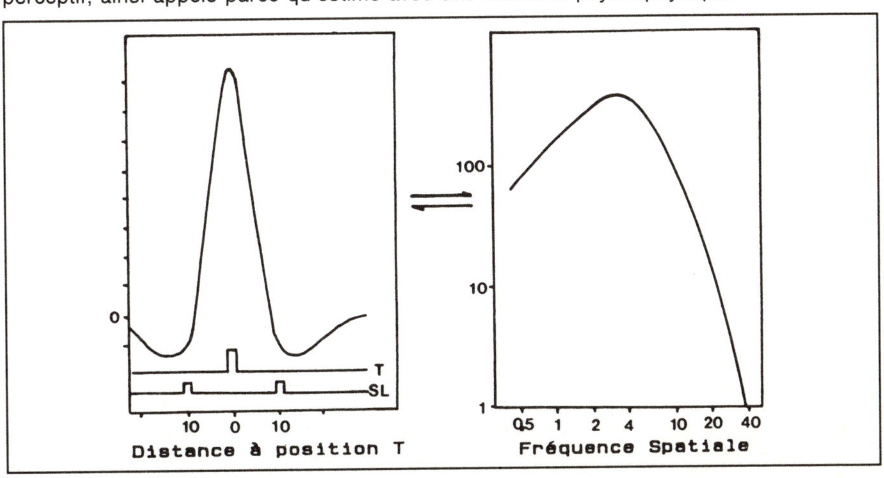

On peut ainsi proposer de retenir les propriétés suivantes pour la modélisation des premiers traitements sensoriels conduisant à une première représentation des propriétés spatiales de la distribution spatiale de luminance.

– Il existe des mécanismes différents (champs récepteurs perceptifs ou canaux de fréquence spatiale) sélectivement accordés à la taille (ou à la fréquence spatiale) des stimuli visuels.

– Ces mécanismes peuvent fonctionner strictement en parallèle, mais peuvent aussi interagir.

– La taille moyenne des champs récepteurs perceptifs de ces mécanismes augmente avec l'excentricité rétinienne. A chaque excentricité, il existe plusieurs mécanismes canaux accordés à différentes bandes de fréquences spatiales. Le nombre de ces canaux peut aller de 4 (Wilson & Bergen, 1979) à une infinité (Graham, 1981; Olzak & Thomas, 1986).

– Du point de vue de leur fonctionnement temporel, ces mécanismes sont scindables en deux sous-classes dont le domaine de fréquences spatiales se chevauche largement: des mécanismes toniques et des mécanismes phasiques. Cette dichotomie pourrait suggérer qu'il n'existe que deux canaux de fréquences temporelles (Watson, 1986) à bande très large.

– Le système phasique est activé par des fréquences temporelles moyennes ou élevées, ou par des durées de présentation brèves comprenant des changements brusques. Il est essentiellement sensible aux fréquences spatiales basses et moyennes. Sa réponse est rapide comme l'attestent, par exemple, les temps de réaction plus courts obtenus avec les fréquences spatiales basses ou les durées courtes d'intervalle inter-stimuli (ISI) correspondant au masquage maximum (Breitmeyer, 1984).

– Le système tonique désigne l'ensemble des canaux de fréquences spatiales moyennes ou élevées. Il est sensible aux fréquences temporelles basses (ou nulles) et demande donc des durées de présentation plus longues et des changements plus progressifs. Sa réponse est d'autant plus tardive que la fréquence spatiale est élevée (Breitmeyer, 1984).

3.4. La notion de stimulus efficace

Dans une perspective de traitement d'information, l'organisme dispose ainsi à un niveau pré-attentif d'une « représentation » des propriétés physiques du stimulus (de ses caractéristiques) sous une forme déterminée par les caractéristiques de fonctionnement du système nerveux visuel, telles qu'elles viennent d'être résumées au paragraphe précédent. On peut ainsi modéliser l'information disponible sur la base de ces traitements ascendants qui ne doivent rien aux représentations cognitives que l'individu a de la situation et de son environnement. Nous appelons *stimulus efficace* cette information disponible pour des traitements ultérieurs. De très nombreux phénomènes perceptifs sont explicables à ce niveau relativement élémentaire et automatique. Quelques exemples simples vont faire comprendre l'intérêt de cette notion de stimulus efficace. L'analyse des fréquences spatiales est alors une méthode d'étude du système visuel tant au niveau cellulaire qu'au niveau psychophysique qui permet de caractériser quantitativement la réponse attendue d'un tel système.

3.4.1. *La sensibilité au contraste comme limite de visibilité*

Nos capacités visuelles sont limitées par la sensibilité du système visuel, sensibilité décrite par les Fonctions de Sensibilité au Contraste (spatiale et temporelle). Toute fréquence (spatiale ou temporelle) du stimulus dont l'amplitude est inférieure à son seuil de détection n'a pas de valeur fonctionnelle pour le système visuel. Nous pouvons l'ignorer. Ce qui permet de discriminer un réseau de fréquence spatiale sinusoïdale d'un réseau carré est que le premier ne comprend qu'une seule fréquence tandis que le second est décrit comme une somme de fréquences spatiales sinusoïdales (*infra* Annexe 1), l'amplitude de ces composantes diminuant en raison inverse du rang de leur composante (harmonique). Dès que le 3e harmonique du réseau carré est visible, il est discriminable d'un réseau sinusoïdal de même fréquence fondamentale. Sur la base de la FSC du sujet, on peut prédire cette limite. Supposons que l'amplitude de leur fondamentale soit un contraste de 50 %. Le contraste du 3e harmonique sera de 16,6 % (50/3). Il sera juste au seuil pour un sujet ayant un seuil d'acuité de 50 cpd. Dans ces conditions un réseau carré de 10 cpd sera juste discriminé d'un réseau sinusoïdal de même fréquence. Tout réseau carré dont la fondamentale sera supérieure à cette fréquence ne sera pas discriminé d'un réseau sinusoïdal. Il ne peut l'être puisque l'information qui les distingue n'est pas disponible à l'organisme bien que présente dans le stimulus physique.

3.4.2. *La visibilité estimée par le spectre efficace*

Le *spectre efficace* est le spectre physique du stimulus modifié par la FSC. A partir du spectre efficace, il est possible de re-synthétiser une image qui matérialisera de manière analogique l'information contenue dans une éventuelle représentation imagée. Ginsburg (1986) a appliqué cette démarche à toute une série de stimuli visuels : « illusions » optico-géométriques, visages, figures à contours virtuels etc. De nombreux phénomènes s'expliquent alors potentiellement sur cette seule base, sans qu'il soit nécessaire de faire appel à des processus plus complexes de traitements actifs.

Par la suite, nous serons amené à parler de *visibilité* pour faire référence aux caractéristiques du stimulus efficace. Cette notion peut être illustrée de la manière suivante. Prenons un stimulus fait de deux réseaux sinusoïdaux disposés orthogonalement en superposition (un tartan), dont les fréquences spatiales sont dans un rapport de 1 à 2 (Fl à F2) et ayant le même contraste physique. Supposons que Fl soit vertical et F2 horizontal. Dans un premier temps de l'expérience étudions l'apparence de ce stimulus à son seuil de contraste. Dans une condition de fréquences basses (B), où Fl = 0.5 cpd, et F2 = 1 cpd, dès que le contraste sera suffisant pour la détection, l'observateur percevra un seul réseau horizontal (F2). L'autre réseau (Fl, vertical) sera invisible à ce contraste. Dans une condition de fréquences hautes (H), où Fl = 5 cpd et F2 = 10 cpd, c'est le réseau vertical (Fl) qui sera visible au seuil de détection. Le principe de l'estimation du spectre efficace est illustré dans la Figure 15. Les valeurs numériques choisies pour cet exemple conduisent à des seuils symétriquement égaux sur une FSCs standard. La Fonction de Sensibilité au Contraste décrit ici l'atténuation relative subie par le contraste de chaque composante fréquentielle du stimulus. Nous dirons alors que la composante la plus visible est celle dont le contraste efficace est le plus élevé. Phénoménalement, son contraste apparent sera aussi plus élevé. Une caractéristique plus visible sera plus rapidement perçue (temps de réaction) et plus précisément perçue.

15. Schéma de la notion de stimulus efficace et visibilité spatiale. Le stimulus est fait de deux fréquences spatiales dans un rapport d'une octave et d'égales amplitudes. En bas, est présenté le spectre physique de ce stimulus dans deux conditions expérimentales : F1 = 0,5 cpd et F1 = 5 cpd. Dans le cadre du milieu est rappelée la FSC(s). En haut, sont présentés les deux spectres efficaces qui montrent l'atténuation relative que chaque composante de fréquence subit du fait des variations de la sensibilité en fonction de la fréquence spatiale. Pour F1 = 0,5 cpd, la fréquence la plus basse est la plus atténuée, donc la moins visible. Pour F1 = 5 cpd, la fréquence la plus élevée est la plus atténuée, donc la moins visible. (d'après Bonnet, 1988).

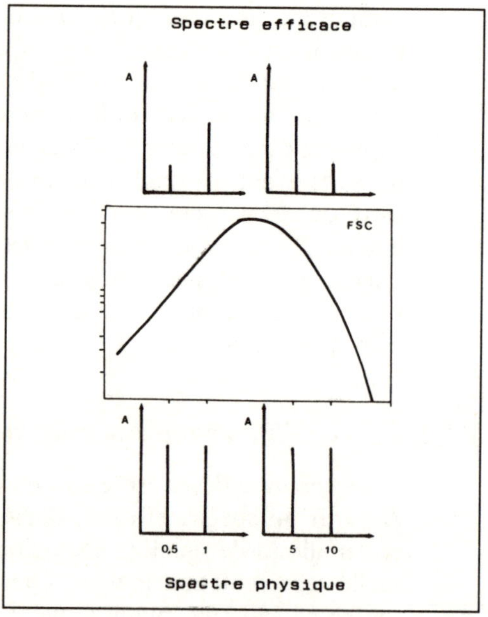

Pour des niveaux supraliminaires du contraste, il conviendra d'utiliser des fonctions différentes de la FSC pour estimer la visibilité des composantes. En effet, différentes recherches (Biodini & Matiello, 1985) montrent que la forme des courbes d'isocontrastes apparents change avec le contraste physique. Comme on l'observe en audition (chapitre 2), ces courbes sont d'autant plus applaties que le contraste physique est élevé. Ceci signifie que la différence (ou le rapport) des contrastes apparents de fréquences spatiales différentes est d'autant moins importante que le contraste physique des réseaux est élevé.

Un second facteur à prendre en compte dans l'évaluation de la visibilité relative des composantes fréquentielles d'un stimulus visuel est le facteur temporel. L'influence d'une modulation temporelle sur la sensibilité au contraste a été évoquée plus haut (*supra* 2.2.3.), ainsi que l'hypothèse de l'existence de deux mécanismes, l'un tonique et l'autre phasique (*supra* 2.3.). En effet, la durée n'est pas le seul facteur privilégiant un mécanisme ou l'autre, mais la forme de la modulation temporelle au moyen de laquelle le stimulus est présenté est à prendre en compte. Dans la plupart des cas, la présentation est brusque, de même que la disparition. On parle alors de fenêtre temporelle carrée (ou rectangulaire). Le spectre de fréquences temporelles du stimulus comprendra alors des fréquences temporelles élevées (Cornsweet, 1970; Kaufman, 1974) propres à activer les mécanismes phasiques. Si le contraste du pictogramme est progressivement augmenté d'une valeur nulle jusqu'à sa valeur physique nominale et décrémenté de même selon une fonction triangulaire, ou une fonction gaussienne, les mécanismes toniques seront plus vraisemblablement activés (Wilson & Bergen, 1979; Breitmeyer, 1984). Bien qu'il soit en pratique difficile de déterminer avec précision (et validité) les FSC de ces deux systèmes qui de plus manifestent des interactions inhibitrices (Breitmeyer, 1984), des prédictions restent possibles sur la base de la conceptualisation qui vient d'être présentée. Nous en verrons des exemples dans la section 4.

4 GROUPEMENTS ET CONFIGURATIONS

Un stimulus visuel présente une structure telle que des éléments, au moins conceptuellement isolables, appartiennent à des ensembles plus larges : des formes, des motifs *(patterns)* ou des textures. Par *forme (form* ou *shape),* nous désignerons l'apparence du stimulus visuel caractérisé essentiellement par son étendue et sa structure, indépendamment de sa sémantique, de sa signification. Nous verrons plus loin (*infra* 4.2.5.) comment ce terme se distingue de celui de figure. Par convention, une forme est bi-dimensionnelle. Un *motif (pattern)* désigne le caractère configurationnel d'un ensemble d'éléments disposés de manière plus ou moins périodique. Une *texture* fait référence aux caractéristiques visibles d'une surface homogène en taille et en densité sur l'ensemble de la surface. La densité spatiale des éléments peut varier de manière plus ou moins continue et donner lieu à un *gradient de texture.*

Forme, motifs ou textures résultent du groupement d'éléments. Comment se réalisent perceptivement ces groupements d'éléments et comment s'élaborent des configurations? Ces deux notions sont distinctes (Rock, 1986). Un *groupement* correspond à la formation d'une unité de description et de perception réalisant un assemblage d'éléments et conduisant à des unités plus macroscopiques. Une *configuration* présuppose des processus de groupement, mais conduit à l'émergence d'une qualité supplémentaire d'individualisation de la forme.

Les gestaltistes (Wertheimer, 1923; Köhler, 1929; Koffka, 1935; Guillaume, 1937; Boring, 1942; Pomerantz & Kubovy, 1981) ont proposé des «lois» structurales pour rendre compte de la formation des groupements et des configurations. Le nombre de ces lois est incertain (on en mentionne jusqu'à 114), leur formulation est variable et leur opérationalisation fluctuante. Dans la perspective adoptée ici, le niveau de traitement auquel elles pourraient s'appliquer n'est jamais très clair. Puisque le niveau perceptif a été défini comme celui auquel il y a mise en œuvre de processus de structuration des éléments, nous allons maintenant examiner ces questions. Il apparaîtra cependant à plusieurs reprises que les «groupements» peuvent n'être que des codages réalisés au niveau sensoriel.

4.1. Les processus de groupement

Le terme de groupement désigne, d'un point de vue phénoménal, le fait que des éléments picturaux paraissent «aller ensemble», appartenir à une même unité perceptivement séparée d'autres unités. Parmi les principes gestaltistes de groupement, certains décrivent les conditions d'apparition de ces groupements: la proximité des éléments, leur similarité, leur bonne continuation et leur connexité (Pomerantz & Kubovy, 1986; Rock, 1986) pour ne parler que de ceux qui concernent une structure spatiale statique. Ces «principes» font en fait référence à nos représentations cognitives du stimulus. Ils traduisent des propriétés spatiales dont nous aurons à nous demander comment elles sont réellement traitées par le système visuel.

4.1.1. *Le groupement par proximité: rôle de la visibilité*

Considérons (Figure 16) deux arrangements différents de 4 segments de droites parallèles. Dans le premier cas *(a),* nous les espaçons régulièrement. Dans le second cas *(b),* l'espace entre le premier et le second d'une part, et entre le troisième et le quatrième d'autre part sont inférieurs à l'espace entre le second et le troisième. D'un point phénoménal, nous décrirons le premier stimulus comme un groupe de 4 éléments et le second comme deux groupes de deux éléments. La question est alors de savoir si un (sous-) groupe de deux éléments est plus visible que le groupe des 4 éléments.

16. Exemples de groupements par proximité. Voir détails dans le texte.

(a) / / / /

(b) // //

(c) // // // // // // // // // //

Des éléments physiquement et/ou conceptuellement discrets assez proches les uns des autres activent les champs récepteurs des mêmes neurones visuels et donnent ainsi une information unique. Les 4 éléments du groupe (a) peuvent d'une part être codés par des neurones séparés à petit champ récepteur orienté obliquement mais peuvent aussi activer des neurones à plus grand champ récepteur, orienté horizontalement, dont la taille serait au moins aussi grande que la taille globale du groupe. La visibilité relative des codages réalisés à ces différentes échelles (*supra* 3.3.) permet d'expliquer les groupements perçus. Prenant en compte la conception de la visibilité fondée sur le spectre efficace (*supra* 3.4.2.), les groupements par proximité se manifesteront alors selon une fonction à optimum. Le motif représenté dans la figure 16c a été réalisé avec trois ordres d'espacements des éléments dont les rapports sont 1, 2 et 6. Trois types de groupements sont possibles : (x) 10 groupes de couples d'éléments (//) (y) 5 groupes de paires de couples (// //), et (z) 1 groupe de 5 paires de couples. L'importance perceptive relative (la visibilité) de ces trois types de groupement dépendra de la grandeur angulaire du motif. De très près, le groupement (x) est le plus visible; à mi-distance, le groupement (y) devient le plus visible. Enfin à grande distance, le groupement (z) est le plus visible. La ségrégation des éléments, ou leur intégration dans un groupe représentent des catégorisations phénoménales qui correspondent à des modifications continues de la visibilité.

La considération de la visibilité relative des intervalles spatiaux des éléments rapportés à la Fonction de Sensibilité au Contraste suffit donc à expliquer ces résultats : augmenter la proximité des éléments, augmente la fréquence spatiale fondamentale du motif, écarter les éléments diminue cette fréquence.

4.1.2. *Information globale et informations locales*

Dans une perspective néo-gestaltiste, des auteurs (revue in Bonnet, 1988b) ont cherché à montrer que dans un pictogramme, l'information globale de forme (le tout) avait un statut différent de celui des informations locales (les parties) qui la composent. L'analyse de ces travaux conduit à penser qu'au niveau sensoriel, il n'y a qu'une distinction quantitative de ces notions d'information globale et d'informations locales. En effet, par définition, les informations locales sont de plus petite taille angulaire que les informations globales. Il s'agit donc au premier chef d'une question d'échelle : la notion d'information globale renvoie aux contenus en fréquences spatiales plus basses du stimulus, tandis que la notion d'informations locales renvoie aux contenus en fréquences spatiales plus élevées.

Navon (1977) a abordé cette question avec un paradigme d'attention sélective, au moyen de stimuli faits de lettres composites (Figure 17). Son objectif était de démontrer des interactions asymétriques entre les deux composantes de ces stimuli. Selon les essais, le sujet portait son attention sur les « petites » lettres toutes identiques ou bien sur la grande lettre. Il doit dire si, Oui ou Non, l'information désignée était un H ou un E par exemple. Dans l'identification des éléments locaux (E par exemple), la réponse est plus lente quand la lettre représentée par la forme globale est aussi une lettre cible (H par exemple). Par contre, l'identité des petites lettres n'a pas d'effet sur la reconnaissance de la grande lettre. Toute une série d'expériences ultérieures a fait apparaître que cet effet était tantôt confirmé, tantôt inversé. En réalité, comme il a été démontré (Kinchla & Wolfe, 1979; Bonnet, 1988b), tous les résultats sont, pour l'essentiel, explicables en terme de visibilité relative des deux classes d'information. Elles peuvent être traitées en parallèle (Bonnet, 1988a et b), l'information globale par le système phasique, et les informations locales par le système tonique (*supra* 2.3.).

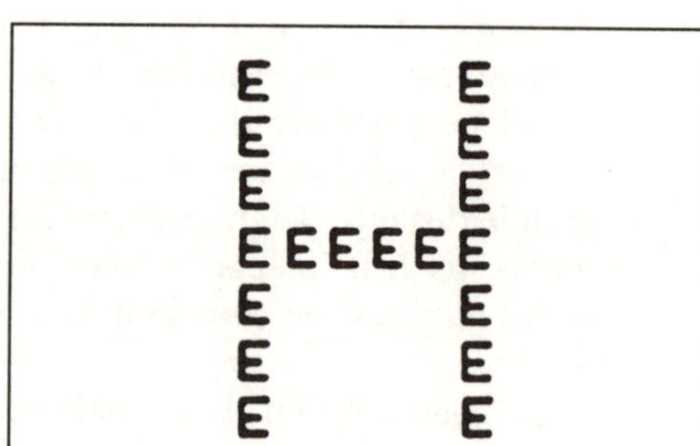

17. Information globale et informations locales. Exemple d'une lettre composite (grand H réalisé avec des petits E) utilisée dans les expériences. (d'après Kinchla & Wolf, 1979).

Cette dissociation forme globale et formes locales a été utilisée par des artistes peintres comme Giuseppe Arcimboldo ou bien encore par Salvador Dali (Portrait de Voltaire ou Le grand paranoïaque).

Dans la classe des stimuli composites que nous venons d'évoquer, il faut aussi noter que la visibilité des petits éléments considérés individuellement est diminuée par leur groupement. Banks et Prinzmetal (1976), Prinzmetal et Banks (1977) ont étudié la discrimination (identification) de deux caractères T et F présentés dans différents motifs de caractères masques combinant des caractéristiques de ces deux lettres. Ils observent que les latences de réponses sont plus courtes et la précision des identifications meilleure lorsque la lettre cible (T ou F) n'appartient pas perceptivement au groupement formé par les caractères masques. Ici, les éléments cibles et les masques sont figuralement similaires, et les groupements sont obtenus en utilisant des propriétés de proximité et/ou de continuité (colinéarité). Dans tous ces cas, le groupement génère une information globale, mais aussi une inhibition latérale qui réduit la visibilité des éléments.

4.1.3. *Le groupement par proximité au niveau perceptif*

Pomerantz et Garner (1973; Pomerantz, 1981) ont étudié des tâches de classification de pictogrammes réalisées soit avec attention sur un élément particulier inclus dans une paire (attention sélective), soit avec attention sur le type de groupement de deux éléments dans les mêmes paires (attention partagée).

18. Attention sélective et attention partagée. Dans la tâche d'attention sélective, le sujet doit (par exemple) répondre avec le bouton de gauche si la paire de parenthèses comprend une "(" à gauche, et sur le bouton de droite, si elle comprend une ")" à droite. Dans la tâche d'attention partagée, il doit appuyer sur le bouton de gauche si l'orientation des deux parenthèses est différente et sur le bouton de droite si leur orientation est identique. (d'après Pomerantz, 1981).

Attention sélective		Attention partagée	
(•	•)	≠	=
((	))	( )	((
( )	) (	) (	))

Ces tâches, de par le fait qu'elles recourent à une classification et à une manipulation consciente de l'attention, mettent en jeu des processus de niveau perceptif. L'idée générale est que l'attention sélective sur un élément d'un groupe sera d'autant plus difficile que le groupement sera perceptivement plus «fort». Une illustration du matériel utilisé est donnée dans la figure 18.

Pomerantz et Kubovy (1986) rapportent que si les deux éléments d'une paire sont proches, les temps de tri sont plus courts en attention partagée (classement des groupes). Par contre la relation s'inverse quand la séparation angulaire des éléments devient importante (2° ou plus). La proximité entre les éléments apparaît là encore être le facteur premier de leur groupement.

4.1.4 *Groupements par similarité*

Plusieurs démonstrations de la Gestalt illustrent le fait que des éléments également proches d'autres éléments paraissent se regrouper par similarité. La notion de *similarité* (Treisman, 1986) est complexe et difficile à opérationnaliser. Des sujets à qui l'on présente des couples de formes jugent sans difficulté majeure de leur similarité. L'analyse de ces jugements au moyen de méthodes multidimensionnelles (Bonnet, 1986a) permet d'en dégager certaines structures statistiques et de suggérer des dimensions qui en rendent compte.

La similarité est en effet conçue en terme de distance sur des dimensions. Cette conception métrique repose sur des présupposés souvent transgressés dans les faits. Le cas le plus fréquent de ces transgressions est l'absence de symétrie de certains jugements : une élipse est jugée plus similaire à un cercle qu'un cercle à une élipse (Tversky, 1977). Ce dernier auteur suggère alors que la similarité est une fonction pondérée à la fois des traits communs à deux stimuli et de leurs traits distinctifs. Une autre conception de la similarité est proposée par Ashby et Perrin (1988) qui emprunte à la théorie de la détection du signal l'idée de distributions perceptives (ou distributions d'états d'observations; Bonnet, 1986a) générées par chaque stimulus. La similarité de deux stimuli est alors déterminée par le taux de recouvrement de ces distributions. La plupart de ces recherches utilise soit des stimuli dont les dimensions sont définies a priori, soit des stimuli dont les définitions n'ont pas de corrélats physiques isolables.

Une description physique adéquate des stimuli visuels doit permettre au moins une estimation de la similarité physique des stimuli. Si de plus on dispose d'une approximation d'une précision suffisante du stimulus efficace, il est alors possible d'estimer la similarité perceptive des stimuli et de la confronter aux jugements des sujets. Cette approche a été explorée par Harvey et Gervais (1981), Gervais, Harvey et Roberts (1984). Ces auteurs ont utilisé soit des textures, soit des photographies ayant subi divers filtrages en fréquences spatiales, soit des caractères alphanumériques (lettres). Ils ont ainsi montré que la structure des jugements multidimensionnels de similarité pouvait être principalement expliquée par l'action de quelques canaux sensoriels sélectifs à la fréquence spatiale. Dans cette perspective, des stimuli visuels sont d'autant plus similaires perceptivement que leurs spectres efficaces sont proches.

4.1.5. *Similarité et discrimination de textures*

Une *texture* est une surface faite de micromotifs répétitifs disposés de manière plus ou moins aléatoire. Si un stimulus est fait de la combinaison de deux types de micromotifs, on peut alors chercher à quelles conditions un sujet pourra discriminer ces deux types sur la base de processus pré-attentifs (Neisser, 1967; Treisman & Gelade, 1980; Julesz, 1981, 1984). Pour éviter un examen attentif *(scrutinity)*, on présentera par exemple une paire de textures soit juxtaposées, soit disposées concentriquement pendant 50 ms et on demandera au sujet si le stimulus contient une ou deux textures.

Ces ségrégations de textures doivent reposer sur des processus de groupement. Elles seront d'autant plus marquées que la discriminabilité des éléments intratexturaux sera plus faible et que la discriminabilité des éléments définissant des textures différentes sera plus grande (Figure 19). La dissociation concerne ici les caractéristiques neuro-sensorielles des éléments.

19. Discrimination de textures faites de L et de T. *(a)* et *(b)* exemples dans lesquels la discrimination pré-attentive échoue. *(c)* la discrimination est possible, mais moins facile que dans la planche suivante *(d)* la différence systématique des orientations pemet la discrimination très facile bien que les lettres soient identiques.

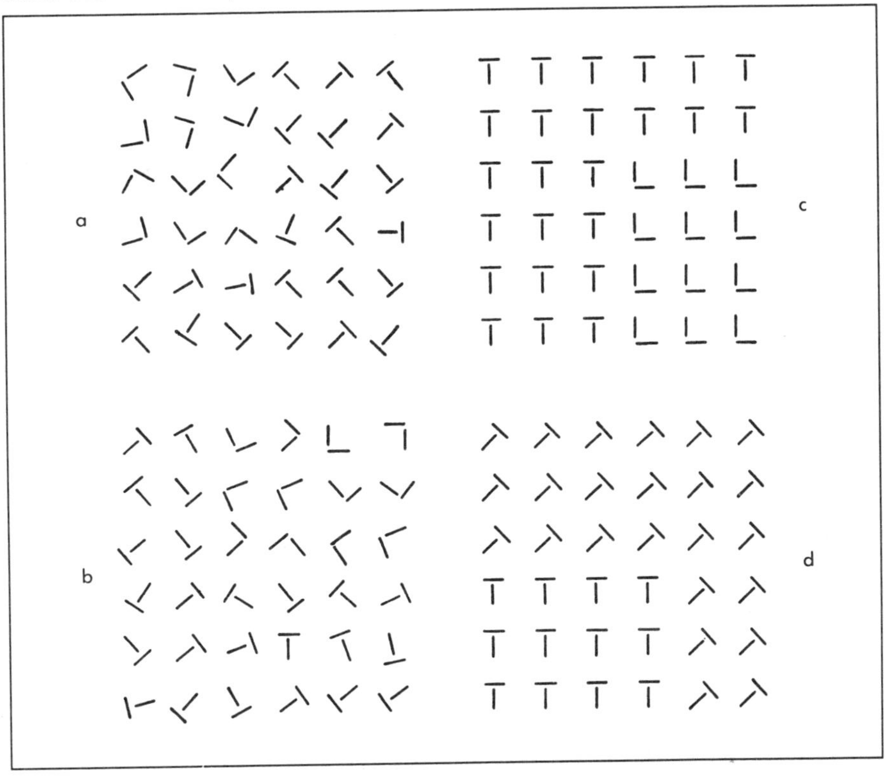

Beck (1966) avait fait une expérience princeps en la matière. Il présentait des surfaces faites soit de T, soit de L, soit de T inclinés à 45° régulièrement rangés. Discriminer deux surfaces mitoyennes faites l'une de T et l'autre de L s'est avéré moins facile que discriminer une surface faite de T verticaux et une autre faite de T inclinés (Figure 19 c et d). La raison en est que T et L présentent des caractéristiques élémentaires identiques en orientation et que la discrimination des textures va alors nécessiter un traitement plus approfondi des relations spatiales entre les deux caractéristiques (vertical et horizontal) codées initialement en parallèle (Treisman & Gelade, 1980). Au contraire dans le second cas, les caractéristiques élémentaires des « unités » sont discriminables à un niveau plus primitif. Ces conclusions sont confimées par Julesz (1984) et par Foster et Mason (1980).

Il n'y a perceptivement texture que si les éléments qui la forment sont similaires. La similarité peut être appréciée en raison inverse de la discriminabilité des dimensions primitives qui forment les éléments de la texture. Au niveau pré-attentif, seules ces primitives, que Julesz (1984) appelle textons, sont traitées et donc disponibles pour discriminer des textures. Les *textons* sont les éléments primitifs qui permettent la discrimination des textures. Ce sont des caractéristiques locales. Julesz distingue plusieurs classes de textons. Les principaux sont les « oblongs », ce néologisme sera utilisé pour traduire l'expression anglaise *elongated blob* (*blob* = tache). Un exemple typique d'oblong est un segment de droite. Mais tous les ensembles de points plus ou moins colinéaires constituent aussi des oblongs. Un oblong est caractérisé par sa largeur, sa longueur, son orientation et sa couleur. Les oblongs constituent avec les barres les éléments extraits dans l'esquisse primaire de Marr (1982). La *colinéarité* s'apparente à la propriété de bonne continuation des gestaltistes. La colinéarité, ou quasi-colinéarité consiste dans le fait qu'une série d'éléments discrets (des points par exemple) forment une succession spatiale régulière, un alignement. Cette propriété structurale de colinéarité résulte du fait que les éléments alignés activent les mêmes champs récepteurs allongés, sous réserve que leurs terminaisons soient assez proches (Zucker & Davis, 1988). D'autres textons seraient les terminaisons (terminators) ou fin de ligne et les croisements d'oblongs (Julesz, 1984).

Une texture peut être ainsi définie par les textons utilisés pour la fabriquer et par leur densité. Une différence de densité des mêmes textons permet une discrimination préattentive de deux textures. La discrimination de deux textures faites de L et de X orientés au hasard signifie-t-il que les différences de terminaison et les croisements sont responsables de cette discrimination, et constituent donc des textons? Une différence de la taille angulaire des éléments (L ou X) semble être le facteur essentiel de cette discrimination de textures différentes par les terminaisons et/ou les croisements. La seule activité des champs récepteurs à profil de réponse en sombrero permet d'expliquer cette discrimination (Voorhees & Poggio, 1988) : seule la taille des oblongs constituerait un texton.

4.2. Surfaces et contours

La notion de contour d'une forme fait d'abord référence à une représentation cognitive : un contour est la limite d'une surface, d'une forme ou d'un objet. Pour des représentations pictographiques, le contour désigne le plus souvent une ligne continue qui sépare la surface du plan appartenant à la figure de celle qui appartient au fond. On peut représenter une forme ou un objet par son seul contour linéaire (dessin au trait). Pour des stimuli visuels, la notion de contour doit être généralisée. Le *contour* est toute limite, quelle que soit la manière dont elle est réalisée, qui permet à l'organisme la ségrégation de la surface d'une forme par rapport à celle d'autres formes ou du fond. Ainsi conçu, le contour d'une forme visuelle consistera en tout changement plus ou moins brusque de la valeur d'une caractéristique spatiale présentant des propriétés de colinéarité et de fermeture. Dans les images « naturelles », ce sont des transitions plus ou moins brusques de luminance qui traduisent dans l'image la limite des surfaces et des objets. Aux transitions de luminance correspondent des phénomènes perceptifs qui accentuent les différences de luminosité de part et d'autre de la limite.

4.2.1. *Rehaussement des contours*

La limite entre deux surfaces est souvent perceptivement *rehaussée (enhanced).* L'exemple le plus connu de ce phénomène de rehaussement est celui des bandes de Mach. Présentons deux surfaces contiguës de luminance différente. Perceptivement, nous percevrons de part et d'autre de la limite une accentuation de la clarté du côté clair et un assombrissement du côté sombre (Figure 20).

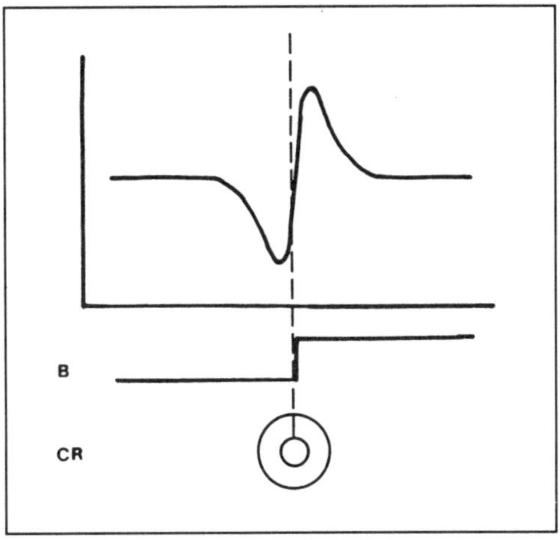

20. Bandes de Mach. Un bord (B) est la frontière entre une région sombre à gauche et claire à droite. Phénoménalement, les bandes de Mach consistent en l'apparence d'une bande plus sombre du côté sombre de la surface, et une bande plus lumineuse du côté clair de la surface. Le graphique du haut peut représenter cette variation de la luminosité. Si l'on enregistre l'activité d'un neurone dont le champ récepteur (CR) est à centre ON et à périphérie OFF en fonction de la position du bord sur ce champ récepteur, on obtient les résultats figurés dans le graphique en haut en portant en ordonné la fréquence des potentiels d'action et en abscisse la position du bord par rapport au CR.

Ce phénomène, appelé *bande de Mach,* accroît les contrastes de luminosité aux limites séparant les surfaces.

Il est attribué à des relations inhibitrices entre neurones dont les champs récepteurs sont mitoyens (Cornsweet, 1970). La distribution d'activité dans une série de neurones alignés perpendiculairement à l'orientation des barres fait apparaître une succession de minima et de maxima. Techniquement, cette distribution d'activités neuroniques est analogue à la dérivée seconde de la distribution des luminances physiques. Comme l'avait déjà postulé Mach (Zusne, 1970, p. 39), les changements de luminosité aux contours correspondent à la dérivée seconde de la distribution spatiale des luminances.

4.2.2. *Extraire une information de contour d'une variation quasi continue de luminance*

Comment le système visuel va-t-il pouvoir extraire l'information relative aux contours des formes dans un pictogramme achromatique présentant virtuellement tous les niveaux de gris? Dans l'image rétinienne correspondant à un tel stimulus, ou à une scène visuelle réelle, les transitions de luminance d'une région à une autre sont progressifs. Cette progressivité résulte, sinon de la qualité du stimulus (sa netteté), du moins d'une dégradation de cette qualité par les limitations optiques de l'œil. La dégradation de cette information sera encore accentuée par la variation de densité des récepteurs rétiniens qui entraîne une diminution de la résolution spatiale croissante avec l'excentricité rétinienne. S'il n'existait pas de mécanisme spécialisé dans l'extraction des contours notre organisme serait souvent incapable de percevoir avec précision les limites des formes visuelles.

Pour extraire l'information de contour, le système visuel doit donc, d'une manière ou d'une autre, « calculer » la colinéarité des changements de luminance. Cette opération représente nécessairement une étape postérieure à celle des codages locaux des caractéristiques. Marr (1982) a proposé un modèle formalisé qui intègre un certain nombre de propositions déjà présentées. Dans ce modèle, un premier niveau de traitement de la distribution bi-dimensionnelle de luminance est effectué par un ensemble de filtres en « sombrero mexicain » (laplacien de gaussienne) très semblables à ceux du modèle de Roddieck (1965). Ces filtres spatiaux ont des résolutions spatiales variées. Définis dans le domaine spatial, ces filtres correspondent, au moins conceptuellement, aux différents filtres de fréquence spatiale évoqués plus haut. A un second niveau de traitement, il y a repérage des transitions de luminance pouvant correspondre aux contours. L'originalité de ce modèle est de présupposer que cette information est contenue dans les points de passage par zéro de la dérivée seconde de la distribution de luminance. La dérivée seconde représente en quelque sorte le taux de variation du taux de variation. Sa forme est analogue à celle des bandes de Mach (Figure 20).

La concordance des distributions spatiales (alignements) des passages par zéro, opérés par des filtres spatiaux de différente résolution, correspond aux alignements de points des contours potentiels de formes. L'obtention des «vrais» contours peut alors, selon Witkin (Barrow & Tenenbaum, 1986), résulter des corrélations existant entre les contours extraits avec différents facteurs d'échelle. Le modèle ainsi décrit succinctement, non seulement a une validité interne attestée par le fait qu'implanté sur ordinateur, il parvient bien à extraire des contours d'images photographiques, mais il a de plus une vraisemblance biologique notable. Il existe actuellement un débat sur le fait de savoir si l'information traitée est l'alignement des passages par zéro (Marr, 1982) de la dérivée seconde ou bien l'alignement des maxima de cette dérivée comme le proposait Mach (Morgan, 1984). Ce débat confirme bien l'intérêt de la conception qui fait consister l'information de contour non en une information primitive mais bien comme une information dérivée nécessitant des niveaux de traitement supplémentaires.

4.2.3. *Variétés de contours*

Les stimuli visuels ne sont pas limités à des pictogrammes dans lesquels l'information de contour est à extraire de variations plus ou moins continues de luminance. Dans un pictogramme, des contours vont pouvoir être créés par tout changement brusque de la valeur d'une caractéristique présentant des propriétés de colinéarité. Un alignement de changements d'orientation d'un réseau carré de luminance engendre un tel contour. De même, un changement de phase, de fréquence spatiale, de densité de texture, de disparité rétinienne, de vitesse, de direction ou de sens de mouvement etc. Quelques exemples de ces contours sont présentés dans la figure 21. Parmi les dimensions citées, la phase n'est probablement pas aussi primitive. Son analyse représenterait un niveau de traitement plus tardif qu'une analyse des amplitudes des fréquences spatiales. Graham et Nachmias (1971) ont montré que la détectabilité d'un réseau complexe comprenant deux FS était indépendante de leurs relations de phase. Toutes les données suggèrent une moindre efficacité de l'information de phase (De Valois & De Valois, 1988).

4.2.4. *Les contours virtuels*

Une variété de contours mérite un traitement particulier : les contours virtuels appelés souvent subjectifs ou cognitifs. Schumann (1904), puis plus récemment Kanizsa (1979; Petry & Meyer, 1987) ont présenté des pictogrammes dans lesquels des éléments sont disposés spatialement de sorte que des contours apparaissent dans des régions du champ dans lesquelles il n'y a localement aucune discontinuité de luminance ou d'aucune des caractéristiques mentionnées ci-dessus. Le triangle de Kanizsa est le plus populaire de ces pictogrammes. Il est fondamentalement réalisé à partir de trois disques noirs échancrés (des *«pacmen»*) disposés spatialement de sorte que les côtés rectilignes des échancrures soient alignés deux à deux.

21. Variétés de contours, *(a)* contours obtenus par des changements d'orientation, *(b)* contour obtenu par un changement de phase (position spatiale) *(c)* figure d'Ehrenstein *(d)* grille fantôme *(e)* triangle de Kanizsa (f) illusion de Poggendorff réalisée avec une figure à contours virtuels.

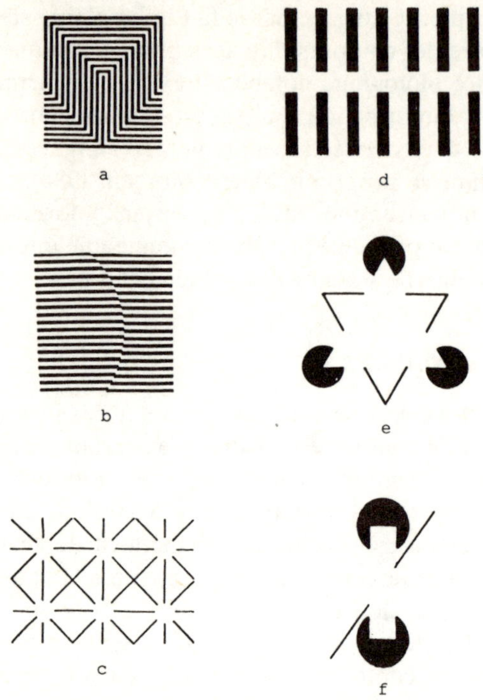

Un tel pictogramme donne lieu à la perception d'une surface triangulaire qui apparaît comme étant posé sur trois disques noirs et comme se distinguant d'un fond par sa luminosité plus élevée. La surface triangulaire semble être délimitée par des contours nets (Fig. 21). Nous avons retenu l'appellation de « contours virtuels » pour signifier que l'information dont ils résultent existe en puissance dans le stimulus physique et devient manifeste à un niveau de traitement relativement élémentaire.

Rock (1986) suggère que ces contours résultent d'un processus de résolution de problème qui fonctionne selon des règles d'interprétation des parties « réelles » de la figure. Les stimuli à contours virtuels « imposeraient » au système perceptif la solution figure-fond comme étant la plus pertinente. Gregory (1972) propose une hypothèse calculatoire qui suggère que les stratégies perceptives du sujet seraient basées sur un système de calcul probabiliste. Selon un point de vue gestaltiste (Kanizsa, 1979), la perception de contours virtuels serait la conséquence nécessaire de la tendance de l'organisme à adopter toujours la solution perceptive la plus simple. Coren (1972) pense que le phénomène des contours virtuels résulte d'informations de profondeur induites par les éléments du stimulus : l'organisme interpréterait les pacmen comme des disques devant lesquels s'interposeraient les angles du triangle.

Ces explications ne sont pas dans la perspective adoptée ici. Si contours il y a, les processus qui les génèrent doivent être les mêmes que ceux qui ont été évoqués plus haut. La mise en évidence d'une équivalence fonctionnelle de contours « réels » et de contours virtuels constitue un argument en faveur de l'hypothèse que ces deux types de contours sont traités à un même niveau par l'organisme. Ainsi, Gregory (1972) montre que l'illusion de Poggendorff s'obtient aussi avec des contours virtuels (Figure 21). Le traitement des contours virtuels serait donc assez primitif. Ginsburg (1986), réalisant un filtrage fréquentiel du triangle de Kanizsa analogue à la fonction de sensibilité au contraste du système visuel humain, montre que le stimulus re-synthétisé après ce filtrage, et qui matérialise le stimulus efficace hypothétique, présente des contours correspondant à la forme des contours virtuels. Ces contours sont capables d'activer des neurones visuels sélectifs à l'orientation, au même titre que des contours réels. Cette démonstration a été faite par von der Heydt, Peterhans et Baumgartner (1984) dans l'aire 18 du singe et par Redies, Crook et Creutzfeld (1986) dans l'aire 18 et dans l'aire 17 du chat.

Quels mécanismes peuvent alors rendre compte de la formation de ces contours virtuels? Spillmann, Fuld et Gerrits (1976) envisagent la possibilité d'une diffusion latérale d'activité de neurones stimulés par les éléments « visibles » du pattern (c'est-à-dire les pacmen dans le cas du triangle de Kanizsa) et un mécanisme de sommation de l'activité diffusée résultant de la disposition spatiale et en particulier linéaire des éléments. Fuld et O'Donnel (1984) supposent que cette diffusion latérale d'activité qui se fait dans le prolongement des contours réels (des pacmen) pourrait résulter des propriétés hypercomplexes (*supra* 1.5) de certains neurones visuels.

Si le mécanisme précis de formation des contours virtuels reste encore l'objet de spéculations, il est maintenant démontré qu'ils possèdent au moins l'une des propriétés neuro-sensorielle des contours réels : le phénomène de rehaussement (*supra* 4.2.1). Brigner et Gallagher (1974) ainsi que Coren et Theodor (1977) ont présumé que les contours virtuels pouvaient donner lieu à des phénomènes d'inhibition latérale et en particulier à des bandes de Mach (cf. Fiorentini, 1972). Celles-ci peuvent être mises en évidence par la mesure du seuil de luminosité (incrément) d'un point de part et d'autre du contour. Ce seuil doit être plus élevé du côté interne (où la luminosité est plus élevée). Coren et Theodor (1977) ont présenté des premiers résultats dans ce sens, résultats récemment confirmés par Dresp (1988).

Ainsi, le mécanisme de formation des contours virtuels semble bien pouvoir être attribué à une diffusion d'activité dans le prolongement d'un contour réel. Cette caractéristique souligne l'importance de la propriété de colinéarité. L'alignement de deux contours (côté des pacmen) pas trop éloignés permet de penser qu'ils peuvent stimuler des champs récepteurs allongés des neurones du cortex visuel de la même manière qu'une barre continue.

4.2.5. *Du contour à la surface*

La région de l'espace incluse à l'intérieur d'un contour fermé constitue une *surface.* Une surface est d'abord une notion géométrique. En tant que caractéristique perceptive d'une forme visuelle, la surface pourait résulter d'un processus de « remplissage » *(fill-in)* d'assez haut niveau. Les caractéristiques perçues d'une surface apparaissent en effet très dépendantes des caractéristiques des surfaces qui l'entourent. Deux classes de phénomènes illustrent cette notion.

La première classe est constituée par les contrastes simultanés de luminosité. La luminosité d'une surface est déterminée par le contraste de luminance qu'elle forme avec le fond sur lequel elle est présenté : une même surface grise paraît plus sombre sur un fond clair que sur un fond sombre. Ces effets de contraste sont d'autant plus forts que la surface est plus petite par rapport à l'étendue du fond, d'où l'asymétrie des effets entre la surface (figure) et le fond.

Une seconde classe est constituée par les phénomènes de raréfaction texturale. La densité apparente des éléments d'une texture physiquement identique entre le fond et la figure apparaît moins élevée à l'intérieur de la surface de la figure (Kennedy & Lee, 1976; Parks, 1985). Ce phénomène de raréfaction texturale apparaît aussi bien avec une figure à contours linéaires (traits) qu'avec une figure à contours virtuels. Il est d'autant plus marqué que la surface est petite et s'accompagne d'une augmentation du contraste apparent.

Des mesures d'élévation des seuils d'un point lumineux effectuées à l'intérieur d'un triangle de Kanizsa montrent que l'augmentation de luminosité apparente de la surface n'entraîne pas d'élévation corrélative du seuil (Dresp, 1988). Ces résultats s'interprètent en considérant que les mesures de seuils ne sont affectées que par les processus sensoriels primitifs (ici au niveau des contours). Le « remplissage » perceptif de la surface enclose par les contours virtuels résulterait d'un processus plus tardif.

4.3. **Ségrégation figure-fond**

Les notions de figure et de fond sont principalement dues à Rubin (1921). Elles font références à des aspects pré-sémantiques de la stimulation visuelle. En effet, comme le souligne Rock (1986), la figure est non seulement la forme qui « sort » du fond, elle est en plus caractérisée par sa propriété « objectale » (thingness). De ce fait elle constitue une entité dotée de forme et qui renvoie (ou est susceptible de renvoyer) à un référent-objet. Nous reviendrons plus loin sur la distinction forme-objet. La figure a nécessairement une surface, et se trouve donc enclose par un contour. Le fond a bien sûr une étendue, mais ses limites externes peuvent être indéfinies. Pour les Gestaltistes, la ségrégation figure-fond est primitive. Dans notre perspective, elle résulte d'un niveau de traitement déjà complexe. La figure est la partie d'un pictogramme qui est la mieux structurée, tandis que le fond est sans forme, diffus, indéfini. L'essentiel des démonstrations des Gestaltistes consiste à trouver les propriétés structurales qui conduisent à des jugements sur la qualité de figure ou la qualité de fond de telle ou telle partie du pictogramme. Weisstein et Wong (1986) parlent à propos des figures de perception « d'objets comme des entités séparées de leur fond » (p. 31) et non de formes. Cette distinction nous paraît fondamentale. Elle revient à attribuer l'essentiel de la ségrégation Figure-Fond à des mécanismes descendants, partant des représentations cognitives vers les traitements plus perceptifs des formes. Ces expériences ne nous apprennent pas comment l'organisme structure un pictogramme en Figure et Fond, mais elles concernent les conséquences de cette structuration.

Qu'une région de l'espace visuel soit perçue comme figure par rapport à un fond entraîne des conséquences perceptives dont l'explication est pour le moment incertaine. Parmi celles-ci citons un effet de luminosité et un effet de discrimination d'orientations (Weisstein & Wong, 1986). Les deux premiers effets sont des effets de luminosité ou plus précisément de contraste (Rock, 1986). Le même gris apparaît plus lumineux lorsqu'il remplit une surface perçue comme figure que lorsqu'il remplit une surface perçue comme fond. Ce phénomène se généralise aux figures à contours virtuels : si la figure est sur fond clair, elle apparaît plus lumineuse que le fond, si elle est sur fond noir, elle apparaît plus noire que le fond. Cet effet est objectivable par des expériences d'égalisation.

Weisstein et Wong (1986) constatent que la discrimination des orientations d'un petit segment de droite test est meilleure pour les régions perçues comme figure que pour les régions perçues comme fond. Leur pictogramme était le vase-visages de Rubin. Ces données, considérées avec ce qui a été dit plus haut, suggèrent que la ségrégation figure-fond résulte de phénomènes d'un niveau tardif. Les variations associées de la luminosité de la surface figure ne mettent pas en jeu des processus aussi primitifs que ceux qui sont atteints par une mesure d'élévation de seuil de luminosité (Dresp, 1988).

4.4. Les illusions optico-géométriques

Nous parlons d'*illusion* lorsqu'il existe une non-concordance entre notre perception et notre représentation cognitive du même stimulus physique. Les illusions optico-géométriques ont donné lieu à une abondante littérature

(Robinson, 1972; Coren & Girus, 1980), y compris à des articles ou à des ouvrages visant à nous persuader que « le cerveau nous trompe ». A l'heure actuelle, il n'existe pas encore de consensus théorique sur les causes de ces « illusions », ... sauf peut-être à admettre que leurs déterminants sont multiples! L'étude des illusions est un moyen de mettre en lumière certains des processus en jeu dans la perception visuelle.

22. Illusions optico-géométrique. Dans le panneau de gauche, les illusions de taille : *(a)* Müller-Lyer, *(b)* Ponzo, *(c)* Delboeuf *(d)* Ebbinghaus. Dans le panneau de droite, les illusions d'orientation : *(e)* Hering, *(f)* Orbison *(g)* Ehrenstein, *(i)* Poggendorff.

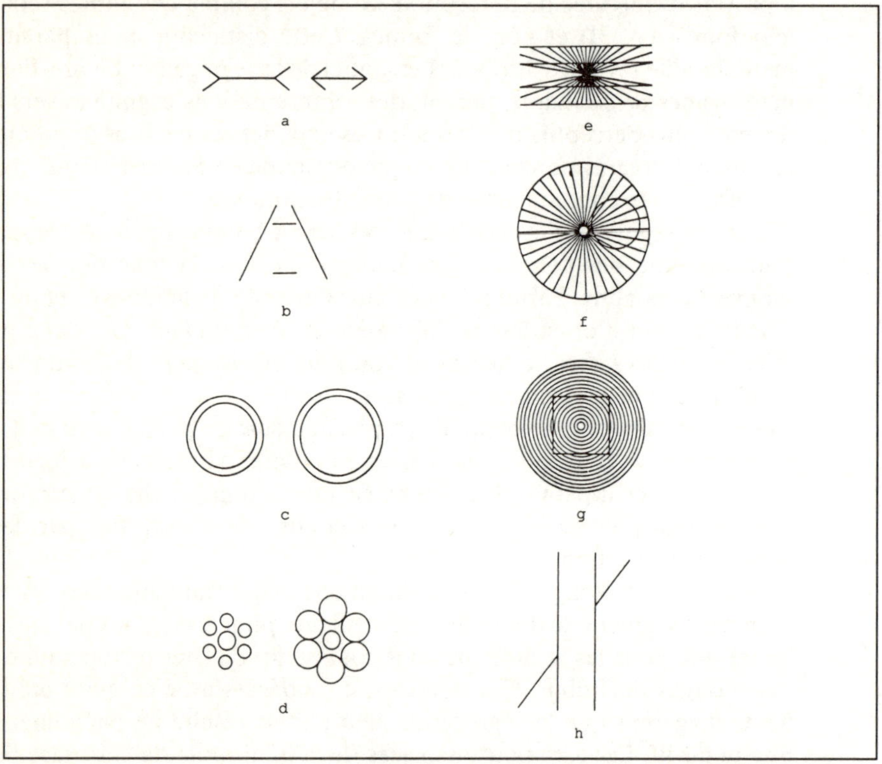

Nous avons évoqué en début de ce paragraphe la notion d'une représentation cognitive du stimulus physique, celle de l'expérimentateur. Cette représentation se manifeste dans la description que nous donnons du pictogramme présenté au sujet. La question est alors de savoir si notre représentation cognitive correspond bien aux dimensions de la stimulation qui sont effectivement prises en compte par l'organisme de l'observateur. Prenons l'exemple de la figure de Müller-Lyer (Figure 22a). Nous concevons celle-ci comme composée de deux segments d'égale longueur terminés l'un par des pennures internes l'autre par des pennures externes. Nous appelons cette description, description du géomètre. La dissociation pour chaque pictogramme d'un déformant (les pennures) et d'un déformé (les segments) (Piaget, 1961) correspond à une représentation cognitive conforme aux propriétés géométriques manipulées par le dessinateur et aux intentions de l'expérimentateur. Pourquoi la dissociation de ces deux composantes dans la perception serait-elle donnée d'emblée, par exemple au niveau neuro-sensoriel? Parce que nous demandons au sujet de juger si les deux segments horizontaux sont ou non d'égale longueur, est-il garanti qu'il puisse le faire en dissociant ces segments de leurs pennures?

En raison de la connexité des éléments déformants et de l'élément déformé, il y a tout lieu de penser que chaque figure constitue, au moins à un certain niveau du traitement sensoriel, un tout. Sa représentation sensorielle n'est pas celle d'un segment horizontal auquel sont accolées des pennures, mais bien celle d'une configuration, une «flèche». Si tel est le cas, la longueur du pictogramme à pennures internes est de toute évidence plus courte que celle du pictogramme à pennures externes. Dans un modèle de traitement sensoriel qui admet un codage des fréquences spatiales du stimulus en canaux séparés, la longueur totale de la configuration détermine la fondamentale du spectre du pictogramme, c'est-à-dire la composante fréquentielle présentant le plus d'énergie. Sa représentation neuro-sensorielle modélisée par son spectre efficace ou par la synthèse d'image réalisée à partir de ce spectre confirme une différence notable des longueurs des deux figures (Ginsburg, 1986). Si le filtrage en fréquences spatiales est bien le mécanisme fondamental qui génère l'illusion, on peut alors prédire quelques variations de celle-ci. Par exemple, en raison de l'existence d'une fréquence spatiale optimale, on peut prédire, pour des pennures de taille donnée, les variations perçues de la longueur du segment horizontal en fonction de la distance interpennures. Demandons à un sujet d'égaliser le longueur d'un segment horizontal (sans pennures) à celui d'un segment avec pennures internes. Sans changer la longueur du segment, augmentons la distance interpennures. L'illusion va progressivement diminuer et va même s'inverser (Ginsburg & Evans, 1979). Ceci signifie que l'illusion est présente au niveau du spectre efficace de la figure, c'est-à-dire dans l'information sensorielle disponible et utilisée pour réaliser la tâche de comparaison des longueurs. Le même mécanisme peut rendre compte des illusions de Poggendorff ou de Ponzo (Ginsburg, 1986). La seule atténuation des fréquences spatiales hautes produite par un filtre passe-bas conduit à des distorsions qui vont dans le sens des illusions perçues.

Dans le cadre théorique présenté dans la section 3, il est cohérent de distinguer des classes d'illusions optico-géométriques selon les dimensions primitives sur lesquelles elles portent. Nous avons ainsi rencontré des illusions d'orientation (Zöllner, Fraser, Hering, Poggendorff, Ehrenstein, Orbison, etc). Attribuées à la sélectivité à l'orientation des contours, ces illusions s'expliquent par des mécanismes qui conduisent à des assimilations (différences faibles d'orientation, illusion de Fraser) ou à des inhibitions (différences d'orientation plus importantes, illusion de Zöllner). Il y aurait par ailleurs des illusions de grandeur (longueur en particulier) et/ou de fréquence spatiale (Müller-Lyer, Ponzo, Delboeuf, Titchener, etc.) qui font apparaître des effets soit d'assimilation, soit de contraste portant sur la taille d'une manière analogue au déplacement des fréquences spatiales mentionné à la section 3.1.2.

De ce qui précède, il ne faut pas conclure qu'aucun facteur cognitif ne peut moduler ces illusions. Coren et Girus (1980) suggèrent que dans les illusions, il y aurait de la part du sujet une comparaison incorrecte à cause des propriétés configurationnelles du pictogramme. Pour nous, il ne s'agit pas d'erreur dans le processus de jugement mais d'une impossibilité à retrouver une information sensorielle non biaisée (par rapport au stimulus géométrique). Cette impossibilité rend compte du caractère coercitif des phénomènes. Une autre interprétation cognitive est l'hypothèse du monde du charpentier (*carpenter world*) popularisée par Gregory (1968) et Gillam (1984). Cette hypothèse suggère que si une configuration de lignes évoque une représentation picturale de profondeur (par exemple les lignes convergentes de l'illusion de Ponzo), les processus qui concourent à la formation de la constance de taille seront mis en jeu. L'élément perçu le plus éloigné, qui devrait avoir une longueur physique plus faible par application des lois de la perspective, sera vu plus grand que l'élément le plus proche (Rock, 1986). Quoique des démonstrations montrent que les illusions se maintiennent même dans les cas où l'on présente simultanément des indices de profondeur contraires à ceux qui devraient engendrer l'illusion (Rock, 1975), cette hypothèse continue à bénéficier d'une certaine notoriété, sans doute en raison de son caractère cognitif.

La séparation des niveaux sensoriels et perceptifs n'apparaît pas aisée et n'a pas été approfondie ici. Nous avons vu que plusieurs phénomènes pouvaient être simplement expliqués en terme de visibilité relative c'est-à-dire en terme de processus sensoriels. La tâche demandée au sujet dès qu'elle implique une comparaison, comme les tâches de discrimination, d'égalisation, d'identification ou de classement va impliquer des processus perceptifs de mise en relation d'informations codées séparément et ce d'autant plus que le sujet devra orienter volontairement son attention vers un aspect ou un autre. Il apparaît cependant, même dans ce cadre, que l'efficacité des processus perceptifs dépend des contraintes sensorielles de visibilité.

Les informations acquises aux niveaux sensoriels de traitement ont donc le plus souvent encore besoin d'être organisées spatialement pour que l'organisme parvienne à une structuration relativement univoque des formes. Pour Ullman (1984), la perception des relations spatiales serait réalisée par la mise en œuvre de *routines visuelles* composées de séquences d'opérations élémentaires appliquées aux informations sensorielles. Des routines concernant l'extraction de différentes propriétés peuvent avoir recours aux mêmes opérations élémentaires. Il y aurait donc un ensemble fixe d'opérations assemblées en routines différentes. Celles-ci, contrairement aux mécanismes sensoriels, ne sont plus seulement dépendantes des propriétés des stimuli, mais sélectionnées et éventuellement créées pour des buts spécifiques. Il est par exemple indispensable de faire appel à des routines visuelles pour rendre compte d'une part de la propriété de fermeture des contours et d'autre part de la formation d'une surface pleine ayant des propriétés perceptives distinctes de celles du fond.

La fermeture des contours peut être réalisée par une routine visuelle prenant d'une part en compte l'information sensorielle globale (fréquence spatiale basse) du groupe d'éléments et d'autre part une procédure de *traçage.* Le traçage de limites est une opération qui consiste à reconstituer le contour d'une forme à partir d'informations locales de contours locaux. Cette opération peut être rendue complexe par la présence de discontinuités, d'intersections d'embranchements. Elle peut ou non conduire à extraire une propriété de fermeture de la forme. L'information globale de groupement n'est en effet pas garante de la fermeture d'un contour et ne permet pas à elle seule de discriminer une forme ouverte d'une forme fermée.

On pourrait concevoir que le passage de la forme à la figure consiste pour le système à différencier la partie interne de la forme du fond, c'est-à-dire à créer une surface. Phénoménalement, en effet, la figure est une entité «pleine» et les parties claires éventuellement encloses entre des fragments sombres lui appartiennent au même titre que ceux-ci (Figure 25). On est alors amené à concevoir que la formation d'une surface résulte d'une procédure de remplissage telle qu'elle est mentionnée entre autres par Ullman (1984), procédure qui présuppose celle de fermeture des contours.

5 PERCEPTION DES FORMES ET PERCEPTION DES OBJETS

Au niveau cognitif, nous avons affaire à des objets plus qu'à des formes (Sutherland, 1973; Gregory, 1981; Bonnet, 1986a). Un *objet* est une entité définie dans un espace tri-dimentionnel. Il a généralement une fonction précise et peut être désigné par une étiquette verbale. L'objet est défini par les relations externes qu'il entretient avec son environnement et obéit aux lois de la physique. La forme est le résultat de l'intégration des informations sensorielles sur l'apparence instantanée de l'objet. Elle a une représentation perceptive séparable des représentations cognitives de l'objet.

On peut admettre (Anderson, 1985) qu'il existe une double représentation cognitive d'un même objet. L'une est imagée et l'autre propositionnelle. Les images mentales (Denis, 1979; Finke & Sheppard, 1986) peuvent être conçues comme l'actualisation phénoménale de représentations imagées quoique les secondes ne se réduisent pas aux premières. Quant aux représentations propositionnelles, il s'agit de descriptions des propriétés des objets plus ou moins organisées en schémas. Lorsque l'on parle de perception des objets, on fait nécessairement référence à des processus de catégorisation où les catégories sont définies soit sous forme de prototypes imagés, ou imageables, soit sous forme proportionnelle. Si donc l'objet est la représentation cognitive extraite des traitements perceptifs préalables, cette représentation est encore contrainte par les caractéristiques structurales des formes dont elle a été extraite.

5.1. Effets de supériorité de l'objet ?

Dans une expérience désormais classique Weisstein et Harris (1974) ont montré que l'identification d'un élément pictural pouvait être améliorée si cet élément était inclus dans un contexte pictural « représentant » un objet possible par rapport à ce qu'elle était lorsque l'élément est présenté seul ou dans un contexte pictural ne « représentant » pas un objet. Les éléments à identifier étaient des segments de droite orientés obliquement et différant en orientation et en position spatiale par rapport au point de fixation (Figure 23). Quatre modalités de cet élément critique étaient possibles.

23. Exemples de stimuli utilisés dans l'étude de l'effet de supériorité de l'objet. Les segments à identifier sont présentés ligne (c). En prenant comme référence la précision d'identification obtenue pour les stimuli « objets » (ligne a), la performance baisse de 5 % pour les stimuli (b), de 13 % pour les stimuli (c) et de 13,8 % pour les stimuli (d) (d'après Williams et Weisstein, 1978).

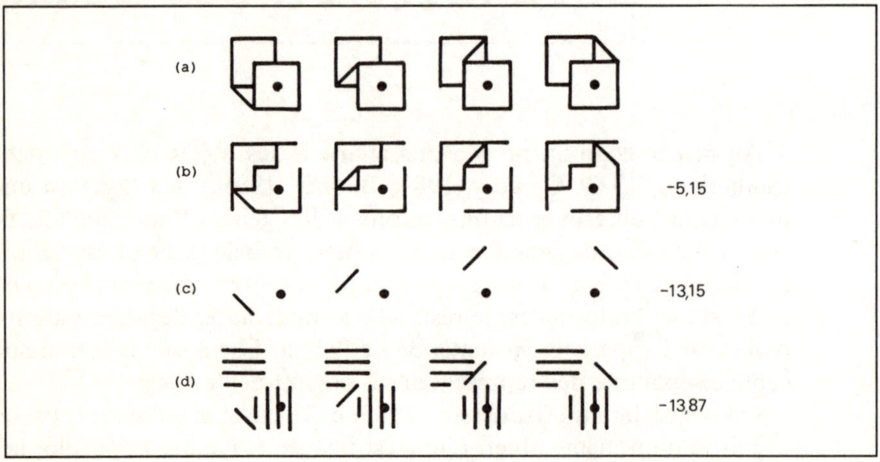

Par analogie avec les résultats montrant qu'une lettre est plus facilement identifiée lorsqu'elle est incluse dans un mot de la langue que dans une suite de lettres ne formant pas un mot (effet de supériorité des mots), ce résultat a été appelé effet de supériorité de l'objet.

Malgré une longue série d'expérimentations utilisant divers paradigmes (Breitmeyer, 1984; Williams & Weisstein, 1978, 1984), l'explication du phénomène n'est pas univoque. La dimension configurationnelle des stimuli est au moins aussi déterminante de l'effet que leur dimension « objectale ». La solution du dilemme se situe précisémment à l'articulation des processus ascendants (configurations) et des processus descendants (objet). De plus des facteurs de familiarité avec les stimuli pourraient être invoqués. La *familiarité* est une propriété, non des stimuli, mais des représentations qu'en a construit un individu donné et qui concerne leur disponibilité. Elle est, pour partie fonction de la fréquence avec laquelle son système visuel a été confronté au stimulus. De ce point de vue, il est évident que les sujets sont, préalablement à leur participation à toute expérience, plus familiers avec certains stimuli et en particulier avec des figurations graphiques d'objets.

5.2. Reconnaissance et identification d'objets : rôle des prototypes

Reconnaître ou identifier un objet à partir des seules informations sur sa forme nécessite que l'organisme ait au préalable une représentation de cet objet à laquelle il va pouvoir comparer son apparence actuelle. Les modèles de ces processus sont en général peu satisfaisants, soit parce qu'ils sont trop spécifiques pour être transposés ou généralisés, soit parce qu'ils sont trop généraux pour être réfutables. La notion même de « comparaison », souvent désignée par le terme d'appariement *(matching)*, entre une représentation pictographique et une représentation en mémoire ne spécifie pas suffisamment le processus. Il peut en effet s'agir aussi bien d'une procédure cognitive que de l'activation d'un réseau parallèle distribué (Bierderman, 1987), la première étant contrôlée et la seconde automatique.

La représentation interne de la forme ou de l'objet a d'abord été conçue comme un gabarit *(template)* (Neisser, 1967). La reconnaissance consisterait alors à vérifier si la forme actuelle est bien appariée au gabarit (moule). Cette conception a été vite délaissée : tout changement d'orientation ou de taille de la forme actuelle ne permettant pas l'appariement. Or la reconnaissance peut se faire pour de larges variations de la forme présentée. On en est venu à une conception plus souple, celle de prototype. Par *prototype,* on entend une représentation abstraite en mémoire d'une forme ou d'un objet résultant d'une synthèse statistique de tous les patrons individuels des formes d'une catégorie donnée. La notion de prototype repose sur celle de catégorisation. Elle est liée à des notions comme celles de schèmes, de schémas, de cadre *(frame)* ou de script (Hoc, 1986).

24. Prototypes. Le prototype est une forme triangulaire réalisée avec neuf points. Les autres exemplaires en sont dérivés en appliquant des distorsions statistiques plus ou moins importantes. Chaque point peut être déplacé avec une certaine probabilité. Ces distorsions sont mesurées en bits. On a représenté ici des distorsions de 1, 3 et 5 bits. (d'après Posner & Keele, 1968)

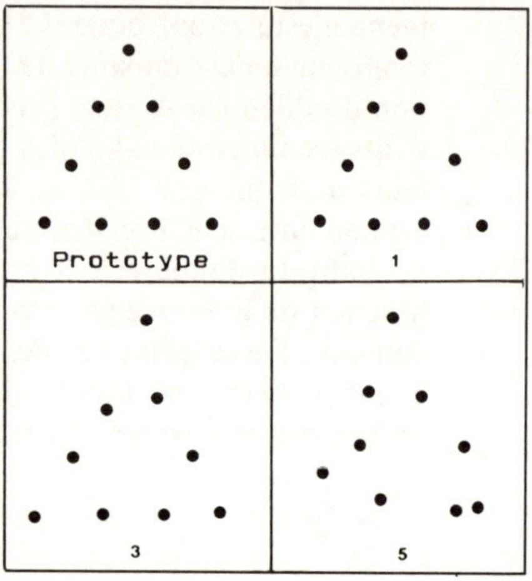

Considérons dans un premier temps ce que peut être un prototype de forme. Les expériences de Posner et de ses collègues (Posner & Keele, 1968) permettent une première approche de cette question. Le matériel expérimental est construit à partir de 4 motifs faits de points : un triangle, la lettre M, la lettre F et un motif « non-significatif ». De chaque motif (prototype potentiel), les auteurs dérivent des stimuli en imposant des distorsions probabilistes (mesurées en bits) aux emplacements des points. Dans la première partie de l'expérience, les sujets apprennnent à classer un ensemble de stimuli en 4 classes. Cet ensemble ne comprend pas les 4 prototypes. Chaque réponse est corrigée si nécessaire. La tâche est poursuivie jusqu'à l'atteinte d'un critère de réussite. Dans une seconde phase de l'expérience, la même tâche de catégorisation est poursuivie, sans correction cette fois. Le matériel comprend des stimuli déjà présentés, et des nouveaux stimuli appartenant à trois classes : les prototypes, des distorsions de ces prototypes. Le pourcentage d'erreur dans la catégorisation des prototypes est à peine plus élevé que celui qui est observé pour les stimuli anciens, déjà appris (15,1 % *vs* 12,9 %). Par contre, le pourcentage d'erreur est nettement plus élevé pour les stimuli nouveaux et ce d'autant plus qu'ils sont plus dissemblables du prototype (de 25,7 % à 40,1 %). Cependant, dans tous les cas, la performance est meilleure que le hasard. Ces résultats suggèrent que lors de la première phase les sujets ont bien élaboré un prototype, c'est-à-dire une représentation caractéristique de chaque catégorie, et que toute catégorisation ultérieure de nouveaux stimuli est d'autant plus facile que ce stimulus est plus similaire au prototype.

Si la vraisemblance des prototypes est attestée par de nombreuses expériences, les mécanismes d'élaboration de ces prototypes restent l'objet d'interrogations. On peut envisager (Reed, 1973) au moins trois classes de processus. La première s'apprente à un *moyennage,* c'est-à-dire à une opération statistique dont le résultat dépend uniquement de la fréquence d'apparition des différents exemplaires de la catégorie. Dans les expériences du type Posner, la disposition spatiale des points (forme) qui minimise les distances résultant des variations introduites dans chaque exemplaire constituerait le prototype. Le second type de processus constituerait plutôt à rechercher le mode de la distribution des exemplaires présentés. De la sorte, le prototype risquerait moins d'être influencé par les exemplaires les plus déviants par rapport à la distribution. Une troisième classe de processus suppose une élaboration plus poussée conduisant à la construction d'un modèle « typique » de la classe, c'est-à-dire d'une forme qui présente le plus grand nombre d'attributs communs avec les autres membres de la catégorie. Dans le même temps, ces attributs sont ceux qui permettent les meilleures discriminations inter-classes. Rien n'interdit de penser que ces trois classes de processus puissent être mises en œuvre. Plutôt qu'une conception platonicienne des prototypes, conception sous-jacente à un point de vue gestaltiste (la bonne forme), nous suggérons que la formation de prototypes résulte principalement de l'expérience d'une manière qui est simulable au moyen de modèles de réseaux parallèles distribués (Rumelhart & McCleland, 1985; Ballard, 1986). En conséquence, un prototype n'est pas une représentation figée, mais une représentation continuellement remise à jour.

Une représentation prototypique peut aussi concerner les objets tri-dimensionnels (*infra* 5.7). En particulier, il serait économique que le prototype stocké en mémoire corresponde à un point de vue « typique » de la vision de l'objet en question, c'est-à-dire à une certaine orientation spatiale relative à un observateur. Cette orientation pourrait être soit la plus familière, soit encore, et ceci n'est pas incompatible avec cela, l'orientation qui fournit le plus d'informations pour discriminer cet objet d'autres objets de forme voisine. Palmer, Rosch et Chase (1981) étudiant les latences d'identification d'objets miniatures présentés au tachistocope selon des orientations différentes, ont observé, en conformité avec l'hypothèse, qu'il existait pour chaque objet une orientation donnant lieu à une latence d'identification plus courte.

5.3. La dénomination dans la reconnaissance et l'identification des formes

Le prototype fait référence à une catégorisation structurale ou picturale des formes. La plupart des formes données à percevoir visuellement sont dénommables. On admet que les représentations picturales et verbales d'une même forme sont séparées. Dans le cas des représentations verbales, il faut encore distinguer l'accès à la représentation sémantique et l'accès à la représentation phonologique ou lexicale (voir chapitre 4).

La psychologie quotidienne semble admettre qu'il est plus facile de percevoir une forme dénommable (c'est-à-dire significative) qu'une forme non dénommable et que cette supériorité (voir l'effet de supériorité de l'objet) traduit la prééminence des processus cognitifs (descendants) dans la perception. Les expériences ayant étudié l'effet de la dénommabilité des stimuli sur leur perception se soucient peu de prendre à titre de comparaison un matériel structuralement équivalent, mais non dénommable. De la sorte, les facteurs structuraux et sémantiques restent indissociables. Or, si l'on s'interroge sur une dissociation des effets dus à la structuration perceptive et des effets dus à l'existence d'un référent-objet (représentation sémantique) correspondant à une forme visuelle, il faut se donner les moyens de comparer des stimuli équivalents du point de vue structural. C'est ce qu'a tenté Boucart (1988). Elle a conçu un matériel pictural fait de formes fragmentées dont certaines sont dénommables et d'autres non.

25. Figures fragmentées dénommable et non dénommable. La figure non dénommable est construite à partir de la figure dénommable par simple permutation des éléments. (Boucart, 1988)

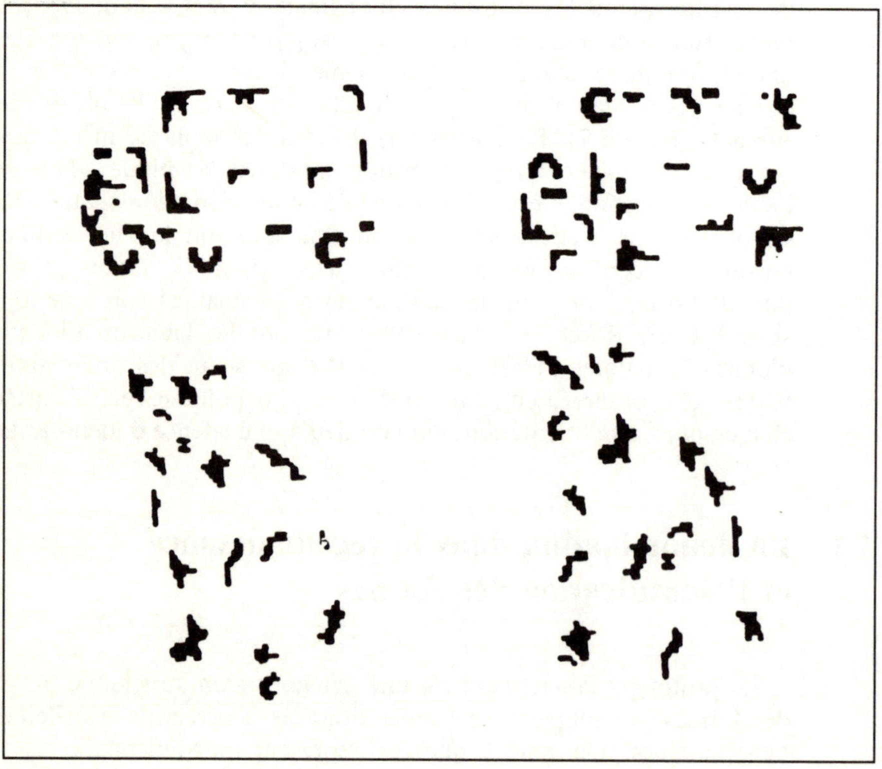

En fait, chaque forme non dénommable est structuralement appariée à une forme dénommable dont elle est dérivée par translation des éléments en respectant certaines contraintes telles que la forme globale et les densités locales des éléments. Trois ordres d'expériences ont été réalisées dans le but de questionner des processus de niveau de plus en plus élevés.

Dans une première tâche, la même forme est présentée successivement en vision centrale (stimulus modèle présenté pendant 150 ms) puis en vision parafovéale à droite ou à gauche. Le second pictogramme (stimulus cible) a soit la même orientation spatiale que le stimulus modèle, soit en constitue une version en miroir. La tâche des sujets est de juger si les deux stimuli sont identiques ou différents en orientation. Dans cette tâche, la nature dénommable ou non du matériel n'est en aucun cas critique, et sa réalisation peut être accomplie sur la base de traitements purement perceptifs. De fait, les temps de réaction sont très voisins pour les stimuli dénommables et pour les stimuli non-dénommables (663 ms *vs* 679 ms). Dans une seconde expérience réalisée dans les mêmes conditions, le jugement identique/différent porte sur l'identité de la figure. De plus, les stimuli dénommables et les stimuli non-dénommables sont cette fois présentés à deux groupes indépendants de sujets. Dans ce cas, les temps de réactions pour les stimuli dénommables sont plus longs (698 ms) que les temps de réactions pour les stimuli non-dénommables (628 ms). Tout se passe alors comme si la dénomination, qui n'est pas nécessaire à la réalisation de la tâche, était inévitable et entraînait de ce fait une réponse plus tardive pour les stimuli dénommables. La troisième série d'expériences portait sur une tâche de catégorisation. Celle-ci était sémantique pour les sujets confrontés au matériel dénommable (animaux *vs* véhicules). Pour le matériel non-dénommable, les deux catégories de 4 stimuli chacune étaient d'abord apprises. Les temps de réaction sont plus courts et les taux d'erreur plus faibles pour les stimuli dénommables. Cependant, des analyses plus détaillées des résultats indiquent que les sujets auraient substitué à la tâche de catégorisation sémantique (stimuli dénommables) une catégorisation structurale en fondant leur classification sur un indice physique commun à tous les membres d'une même catégorie (forme arrondie pour les animaux, forme anguleuse pour les véhicules). Par conséquent, l'avantage du matériel dénommable pourrait s'expliquer non par sa dénommabilité, mais par son meilleur degré de structuration. La figure 25 permet d'observer que pour un stimulus dénommable, plusieurs fragments du contour présentent un angle convexe vers l'extérieur de la figure. Pour un stimulus non-dénommable, cette convexité est orientée vers l'intérieur. En conséquence, le pourcentage de fragments adhérant au contour virtuel est supérieur dans le cas des stimuli dénommables. De plus, la disposition des éléments sur ces contours virtuels présente dans ce cas des propriétés de colinéarité pour les stimuli dénommables. La colinéarité des éléments, jointe à leur proximité, permet à l'organisme d'extraire un contour comme le suggèrent les résultats de Dresp (1988) avec le triangle de Kanizsa. Enfin, ce contour (virtuel) étant continu, il y a réalisation de la propriété de *fermeture* grâce à laquelle peut s'accomplir la ségrégation figure/fond.

Les résultats de ces expériences suggèrent donc que des effets de supériorité attribués à des facteurs sémantiques (l'effet de la dénommabilité, l'effet de la supériorité de l'objet) pourraient en fait résulter de simples différences dans le degré de structuration des stimuli. L'explication reposerait alors sur la prise en compte de la représentation perceptive (niveau 2) et résulterait essentiellement de traitements ascendants et non sur l'action « descendante » des représentations sémantiques des stimuli.

5.4. Trois ordres de représentations des objets

Dénommer une image consiste à faire correspondre une étiquette verbale à une forme visuelle. Comme il a déjà été dit plus haut, cette opération implique la médiation d'une représentation d'objet. Pour clarifier les questions relatives à l'identification (dénomination) d'images (Riddoch & Humphreys, 1987), il faut en fait concevoir trois ordres de représentation à ce niveau cognitif : une représentation structurale, une représentation sémantique, et une représentation phonologique. Les résultats présentés ci-dessus montrent tout l'intérêt de cette distinction. L'accès à la représentation sémantique (l'objet) est rapide, tandis que l'accès à la représentation phonologique (le nom) est plus lent. A supposer, dans la logique de ce qui a été présenté jusqu'ici, que la représentation structurale soit la phase terminale des traitements de la forme visuelle, il reste à élucider les processus d'accès aux deux autres représentations.

5.4.1. *Représentation structurale à trois dimensions*

Il faut distinguer une représentation structurale perceptive telle qu'elle a été évoquée au paragraphe précédent, d'une représentation structurale cognitive dont il est question ici. Pour certains auteurs, comme par exemple Marr (1982) ou Biederman (1987), la représentation structurale cognitive consiste en une segmentation des informations de forme en composantes géométriques simples mais tri-dimensionnelles que le second appelle « géons » (pour *geometric ions*). Ces composantes sont des volumes. Les géons sont modélisés comme des cônes généralisés dont on peut définir l'alphabet d'environ 24 « lettres » et qui sont dérivés de cinq propriétés des contours d'une image : la courbure, la colinéarité, la symétrie, le parallélisme et la coterminaison. Les géons sont donc des « primitives » d'un ordre plus élevé que celles dont il a été question à la section 3. Les propriétés des contours d'où ils dérivent sont pour les unes (colinéarité) sensorielles, tandis que les autres (cf. en particulier la symétrie, le parallélisme ou la coterminaison) résulteraient de la mise en œuvre de routines visuelles. L'identification d'un objet se ferait par appariement des composants repérés dans l'image (la forme) et de ceux de la représentation pictographique de l'objet. Sur cette base, Biederman montre que le temps de réaction pour l'identification correcte de dessins au trait augmente en fonction du pourcentage de contour supprimé, mais que cette augmentation est surtout drastique lorsque la suppression porte sur des composantes ayant des propriétés de géons. On retrouve ici une idée fortement apparentée aux applications de la théorie de l'information déjà proposées par Atteneave (Zusne, 1970), à savoir que, dans une forme, certaines parties sont plus informatives que d'autres et que ces parties correspondent à des changements de direction des contours. L'appariement dont il est question peut mettre en jeu une représentation prototypique de l'objet et les opérations d'appariement peuvent impliquer des rotations mentales (Shepard & Finke, 1986; Denis, 1979) du prototype. On comprend ainsi mieux pourquoi, l'information contenue dans la représentation structurale n'a pas besoin d'être complète pour permettre cependant une identification. De même peut-on entrevoir l'explication des effets de contexte sémantique ou les effets d'amorçage *(priming)*. Un prototype donné pourrait être préalablement activé par la présentation antérieure d'images d'un même objet ou d'un objet appartenant à la même classe sémantique ce qui rendrait son accès plus rapide.

5.4.2 *Représentation sémantique des objets*

On pourrait parler à ce sujet de représentation syntaxico-sémantique puisque nous considérons ici non seulement la question de la signification d'objet en tant qu'entité individualisée du monde physique, mais aussi les rapports que cet objet peut entretenir avec d'autres objets ou parties dans une scène visuelle donnée. Ces représentations sémantiques sont étudiées essentiellement dans des tâches de catégorisation. Il ne faut pas confondre les catégorisations sémantiques réalisables à partir d'un matériel pictographique donné et les dénominations qui font appel à des représentations phonologiques. Si l'on peut utiliser ces dénominations pour faire des inférences sur les catégorisations sémantiques, il ne s'ensuit pas que les secondes se réduisent aux premières. L'exemple des agnosies de l'objet décrites par Hécaen (Hécaen & Lantéri-Laura, 1983; Humphreys, Riddoch & Quinlan, 1988) est le plus parlant à cet égard. Les patients peuvent en effet ne pas pouvoir dénommer un objet montré visuellement, mais l'utiliser tout à fait normalement et même décrire verbalement ses usages. De même peut-il dénommer le même objet s'il en prend connaissance tactilement et non plus visuellement. Gardons-nous donc d'identifier sémantique et verbal.

5.4.3. *Représentation phonologique : dénommer les objets*

Il paraît logiquement douteux de pouvoir accéder à la représentation phonologique du nom d'un objet sans avoir au préalable accédé à sa représentation sémantique (voir cependant Humphreys et *al.* 1988) du moins dans des tâches de perception visuelle.

5.5. Les catégorisations perceptives

Les représentations sémantiques des objets sont principalement étudiées dans des tâches de catégorisation. En ce qui concerne la mémoire sémantique, Rosch (1975, 1976) distingue trois niveaux de catégorisation. Une catégorie superordonnée définit un objet par sa fonction; ce sera par exemple un fruit (fait pour être mangé). Un second niveau de classification sera dit niveau de base. C'est celui auquel un *item* donné possédera le plus grand nombre d'attributs communs avec les exemplaires de la même classe. A ce niveau de base, une pomme, une poire, une cerise ont des représentations indépendantes. Mais il existe de multiples sortes de pommes aisément discriminables l'une de l'autre. Il faut donc concevoir un troisième niveau de catégorisation dit sous-ordonné où seront repérées les différentes variétés d'une même classe de base. Pour Rosch, l'accès aux représentations sémantiques se ferait au niveau des catégories de base. Cependant, cette proposition n'apparaît pas toujours valide (Riddoch & Humphreys, 1987). En fait, comme l'illustre une expérience de Jolicœur, Gluck & Kosslyn (1984), si des sujets doivent dénommer des images rapidement, ils utiliseront le nom de la catégorie de base pour des exemplaires typiques de la classe (par exemple « oiseau » pour un rouge-gorge), mais le nom de la catégorie sous-ordonnée pour un exemplaire non typique (exemple un pingouin). La supériorité, au moins statistique, du niveau de base s'expliquerait, selon Murphy et Smith (1982), par l'existence de représentations perceptives prototypiques. Le pingouin serait dans cette perspective bien plus distant du prototype-objet « oiseau » que le rouge-gorge ou le merle. Ainsi, et ce point est repris par Jolicœur et *al.* (1984), l'entrée sémantique ne se fait pas toujours au même niveau pour tous les objets.

Comment sont activées ces trois représentations (structurale, sémantique et phonologique)? Une conception strictement sérielle, ou strictement parallèle, n'apparaît pas tenable. Humphreys, Riddoch et Quinlan (1988) ont proposé un modèle en cascade d'organisation des trois représentations. Par *modèle de cascade,* on entend que le traitement peut être initié à l'un quelconque des trois niveaux selon la nature des informations disponibles. Si le niveau structural est activé le premier, ses informations seront transmises en continu aux autres niveaux. Ces trois niveaux fonctionnent plus ou moins en parallèle quoique le fonctionnement de chacun subisse des interactions de la part des deux autres. L'activation d'un niveau ne nécessite pas que les traitements du niveau précédent soient totalement complétées.

5.6. La perception de scènes visuelles complexes

La perception d'une scène visuelle, qu'elle soit réelle, photographique ou pictographique présente des différences par rapport à la perception des formes et des objets présentés isolement. Les entités isolables de la scène ne constituent pas une collection inorganisée, mais présentent des relations spatiales déterminées par leur nature (Biederman, 1981). Cet auteur a proposé de distinguer la sémantique et la syntaxe de ces scènes visuelles. Les aspects sémantiques de la scène concernent sa signification de scène de rue, de paysage champêtre, etc. La syntaxe fait référence aux relations principalement d'ordre spatial, qui peuvent prendre place entre les entités de la scène. Aspects sémantiques et aspects syntaxiques renvoient à nos connaissances du monde. Une scène visuelle présentée de manière pictographique est identifiée pour des temps de présentation tachistoscopiques. Cette rapidité d'identification ne peut vraisemblablement pas être expliquée sur la base de traitements complets de toutes les composantes de la scène dont certaines entités peuvent être non perçues, mais inférées de leur présence habituelle dans un tel contexte. De plus, notre connaissance des règles de la sémantique et de la syntaxe de telles scènes facilite l'identification. Pour Biederman (1981) ces règles sont en nombre limité. Il propose deux règles de syntaxe. La première concerne l'existence d'un support physique aux objets : la plupart des objets du monde ne volent pas, et ne flottent pas dans l'air, mais reposent sur des surfaces denses. La seconde règle syntaxique concerne l'interposition : la plupart des objets sont opaques et masquent partiellement ceux qui sont situés derrière par rapport à l'observateur. Trois règles sémantiques sont de plus nécessaires. La première concerne la probabilité de trouver un objet donné dans un contexte scénique donné : si la présence de poules est hautement probable dans une cour de ferme, celle d'un octopus ne l'est guère. La seconde règle concerne la localisation des objets dans une scène donnée : s'il est vraisemblable de trouver un panneau d'interdiction de stationner planté sur la bordure d'un trottoir, il serait tout à fait incongru de le représenter planté au milieu de la chaussée. La troisième règle gouverne les tailles relatives des objets : un même objet plus éloigné doit avoir une taille plus petite. Utilisant des pictogrammes contenant ou non des transgressions de ces règles, Biederman demande à ses sujets des détections d'incongruité dans une tâche de temps de réaction. Pour une durée d'exposition de 150 ms, le taux de détections correctes est de 88 % avec une latence moyenne de 851 ms. Ces temps de réponse, relativement longs, traduisent la complexité des traitements perceptifs et cognitifs qui se prolongent bien au-delà de la durée de présentation des stimuli. Les détections sont d'autant plus rapides et précises que la scène contient plus de transgressions. Ces résultats suggèrent que les différentes règles ne sont pas traitées indépendamment les unes des autres mais participent à la construction d'un schéma de la scène.

5.7. La reconnaissance des visages

La valeur sémantique, symbolique et affective des visages est telle que de nombreux auteurs en font un objet perceptif particulier. 40 % des neurones de l'aire inférotemporale antérieure du singe répondent de manière non spécifique à des stimuli visuels. Un pourcentage comparable répond optimalement à des formes visuelles complexes telles que des motifs, des images de main ou de visage. Bien entendu ces derniers ont été particulièrement étudiés. Il apparaît que la réponse de ces neurones est sensible aux changements du stimulus qui affectent négativement l'identification des visages, mais qu'ils ne sont guère sensibles à des manipulations de couleur, de taille, d'orientation, de fréquence spatiale qui n'affectent pas la reconnaissance (par ex : Rolls, 1984). Si ces neurones contribuent à la discrimination et à l'identification des visages, il est plausible de penser que leurs réponses traduisent plutôt un codage prototypique qu'un codage sélectif de chaque visage à identifier. Une telle conception est compatible avec le développement actuel des modèles de réseaux parallèles distribués (Rumelhart & McCleland, 1985; Ballard, 1986).

La perception des visages a fait l'objet de nombreuses recherches expérimentales en particulier en raison du présupposé que ces stimuli constitueraient une classe particulière faisant l'objet de traitements spécifiques (Bruyer, 1987; Tiberghien, 1988). Les plus nombreuses parmi ces études portent un intérêt particulier aux questions relatives à la latéralisation hémisphérique des processus de traitement. Si, pendant longtemps, il a été affirmé que la reconnaissance des visages dépendait de l'hémisphère droit, les conceptions actuelles sont plus nuancées.

Beaucoup des auteurs travaillant sur la perception des visages ne prennent guère en compte les recherches développées sur la perception des (autres) formes visuelles et utilisent des terminologies variées qui ne facilitent pas les rapprochements. Une exception notable est constituée par les travaux de Rhodes (1985) qui se réfère explicitement au modèle de Marr (1982), modèle dont certains apports sont repris par Bruce et Young (1986). Si nous nous centrons sur les communautés de ces modèles, nous retrouverons un certain nombre des processus et des niveaux de traitement déjà décrits. Ils envisagent généralement dans une première étape une analyse visuelle qui recouvre l'étape de codage précoce des caractéristiques de l'image rétinienne sur laquelle ils ne s'étendent guère. A la suite de cette étape de codage peut s'élaborer une représentation structurale de «visage». A partir de cette représentation structurale peut intervenir une première «décision» du type visage – non visage qui devrait reposer sur un appariement de la représentation actuelle avec un prototype structurel de visage (Abdi, 1986). Cette représentation stockée en mémoire est appelée pictogène par Warren et Morton (1982). Bruyer (1987), pour accentuer son caractère spécifique lui propose le nom de «prosopogène». La reconnaissance de cette stimulation comme appartenant à la classe des visages est une opération de catégorisation sémantique. A la suite de cette première catégorisation, d'autres pourront se produire qui porteront sur l'âge, le sexe et la race (Hay & Young, 1982). L'identification du visage nécessitera une évaluation de sa familiarité. Pour ce faire, il faut accéder à des informations stockées en mémoire, et en particulier à des informations contextuelles multimodales. Une intéressante analyse d'incidents et des erreurs de reconnaissance a été faite par Young, Hay et A. W. Ellis (1985). Elle souligne l'intérêt qu'il y a à distinguer les opérations de jugement portant sur la familiarité, le rôle différentiel de la similarité physique (structurale) ou sémantique, la spécificité des processus d'accès au nom de la personne et enfin l'importance des informations contextuelles. On retrouve ici des questions largement étudiées dans la reconnaissance des mots (chapitre 4).

5.8. Perception de la profondeur et espace visuel

L'identification des objets présuppose l'existence d'une représentation spatiale à trois dimensions (en bref 3D) et l'élaboration de propriétés d'invariance par rapport aux changements de leur apparence. La *profondeur* est à la base de la construction d'un espace visuel 3D. Cette notion désigne d'abord la distance absolue séparant l'observateur d'un objet, mais fait aussi référence aux distances relatives séparant des objets entre eux, ou des parties d'un même objet. L'intégration de différentes distances relatives entraîne l'élaboration d'une représentation du relief.

5.8.1. *Indices sensoriels de la profondeur*

Au niveau sensoriel, seules l'accommodation et la convergence (Buser & Imbert, 1986) pourraient fournir des indices de la profondeur absolue. Cependant l'efficacité de ces informations n'est pas totalement prouvée (Sedgwick, 1986). Nous avons vu plus haut (*supra* 3.1.3.) comment la disparité rétinienne à l'origine de la stéréoscopie statique était une primitive visuelle de la profondeur relative.

Le déplacement des objets, et nos propres déplacements par rapport à cet environnement fournissent des informations sensorielles sur la profondeur relative des objets. La plupart des espèces animales dotées de vision ont des réactions d'évitement marquées à l'approche *(looming)* rapide d'un objet (Regan, Kaufman & Lincoln, 1986). Cette réponse est très précoce chez le nouveau-né humain qui marque une réaction de retrait de la tête en présence de l'approche d'un objet et/ou de l'augmentation de la taille angulaire de son image corrélative de son approche. On a démontré l'existence de mécanismes neuro-sensoriels spécifiques au traitement de ces informations (Regan *et al.*, 1986) liées aux mouvements d'approche ou d'éloignement.

Lors de la translation d'un objet en face d'un observateur, les vitesses relatives des images rétiniennes gauche et droite sont généralement différentes. Il existe une *disparité de vitesses* qui constitue potentiellement un indice stéréoscopique précis et univoque de la direction du mouvement en profondeur. Regan, Kaufman et Lincoln (1986) montrent que la stéréoscopie statique et la stéréoscopie dynamique représentent deux mécanismes séparés destinés, le premier à signaler des différences de *position* en profondeur et le second des différences de *mouvement* en profondeur.

Si nous nous déplaçons, ou si nous déplaçons seulement notre regard face à l'environnement, l'amplitude angulaire du déplacement des images rétiniennes des objets sera d'autant plus faible que leur distance à l'observateur sera grande. Ces déplacements rétiniens relatifs constituent des indices de *parallaxe relative de mouvement* (Sedgwick, 1986) fort efficaces pour localiser la profondeur relative de ces objets.

5.8.2. *Indices picturaux de la profondeur*

Un individu sans vision stéréoscopique perçoit cependant le relief dans les scènes visuelles. De même, en vision monoculaire, nous conservons une certaine perception du relief qui nous permet de repérer les creux et les bosses, ce qui est près, ce qui est loin. Des indices statiques de la profondeur, sont constitués par des caractéristiques géométriques de la stimulation au niveau de sa projection rétinienne et par des variations des propriétés du flux lumineux résultant d'absorptions atmosphériques. Ces indices sont appelés picturaux en ce qu'ils sont utilisés par les peintres pour représenter picturalement la profondeur dans leurs tableaux. Ces indices sont incontestablement de nature cognitive.

La *perspective linéaire* (Pirenne, 1970) découle en premier lieu de la relation existant entre la taille angulaire d'une surface et sa distance au plan de projection (la rétine). En première approximation (Sedgwick, 1986), la taille angulaire d'une forme est directement proportionnelle à son étendue (mesurée par exemple en centimètres) et inversement proportionnelle à sa distance. Dans un dessin au trait représentant en perspective des objets, les contours linéaires de ces objets semblent converger vers un même point de fuite en raison de la diminution de la taille angulaire de l'objet en fonction de sa distance. La taille angulaire des objets familiers peut ainsi devenir un indice de profondeur absolue, un facteur d'échelle. Les surfaces existantes dans notre environnement présentent très souvent une texture visible. La densité apparente de cette texture va former un gradient selon la distance entre l'observateur et cette surface. Pour Gibson (1950), les gradients de texture sont des indices non ambigus des distances des surfaces et de leur inclinaison en profondeur *(slant).* Un dernier indice géométrique de grande importance est l'*interposition.* Les objets étant généralement opaques, un objet situé au premier plan va souvent masquer partiellement un objet plus éloigné. L'efficacité de cet indice de profondeur est attesté par le fait que mis en contradiction avec un indice stéréoscopique, il peut l'emporter (Kaufman, 1974).

Citons maintenant des indices de profondeur liés aux variations des flux lumineux atteignant l'œil et parmi ceux-ci la *perspective aérienne.* Ces effets résultent du fait que l'atmosphère contient en suspension des particules de poussière et d'eau. Ces particules vont «éparpiller» les rayons lumineux et rendre les images des objets d'autant plus floues et moins contrastées qu'ils sont plus éloignés. Corrélativement, leurs couleurs apparaîtront moins saturées et de plus en plus déplacées vers les bleus (bleuissement des lointains). Il faut enfin mentionner les ombres portées comme facteur pictural de la profondeur. Cependant cet indice n'est pas sans ambiguïté. Son utilisation présuppose généralement que nous localisions implicitement la source lumineuse. Généralement, cette localisation se fait vers le haut.

Il est clair que l'efficacité de ces indices picturaux dans notre représentation de la profondeur résulte de notre familiarisation avec des scènes visuelles tri-dimensionnelles. Comme tels, ils seraient intégrés aux schémas d'un espace perceptif.

5.8.3. *Les invariants spatiaux*

Nos représentations perceptives présentent une relative permanence en regard des changements continuels des informations sensorielles actuelles. On parle à ce sujet d'invariance ou de phénomènes de constance. Ces phénomènes manifestent de plus la coordination réalisée entre les représentations visuo-spatiales et les représentations d'objet. La notion d'*invariance* doit être prise avec précaution. L'invariance stricte n'existe qu'au niveau conceptuel; au niveau perceptif, les invariances sont plus limitées et facilement mises en échec.

Lorsque le regard se déplace en explorant le champ visuel, la localisation rétinienne de l'image d'une forme se modifie d'une saccade à l'autre. Il en est de même lorsque nous inclinons notre tête. Dans le premier cas, l'identification des objets est peu perturbée. On parle d'invariance relative à la translation dans le plan fronto-parallèle. Dans le second cas, les changements d'orientation de l'image n'affectent pas la reconnaissance s'ils sont limités en amplitude. La gravité, par l'intermédiaire des otolithes fournit à l'organisme une information sur la verticale gravitaire, information qui permet un recalibrage. Cependant, une inversion haut-bas de nombreuses formes va considérablement entraver leur reconnaissance.

Dans certaines limites, la taille perçue d'un objet nous apparaît généralement indépendante de la distance à laquelle est présenté cet objet. La taille angulaire de l'image rétinienne de cet objet diminue quand sa distance au sujet augmente. La constance des grandeurs et de l'invariant taille-distance a été beaucoup étudié (Baird, 1970; Sedgwick, 1986). De nombreux facteurs affectent les jugements des sujets : les consignes, les grandeurs physiques utilisées, la « richesse » des informations sur la distance. Il n'existe pas encore à l'heure actuelle de consensus au sujet des processus mis en œuvre pour élaborer cette constance, ni sur ses limites. Les informations de distance et leur traitement apparaissent déterminantes.

Tout changement de l'orientation d'un objet en profondeur, c'est-à-dire toute inclinaison *(slant)* par rapport au plan fronto-parallèle, modifie considérablement sa forme rétinienne. Pourtant, dans certaines limites, il semble exister une relation univoque entre la projection rétinienne d'une forme donnée et sa forme apparente pour une inclinaison donnée. Des démonstrations de la constance de forme ont été présentées (Sedgwick, 1986). Elle apparaît plus fragile que la constance des grandeurs.

CONCLUSION

Le monde perceptif dont nous faisons l'expérience n'est ainsi pas le simple reflet, la représentation exacte, du monde physique, même s'il nous informe assez efficacement sur lui. Le monde perceptif, pris au sens large, est un monde construit par l'organisme à partir d'informations disponibles dans le monde physique. Ces informations sont contraintes par les caractéristiques de cet organisme, caractéristiques qui déterminent ce qui peut être traité et comment cela peut être traité. C'est enfin un monde déterminé aussi par les échanges que l'organisme a avec la réalité. Des études comparatives, malheureusement peu développées, nous montreraient à quel point les mondes perceptifs de différentes espèces animales sont différents.

Nous avons vu à plusieurs reprises que la définition « cognitive » que nous pouvions donner des stimuli visuels ne correspondait pas nécessairement à la manière dont l'organisme traite ces stimuli. Elle peut, dans certains cas, aboutir à poser de faux problèmes. Le monde physique peut être décrit de différentes manières dont certaines ne correspondent pas aux représentations cognitives que nous en avons et à certains des savoirs que nous possédons sur ce monde physique. Nous avons dit plus haut que les objets sont soumis aux lois de la physique, rien n'impose une telle contrainte aux représentations perceptives.

La notion de niveaux de traitement associée à une interrogation sur les processus concrets mis en œuvre par l'organisme se révèle extrêmement féconde. Elle permet de trancher certains dilemmes. La question des « contours subjectifs » (*supra* 4.2.) est de ceux-là. La confusion fréquente entre facteurs sémantiques et facteurs structuraux (*supra* 5.3.) est un autre exemple que nous avons détaillé de l'intérêt qu'il y a à explorer ces niveaux de manière ascendante.

Il est cependant clair qu'il faut développer des méthodes expérimentales appropriées pour explorer ces différents niveaux de fonctionnement. En particulier, pour atteindre les niveaux pré-attentifs, il faudra recourir à des procédures expérimentales très contraignantes limitant le temps de présentation à quelques millisecondes et imposant, lorsque l'on ne mesure pas des seuils, des réponses rapides (Bonnet, 1988a). De ce point de vue, les descriptions verbales obtenues après des explorations prolongées de pictogrammes ne peuvent que refléter des restructurations cognitives des perceptions.

Le manque de place nous a contraint à occulter des questions capitales comme celles de la perception visuelle du mouvement, de la couleur, et à n'évoquer que brièvement la construction de l'espace visuel et les phénomènes de constance.

Annexe

L'ANALYSE FRÉQUENTIELLE DES STIMULI VISUELS : QUELQUES NOTIONS DE LA THÉORIE DES SYSTÈMES LINÉAIRES

Par *système,* on entend tout dispositif ou ensemble de dispositifs isolables, au moins conceptuellement, et doté de propriétés définissables. Plus particulièrement, un système sera un dispositif qui produit un effet, une réponse mesurable, en conséquence de l'application d'un signal d'entrée. Les signaux (stimuli) utilisés pour étudier le système auditif ou le système visuel sont d'une très grande variété. L'un des problèmes majeurs que nous rencontrons alors est celui de leur description. Pour une présentation plus technique de ce sujet, on se reportera par exemple à Max (1981).

A.1. Signaux élémentaires

Un signal lumineux est décrit dans le temps et dans l'espace. La description temporelle du signal est une fonction reliant l'évolution de l'intensité du signal avec le temps et précisant son moment d'apparition, sa durée et son éventuelle périodicité. Comme dans le domaine sonore (cf. chapitre 2), une variation (ou modulation) temporelle élémentaire et périodique de l'intensité d'une lumière suit une fonction sinusoïdale avec en ordonnée des intensités lumineuses. Une fréquence temporelle sinusoïdale de luminance (L(t)) est décrite par la fonction :

$$L(t) = Lm\ (1 + Cm \cos F(t))$$

Lm est la luminance moyenne de la modulation donnée par :

$$Lm = (Lmax + Lmin) / 2$$

où Lmax est la luminance maximum et Lmin la luminance minimum. Cm est le contraste de modulation encore appelé contraste de Michelson :

$$Cm = (Lmax - Lmin) / (Lmax + Lmin)$$

Cette définition du contraste n'est valide que pour un signal variant symétriquement autour d'une même luminance moyenne. Enfin F(t) / 2π est la fréquence temporelle en nombre de cycles par seconde (Hertz ou Hz) de la modulation. Dans cette formule, nous ignorons la phase de départ.

Un signal visuel lumineux a de plus une étendue spatiale. On peut alors définir une variation spatiale élémentaire de l'intensité lumineuse : un *réseau de fréquence spatiale sinusoïdale.* Il s'agit de stimuli lumineux faits de bandes alternativement claires et sombres dont la variation de luminance suit une fonction sinusoïdale. La variation sinusoïdale de la luminance en fonction de la position spatiale (L(x)) sera donnée par :

$$L(x) = Lm\ (1 + Cm \cos F(s))$$

où Lm est la luminance moyenne du réseau, Cm son contraste de Michelson et $F(s)/2\pi$ est la fréquence spatiale en nombre de cycles par degré d'angle visuel (ou cpd). Nous ignorons aussi la phase de départ.

A.2. Signaux complexes : le théorème de Fourier

L'extrême variété de la forme des signaux acoustiques ou lumineux rendrait illusoire toute généralisation des résultats psychophysiques si nous ne disposions du moyen d'en donner une description dans un même domaine : le domaine fréquentiel. L'analyse de Fourier est un instrument mathématique de description des stimulations auditives et visuelles. Elle consiste à représenter toute variation temporelle de la pression acoustique ou toute distribution spatiale et/ou temporelle de luminance dans un domaine fréquentiel. Selon le théorème de Fourier, adapté au problème qui nous intéresse ici, toute variation temporelle de pression acoustique ou de luminance est une somme d'ondes sinusoïdales correctement choisies en fréquence, en amplitude, et en phase.

Considérons une variation temporelle simple de luminance : une lampe qui s'allume et s'éteint périodiquement selon une fonction carrée : la durée d'allumage égale la durée d'extinction. Par application du théorème de Fourier, il est possible de fabriquer ce stimulus en additionnant, c'est-à-dire en superposant spatialement et temporellement des papillottements de forme sinusoïdale de différentes fréquences. Cette opération s'appelle une synthèse. Le choix des fréquences et leur amplitude permettant la synthèse d'un réseau carré à partir de modulations temporelles sinusoïdales est déterminé par l'application de la transformée de Fourier à ces stimuli complexes périodiques. Cette opération mathématique permet de passer d'une variation définie dans le temps à une variation définie dans le domaine des fréquences temporelles. Dans le cas d'un papillottement carré d'une fréquence de 5 Hz, la série des fréquences sinusoïdales sera : 1F = 5 Hz, 3F = 15 Hz, 5F = 25 Hz, 7F = 35 Hz, etc. 1F est appelée fréquence fondamentale ou premier harmonique, 3 F, troisième harmonique etc. Le rang d'un harmonique correspond au facteur par lequel on multiplie la fréquence fondamentale pour obtenir la fréquence de l'harmonique considéré : $3F = 3 \times 1F$. La série est en théorie infinie et comprend, pour l'exemple choisi, tous les harmoniques impairs de la fondamentale. Les amplitudes de chacune de ces composantes harmoniques varient selon une raison inverse de leur rang. Si l'amplitude de la fondamentale est prise comme unité (A1 = 1), on aura : A3 = 1/3, A5 = 1/5, etc. Cette décomposition est représentée graphiquement sous la forme d'un *spectre d'amplitude* qui porte en abscisse les fréquences temporelles utilisées et en ordonnée, leurs amplitudes. Comme la série des fréquences est discrète, ce graphique (cf. Figure A1) comporte une série de raies, d'où son nom de spectre en raies. Pour être complète, la description devrait comporter un second spectre, le *spectre de phase* qui représente graphiquement la relation entre les positions temporelles relatives des différentes fréquences. La phase est exprimée en radiants ou en degrés, un cycle complet de variation, une période comportant 2π radiants ou 360°.

Le théorème de Fourier s'applique aussi à la description des stimuli spatiaux. Un réseau carré de luminance est un stimulus fait d'une série de barres verticales d'égale largeur et alternativement blanches et noires (claires et sombres). Pour fabriquer un tel réseau carré selon les principes du théorème de Fourier, on utilisera des réseaux sinusoïdaux de luminance.

A.1. Illustration de l'analyse de Fourier. Le signal à décrire est un signal carré (f) définit soit sur une abscisse temps, soit sur une abscisse de distance spatiale (x). (a) La fréquence fondamentale, 1F, est un signal sinusoïdal de même fréquence que le signal carré. (b) On y ajoute un signal de fréquence trois fois plus élevé (3F) et d'amplitude trois fois plus petite. (c) Résultat de la superposition des deux fréquences. (d) On ajoute ensuite une fréquence cinq fois plus élevée (5F). (e) Combinaison des trois premières fréquences. En (g) est présenté le spectre unidimensionnel du réseau carré, c'est-à-dire le graphique représentant sur une abscisse logarithmique les fréquences des harmoniques et en ordonnée les valeurs d'amplitude (ou de contraste).

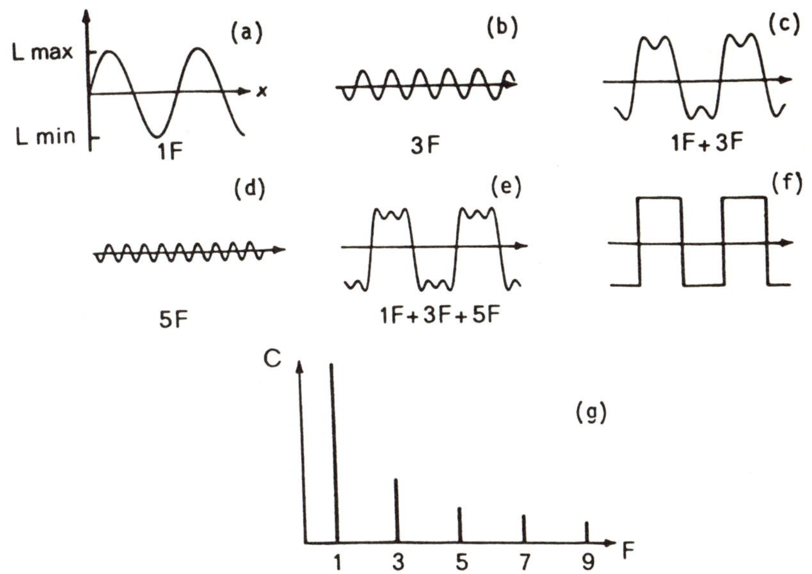

Un tel réseau présente l'apparence d'une tôle ondulée : la luminance varie sinusoïdalement selon un axe orthogonal à l'orientation du réseau. Il est caractérisé par sa fréquence spatiale (en cpd), par son contraste, et par sa phase. L'addition de réseaux de différentes fréquences spatiales sinusoïdales est la superposition de ces réseaux. Le choix des fréquences utilisées, et l'amplitude (ou le contraste de modulation de chacune) est donné par le calcul de la transformée de Fourier. Dans le cas d'un réseau carré de fréquence spatiale égale à 5 cpd, la série des fréquences sera la suivante : 1F = 5 cpd (premier harmonique ou fondamentale), 3F = 15 cpd (troisième harmonique), 5F = 25 cpd (cinquième harmonique), etc., (cf. Campbell & Maffei, 1984). Les amplitudes de chaque composante suivent la même règle que celle qui a été exposée pour les fréquences temporelles.

La phase des différentes composantes fait ici référence à leur position spatiale relative. En effet, si les composantes 1F et 3F sont en phase, les cycles des deux réseaux débutent au même point, et la fin du premier cycle de 1F correspond à la fin du troisième cycle de 3F. Alors, au maximum de luminance de 1F correspondra un minimum de luminance de 3F, et au minimum de luminance de 1F correspond un maximum de luminance de 3F. Il en résulte une combinaison « soustractive » des luminances qui aboutit à une modulation carrée. Si, par contre, 3F est superposé à 1F avec un décalage de phase de 180° (2π ou un demi-cycle), on aboutit à la formation d'une modulation triangulaire de luminance. Dans ce cas la combinaison est « additive »; au maximum de luminance de 1F correspond un maximum de 3F et au minimum de 1F correspond un minimum de 3F.

L'orientation des réseaux ne présente pas de problèmes dans le cas des distributions unidimensionnelles de luminance : toutes les composantes harmoniques ont la même orientation verticale dans l'exemple présenté. La décomposition en fréquences spatiales (analyse) d'une distribution unidimensionnelle de luminance peut être représentée graphiquement sous la forme d'un spectre d'amplitude donnant en abscisse les différentes fréquences spatiales sinusoïdales utilisées et en ordonnée l'amplitude (relative) de chacune.

A.3. Le spectre des stimuli spatiaux bi-dimensionnels

Spatialement, les stimuli visuels les plus fréquents sont des distributions spatiales bi-dimensionnelles. Ils sont décrits dans un plan (x, y). Le principe de leur description est cependant analogue à ce qui vient d'être exposé, aux complexités près du calcul de la transformée de Fourier bi-dimensionnelle. La différence principale tient au fait qu'il faut maintenant tenir compte de l'orientation de chaque composante fréquentielle dans le plan. Le principe de l'analyse est identique, mais le spectre illustrant la décomposition fréquentielle sera bi-dimensionnel. Il s'agit d'un graphique où deux axes orthogonaux (u, v) représentent l'orientation horizontale et l'orientation verticale. Chaque composante fréquentielle est représentée par un point dont la distance au centre est d'autant plus grande que la fréquence spatiale est élevée et dont l'angle par rapport aux axes de référence indique l'orientation. La figuration de l'amplitude de chaque composante peut se faire soit en utilisant une représentation tri-dimensionnelle, soit, par exemple, en donnant une surface aux points qui soit proportionnelle au contraste de la composante. Si l'on veut synthétiser la distribution bi-dimensionnelle de luminance correspondant à un spectre donné, chaque point du spectre bi-dimensionnel représente alors un réseau de fréquence spatiale sinusoïdale d'une certaine fréquence, d'une certaine amplitude et d'une certaine orientation. L'information sur la position relative de ces réseaux (leur phase) n'est pas contenue dans ce spectre.

Deux exemples serviront à illustrer l'intérêt de cette analyse. Considérons deux motifs périodiques : un quadrillage et un damier. Par définition, un quadrillage est un motif fait de carrés sombres non tangents alignés verticalement et horizontalement et dont les espacements (blancs) sont égaux à la taille des carrés. Un damier est un motif fait de carrés sombres alignés verticalement et horizontalement, mais décalés en quinconce de sorte qu'ils présentent des alignements obliques à 45°. En raison de leur périodicité carrée, la série des fréquences spatiale à utiliser pour décrire ces deux motifs sera analogue à celle d'un réseau carré. Mais le spectre du damier ne présente aucune composante qui soit strictement horizontale (0°) ou verticale (90°). Sa fondamentale est orientée à 45°, 3F est à 18,43° de l'horizontale, 5F à 11,30°, 7F à 8,13°, etc. Dans le cas du quadrillage, les composantes principales, dont la fondamentale, sont strictement sur les orientations verticale et horizontale. On observe aussi des composantes analogues à celles du damier (cf. Bonnet, 1988).

A.2. Un quadrillage à gauche et un damier à droite.

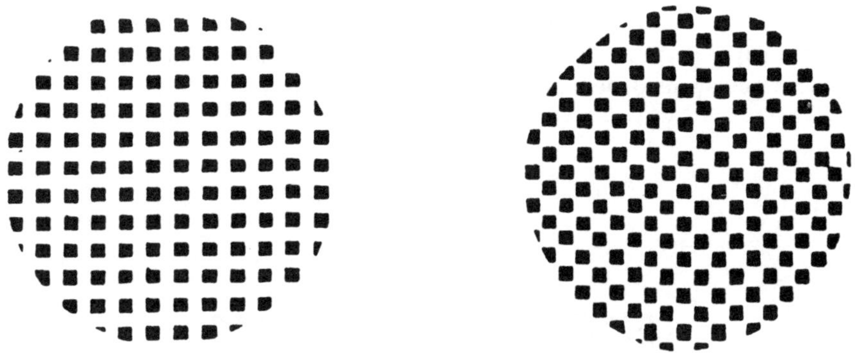

A.4. Description fréquentielle de signaux non périodiques

Le théorème de Fourier s'applique à des distributions périodiques. Mais, cette condition de périodicité n'est pas limitative. Il existe différentes sortes de signaux non-périodiques comme par exemple les bruits (cf. Fig. 2 chapitre de M.-C. Botte). En effet, mathématiquement, un événement unique à une échelle donnée (une impulsion par exemple) est un événement périodique dont l'occurrence suivante se produit infiniment loin dans le temps. La représentation spectrale d'une impulsion infiniment brêve fait apparaître que dans un tel signal toutes les fréquences sont représentées avec une égale énergie. Son spectre est continu et non plus discret (Cornsweet, 1970). Sur ces exemples, on voit ainsi que toute forme de modulation temporelle est représentable en termes fréquentiels.

Une *impulsion* est ainsi un signal unique de durée brève (quelques millisecondes) qui s'établit d'emblée à son intensité maximum et s'éteint tout aussi brusquement. On dit aussi que ce signal a une forme carrée (ou rectangulaire). On définit aussi une impulsion dans le domaine spatial. Il s'agit d'une impulsion unidimensionnelle lorsque le signal consiste en une ligne lumineuse de très faible largeur (une minute d'arc par exemple), ou d'une impulsion bi-dimensionnelle dans le cas d'un point lumineux.

Restant toujours temporellement unique, le signal peut être présenté selon une fonction plus ou moins complexe. Parmi celle qui sont utilisées dans les recherches de psychophysique visuelle, nous trouvons des fonctions carrées déjà mentionnées, des fonctions triangulaires, des fonctions gaussiennes etc. On parle aussi de fenêtres temporelles pour désigner ces fonctions. De même, un signal spatial peut être présenté selon différentes fonctions de variation de sa luminance ou de son contraste (carrée, triangulaire, gaussienne, cosinus, etc.).

En conclusion, tout stimulus visuel achromatique est à considérer comme un changement d'intensité lumineuse, changement temporel pour ce qui concerne son apparition et sa disparition par exemple et changement spatial pour ce qui concerne sa position dans le champ visuel et son étendue. Mais tout stimulus visuel peut être aussi décrit dans le domaine fréquentiel (fréquences temporelles et fréquences spatiales). La transformée de Fourier permet de passer d'un type de description (temps et espace) à l'autre (fréquences temporelles et fréquences spatiales). La transformée inverse permet le passage inverse. Les impulsions sont décrites avec plus de précision dans le domaine temporel et spatial, les stimulations périodiques dans le domaine fréquentiel.

LECTURES CONSEILLÉES

En français :

BONNET C. (Ed.). (1984) *La Perception Visuelle.* Paris : Bibliothèque Pour la Science.

BUSER P., IMBERT M. (1986). *Vision.* Paris : Herman.

En anglais :

De VALOIS R. L., De VALOIS K. K. (1988). *Spatial Vision.* New york : Academic press.

HUMPHREYS G. W., RIDDOCH M. J. (1987). *Visual object processing : A cognition neuropsychological approach.* Hillsdale (N. J.) : Lawrence Erlbaum Ass.

KUBOVY M., POMERANTZ J. R. (Eds.) (1981). *Perceptual organization.* Hillsdale (N. J.) : Lawrence Erlbaum Ass.

Chapitre 2

L'AUDITION
SYSTÈME AUDITIF, PERCEPTIONS ET ORGANISATION PERCEPTIVE ÉLÉMENTAIRES

Marie-Claire BOTTE

Responsable de l'Équipe Perception auditive du laboratoire de psychologie expérimentale du CNRS

SOMMAIRE

INTRODUCTION

Ce chapitre, après un rappel concernant la nature des sons, expose les principales connaissances sur l'anatomie et la physiologie du système auditif, sur les qualités élémentaires de la perception auditive et sur les organisations perceptives de base dans l'audition. Toutefois, afin de pouvoir détailler suffisamment les différents attributs de la perception auditive que sont la sonie, la hauteur et le timbre, un aspect important de cette perception a été délibérément écarté : la localisation des sources sonores. De même, seuls les processus élémentaires de l'organisation de l'environnement sonore (fusion, fission, flux) ont pu être abordés dans le cadre de cet ouvrage.

Les informations sur la localisation des sources sonores se trouvent dans les ouvrages de Blauert (1983) et de Botte, Canévet, Demany et Sorin (à paraître). Ce dernier, ainsi que Calliope (à paraître), abordent aussi les processus d'organisation supérieurs mis en œuvre dans la perception de la parole de même que le chapitre 4 du présent ouvrage. Pour la perception de la musique, on se reportera aux livres de Clynes (1982), Dowling et Harwood (1986) et de Sloboda (1985).

1 NATURE DU SON, PARAMÈTRES PHYSIQUES ET ÉQUIVALENTS PERCEPTIFS

1.1. Nature du son

Un son est produit chaque fois qu'un corps bouge à une vitesse suffisante pour envoyer une onde à travers le milieu dans lequel il vibre. Habituellement, nous entendons les sons transmis par l'air. La source sonore, qui est généralement un objet en vibration (cloche, cordes vocales), repousse de façon répétée les molécules d'air qui l'entourent. Celles-ci se heurtent à leurs voisines, reviennent alors à leur position initiale d'où elles sont à nouveau repoussées; les molécules voisines font de même et, finalement, la perturbation initiale se transmet de proche en proche à travers l'air tandis que les molécules elles-mêmes se déplacent très peu en oscillant toujours autour de leur position initiale. Au sein du milieu de transmission, les endroits où les molécules se heurtent constituent des *zones de compression* cependant qu'aux endroits quittés par les molécules venant de rebondir les unes contre les autres, se forment des *zones de raréfaction* (voir figure la). Ces zones de compression et de raréfaction progressent à travers le milieu à la manière des rides concentriques qui agitent la surface d'un étang si l'on y lance une ligne plombée. La vitesse de transmission de ces perturbations détermine la vitesse du son, appelée plus précisément *célérité.* La célérité du son augmente avec la cohésion du milieu, ainsi elle est plus faible dans l'air (340 mètres par seconde) que dans l'eau (1420 mètres seconde) et dans les milieux solides (près de 6000 mètres par seconde dans l'acier).

On se reportera utilement à des ouvrages traitant d'Acoustique Générale (par exemple Beranek, 1986) pour un exposé des lois qui régissent le comportement des ondes de pression acoustique (réflexion, réfraction, interférences, diffraction, effet Doppler, résonance). Nous nous attacherons ici plus particulièrement à préciser la façon dont on mesure les sons. Mais auparavant, nous allons décrire les principales *formes d'onde* acoustique. Par forme d'onde, il faut entendre la façon dont l'amplitude de la vibration (ou de la pression) acoustique varie au cours du temps.

1.2. Sons purs et sons complexes

La forme d'onde diffère énormément selon les sons, allant de la forme la plus élémentaire (son du diapason) à la plus complexe (bruit d'une chute d'eau).

1a. Schéma des variations de pression occasionnées par les vibrations d'une branche de diapason à une fréquence de 440 Hz (la$_3$). Les modifications concomitantes de la répartition des molécules d'air sont mises en correspondance avec la forme, sinusoïdale, de l'onde de pression lors de la propagation du son. Dans les 4 bandes représentant le milieu de propagation (l'air), les plages sombres sont les zones de concentration des molécules et les plages claires, les zones de raréfaction. L'onde de pression représentée en haut à droite représente les variations de la pression au cours du temps en un point donné du milieu. λ est la longueur d'onde. D'après Scharf et Buus (1986).
1b. A droite, la fonction sinusoïdale représentant, en fonction du temps, la longueur du segment OM (M : projection de P sur AB) lorsque P effectue un mouvement circulaire uniforme de P$_0$ et P$_8$.

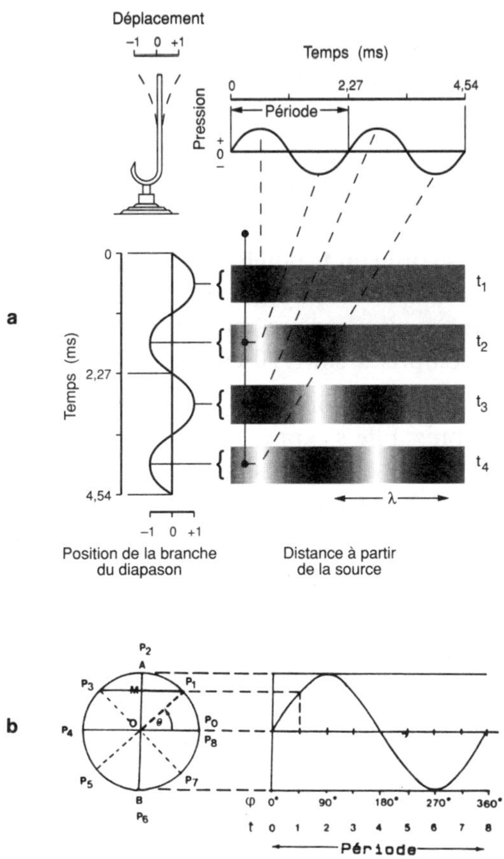

1.2.1. *Vibrations sinusoïdales : sons purs*

Après un ébranlement correct du diapason, l'amplitude du déplacement de l'extrémité de l'une des branches peut être représentée en fonction du temps par le tracé de la figure 1a.

Lorsqu'une telle vibration est entretenue, c'est-à-dire en l'absence d'amortissement, son amplitude instantanée (de même que la valeur de la pression acoustique instantanée) varie au cours du temps avec une périodicité régulière et selon une fonction appelée *fonction sinusoïdale.* Le décours temporel de l'amplitude peut s'observer sur la figure 1. Sa forme est identique à celle des variations de longueur au cours du temps du segment OM lorsque le point P effectue un mouvement circulaire uniforme, le point M étant la projection de P sur le diamètre AB (figure 1b). La fonction mathématique qui représente les variations de longueur du segment OM fait intervenir la valeur du sinus de l'angle Θ, c'est pourquoi une telle fonction est dite sinusoïdale. Quand on veut représenter mathématiquement une onde acoustique sinusoïdale, encore appelée *son pur,* on utilise l'équation suivante :

$$D(t) = A \sin (2\pi ft + \Theta)$$

D'après cette équation, D(t), l'amplitude instantanée, peut être calculée à partir de A (l'amplitude maximale), de f (la fréquence), de t (le temps) et de Θ (la phase de départ). Ainsi, à chaque instant, trois paramètres seulement suffisent à définir une sinusoïde. Un son pur est donc défini par les 3 valeurs suivantes :

1. l'amplitude, qui est la valeur de la *pression maximale,* (les unités utilisées pour mesurer l'intensité physique des sons seront examinées ci-dessous, en 1.3.);

2. la *fréquence,* exprimant le nombre de cycles d'oscillation effectués pendant une seconde ou nombre de Hertz, « Hz » en abrégé. La durée d'un cycle est la *période,* généralement exprimée en millisecondes (figure 1). Les fréquences audibles sont comprises entre 20 et 16 000 Hz environ;

3. la *phase de départ* qui correspond à la position de l'objet au moment où il commence à vibrer. Elle s'exprime en degrés; un cycle complet de vibration comprend 360° (figure 1b). Deux sons purs de même fréquence peuvent être en phase, ou déphasés l'un par rapport à l'autre; si le déphasage est de 180°, ils sont en opposition de phase.

La Psychoacoustique étudie les conséquences, dans le domaine de la perception, des variations de ces paramètres. Les changements d'amplitude des sons purs donnent lieu essentiellement à des variations de l'intensité perçue, appelée *sonie* et les changements de fréquence, à des variations de la *hauteur* qui peut être plus ou moins grave ou aiguë. Quant à la phase, lorsqu'elle diffère d'une oreille à l'autre, le système auditif utilise cette différence, dans certaines conditions, comme un indice pour la *localisation* de la source.

1.2.2. *Sons complexes*

Les sons de notre environnement sont rarement des sons purs. Pourtant, leur forme d'onde (figure 2, partie gauche) présente souvent un caractère répétitif : au bout d'un temps donné, appelé période, la variation complexe (non sinusoïdale) d'amplitude se reproduit, identique à elle-même ; il s'agit de *sons complexes périodiques* (figure 2b, c, f, i et j). Les sons des instruments musicaux (figure 2i) ou encore les sons vocaliques, c'est-à-dire les voyelles des sons de la parole (figure 2j), sont des sons complexes périodiques, ou plus exactement quasi-périodiques. Il existe aussi des sons complexes dont l'onde de pression ne présente aucune périodicité, comme par exemple les bruits ; ce sont des sons complexes non-périodiques (figure 2d et e).

2. Représentation temporelle (formes d'onde dans la colonne gauche) et fréquentielle (spectres d'amplitude dans la colonne droite) des exemples sonores suivants : (a) son pur permanent, (b) onde « carrée », (c) train périodique d'impulsions, (d) impulsion rectangulaire unique, (e) bruit blanc, (f) bruit blanc gelé (répétitif), (g) fragment de son pur, (h) bouffée tonale, (i) note la_3 jouée par une clarinette, (j) partie stable de la voyelle /i/.

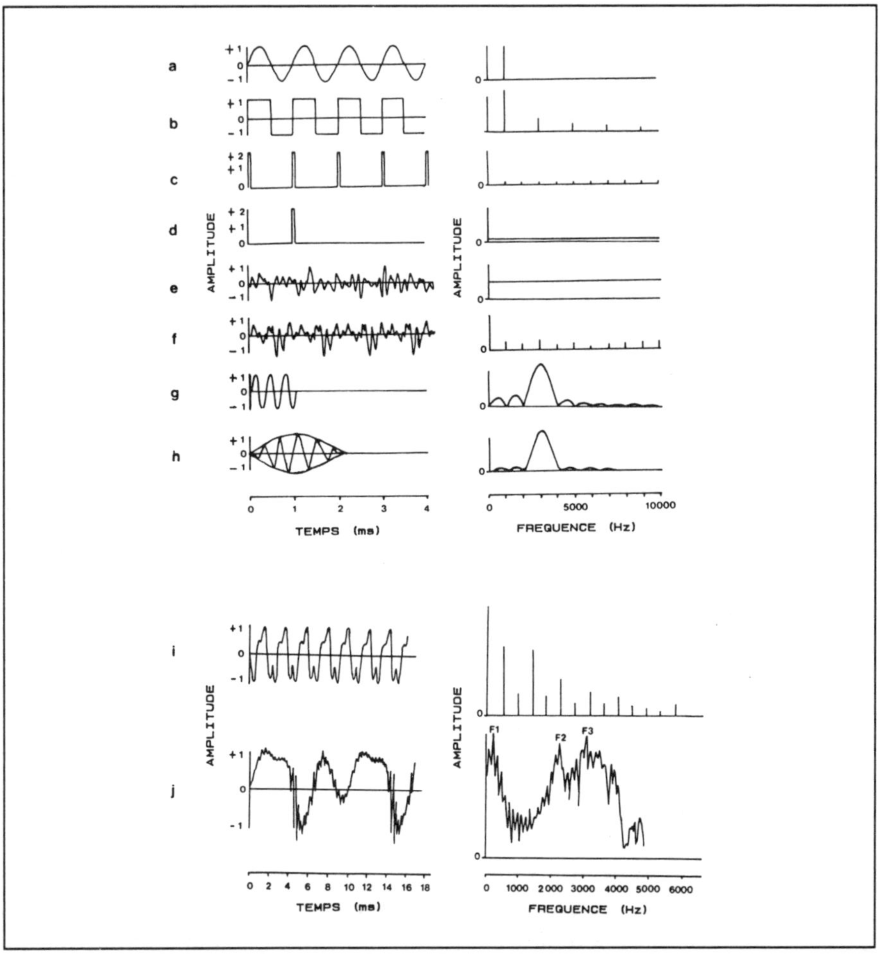

Fourier a montré que tout phénomène périodique peut être décomposé en une somme de sinusoïdes élémentaires, appelées *harmoniques,* dont les fréquences respectives sont des multiples entiers de la composante ayant la fréquence la plus basse ou *fréquence fondamentale.* Un son complexe périodique a pour période celle de la fréquence fondamentale. Après une *analyse de Fourier,* l'onde peut être représentée par son *spectre d'amplitude* qui est un graphique obtenu en portant en abscisse les fréquences composantes et en ordonnée leurs amplitudes respectives (figure 2, partie droite). Si l'onde est périodique, le spectre est discontinu, il comporte un nombre discret de fréquences *(spectre en raies)* (figures 2a, b, c, f et i). Il existe toutefois des sons complexes ayant des spectres discontinus composés de fréquences qui ne sont pas toutes les multiples entiers de la fréquence la plus basse, ils ne sont donc pas exactement périodiques et les fréquences non harmoniques sont appelées *partiels.* Une note de piano, par exemple, est une somme de partiels légèrement inharmoniques (Leipp, 1984). Le principe de l'analyse de Fourier a été étendu aux ondes non périodiques; toute onde peut donc être décomposée en une somme d'ondes sinusoïdales. Un son complexe non périodique peut posséder un *spectre continu* de fréquences; c'est, par exemple, le cas du *bruit blanc* dont le spectre comprend toutes les fréquences, entre 20 et 20 000 Hz, avec une amplitude égale, ce qui rend son *enveloppe spectrale* plate (figure 2e). Mais le bruit blanc et l'impulsion rectangulaire unique (figure 2d) constituent les rares sons ayant cette caractéristique. Notons que l'enveloppe spectrale des voyelles naturelles présente généralement plusieurs pics spectraux appelés *formants* (figure 2j).

Les sons de la parole comprennent un grand nombre de sons complexes différents, périodiques ou non, selon le mode d'excitation du conduit vocal. Ce mode d'excitation, qui dépend des gestes extrêmement complexes effectués de façon coordonnée par environ soixante muscles différents, peut prendre trois formes principales (Liénard, 1977) :

1. une mise en vibration des cordes vocales par le passage de l'air provenant des poumons; le spectre est généralement dans ce cas celui d'un *son complexe périodique* riche en harmoniques; dans l'enveloppe spectrale plusieurs formants apparaissent; les voyelles ainsi que certaines consonnes, ou parties de consonnes, sont produites de cette façon;

2. des *bruits de friction* accompagnant la formation d'un jet d'air en un point de rétrécissement du conduit vocal; les consonnes fricatives, comme /s/ ou /v/, ainsi réalisées, ont un spectre continu, riche en fréquences aiguës;

3. après une fermeture momentanée *(occlusion)* suivie d'une ouverture brusque du conduit vocal, une *impulsion* acoustique très brève, au spectre large et continu, est émise; les consonnes plosives, telles que /p/ ou /b/, sont ainsi produites.

Comme pour les sons purs, l'amplitude des vibrations est prise en compte par le système auditif et donne lieu à la perception de la sonie. La sonie des sons complexes dépend, de plus, comme nous le verrons, de la largeur et de la forme du spectre. Quant aux fréquences composantes des sons complexes, elles déterminent, cette fois encore, la hauteur perçue. Enfin, la composition spectrale, plus ou moins riche, des sons complexes ainsi que la distribution de l'énergie dans le spectre déterminent en grande partie la perception du *timbre,* d'où l'importance de l'enveloppe spectrale des sons complexes, périodiques ou non. Le timbre d'un son pur, dont le spectre est limité à une seule fréquence, est très pauvre. Le timbre des sons vocaliques, qui permet la discrimination des différentes voyelles (Carlson, Fant et Granstrom, 1975), est sous la dépendance des formants, ceux-ci étant situés dans des zones de fréquence différentes, caractéristiques de chaque voyelle.

1.3. Mesure de l'intensité physique des sons

L'acousticien mesure la *puissance acoustique* d'une source sonore : c'est l'énergie mécanique mise en jeu sous forme acoustique, c'est-à-dire l'énergie qui va se propager, elle s'exprime en Watts (W).

Pour mesurer le niveau sonore qui atteint les oreilles d'un auditeur, on enregistre généralement la *pression acoustique* en ce point; c'est la grandeur physique recueillie par le microphone d'un sonomètre. L'unité de pression acoustique actuellement utilisée en Psychoacoustique est le micropascal (μPa), dont l'ordre de grandeur est proche de celui du meilleur seuil d'audition de l'homme (20 μPa). On exprime aussi le niveau acoustique en un point distant de la source, en unités d'*intensité,* celle-ci étant la puissance par unité de surface (W/m^2). L'intensité qui correspond à une pression de 20 μPa est 10^{-12} W/m^2.

Il est fort utile d'exprimer les valeurs de l'énergie acoustique dans une échelle logarithmique, l'*échelle des décibels.* Dans cette échelle, au lieu d'exprimer la pression, l'intensité ou la puissance en nombres de μPa, de W/m^2 ou de W, on les représente par les logarithmes décimaux de ces nombres (lg d'un nombre = puissance à laquelle il faut élever 10 pour trouver ce nombre). L'avantage des décibels est le suivant : lorsqu'on considère la série arithmétique des décibels (10, 20, 30, 40 dB, etc.), les valeurs successives correspondent à des valeurs de pression (ou d'intensité) acoustique qui, elles, suivent une progression géométrique : 10, 100, 1000, 10 000, etc.). Ainsi, l'échelle des décibels permet de représenter dans des limites acceptables, car elle la comprime énormément, la marge immense des pressions (ou des intensités) acoustiques auxquelles l'oreille est sensible : le seuil d'audition est 10^{-12} W/m^2, tandis que le seuil de la douleur est environ 1 W/m^2. En remplaçant les valeurs d'intensité par leurs logarithmes décimaux, on obtient une échelle dont l'unité est le *Bel,* du nom de Graham Bell qui inventa le téléphone.

En fait, ce n'est pas le logarithme de l'intensité que l'on utilise dans la transformation en Bels, mais le logarithme du rapport de deux intensités : l'intensité mesurée, par exemple 1 W/m^2 (seuil de la douleur) divisée par une intensité dite *intensité de référence* qui, par convention, est 10^{-12} W/m^2, intensité à laquelle correspond une pression de 20 μPa. De plus, l'unité employée est le dixième du Bel, le *décibel* (dB, en abrégé). Les formules de calcul du niveau en décibels sont les suivantes :

$$N = 10 \lg I/I_o \text{ ou } N = 20 \lg p/p_o$$

dans lesquelles N est le nombre de dB, I et p sont respectivement l'intensité et la pression mesurées, et I_o et p_o, l'intensité et la pression de référence. Le passage du facteur 10 au facteur 20 de l'une à l'autre des deux formules vient du fait que l'intensité (ou la puissance) est proportionnelle au carré de la pression.

Lorsqu'un niveau, en dB, est exprimé par référence à la valeur conventionnelle de 20 μPa, il porte le nom de *niveau de pression acoustique* et correspond à la valeur dite *SPL* en anglais (pour Sound Pressure Level).

Précisons que, dans ces formules, les valeurs de pression sont des valeurs de *pression efficace.* La pression efficace s'obtient en calculant la moyenne quadratique des pressions instantanées successives pendant un certain temps (racine carrée de la moyenne des carrés des pressions instantanées). Elle est encore appelée pression rms (pour « root mean square »). Les *sonomètres* mesurent la pression efficace et affichent soit le niveau correspondant en dB SPL (position linéaire), soit le niveau pondéré selon différentes courbes d'atténuation, donnant ainsi le niveau en dB(A), dB(B) ou dB(C). Certains sonomètres permettent, de plus, de connaître à peu près le niveau crête (pression maximale) dans le cas des bruits impulsionnels particulièrement néfastes pour l'oreille (Botte et Chocholle, 1984).

Il faut bien avouer que l'échelle des décibels, si pratique pour l'acousticien, réserve des surprises si l'on oublie ses bases; ainsi, par exemple, lorsque deux machines émettent, l'une un bruit à 100 dB, et l'autre un bruit à 90 dB, pour connaître le niveau total, *on ne peut en aucun cas additionner les décibels !* Ce sont les valeurs des puissances acoustiques correspondantes, en Watts, qui doivent être sommées, puis on transforme le résultat en dB. On obtient ainsi, dans l'exemple précédent, un niveau résultant de 100,4 dB. D'une façon générale, lorsqu'une source quelconque de bruit, le trafic routier par exemple, est doublée, la puissance acoustique de la source étant multipliée par 2, le niveau SPL augmente de 3 dB.

Autre surprise : à un doublement de la puissance acoustique ne correspond pas un doublement de la sonie (intensité subjective). Dans beaucoup de cas, comme nous le verrons plus loin (3.1.), le niveau doit augmenter de 10 dB (puissance multipliée par 10) pour que la sonie soit doublée. Le chant de dix cigales n'est perçu que deux fois plus intense que celui d'une seule et celui de cent, quatre fois seulement.

2 DONNÉES ANATOMIQUES ET FONCTIONNELLES SUR LE SYSTÈME AUDITIF

Le *système auditif périphérique* comprend l'oreille externe (pavillon et conduit auditif externe), l'oreille moyenne (tympan et osselets) ainsi que la partie cochléaire de l'oreille interne où sont situées les cellules sensorielles réceptrices de l'audition. Le *système auditif central* comprend, à partir du nerf auditif, un ensemble de centres et de voies nerveuses afférentes et, aussi, efférentes.

Un état détaillé des connaissances actuelles sur le système auditif périphérique, en particulier sur la cochlée, se trouve dans l'ouvrage récent d'Aran, Dancer, Dolmazon, Pujol et Tran Ba Huy (1988). On consultera également avec profit les données concernant l'ensemble du système auditif réunies par Buser et Imbert (1987). Nous insisterons plus particulièrement ici sur l'anatomie fonctionnelle de la cochlée qui permet de comprendre les bases d'une propriété fondamentale du système auditif, la sélectivité en fréquence, et dont l'étude a progressé de façon spectaculaire ces dix dernières années.

La figure 3 schématise l'ensemble du système auditif périphérique, c'est-à-dire ses parties externe, moyenne et interne.

3. Schéma représentant, en coupe, l'oreille externe, l'oreille moyenne et l'oreille interne. D'après Levine et Shefner (1981).

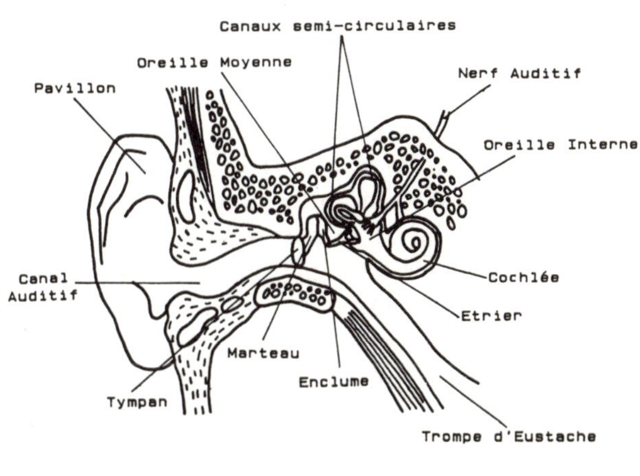

2.1. Oreille externe et oreille moyenne

L'importance physiologique de l'*oreille externe* et de l'*oreille moyenne* réside essentiellement, en dehors de certaines fonctions de protection, dans leurs *fonctions de transfert.* Par fonction de transfert, on entend la façon dont ces structures – qui sont des structures de résonance – transforment l'enveloppe spectrale des sons en atténuant ou en amplifiant certaines parties du spectre. L'amplitude des différentes composantes spectrales d'un son peut être notablement modifiée par ces fonctions de transfert. Elles déterminent l'allure générale de la courbe des seuils auditifs en fonction de la fréquence (*infra*, figure 7).

La conque du pavillon et le conduit auditif produisent, parce qu'ils se comportent comme des résonateurs et du fait de leurs dimensions chez l'homme, une amplification importante de l'amplitude des vibrations aériennes dont la fréquence est comprise entre 1 500 et 7 000 Hz.

Par l'intermédiaire des déplacements de la chaîne tympano-ossiculaire, l'oreille moyenne transforme les vibrations aériennes qui frappent le tympan en variations de pression dans les liquides de l'oreille interne. Dans l'ensemble, la fonction de transfert de l'oreille moyenne, mesurée chez les mammifères, consiste en une amplification qui croît en fonction de la fréquence de stimulation, à partir de 100 Hz. Ce gain culmine à 30 dB environ pour les fréquences moyennes (1 000 à 4 000 Hz). Au contraire, en-deçà de 100 Hz, un affaiblissement est produit et celui-ci s'accroît à mesure que la fréquence diminue.

Le transfert de l'énergie par l'oreille moyenne se fait linéairement pour une grande marge d'intensités. Mais, la fonction de transfert de l'oreille moyenne subit d'importantes modifications aux niveaux de stimulation intenses. Ceux-ci déclenchent le *réflexe acoustique* qui est, chez l'homme, une contraction réflexe du muscle stapédien relié à l'un des os de l'oreille moyenne, l'étrier. Il en résulte une réduction de la transmission des sons dont la fréquence est inférieure à 1 500 Hz environ. Le seuil de déclenchement du réflexe stapédien se situe à un niveau de 80 dB au-dessus du seuil d'audition pour une fréquence donnée. Sa latence est de 150 ms au seuil de déclenchement et de 25 ms, dans le meilleur des cas, aux forts niveaux. C'est dire que ce réflexe ne protège que très partiellement l'oreille interne, particulièrement vulnérable aux stimulations très fortes. En effet, les composantes fréquentielles aiguës ne sont pas atténuées; de plus, l'énergie de crête des bruits impulsionnels atteint la cochlée avant que l'atténuation réflexe ne soit établie. Mais, ce réflexe diminue de 20 dB environ le niveau acoustique transmis à la cochlée, dans les conditions où son efficacité est la plus grande.

2.2. Oreille interne

Chez la plupart des mammifères, la *cochlée* prend la forme d'un tunnel qui traverse l'os temporal suivant un parcours dont la forme, en spirale, évoque celle d'un colimaçon, d'où son nom. Ce tunnel est divisé sur toute sa longueur en trois compartiments par deux fines membranes : la membrane basilaire et la membrane de Reissner. Ces deux membranes délimitent sur toute leur longueur une cavité close, le *canal cochléaire,* contenant un liquide appelé l'*endolymphe.* Les deux compartiments entourant le canal cochléaire, la *rampe vestibulaire* et la *rampe tympanique,* contiennent un liquide différent, la *périlymphe* et communiquent entre elles au sommet de la cochlée, appelé *apex.* Les vibrations de l'étrier sont communiquées aux liquides cochléaires, à la base de la rampe vestibulaire, par l'intermédiaire d'une fenêtre ouverte dans l'os, la *fenêtre ovale,* dans laquelle la platine de l'étrier vient agir comme un piston.

2.2.1. *L'organe de Corti*

Depuis la base jusqu'à l'apex de la cochlée, la *membrane basilaire* (32 mm de long) devient de plus en plus large et de moins en moins épaisse, donc de moins en moins raide. Sur la face supérieure de cette membrane, baignant dans l'endolymphe du canal cochléaire, est disposé l'organe de Corti (figure 4a). Celui-ci comporte, outre différentes structures de soutien, les *cellules ciliées* dont le pôle apical présente plusieurs rangées de cils tandis qu'à leur partie basale se situent un grand nombre de synapses afférentes et efférentes (figure 4b). Les cellules ciliées appelées *internes* en raison de leur position se distinguent des cellules ciliées *externes* par de nombreux traits, en particulier leur forme, leur équipement et leur innervation. La grande majorité des fibres du nerf auditif sont des *fibres afférentes* qui innervent les cellules ciliées internes et convoient vers les centres les messages issus de la cochlée. Très peu de fibres afférentes sont issues des cellules ciliées externes cependant que celles-ci sont envahies par de larges synapses *efférentes* véhiculant vers la cochlée des messages en provenance du tronc cérébral, ou ayant transité par lui.

On a découvert récemment (Brownell, Bader, Bertrand et Ribeaupierre, 1985) que les cellules ciliées externes ont une propriété remarquable : leur corps cellulaire peut se raccourcir et s'allonger alternativement à une fréquence pouvant atteindre plusieurs milliers de Hz. Les cellules ciliées externes ont l'exclusivité de cette contractilité; on pense que leur rôle serait de contrôler les vibrations de la membrane basilaire. Étant donné leur innervation, ce contrôle pourrait être commandé, en partie, par les centres. Quant aux cellules ciliées internes, elles seraient, pour leur part, les seuls véritables récepteurs sensoriels assurant la transduction mécanoélectrique des vibrations acoutisques.

4a. Schéma de l'Organe de Corti. D'après Gulik (1971).
4b. Innervation des cellules ciliées internes (CCI) et externes (CCE). NC = Noyau Cochléaire; L = Noyau latéral du complexe olivaire; M = Noyau médian du complexe olivaire. D'après Pujol (à paraître).

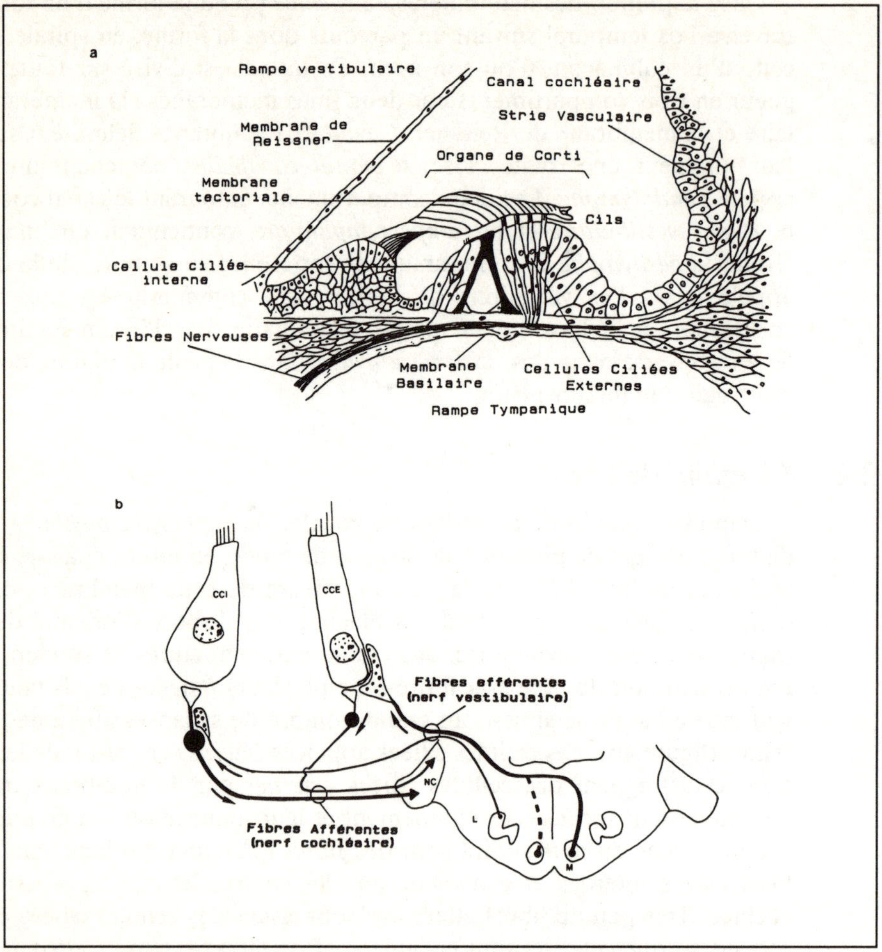

2.2.2. *Biomécanique cochléaire*

Avant que l'étape finale de la transduction ne s'effectue au niveau des synapses afférentes, un ensemble de phénomènes mécaniques dans les liquides et les structures cochléaires aboutissent à la mise en jeu des différentes synapses échelonnées sur toute la longueur de la membrane basilaire de telle façon que l'emplacement des fibres activées dépend des composantes fréquentielles du stimulus acoustique pénétrant dans la cochlée. Cette analyse fréquentielle est la première étape importante du traitement de l'information dans le système auditif; elle est réalisée, comme nous allons le voir, par une série de filtres mécaniques accordés sur des fréquences différentes.

Sous l'effet des déplacements liquidiens entraînés par les mouvements de l'étrier, la membrane basilaire est elle-même entraînée à vibrer. Von Békésy (1960) a montré, en appliquant des stimulations sinusoïdales à des modèles ou à des préparations de cochlée, que chaque point de cette membrane vibre à la fréquence du stimulus, mais avec une amplitude et un retard différents selon le point observé le long de la membrane : une onde paraît se propager sur la membrane basilaire, de la base vers l'apex. L'amplitude maximale des déplacements de la membrane est située en un point de plus en plus éloigné de la base à mesure que la fréquence de stimulation est plus basse; ceci s'explique par le gradient de raideur qui existe le long de la membrane basilaire. Ainsi chaque région de la membrane, activée préférentiellement par une fréquence donnée de stimulation, se comporte comme un filtre. Les fréquences les mieux transmises par cette série de filtres adjacents vont de l'aigu, à la base de la cochlée où la membrane est rigide, au grave, à l'apex, où la membrane est souple. Il y a donc dans le nerf auditif, sorte de câble en nappe, une représentation spatiale des fréquences qui sont ordonnées régulièrement d'un bord à l'autre du câble : c'est ce que l'on appelle la *tonotopie.*

Toutefois, le filtrage des fréquences mis en évidence par von Békésy n'est pas assez précis pour expliquer les réponses très sélectives enregistrées dans les filtres du nerf auditif. Chaque fibre, en effet, répond pour un niveau très faible de stimulation à une fréquence de stimulation donnée, appelée *fréquence caractéristique;* si la fréquence de stimulation est légèrement différente, le seuil de réponse de la fibre est beaucoup plus élevé. Plus récemment, sur des cochlées en très bon état physiologique et pour de faibles niveaux de stimulation acoustique, on a découvert que la sélectivité fréquentielle des mouvements de la membrane basilaire était bien plus forte que celle observée par von Békésy sur des cochlées mortes (Le Page et Johnstone, 1980). Les caractéristiques de sélectivité d'une fibre afférente reflètent en fait directement celles du point de la membrane basilaire où elle est connectée.

Outre les *phénomènes mécaniques passifs* mis en évidence par von Békésy, la cochlée est le siège de *phénomènes mécaniques actifs :* grâce à un système d'amplification actif, la cochlée peut, dans certaines conditions, produire plus d'énergie qu'elle n'en reçoit en provenance de l'étrier. Il paraît aujourd'hui de plus en plus probable que les cellules ciliées externes, par leurs contractions, assurent ce rôle d'amplificateur du mouvement de la membrane basilaire. Pour une fréquence de stimulation donnée, l'amplification ainsi apportée affecte une zone très réduite de la membrane, ce qui explique la forte sélectivité des mouvements de la membrane basilaire.

Les mouvements de la membrane basilaire doivent avoir une certaine amplitude pour que les cellules réceptrices (cellules ciliées internes) soient excitées. Les mécanismes actifs et les mécanismes passifs de ces mouvements seraient respectivement responsables de l'excitation des cellules réceptrices aux niveaux faibles et aux niveaux forts. Pour les sons dont le niveau est inférieur à 60-70 dB, l'ébranlement relativement faible de la membrane basilaire déclencherait le processus actif qui s'accompagne d'une forte sélectivité, tandis que pour les sons plus intenses, les mouvements de la membrane, engendrés passivement (ceux observés par von Békésy), seraient les plus amples et la cochlée deviendrait alors moins sélective en fréquence.

Seuls les mécanismes passifs sont conservés dans une cochlée en mauvais état physiologique et chaque fois que les cellules ciliées externes, particulièrement fragiles, sont endommagées (anoxie, drogues ototoxiques, exposition sonore intense). La sélectivité est alors beaucoup moins bonne et, de plus, le seuil augmente de plusieurs dizaines de dB.

Enfin, il semble que les cellules ciliées externes de la base et de l'apex n'ont probablement pas tout à fait le même rôle : le fonctionnement décrit jusqu'à présent caractériserait la base de la cochlée, la réception des sons aigus s'y accompagnant d'un *codage spatial* de la fréquence basé sur la sélectivité fréquentielle et la tonotopie. A l'apex, pour les sons de fréquence grave, les cellules ciliées externes auraient davantage un rôle récepteur. Les départs des potentiels d'action sont, pour les fréquences basses, synchronisés à la périodicité du stimulus et la fréquence pourrait ainsi être l'objet d'un *codage temporel* (Pujol, à paraître).

2.3. Système auditif central

Une des principales caractéristiques de l'organisation du système auditif ascendant (figure 5, partie gauche) est la suivante : dès le premier relai dans les centres *(noyau cochléaire),* il existe dans une structure donnée plusieurs représentations du stimulus qui sont spatialement distinctes et chacune d'elles est organisée selon le principe tonotopique. Tous les centres successifs *(complexe de l'olive supérieure, colliculus inférieur, corps genouillé médian, cortex auditif)* et les voies qui les relient obéissent à cette règle. Ceci suggère que le traitement central des stimulus auditifs pourrait comprendre plusieurs sous-traitements différents opérés de façon parallèle.

2.3.1. *Codage spatial et temporel de la fréquence*

Une fonction essentielle du système auditif, le codage de la fréquence, a été particulièrement étudiée à tous les étages du système, de façon à comprendre l'importance respective du codage temporel et du codage spatial. Les composantes fréquentielles des sons peuvent être représentées par la cadence moyenne des potentiels d'action qui parcourent les fibres : elle est maximale pour les fibres qui, en raison de leur fréquence caractéristique, sont les plus activées, donc en des lieux spécifiques déterminés par le spectre du stimulus. Ceci constitue un codage de type spatial. Calford, Webster et Semple (1983) observent que la sélectivité fréquentielle – sur laquelle repose le codage spatial – existe dans tous les centres mais qu'elle n'augmente pas à mesure que l'on s'élève dans le système auditif.

5a. Schéma simplifié des voies nerveuses ascendantes du système auditif. D'après Yost et Nielsen (1985).
5b. Schéma simplifié des voies nerveuses descendantes du système auditif. D'après Buser et Imbert (1987).

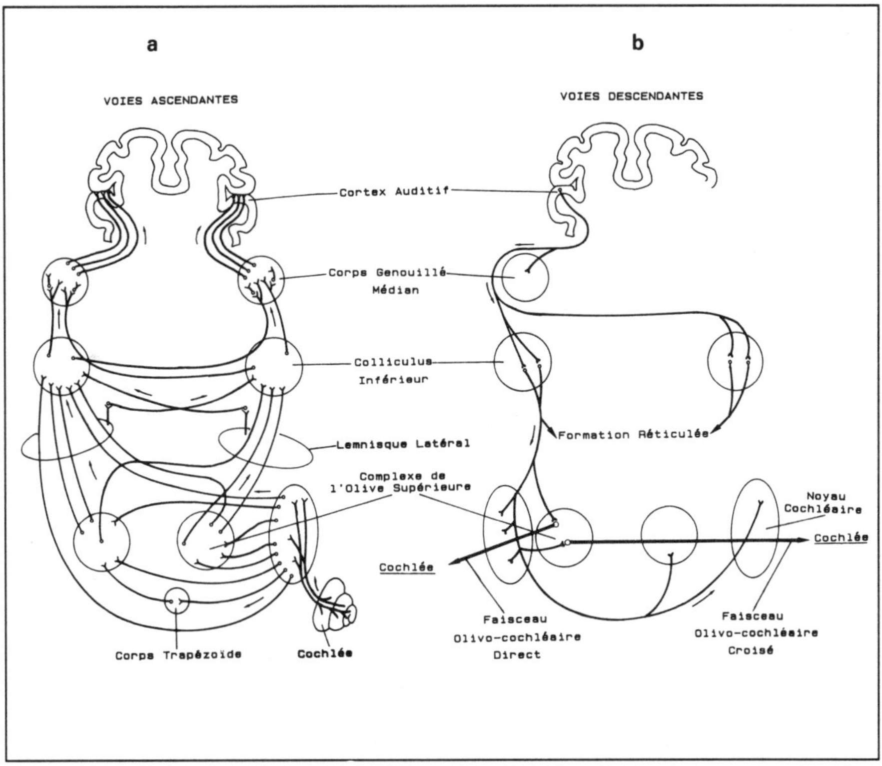

Cependant, dans les centres supérieurs, la sélectivité s'accroît pour les sons intenses, car il existe, pour certains neurones, des gammes de fréquences inhibitrices qui s'élargissent à mesure que le niveau de stimulation augmente.

La périodicité de l'onde acoustique peut, par ailleurs, être représentée par la durée des intervalles séparant les potentiels d'action successifs (codage temporel). Toutefois, la limite supérieure de synchronisation des potentiels d'action chute de 4,5 kHz dans le nerf auditif à 3,2 kHz dans le noyau cochléaire, 2,5 kHz dans l'olive supérieure et 1,2 kHz dans le corps genouillé médian (Pickles, 1986).

Plusieurs recherches concernant le codage des sons de parole dans le nerf auditif ont été menées en enregistrant, chez le chat, l'activité d'un grand nombre de fibres du nerf auditif en réponse à différents phonèmes. On constate, par exemple, que la quantité d'activation des fibres en fonction de leur point de jonction le long de la cochlée est bien caractéristique d'une voyelle donnée. Mais cet indice spatial disparaît à forte intensité ou en présence de bruit (Sachs et Young, 1979). Delgutte (1984) montre que les indices temporels résistent mieux que les indices spatiaux dans ces deux dernières conditions. Et Shamma (1985) suggère que l'information combinée, spatiale temporelle, contenue dans l'activité du nerf auditif pourrait être convertie en localisation de pics de cadence moyenne de décharges grâce à l'intervention des réseaux d'inhibition latérale qui existent, par exemple, dans certaines parties du noyau cochléaire.

2.3.2. *Autres fonctions des centres*

On pense qu'une partie des structures responsables de la localisation des sources sonores pourrait appartenir au *complexe de l'olive supérieure* car il contient les premiers neurones recevant des afférences en provenance des cochlées droite et gauche; certains de ces neurones sont sensibles aux différences de stimulation interaurales.

On a recherché s'il existait une représentation topographique ordonnée de l'espace sonore dans le *colliculus inférieur,* mais il semble que ce ne soit pas le cas. Par contre, dans le *colliculus supérieur,* considéré comme un centre visuel, on a trouvé, chez le chat, des neurones à « localisation caractéristique ». Souvent, les unités répondant aux stimulations auditives répondent également aux stimulus visuels, avec les mêmes champs récepteurs pour les deux modalités. Il y aurait donc, à ce niveau, une représentation audiovisuelle de l'espace.

La multiplicité des *aires corticales auditives* pourrait se rapporter au traitement spécialisé de différents paramètres d'un même stimulus. Certaines unités ne répondent pas du tout à des sons purs, mais très bien à des sons modulés en fréquence, ou encore, chez le singe, à des cris de l'espèce. De plus, il existe, dans le cortex, des neurones particulièrement sensibles au mouvement d'une source sonore dans une certaine direction et dans un certain secteur de l'espace. Si les seuils d'audition, de même que la discrimination d'intensité ne sont pas altérés par l'absence du cortex auditif, certaines discriminations en sont affectées comme, par exemple, celle de configurations temporelles de sons purs. Enfin la localisation précise, en azimuth et en élévation, d'une source sonore requiert l'intégrité de l'aire corticale AI contralatérale par rapport à la position de la source.

Une organisation d'ensemble a été proposée pour le système auditif, de même que pour le système visuel : une partie du système serait un dispositif détecteur de position dans l'espace et une autre partie, un système de reconnaissance de la forme acoustique.

2.3.3. *Rôle du système efférent*

Son système efférent est une des originalités du système auditif (figure 5, partie droite). Il pourrait servir au contrôle du récepteur périphérique, ou du premier relai (noyau cochléaire), par les centres. Ce système comprend le *faisceau olivo-cochléaire* ainsi qu'une série de fibres descendantes issues du cortex, du colliculus inférieur, des noyaux olivaires et, peut-être, de la formation réticulée. Certaines fibres du faisceau olivo-cochléaire innervent les cellules ciliées externes et pourraient contrôler la vibration de la membrane basilaire par leur intermédiaire. D'autres fibres efférentes auraient un rôle modulateur des afférences issues des cellules ciliées internes. Toutefois, les résultats des expériences de stimulation et de section du faisceau olivo-cochléaire sont encore trop limités pour préciser le rôle exact et les conditions de mise en jeu de ces deux systèmes. Quand aux autres actions descendantes, elles sont controversées. On a cependant montré récemment (Puel, Bonfils et Pujol, 1988) que l'activité des mécanismes actifs pouvait être réduite pendant des tâches d'attention sélective mettant en jeu le système visuel.

3 PERCEPTION DE L'INTENSITÉ SONORE : LA SONIE

Insistons sur le fait que l'échelle des dB est une échelle d'intensité physique. Lorsque le niveau d'un son s'accroît d'un certain nombre de dB, cette échelle ne nous apprend pas dans quelle proportion la sonie est augmentée. Une véritable échelle subjective doit traduire les *rapports* entre les sensations produites par des sons ayant des intensités physiques différentes.

3.1. Sonie et niveau de pression acoustique

3.1.1. *Sons purs*

Pour savoir comment varie la sonie en fonction de l'intensité physique des sons, on utilise généralement des méthodes d'estimation de la grandeur dites « directes ». La méthode la plus courante, due à Stevens (1955), consiste à demander à des auditeurs d'estimer, au moyen de nombres, la sonie d'un son présenté successivement à différents niveaux de pression acoustique (voir Bonnet, 1986a).

La *fonction de sonie* normalisée (ISO, 1959) concerne un son de 1 000 Hz, entre 30 et 120 dB, entendu en écoute binaurale en champ libre.

Elle est représentée sur la figure 6 ainsi que les fonctions pour des niveaux plus faibles et pour des fréquences différentes. A 1 000 Hz, et pour les niveaux supérieurs à 30 dB, la sonie est, selon Stevens, une *fonction puissance* de la pression acoustique suivant l'équation :

$$L = kp^{0,6}$$

où L est la sonie en sones, k, une constante et p, la pression acoustique en micropascals ; pour ces niveaux, la sonie double quand le niveau augmente de 10 dB. Par convention, la valeur 1 *sone* est la sonie d'un son de 1 000 Hz à 40 dB. Aux niveaux inférieurs à 30 dB, la sonie croît plus vite en fonction du niveau de pression acoustique. Pour les sons de fréquence supérieure à 1 000 Hz, les fonctions ont la même pente qu'à 1 000 ; mais, pour les fréquences plus basses, la sonie croît plus rapidement qu'à 1 000 Hz dans une marge de niveaux plus restreinte.

6. Variation de la sonie en fonction du niveau de pression acoustique pour des sons purs de 100, 1 000 et 8 000 Hz et pour un bruit blanc. D'après Scharf (1978).

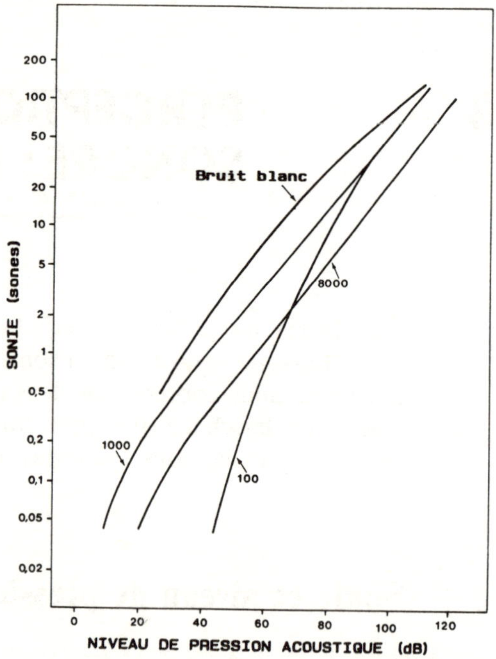

Ces données confirment ce que l'on pouvait prévoir en considérant les lignes isosoniques (figure 7). Celles-ci montrent, en effet, que, pour les différentes fréquences audibles, la marge des niveaux auxquels l'oreille est sensible a une extension différente. Chacune des *lignes d'isosonie* relie les coordonnées (niveau de pression acoustique et fréquence) des sons purs qui donnent une égale sensation d'intensité. Elles ont été établies par Fletcher et Munson (1933) pour l'écoute binaurale par écouteurs.

7. Lignes isosoniques pour des sons purs en écoute binaurale par écouteurs. Le niveau d'isosonie est indiqué, pour chaque ligne, de 3 phones (seuil) à 113 phones. D'après Scharf et Buus (1986) et Fletcher et Munson (1933).

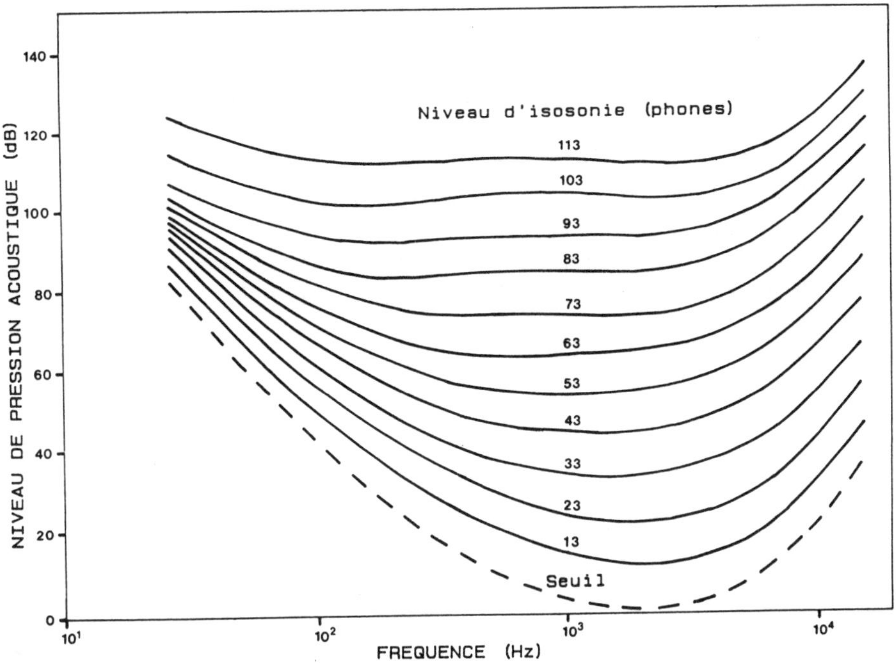

Les sujets devaient comparer la sonie d'un son ayant une fréquence donnée, différente selon les essais, à celle d'un son de 1 000 Hz à un niveau SPL donné (de 10 à 110 dB au-dessus de 3 dB SPL, le seuil absolu binaural). La ligne inférieure est la courbe des *seuils d'audition* des mêmes sujets. Les lignes isosoniques sont repérées sur une échelle dont l'unité est le *phone*. Par convention, l'échelle des phones correspond à l'échelle des dB à 1 000 Hz. On remarque que la forme générale de l'ensemble des lignes isosoniques diffère de part et d'autre de 1 000 Hz. Pour les sons dont la fréquence est supérieure à 1 000 Hz, les lignes demeurent à peu près parallèles quand le niveau croît. Au contraire, au-dessous de 1 000 Hz, les lignes se rapprochent de plus en plus à mesure que la fréquence diminue. Par conséquent, comparée à celle d'un son de 1 000 Hz, la sonie des sons de basse fréquence croît plus rapidement en fonction du niveau physique.

Ces lignes ont été utilisées pour pondérer les mesures du niveau des bruits en fonction de leur composition fréquentielle : la pondération A est basée sur la ligne 40 phones et les pondérations B et C, respectivement, sur les lignes 70 et 100 phones.

3.1.2. *Sons complexes*

La sonie des sons complexes varie non seulement en fonction de leur intensité physique, mais aussi en fonction de leur composition spectrale : plus le spectre est étendu, au-delà d'une certaine largeur de bande appelée *bande critique*, plus la sonie augmente (Zwicker et Feldkeller, 1981).

Les données de la figure 8 ont été obtenues en demandant à des sujets d'ajuster le niveau d'un son pur de 1 000 Hz pour que sa sonie soit égale à celle d'un bruit de bande dont la fréquence centrale était 1 000 Hz et dont la largeur spectrale était progressivement augmentée. Le niveau global du bruit était maintenu constant. Jusqu'à 160 Hz, qui est la largeur de la bande critique pour une fréquence centrale de 1 000 Hz, la sonie est indépendante de la largeur spectrale. Au-delà de la bande critique, la sonie du son complexe augmente avec sa largeur de bande (excepté pour les niveaux inférieurs à 10 dB au-dessus du seuil) : il y a une sommation de la sonie.

8. Niveau d'isosonie d'un bruit de bande de fréquence centrale 1 000 Hz en fonction de sa largeur, à niveau global constant (paramètre des 5 courbes). D'après Zwicker et Feldkeller (1981).

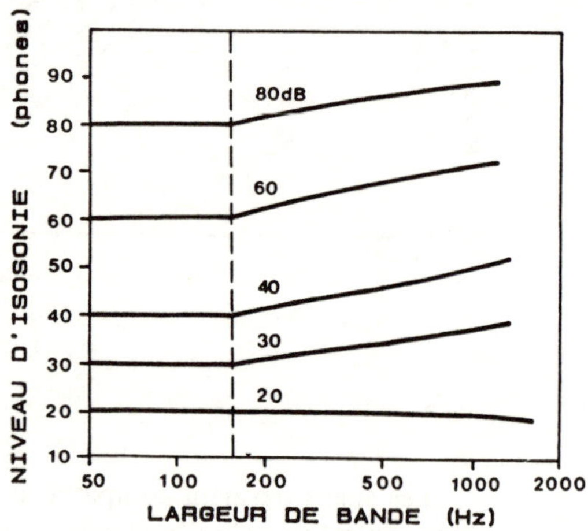

La largeur de la bande critique dépend de la fréquence centrale : large d'environ 100 Hz pour des fréquences centrales inférieures à 500 Hz, elle augmente ensuite comme le montre le tableau I.

Ayant mesuré la largeur des bandes critiques qui interviennent dans la sommation de la sonie, Zwicker élabora une représentation du fonctionnement du système auditif qui permet de calculer la sonie des sons complexes en connaissant leur spectre. Le modèle de Zwicker (Zwicker et Feldkeller, 1981) repose sur le principe selon lequel la sonie est basée sur la quantité d'excitation évoquée par un son dans le système auditif. Un bruit dont le spectre est large excite plusieurs bandes critiques, un son pur ou un bruit ayant un spectre étroit le font également si leur intensité est suffisante.

Cette quantité d'excitation peut elle-même être déduite du *pattern de masquage* que le son est susceptible de produire. La conversion de la quantité de masquage en quantité d'excitation se justifie par l'idée suivante : plus un son

Tableau I. Les bandes critiques ou filtres du système auditif. De gauche à droite, le rang de chacune des 24 bandes critiques, leur fréquence centrale, leur largeur et leurs fréquences de coupure inférieure et supérieure. Ces données présentent un aspect «figé» du sytème de filtrage auditif; en réalité, une bande critique peut avoir n'importe quelle fréquence centrale et sa largeur, qui dépend de cette fréquence centrale, peut être trouvée, approximativement, d'après ce tableau. D'après Scharf (1970).

Numéro (Barks)	Fréquence Centrale (Hz)	Largeur (Hz)	Fréquences de coupure Basse (Hz)	Fréquences de coupure Haute (Hz)
1	50	–	–	100
2	150	100	100	200
3	250	100	200	300
4	350	100	300	400
5	450	110	400	510
6	570	120	510	630
7	700	140	630	770
8	840	150	770	920
9	1000	160	920	1080
10	1170	190	1080	1270
11	1370	210	1270	1480
12	1600	240	1480	1720
13	1850	280	1720	2000
14	2150	320	2000	2320
15	2500	380	2320	2700
16	2900	450	2700	3150
17	3400	550	3150	3700
18	4000	700	3700	4400
19	4800	900	4400	5300
20	5800	1100	5300	6400
21	7000	1300	6400	7700
22	8500	1800	7700	9500
23	10500	2500	9500	12000
24	13500	3500	12000	15500

évoque une activité importante dans un filtre donné (bande critique), plus il est masquant pour un signal (son pur de niveau faible), présenté simultanément et qui excite uniquement ce même filtre. Par pattern de masquage, il faut donc entendre l'ensemble des augmentations de seuil qu'un son masquant provoque pour l'ensemble des sons purs afin que ceux-ci soient juste audibles en sa présence (figure 9).

Pour calculer la sonie d'un son complexe, on décompose donc son spectre en bandes critiques adjacentes, on calcule la quantité d'excitation évoquée dans chaque bande (à partir de données connues sur le masquage), puis on combine ces différentes valeurs pour obtenir la sonie totale.

On ne peut aborder dans ce chapitre tous les facteurs qui, outre l'intensité et la composition spectrale, sont susceptibles d'influencer la sonie. Pour ce qui concerne les effets de la durée des sons, on se reportera donc aux chapitres de Botte (1980), de Scharf (1983) et de Scharf et Houtsma (1986).

9. Patterns de masquage produits par un bruit masquant ayant une bande étroite (200 Hz) centrée à 1 200 Hz. Le paramètre des courbes est le niveau de ce bruit masquant. Les seuils d'audition des sons purs ayant une fréquence comprise entre 700 et 14 000 Hz sont augmentés en présence du bruit masquant; quand le niveau du masquant croît, le pattern de masquage s'étend davantage du côté des fréquences aiguës que du côté des fréquences graves. D'après Zwicker et Scharf (1965).

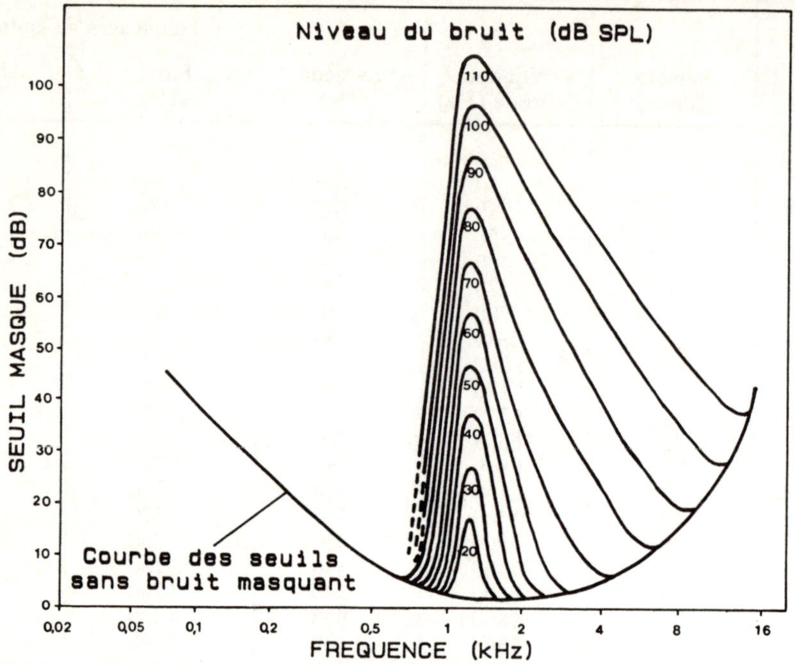

Les effets du masquage seront partiellement abordés ci-après à propos de l'analyse des fréquences par le système auditif (voir aussi Botte et Scharf, 1980; Scharf, 1978 et Zwislocki, 1978). D'importantes modifications de la sonie, à plus ou moins long terme, proviennent d'effets séquentiels : de nombreux travaux ont été menés sur la *fatigue auditive* qui est une baisse temporaire de sensibilité survenant après une exposition de l'oreille à un son intense prolongé (Botte et Chocholle, 1979a, b; Mills, Gilbert et Adkins, 1979; Ward, 1973). Des diminutions de la sensibilité auditive se produisent également lorsque des sons de niveau moyen ou faible, appelés sons inducteurs, sont présentés simultanément à des sons continus. Lorsque le son inducteur est intermittent, une diminution de la sonie du son continu se développe progressivement; ce phénomène a reçu le nom d'*adaptation induite de la sonie* (Scharf, 1983). Il peut être monaural et serait alors une manifestation de la fatigue auditive d'origine cochléaire (Charron et Botte, 1988). Il peut aussi être interaural (Botte, Baruch et Scharf, 1986). L'origine de cette dernière forme de l'adaptation, appelée adaptation induite contralatérale, demeure problématique (Baruch, 1987). Enfin, les travaux concernant les effets de l'attention sur la sonie sont peu nombreux; on consultera Scharf et Houtsma (1986) et Scharf, Quigley, Aoki, Peachey et Reeves (1987).

3.2. Seuils de discrimination de deux intensités sonores

Pour mesurer la plus petite différence de niveau permettant de percevoir une différence entre deux sons (seuil de discrimination, ou seuil différentiel d'intensité), la méthode utilisée actuellement consiste à présenter un son successivement à deux niveaux différents, avec un intervalle de quelques centaines de ms. La tâche du sujet consiste à désigner le stimulus le plus intense. Nous examinerons successivement les données obtenues pour les sons purs, le bruit et les composantes des sons complexes ainsi que les interprétations qu'elles permettent en ce qui concerne les processus sous-jacents. Des données complémentaires pourront être trouvées dans la synthèse de Scharf et Buus (1986).

3.2.1. *Sons purs*

La figure 10 présente les valeurs du *seuil de discrimination d'intensités* mesurées par Houtsma, Durlach et Braida (1980) pour un son de 1 000 Hz, en fonction du niveau de présentation. Partant d'une valeur de 2 dB pour un niveau faible, proche du seuil d'audition, le seuil de discrimination diminue à mesure que le niveau augmente : il atteint ainsi 0,4 dB à un niveau de 90 dB au-dessus du seuil.

10. Seuils différentiels relatifs d'intensité, en fonction du niveau de pression acoustique pour un son pur de 1 000 Hz et pour un bruit blanc. D'après Florentine et Buus (1981) et Houtsma, Durlach et Braida (1980)

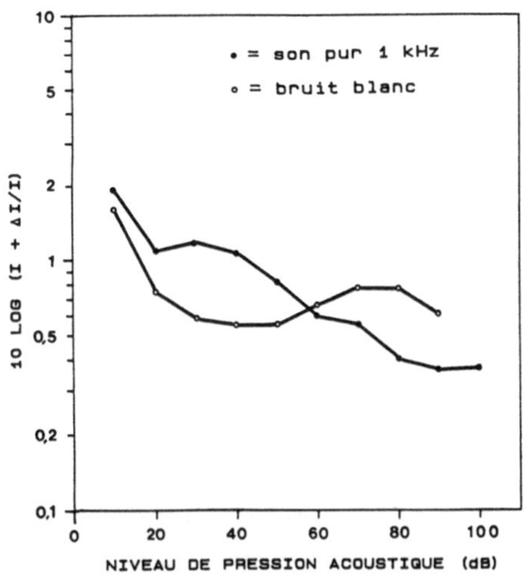

Le seuil différentiel d'intensité varie également avec la fréquence, et la façon dont il varie avec le niveau dépend de la fréquence. En particulier, pour les sons dont le niveau dépasse 50 dB SPL, ce seuil différentiel est moins bon pour les sons de fréquence supérieure à 4 000 Hz que pour les sons de fréquence plus basse (Florentine, Buss et Mason, 1987).

3.2.2. *Bruit blanc*

Pour le bruit blanc, quand on augmente le niveau à partir du seuil, le seuil différentiel d'intensité décroît d'abord très rapidement puis, au-delà de 20 à 30 dB au-dessus du seuil, il reste stable (figure 10).

Une interprétation des variations des seuils différentiels en fonction du niveau de référence fait appel au changement du pattern d'excitation (*supra* 3.1.2.) en fonction du niveau de la stimulation. Selon Florentine et Buus (1981), la discrimination d'intensité est le résultat d'un processus de décision basé sur la somme des différences, dans chacune des 24 bandes critiques, entre les niveaux d'excitation produits par l'un et l'autre des sons à comparer. Plus le niveau de stimulation est élevé, plus grand est le nombre de bandes critiques couvertes par le pattern d'excitation et meilleur est le seuil différentiel. Le seuil différentiel d'un son pur s'améliore à mesure que le niveau s'élève car son pattern d'excitation s'étend comme le prouvent les patterns de masquage (figure 9). Mais, pour le bruit blanc, quand le niveau augmente, le nombre de bandes critiques excitées augmente d'abord très rapidement puis se stabilise. En effet, à partir de 30 dB au-dessus du seuil environ, toutes les bandes critiques sont occupées par un tel stimulus puisque son spectre contient toutes les fréquences audibles.

3.2.3. *Composante de son complexe*

Pour un son complexe composé d'un certain nombre de composantes sinusoïdales, Green (1988) a montré, en modifiant le niveau d'une seule composante, que le changement de niveau détectable est d'autant plus petit que le nombre total de composantes ou que la largeur du spectre sont importants. Ceci prouve que les fréquences éloignées de celle qui subit un changement d'intensité interviennent dans la valeur du seuil différentiel. Selon Green, le système auditif procède à une évaluation de la forme globale de l'ensemble du spectre des sons complexes, opération appelée analyse du profil spectral (« profile analysis »). Green insiste sur le fait que, pour détecter des changements d'intensité limités à une zone restreinte du spectre d'un son complexe, le système auditif réalise une comparaison des amplitudes présentes *simultanément* dans les différentes bandes critiques couvertes par la totalité du spectre et non pas uniquement, comme on le pensait traditionnellement, une comparaison entre les amplitudes présentes *successivement* dans une bande critique donnée.

3.3 Codage de l'intensité dans le système auditif

On ne sait pas encore exactement comment l'intensité, de même que ses variations, sont représentées dans le nerf auditif. L'idée que toute augmentation perceptible de l'intensité dépendrait de l'augmentation de la cadence des décharges dans les fibres ainsi que de l'accroissement du nombre de fibres activées a été mise en doute par l'examen des réponses des fibres du nerf auditif lorsqu'on fait varier l'intensité de la stimulation. Comme nous l'avons vu, la perception de l'intensité sonore opère sur une marge de niveaux allant de 0 dB environ à plus de 100 dB. Or, la dynamique des réponses des différentes fibres ne dépasse pas 30-40 dB et, pour les niveaux de stimulation élevés, un phénomène de saturation se manifeste : la cadence des décharges n'augmente pas, excepté pour certaines fibres en nombre très restreint.

L'intensité pourrait être codée par ces quelques fibres ayant une marge dynamique plus grande, ou par la mise en jeu de neurones ayant des seuils différents pour une même fréquence caractéristique, ou par des neurones non saturés situés de part et d'autre des neurones saturés, ou bien encore l'intensité serait codée au moment de l'établissement du stimulus, la dynamique des fibres étant alors augmentée. Mais aucun de ces indices, basés sur les taux de décharges dans les fibres, n'est tout à fait satisfaisant et l'on a suggéré que l'augmentation de l'intensité pourrait être représentée par l'augmentation du taux de synchronisation entre les potentiels d'action et la forme d'onde du stimulus. Pourtant cet indice, lui non plus, ne peut servir de base, dans tous les cas, au codage de l'intensité parce que la synchronisation disparaît au-dessus de 5 000 Hz.

Selon l'hypothèse retenue actuellement, l'intensité serait codée par la cadence de décharge d'un groupe de fibres activées par une région spectrale limitée; il semble en effet que le faible nombre de fibres non saturées aux intensités élevées soit alors suffisant pour expliquer les performances de discrimination d'intensité (Viemeister, 1988).

4 ANALYSE DE FRÉQUENCE ET ANALYSE DE SPECTRE

Chacun sait qu'un son peut en cacher – le psychoacousticien dit « masquer » – un autre. D'une façon générale, un son masquant provoque l'augmentation du seuil et la diminution de la sonie d'autres sons, appelés sons masqués. Bien entendu, la grandeur de l'*effet de masque* dépend des caractéristiques de fréquence et d'intensité des sons en présence.

4.1. Masquage d'un son pur et bande critique

A partir de mesures du masquage d'un son pur par un bruit présenté simultanément, Fletcher (1940) a formulé l'hypothèse selon laquelle dans un bruit de bande large, seules les composantes fréquentielles du bruit proches de la fréquence du son pur sont effectivement masquantes pour ce dernier. En effet, quand on augmente la largeur de bande d'un bruit ayant pour fréquence centrale celle du signal, tout en maintenant constant le niveau global du bruit, le niveau que doit avoir le signal pour être juste audible (seuil de masquage), n'augmente pas au-delà d'une certaine largeur de bande du bruit. Il s'agit de la bande passante du filtre auditif centré sur la fréquence du signal. Seules les composantes spectrales du bruit qui sont comprises dans la bande passante de ce filtre ont un pouvoir masquant sur le signal. Cette bande a la même largeur que celle à partir de laquelle on observe une augmentation de la sonie des sons complexes (3.1.2.). Elle constitue une manifestation, dans le domaine de la sélectivité fréquentielle, de ce que nous avons déjà observé dans le cas de la sonie des sons complexes : la bande critique.

Toutes les méthodes utilisées pour déterminer la forme des filtres auditifs sont basées sur les phénomènes de masquage. Pour simplifier, Fletcher avait imaginé des filtres de forme rectangulaire, mais les filtres réels sont différents, comme on peut le constater on observant les patterns de masquage (Figure 9). De nombreuses recherches ont permis de décrire les filtres du système auditif en précisant la largeur de leur bande passante, leurs fréquences de coupure et leurs pentes d'atténuation.

Une façon de mettre en évidence la forme de ces filtres est celle utilisée par Zwicker (1974). Deux sons purs simultanés sont présentés : un signal et un son masquant. Le signal a une fréquence fixe et un niveau faible (5 à 10 dB au-dessus du seuil absolu) de façon à n'exciter théoriquement qu'un seul filtre. En faisant varier la fréquence du son masquant, on demande au sujet d'ajuster le niveau de celui-ci de façon que le signal soit juste audible. On en déduit la quantité d'énergie transmise par le filtre considéré (celui qui est centré sur la fréquence du signal) pour chacune des fréquences masquantes : en effet, pour une fréquence masquante donnée, plus le niveau requis pour obtenir le seuil de masquage est élevé, plus l'énergie portée par cette fréquence est atténuée par le filtre. Zwicker établit ainsi *les courbes de sélectivité de fréquence psychoacoustique* dont la figure 11a donne deux exemples.

11. Sélectivité fréquentielle des filtres auditifs :
a) courbes de sélectivité de fréquence psychoacoustiques obtenues par masquage : le niveau SPL pour lequel un son pur masquant rend juste inaudible un signal de 500 Hz ou de 4 000 Hz est représenté en fonction de la fréquence du masquant. Le cercle vide indique le niveau du signal (à 10 dB au-dessus du seuil d'audition). Les barres verticales représentent l'écart interquartile. D'après Florentine, Buus, Scharf et Zwicker (1980).
b) en haut, forme schématisée de 5 filtres auditifs, symétriques pour une échelle de fréquence linéaire en abscisse; en bas, pattern d'excitation pour un son pur de 1 000 Hz obtenu à partir des niveaux de sortie de ces 5 filtres. D'après Moore et Glasberg (1983).

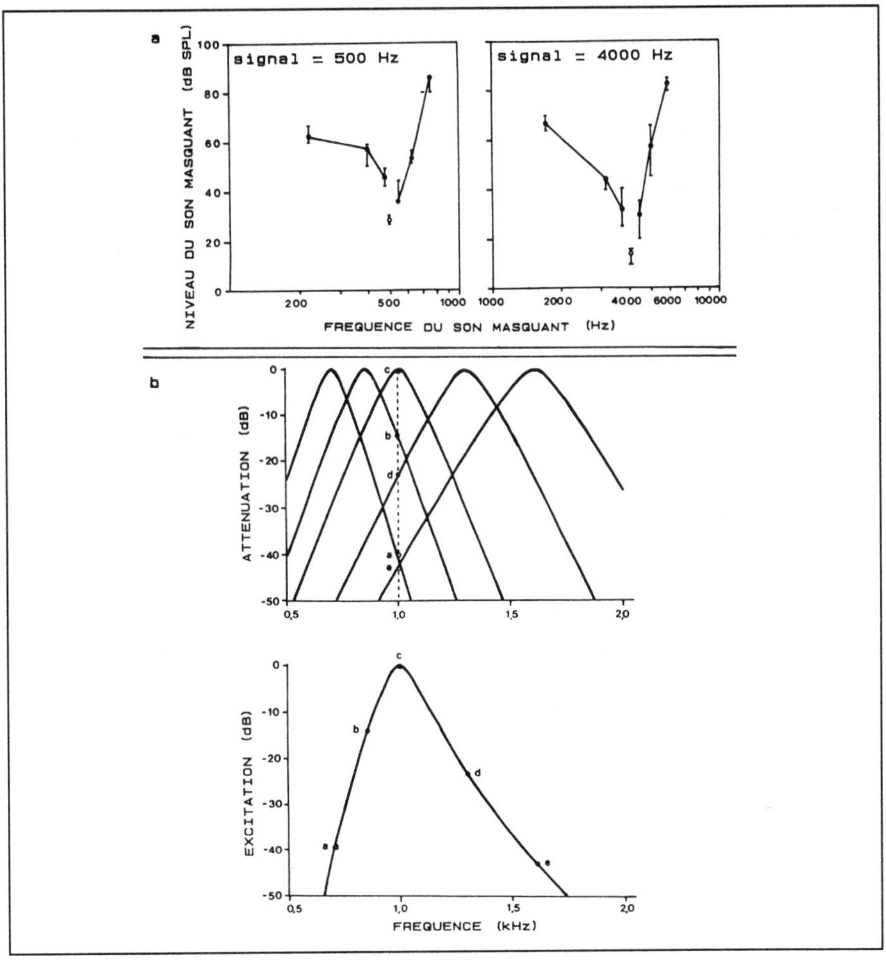

Selon Moore et Glasberg (1983), les filtres auditifs seraient des filtres à pentes exponentielles arrondis à leur sommet (figure 11b). Ces auteurs proposent de les caractériser par la largeur d'un filtre rectangulaire équivalent ou ERB (pour equivalent rectangular bandwidth) dont la largeur se calcule par la formule suivante :

$$ERB = 6{,}23\ f^2 + 93{,}39\ f + 28{,}52$$

où la valeur ERB est obtenue en Hz à partir de f, la fréquence centrale, exprimée en kHz.

La mesure de la sélectivité en fréquence est appelée à se développer en Audiologie car elle donne des renseignements précieux sur la détérioration du fonctionnement cochléaire aux niveaux d'audition supraliminaires. La plupart des surdités d'origine cochléaire révèlent, en particulier, une diminution significative de la sélectivité de fréquence : les filtres périphériques ont des bandes passantes bien plus larges que les bandes critiques normales. Une extension anormale des effets de masque aurait alors pour conséquence une diminution de l'intelligibilité de la parole dans le bruit (Tyler, 1986). Par ailleurs, Patterson, Nimmo-Smith, Weber et Milroy (1982) ont montré que cette sélectivité diminue avec l'âge.

4.2. Analyse spectrale

Vous distinguez certainement les différents instruments dans la symphonie d'un concert et chacun perçoit séparément le bruit de l'aspirateur, le bébé qui pleure et la sonnerie du téléphone même lorsque ces émissions diverses ont lieu simultanément. Ce type de perception témoigne de la capacité, pour le système auditif, d'organiser en différents sous-groupes les composantes fréquentielles émises simultanément par plusieurs sources. Pour ce faire, il prendrait en compte l'évolution temporelle de l'énergie pour les différentes composantes spectrales d'un environnement sonore composite. Pour une source donnée, une voix par exemple, une *enveloppe temporelle* caractéristique est partagée par l'ensemble des composantes du spectre et elle diffère de celle des composantes appartenant à d'autres sources. Il faut donc que le système auditif estime la cohérence de l'évolution de l'énergie au cours du temps pour des zones spectrales éloignées les unes des autres. Opérant un groupement des composantes fréquentielles qui ont la même enveloppe temporelle, il pourrait distinguer ainsi les uns des autres plusieurs objets sonores simultanés.

Hall, Haggard et Fernandes (1984) montrent qu'une façon de mettre en évidence et de quantifier cette capacité consiste à mesurer la détectabilité d'un signal dans le bruit selon que le spectre du bruit a une enveloppe temporelle cohérente ou non d'une zone de fréquences à l'autre. En présence d'un bruit dont l'amplitude est « co-modulée », bruit dont l'énergie évolue de la même façon au cours du temps pour toutes les fréquences du spectre, le signal (d'amplitude stable) est détecté plus facilement que lorsque le bruit est aléatoire. Cette amélioration du seuil est appelé *démasquage de co-modulation ou CMR* (pour « co-modulation masking release »).

5 PERCEPTION DE LA HAUTEUR

La hauteur, est, de même que la sonie, un attribut de la sensation auditive. Selon cet attribut, les sensations s'ordonnent suivant une échelle allant du grave à l'aigu. Comme la sonie, la hauteur dépend presque exclusivement d'une seule dimension du stimulus; pour la hauteur, cette dimension est la fréquence. Nous allons examiner les données psychoacoustiques et les problèmes posés en ce qui concerne les mécanismes du codage de la hauteur pour les sons purs et pour les sons complexes, en particulier pour les sons complexes harmoniques. La consultation des ouvrages de synthèse de Demany (1987), de Botte, Canévet, Demany et Sorin (à paraître) et de Scharf et Houtsma (1986) permettra de compléter ces données.

5.1. Sons purs

5.1.1. *Échelles de hauteur*

Pour savoir comment varie la hauteur en fonction de son principal déterminant, la fréquence, et établir une échelle de hauteur tenant compte des rapports de hauteur entre deux sons purs, on a utilisé la méthode d'estimation directe ou encore des méthodes de production d'une hauteur double ou moitié. Stevens et ses collègues (Stevens et Volkman, 1940) ont ainsi établi une échelle appelée l'*échelle des mels* dont l'unité est le mel; par convention, la hauteur d'un son pur de 1 000 Hz est 1 000 mels (figure 12).

12. Variations de la tonie des sons purs en fonction de la fréquence. D'après Stevens et Volkman (1940).

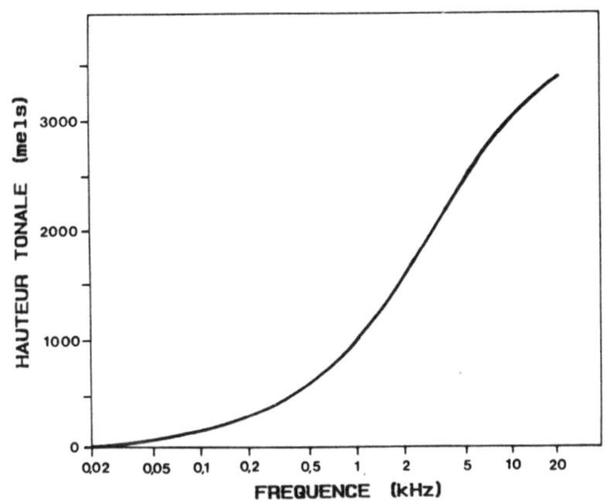

Selon la gamme de fréquence considérée, la hauteur n'est pas toujours proportionnelle à la fréquence. Cette échelle diffère de l'échelle musicale les fréquences qui forment un intervalle musical donné, par exemple une *octave,* n'y sont pas séparées par un nombre constant de mels.

Dans l'échelle de hauteur tonale qui est celle de la musique occidentale, la hauteur est une fonction logarithmique de la fréquence. L'intervalle de hauteur tonale entre 2 sons dépend du rapport des fréquences de ces sons; par exemple, deux sons sont séparés par un intervalle d'une octave chaque fois que le rapport de leurs fréquences est 2, par une quinte si ce rapport est 3/2, une tierce majeure pour 5/4, une tierce mineure pour 6/5.

Il existerait, en fait, deux qualités de hauteur tonale :
- une qualité de *tonie* pour laquelle les sons s'ordonnent selon la dimension grave-aigu et à laquelle s'applique l'échelle des mels;
- une qualité nommée *chroma* selon laquelle deux sons purs dont le rapport des fréquences est 2, et qui forment donc un intervalle d'octave, sont similaires ou identiques (Bachem, 1950; Demany et Armand, 1984). Selon van Noorden (1982), l'échelle musicale serait fondée avant tout sur le chroma.

5.1.2. *Seuil de discrimination de fréquences*

En présentant successivement deux sons de fréquences différentes, on peut déterminer la plus petite différence de fréquence détectable. Cette valeur est différente selon la fréquence de référence comme le montre la figure 13. Les seuils varient selon une courbe en U dont le minimum est situé vers 1 500 Hz; le meilleur seuil différentiel de fréquence est environ 2/1 000, soit 3 Hz pour un niveau de 40 à 60 dB. Un accroissement particulièrement important des seuils différentiels apparaît lorsque la fréquence est supérieure à environ 5 000 Hz (Moore, 1982).

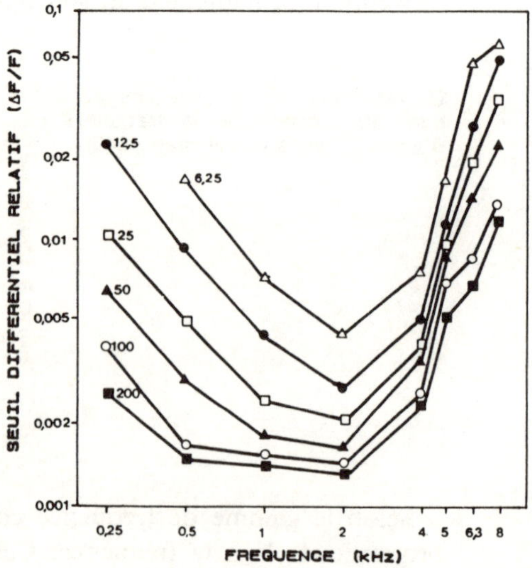

13. Seuil différentiel relatif de fréquence en fonction de la fréquence. Le paramètre des courbes est la durée des sons, en ms. D'après Moore (1982).

A une fréquence donnée, la plus petite différence de fréquence détectable diminue à mesure que l'intensité augmente entre le seuil d'audition et environ 50 dB au-dessus de ce seuil. Une diminution de durée des sons, en-deçà de 200 ms, s'accompagne d'un accroissement des seuils différentiels (figure 13).

5.1.3. *Codage de la hauteur des sons purs*

Deux théories du codage de la hauteur des sons purs ont été proposées : celle du codage spatial et celle du codage temporel dont il a été question ci-dessus (*supra* 2.2.2.). Van Noorden (1982) a émis l'hypothèse selon laquelle la qualité de tonie serait basée sur la tonotopie et sur les indices spatiaux, tandis que le chroma serait extrait d'indices temporels.

De la diversité des arguments en faveur de l'un ou de l'autre type de codage (voir Demany, 1987), il ressort que, pour les fréquences supérieures à 5 000 Hz environ, seul le codage spatial paraît possible puisque la cadence des décharges dans le nerf auditif ne présente plus aucune synchronisation avec la périodicité du stimulus au-delà de cette fréquence. Pour les fréquences inférieures à 5 000 Hz, au contraire, les deux types de codage ont été mis en évidence.

5.2. **Sons complexes**

Parmi les sons complexes, les sons complexes périodiques ou quasi-périodiques sont spécialement importants pour l'homme. Parmi ceux-ci, les *sons complexes harmoniques* ont pour fréquences composantes la série complète des multiples entiers successifs de la fréquence fondamentale. Beaucoup des sons naturels et des sons biologiquement significatifs sont émis par des systèmes de vibrations entretenues, comme la voix et la plupart des instruments de musique; leur spectre comporte un ensemble de partiels très proche d'une série harmonique. Nous allons préciser les règles de perception de la hauteur des sons complexes périodiques puis évoquer les modèles explicatifs qui en ont été proposés.

5.2.1. *Les différentes hauteurs des sons complexes périodiques*

A l'écoute d'un son complexe harmonique, comme par exemple une note de guitare, une hauteur unique est spontanément perçue. Pour l'évaluer, on peut, par exemple, demander à un sujet de régler la fréquence d'un son pur de comparaison pour que sa hauteur paraisse égale à celle du son complexe. Dans ces conditions, la fréquence du son pur est ajustée à une valeur égale à la fréquence de la composante la plus basse du son complexe harmonique, c'est-à-dire la fréquence fondamentale. La hauteur du son complexe harmonique est donc identique à celle de sa seule composante fondamentale. L'expression *hauteur fondamentale* est réservée à la sensation de hauteur liée à la fréquence fondamentale.

Il arrive que le maximum d'amplitude de l'enveloppe spectrale du son complexe soit situé à une fréquence différente de la fondamentale. Si un tel son est comparé à un deuxième son complexe harmonique ayant un maximum d'énergie à la fréquence fondamentale, leurs hauteurs sont jugées identiques; pourtant, le timbre du premier est plus aigu. Risset (1971) nomme *hauteur brute* cette qualité de timbre qui est un aspect distinct de la hauteur fondamentale.

De plus, il est possible, en écoutant très attentivement un son complexe périodique, de discerner plusieurs hauteurs tonales différentes correspondant respectivement aux cinq ou six premiers harmoniques. Ces hauteurs qui résultent d'une écoute analytique plutôt que synthétique, sont nommées *hauteurs spectrales* (Terhardt, 1974).

5.2.2. *Effet des différents harmoniques sur la hauteur fondamentale*

Si, par exemple, on entend un train d'impulsions ayant une cadence régulière de 200 par seconde, un son grave est perçu, sa hauteur fondamentale est très proche de la hauteur d'un son pur de 200 Hz. Ceci s'explique car le spectre du train d'impulsions périodique est composé d'une multitude d'harmoniques dont les fréquences sont les multiples entiers successifs de 200 Hz, soit 200, 400, 600, ... Hz (voir figure 2c). Lorsqu'on filtre électroniquement un tel stimulus de façon à supprimer la fréquence fondamentale (200 Hz), la hauteur fondamentale perçue ne change pas; ce phénomène est connu sous le nom de *«perception de la fondamentale absente»*. On peut même filtrer tous les harmoniques, sauf un petit groupe d'harmoniques de haute fréquence, le timbre se modifie mais la hauteur fondamentale demeure la même (Schouten, 1940, Terhardt, 1974).

Le but de certaines expériences de Ritsma (1967) était de déterminer quels composants d'un son complexe sont les plus importants pour la perception de la hauteur fondamentale. Le sujet devait juger la hauteur d'un son complexe pour lequel on faisait varier les fréquences d'un petit groupe de composantes : les fréquences de ces composantes pouvaient être des multiples d'une fréquence légèrement différente de la fréquence fondamentale des autres composantes. On cherchait la gamme des harmoniques dont le décalage en fréquence affectait le plus la hauteur fondamentale perçue. Ritsma découvrit que les harmoniques de rang 3, 4 et 5 ont le poids relatif le plus important, et affirma le principe de la *dominance spectrale* pour la perception de la hauteur des sons complexes harmoniques.

5.2.3. *Modèles de perception de la hauteur des sons complexes périodiques*

De même que pour la hauteur des sons purs, on fait appel, pour expliquer la hauteur des sons complexes périodiques, à des modèles basés sur la prise en compte par le système auditif d'indices spatiaux ou/et temporels.

14. Modèle schématique de la perception de la hauteur des sons complexes. D'après Moore (1982).

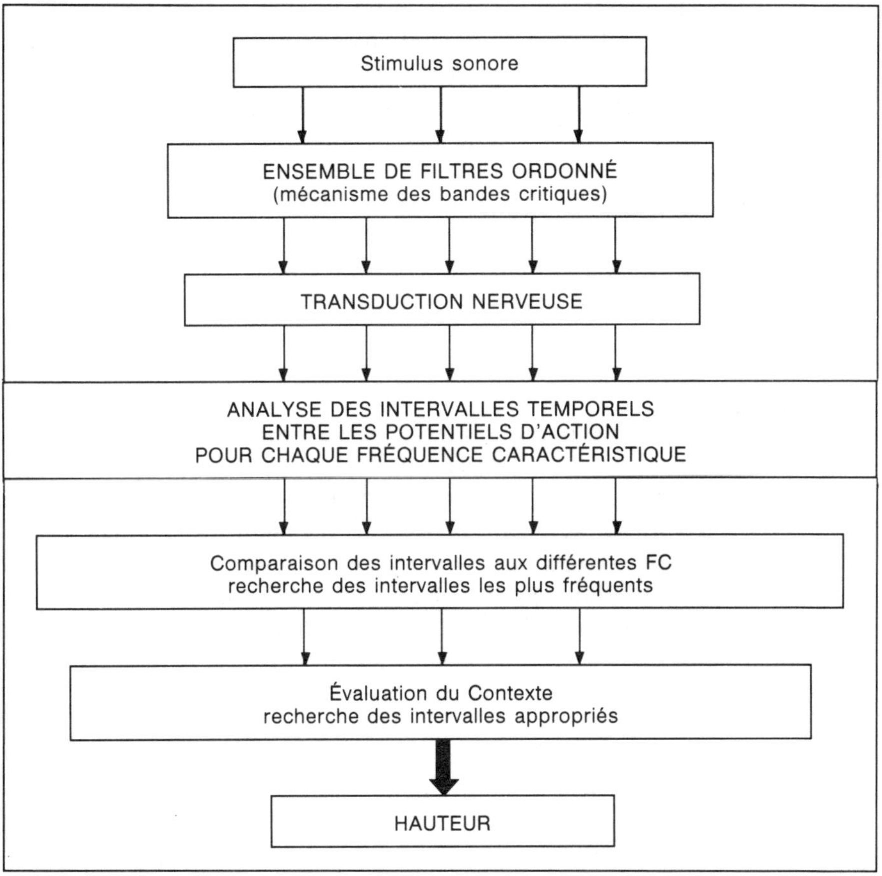

Un récent modèle proposé par van Noorden (1982) et par Moore (1982) est basé sur des analyses à la fois spatiales et temporelles (figure 14). A la sortie de chaque filtre passe-bande du système périphérique, un analyseur mesurerait les intervalles entre les potentiels d'action (dans une gamme limitée d'intervalles adaptée aux fréquences transmises par le filtre). Ensuite, un comparateur dégagerait l'intervalle trouvé le plus grand nombre de fois par l'ensemble des analyseurs (le meilleur intervalle commun). La période correspondant à la fréquence fondamentale serait ainsi identifiée.

5.2.4. *Hauteur fondamentale des sons complexes périodiques inharmoniques et des sons complexes apériodiques*

Les sons harmoniques produisent les sensations de hauteur les plus unitaires, les plus univoques et les plus fortes (de Boer, 1976). L'harmonicité du contenu fréquentiel est considérée comme l'un des facteurs les plus importants permettant au système auditif de regrouper les événements simultanés en entités perceptives par un processus de fusion perceptive (McAdams, 1982a; Demany et Semal, 1988), nous y reviendrons au point 7.

Les sons complexes périodiques inharmoniques, dans le spectre desquels un ou plusieurs harmoniques sont absents, ou encore ceux dont les composantes, sinusoïdales, ne sont pas des multiples entiers de la fréquence la plus basse, évoquent également des hauteurs qui correspondent le plus souvent à la fréquence de la fondamentale. Toutefois, des études comme celle de Schouten, Ritsma et Cardozo (1962) montrent que la hauteur fondamentale est alors ambiguë et que plusieurs hauteurs, jusqu'à 3 ou 4, peuvent être perçues. Ces hauteurs multiples ont des saillances perceptives inégales. Quant à la hauteur fondamentale perçue, elle ne correspond pas à celle de la fréquence physique la plus basse composant ces stimuli mais à celle d'une «pseudo-fondamentale» qui serait la fondamentale physique du son complexe harmonique ayant un spectre voisin de celui du stimulus inharmonique.

Signalons enfin que des sensations de hauteurs peuvent être engendrées par certains bruits, en particulier le bruit blanc modulé en amplitude ou encore les *bruits gelés* qui sont constitués par un intervalle de bruit répété sans interruption avec une périodicité régulière de quelques millisecondes (voir figure 2, exemple f). Du point de vue spectral, le bruit gelé est un son complexe périodique, mais le spectre à long terme du bruit blanc modulé est absolument non périodique et il donne pourtant naissance à une sensation de hauteur basée sur la fréquence de la modulation d'amplitude (entre 20 et 1 000 Hz) (Burns et Viemeister, 1981).

6 PERCEPTION DU TIMBRE

Contrairement à la sonie et à la tonie, le timbre est un attribut de la sensation auditive qui ne dépend pas massivement d'une seule dimension du stimulus. De plus, ce n'est pas non plus une qualité que l'on peut mesurer sur un seul continuum comme grave-aigu ou faible-intense. Le timbre est multidimensionnel; le problème a été de savoir combien de dimensions il possède et de quels paramètres physiques elles dépendent.

6.1. Dimensions du timbre

Von Bismark (1974) choisit de définir le nombre de dimensions incluses dans le timbre à partir des différences sémantiques entre les nombreux qualificatifs pouvant s'appliquer au timbre. Il a demandé à des sujets de noter 35 sons (dont la partie stable de chacune des 5 voyelles principales) ayant des sonies égales et des enveloppes spectrales différentes. Les notations se faisaient successivement sur 30 échelles verbales différentes telles que « terne-brillant » ou « large-étroit ». Une analyse factorielle a ensuite montré que 4 facteurs orthogonaux seulement suffisaient à rendre compte de 90 % de la variance. Le timbre aurait donc, d'après ces données, 4 dimensions essentielles : épais-pointu, compact-diffus, coloré-sans couleur, plein-vide.

6.2. Paramètres physiques déterminant le timbre

Plomp (1970, 1976) a procédé à une recherche empirique sur la plus ou moins grande similarité de différents timbres en utilisant un certain nombre de sons qui étaient des voyelles, des sons d'instruments musicaux, ou encore des sons émis par des tuyaux d'orgues. Il utilisait la méthode des comparaisons par triades dans laquelle 3 sons ayant été présentés au sujet, celui-ci devait désigner la paire des sons les plus semblables ainsi que celle formée par les sons les plus dissemblables (voir Bonnet, 1986a). A partir du nombre de fois où une paire de sons donnée était jugée plus dissemblable que toutes les autres paires, des matrices contenant les indices de dissimilarité ont été établies. Plomp obtint ainsi une représentation multidimensionnelle de l'espace des timbres perçus. Il a montré que l'on peut prédire la position des simuli dans l'espace des timbres perçus à partir des différences de leurs *enveloppes spectrales* lorsque ces dernières sont représentées également dans un espace multidimensionnel.

Une étude de Grey (1977) a porté sur les jugements de similarité du timbre entre différents sons musicaux synthétisés par ordinateur. Au problème des paramètres acoustiques déterminant le timbre, il trouve une solution à 3 dimensions représentée sur la figure 15.

Dans cette représentation, l'axe I vertical est constitué par la *distribution de l'énergie dans le spectre* (enveloppe spectrale). Certains instruments, comme le cor d'harmonie ou le violoncelle, sont situés à une extrémité sur cet axe car ils ont un spectre de bande étroite avec concentration de l'énergie dans les basses fréquences tandis qu'à l'autre extrémité, se trouvent des instruments comme le hautbois, à spectre très étendu et dont les harmoniques bas ont peu d'énergie alors qu'existent des formants importants vers le 10e harmonique.

15. Représentation dans un espace à 3 dimensions de la solution de 35 matrices de similarité des timbres de sons musicaux synthétisés et projections sur le plan vertical et le plan horizontal. H1 et H2 = hautbois; C1 et C2 = clarinettes; S1, S2 et S3 = saxophones; CH = cor d'harmonie; CA = cor anglais; V1, V2 et V3 = cordes; TP = trompette; TM = trombone; FL = flûte; BN = basson. D'après Grey (1977).

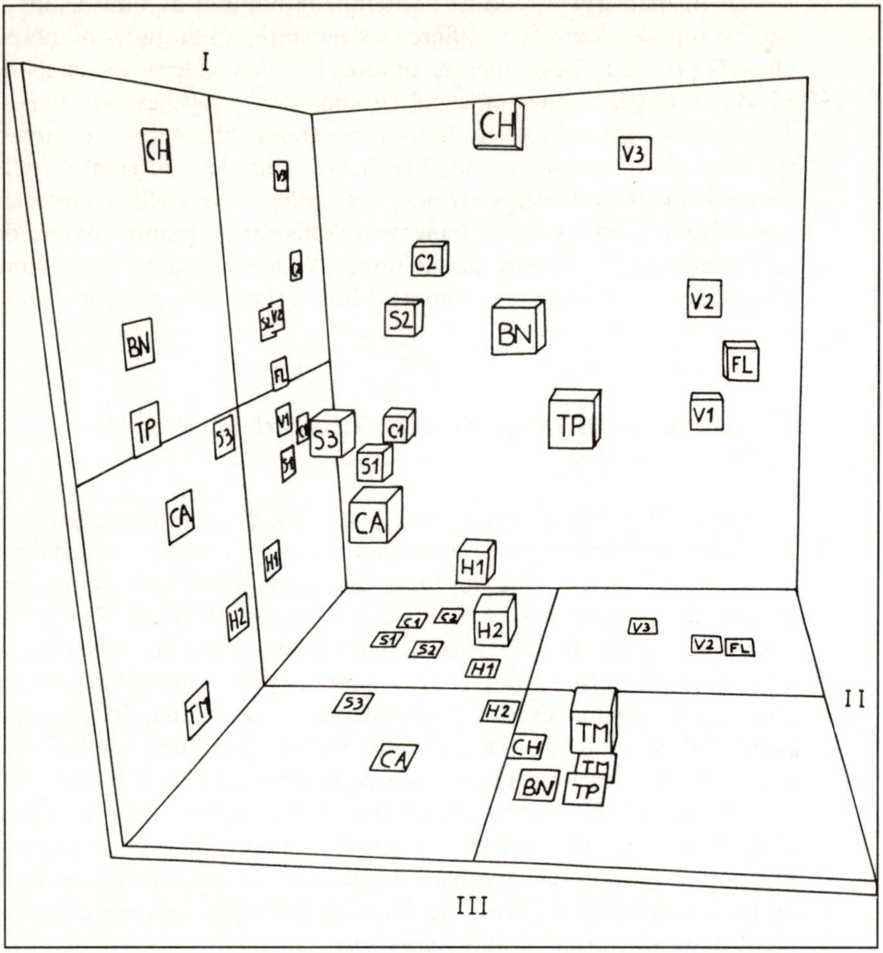

L'axe II, horizontal, représente la *forme des configurations d'attaque et de fin* des différents sons, spécialement en ce qui concerne la présence d'attaques et de décroissances synchrones du groupe des harmoniques les plus élevés; sur cet axe figure également un second paramètre, lié au précédent : le *montant global de fluctuation spectrale au cours du temps.* Les instruments à vent sont à un extrême de l'axe II; en effet, ils ont généralement des entrées d'harmoniques, des atteintes de maximum, et souvent des sorties très synchronisées, leur spectre présente peu de fluctuation au cours du temps quand tous les harmoniques sont présents. A l'autre extrême, on trouve les cordes, la flûte et le basson. Leurs différents harmoniques ne débutent pas avec une aussi grande synchronie que dans le cas des instruments à vent, aussi présentent-ils beaucoup plus de fluctuation spectrale que ces derniers. Enfin, l'axe III, en profondeur sur la figure 15, sert à représenter *l'existence d'énergie dans les hautes fréquences au moment de l'attaque.* Il s'agit d'une énergie de basse amplitude, souvent inharmonique, qui est présente pour les cordes, les flûtes, les clarinettes, les saxophones (excepté le soprano) et le hautbois mais inexistante pour le cor anglais et le basson.

A la lumière de l'ensemble de ces données sur la perception du timbre, il paraît tout à fait probable que le système auditif réalise de façon répétitive une analyse globale de l'ensemble du spectre lui permettant de connaître la répartition de l'énergie dans le spectre à un instant donné ainsi que l'évolution au cours du temps du montant de cette énergie dans les différentes régions du spectre. Il semble bien que les paramètres déterminant le timbre peuvent être combinés de façon extrêmement diverse. On pourrait imaginer que chaque combinaison représente un «mot» dans un énorme lexique mémorisé et extensible.

7 ORGANISATION DANS LA PERCEPTION AUDITIVE

Nous avons exposé jusqu'ici les principaux attributs de la sensation auditive et la façon dont ils dépendent des paramètres physiques de la stimulation. Mais, la plupart du temps, dans une situation naturelle d'écoute, l'auditeur n'a pas conscience de tous ces attributs. Nous appréhendons spontanément des «objets» auditifs ou, si l'on veut, des «images» de sources auditives. Et, comme il est rare d'être seul avec un oiseau au milieu du désert, notre système auditif organise l'ensemble des informations reçues en permanence de façon à identifier les différentes sources dont les émissions sonores lui parviennent simultanénement. Bregman (1977, 1980) suggère que la perception est un processus actif d'organisation des données sensorielles dans le but d'interpréter la façon dont l'environnement se comporte. Ses concepts sur l'organisation perceptive dans l'audition ont conduit au développement de tout un champ de recherches dont nous allons résumer les principaux résultats d'après, en particulier, les publications de McAdams (1982a, 1984 et 1987).

L'image auditive est, selon cet auteur, une représentation psychologique d'une entité sonore présentant un comportement acoustique cohérent. C'est la cohérence d'un ensemble de paramètres acoustiques, à la fois à chaque instant et au cours du temps, qui permet d'inférer l'existence d'une entité sonore. L'organisation en entités cohérentes se réaliserait par des processus d'organisation simultanés, d'une part, et séquentiels, d'autre part. Les processus envisagés se rapprochent, comme on le verra, de ceux qui ont été mis en évidence dans les expériences sur l'analyse du profil spectral (3.2.3.) ou le démasquage de comodulation (4.2.).

7.1. Processus de l'organisation simultanée

Pour comprendre comment les différentes composantes d'un son complexe sont entendues fusionnées et aussi comment différents sons complexes simultanés sont perceptuellement séparés les uns des autres alors que leurs spectres se chevauchent, il faut supposer qu'une organisation perceptive se réalise à chaque instant pour façonner des objets auditifs distincts les uns des autres, à partir de l'ensemble des événements acoustiques présents simultanément.

Pour construire ces objets, le système auditif organise, regroupe ensemble, ceux des événements qui ont, en commun, certaines propriétés. Selon McAdams (1982a), trois de ces propriétés déterminent la *fusion perceptive* de plusieurs composantes spectrales pour former un seul percept ou image auditive : ce sont la cohérence de l'évolution de l'amplitude au cours du temps, la cohérence de l'évolution de la fréquence ainsi que la stabilité de la position des formants dans le spectre. Lorsqu'un sous-groupe de fréquences partage l'une au moins de ces propriétés, ce sous-groupe est organisé en une image auditive fusionnée. De plus, un quatrième indice, la localisation dans l'espace, lorsqu'il est commun à un sous-groupe de composantes, entraîne la *fission perceptive* c'est-à-dire la séparation de ce sous-groupe par rapport à l'ensemble.

7.1.1. *Cohérence de l'évolution de l'amplitude*

Pour les sons naturels, tous les partiels commencent, s'intensifient et s'éteignent ensemble. En fait, les partiels des sons des instruments musicaux sont légèrement désynchronisés au moment de l'attaque, mais leur décalage ne dépasse pas 20 ms (Grey et Moorer, 1977). On montre, en utilisant des sons synthétisés, que plus l'attaque de différents partiels est désynchronisée, plus on s'éloigne de la perception d'un son fusionné pour tendre vers la perception d'un son ayant la qualité d'un accord dans lequel les partiels sont perçus simultanés mais séparés. En dehors de la synchronie des attaques, les fluctuations d'amplitude à plus long terme jouent un rôle également (Bergman, Abramson, Doehring et Darwin, 1985).

7.1.2. *Cohérence de l'évolution de la fréquence*

McAdams (1983) module en fréquence 15 des 16 harmoniques d'un son complexe de façon cohérente, en maintenant les rapports de fréquence entre eux. L'harmonique restant est, lui, modulé de façon non-cohérente par rapport à l'ensemble des autres. Selon la position de l'harmonique ainsi modulé, celui-ci ressort de l'ensemble, devenant audible séparément (cas des harmoniques graves), ou bien un effet d'accord est produit avec l'illusion de sources multiples. La cohérence de l'évolution des fréquences au cours du temps est donc une condition de la fusion perceptive.

On remarquera que dans tous les sons naturels émis par des sources périodiques entretenues, une modification de la fréquence fondamentale s'accompagne de celle de tous les harmoniques, qu'il s'agisse d'une modulation périodique (vibrato musical) ou non (jitter musical) ou encore d'un glissement lent de fréquence comme dans certaines inflexions de la voix. Ce qui caractérise l'ensemble des modifications de fréquences dans le cas des sons naturels c'est justement leur cohérence : les rapports harmoniques sont maintenus. Il n'est donc pas étonnant que la cohérence de l'évolution de la fréquence parmi les différents harmoniques d'un son complexe soit un indice sur lequel le système auditif se base pour construire une image fusionnée correspondant à une source unique.

7.1.3. *Stabilité de la forme spectrale*

La plupart des sources musicales entretenues ont des structures de résonance, par exemple le conduit vocal, la caisse ou le tuyau de résonance des instruments à cordes ou à vent. Les régions de fréquences relativement amplifiées par l'ensemble de résonateurs sont alors toujours les mêmes pour une forme donnée des cavités de résonance; ces régions sont appelées « formants » dans le cas de la parole (1.2.2.).

McAdams (1982b) montre comment, lors des changements de fréquence dûs au vibrato, ou pour tout autre changement de fréquence, il se produit des changements de l'amplitude de chaque partiel tels que, au cours du temps, la forme de l'enveloppe spectrale se « dessine » autour de chaque fréquence de partiel (figure 16a et b). Ce couplage complexe de modulations d'amplitude et de fréquence servirait à définir le contour du spectre et pourrait, dans certains cas, réduire les ambiguïtés sur l'identification de la source.

Lorsqu'un son complexe, dont le spectre est représenté sur la figure 16c, est entendu sans qu'aucune composante n'ait été modulée, il forme une sorte de masse sonore au sein de laquelle on n'identifie pas grand chose et dont la hauteur est multiple. Si l'on ajoute des modulations de fréquence pour trois structures de résonance qui sont celles de 3 voyelles différentes (figure 16d), on perçoit simultanément ces trois voyelles avec une hauteur donnée.

16. Effet de la stabilité de l'enveloppe spectrale sur l'organisation de la perception auditive.
Les schémas *a* et *b* montrent comment la présentation de quelques harmoniques donne lieu à l'inférence d'une enveloppe spectrale plus proche de la véritable enveloppe lorsque les harmoniques sont modulés en fréquence en maintenant la répartition de l'énergie dans le spectre, donc la place des formants.
Les schémas *c* et *d* montrent comment la modulation de fréquence des harmoniques, ajoutée à une constance des formants permet d'inférer les 3 enveloppes spectrales vocaliques et de percevoir les 3 voyelles /a/, /o/ et /i/ simultanément. D'après McAdams (1984).

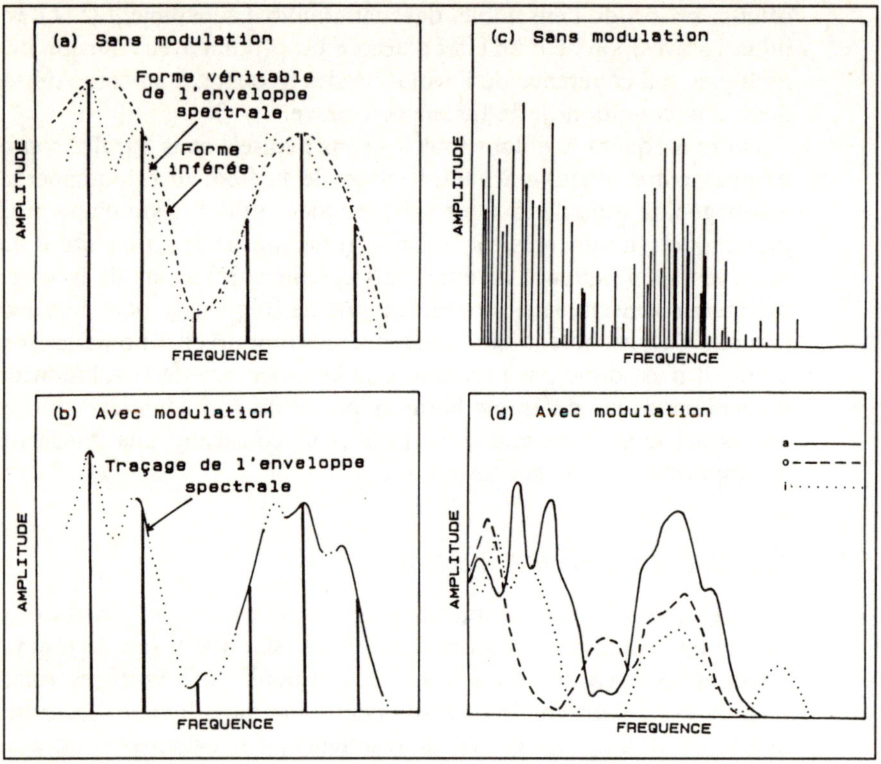

7.1.4. *Localisation dans l'espace*

La localisation spatiale serait un indice qui permettrait de suivre au cours du temps l'émission d'une source parmi d'autres. Cherry (1953) a montré cet effet dans le cas de la voix. Il a mesuré l'intelligibilité de la parole d'un locuteur donné en présence d'un bruit de conversation émis par un grand nombre d'autres locuteurs *(cocktail party).* Si on fait entendre aux sujets un enregistrement stéréophonique de ce stimulus, la performance diminue par rapport à la condition d'écoute directe, et si on fait entendre une seule voie d'enregistrement, l'intelligibilité se dégrade de façon massive; ces pertes de l'intelligibilité sont attribuées à la disparition des indices spatiaux permettant la séparation des sources.

7.2. Processus de l'organisation séquentielle

De nombreuses recherches ont montré comment la configuration d'une succession d'événements acoustiques (tempi, hauteurs, sonies) peut affecter la perception de ce que Bregman et Campbell (1971) ont appelé « stream » et que l'on peut traduire par flux. Un *flux sonore* est perçu lorsque les sons qui le composent forment un tout présentant une continuité : une mélodie est un flux.

Les déterminants principaux de la formation des flux sont les rapports entre les fréquences, les tempi (cadences des occurrences), les intensités, les contenus spectraux ainsi que les formes d'enveloppe spectrale des sons successifs.

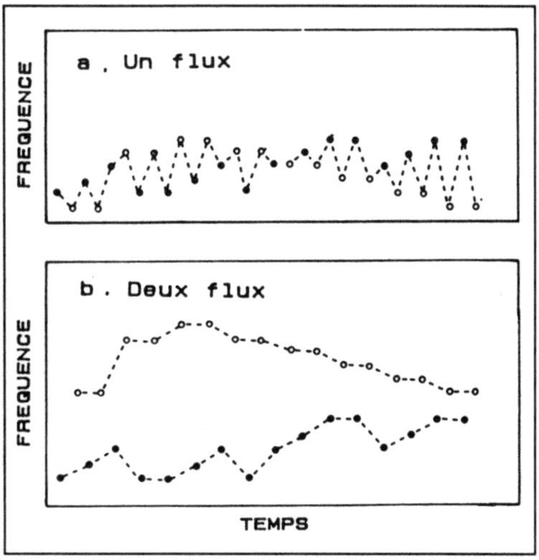

17. Schéma montrant l'effet de la distance en fréquence d'un son à l'autre sur l'organisation auditive d'une séquence de sons purs. En a, on perçoit un seul flux et en b, 2 flux simultanés. D'après McAdams (1984).

La figure 17 illustre l'effet de la fréquence. Les sons les plus proches en fréquence ont tendance à se regrouper dans un seul flux. Les mélodies sont des flux basés sur l'appartenance à une région fréquentielle. Van Noorden (1977) a, pour sa part, mis en évidence le rôle de l'intensité relative des différents sons d'une séquence en présentant des sons purs successifs dont seul le niveau était modifié une fois sur deux. Selon la différence de niveau, les sujets perçoivent deux flux séparés ou un seul flux cohérent, ou un flux de niveau intense plus un flux de niveau faible et de tempo double du précédent, ou encore un son faible continu superposé à un son intense pulsé (figure 18).

McAdams (1984) pense cependant que l'organisation séquentielle pourrait être basée sur un seul critère, la *continuité spectrale,* qui dépendrait toutefois du contexte. Selon lui, ce critère unique inclut les précédents.

18. Schéma montrant l'effet de la différence de niveau de sons successifs de même fréquence sur l'organisation de la perception auditive. Les sons reliés par des flèches sont regroupés perceptivement pour former un flux (b) ou deux flux (a et c). En d, un premier flux, intense, est perçu plus un second, faible et de tempo double du premier. Tous ces flux sont pulsés mais, en e, on perçoit un flux faible continu plus un flux intense pulsé. D'après van Noorden (1977).

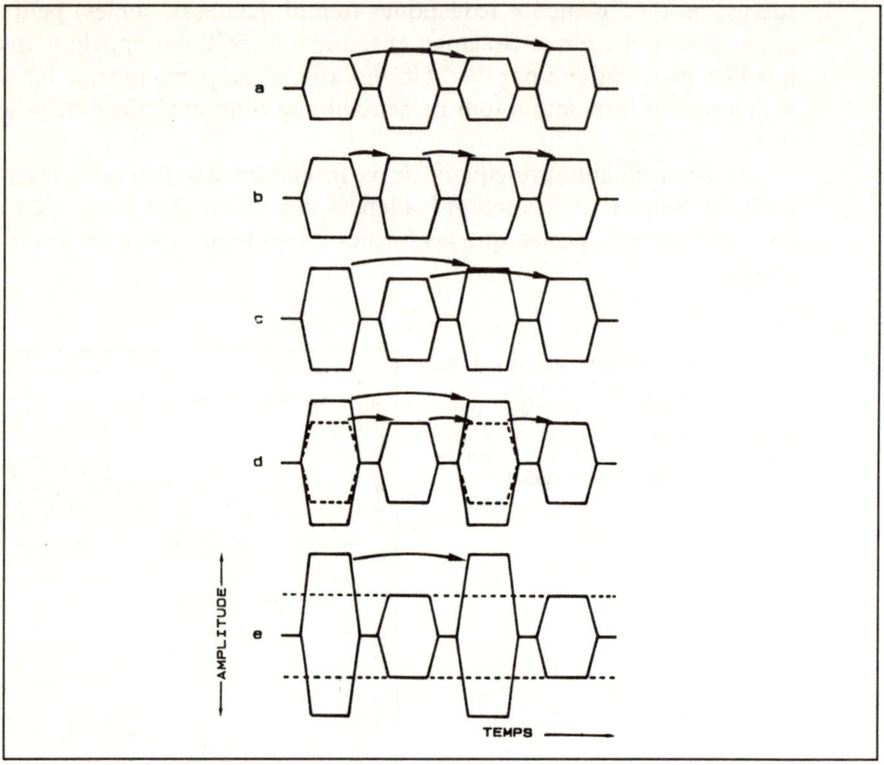

Bregman et Pinker (1978) ont suggéré que l'organisation perceptive des flux ne serait pas réalisée à partir des trois facteurs de base que sont la fréquence, l'intensité ainsi que l'enveloppe et la densité spectrales, mais plutôt que le système auditif commence par organiser l'ensemble acoustique en sous-groupes correspondant à différentes sources, et que les qualités de hauteur, de sonie et de timbre sont ensuite dérivables pour chacun de ces sous-ensembles. Tous les facteurs qui viennent d'être décrits contribuent à la cohérence des éléments qui sont susceptibles de provenir d'une source acoustique physique donnée. Il se peut que la majorité de l'organisation de notre système perceptif soit basée sur – mais non limitée à – un apprentissage du comportement des objets physiques dans le monde qui nous entoure, comme le pense Bregman.

Si la perception de la mélodie relève de l'organisation séquentielle en flux, il est évident que d'autres processus d'organisation existent à un niveau supérieur par rapport à ceux qui viennent d'être étudiés; ceux-ci rendent compte des organisations rythmiques et harmoniques inhérentes à toute perception de la musique. Il n'est d'ailleurs pas impossible que ces processus supérieurs d'organisation ne facilitent eux-mêmes les processus de l'organisation séquentielle en flux (McAdams, 1984). Des interactions similaires entre processus d'organisation de niveaux hiérarchiques différents seront évoquées dans le chapitre consacré à la perception de la parole, en particulier de la parole continue (cf. aussi Botte, Canévet, Demany et Sorin, à paraître).

LECTURES CONSEILLÉES

En français :

Aran J.-M., Dancer A., Dolmazon J.-M., Pujol R. et Tran Ba Huy P. (1988). *Physiologie de la cochlée.* Coédition Éditions INSERM-EM Inter, Paris.

Botte M.-C., Canevet G., Demany L. et Sorin C. (sous presse). *Psychoacoustique et Perception auditive,* Coédition Éditions INSERM-EM Inter, Paris.

Buser P. et Imbert M. (1987). *Audition,* Hermann, Paris.

Calliope (sous presse). *La parole et son traitement automatique.* Masson, Paris.

Zwicker E. et Feldkeller R. (1981). *Psychoacoustique. L'oreille, récepteur d'information,* traduit de l'allemand par C. Sorin, Masson, Paris.

En anglais :

Blauert J. (1983). *Spatial hearing, the psychophysics of human sound localization,* traduit de l'allemand par J. S. Allen. MIT Press, Cambridge, USA.

Scharf B. et Buus S. (1986). *Audition I : Stimulus, physiology, thresholds,* In Handbook of Perception and Human Performance, Vol. 1, K. R. Boff, L. Kaufman et J. P. Thomas (Eds.), John Wiley and Sons, New York.

Scharf B. et Houtsma J. M. (1986). *Audition II: Loudness, pitch, localization, aural distortion, pathology,* In *Handbook of Perception and Human Performance,* Vol. 2, K. R. Boff, L. Kaufman et J. P. Thomas (Eds.), John Wiley and Sons, New York.

Moore B. C. J. (1982). *An Introduction to the Psychology of Hearing.* Academic Press, Londres.

Chapitre 3

PROGRAMMATION ET CONTRÔLE DU MOUVEMENT

JEAN PAILHOUS

Directeur de recherche
au CNRS

MIREILLE BONNARD

Allocataire MRT
en Neurosciences

SOMMAIRE

INTRODUCTION

En hommage à D. Beaubaton, notre ami, qui devait participer à la rédaction de ce chapitre. Il nous a cruellement manqué.

Si « le mouvement est la manifestation la plus directe de ce qui vit et reste un indicateur privilégié du fonctionnement des systèmes vivants » (Paillard, 1985), son étude constitue-t-elle pour autant un thème majeur de la psychologie cognitive? A priori, non; d'ailleurs, l'intérêt des psychologues pour les recherches dans ce secteur a été plutôt faible, sauf au cours des deux dernières décennies. Le mouvement, qui semble souvent adapté à l'analyse du fonctionnement biologique, semble un moins bon révélateur du fonctionnement cognitif. En effet, classiquement la psychologie cognitive a pour objet l'analyse de processus internes (résolution de problème, image mentale... voir le tome II de ce traité); le comportement est conçu généralement comme l'expression de ces processus, et c'est notamment à travers cette expression – mais pas seulement, comme le montre l'extension des sciences cognitives – qu'on espère atteindre ces processus.

Dans cette optique, le mouvement semble alors présenter moins de puissance que la production verbale par exemple, qui est considérée comme harmonieusement liée à la pensée, au raisonnement... Il ne reste donc souvent au mouvement qu'à exprimer les processus cognitifs des êtres vivants qui ne parlent pas (les bébés et les animaux!).

Cette vision étroite des liens entre mouvement et processus cognitif est erronée. On peut relever trois raisons par ordre d'importance croissante qui soulignent toutes qu'on ne peut réduire le comportement à un mode d'expression (que ce soit des processus cognitifs, sociaux ou biologiques).

1. L'objet des processus cognitifs peut porter sur le mouvement lui-même. L'objet des représentations d'un danseur, ou d'un enfant qui imite, porte sur le mouvement qu'il effectue (son amplitude, sa vitesse, sa forme...). A l'inverse, même si les processus cognitifs d'un joueur d'échecs se traduisent par une manipulation des pièces, leur objet n'a rien à voir avec le geste de préhension et le transport de la main.

2. Les activités sensorimotrices sont génératrices d'activités intellectuelles. Ainsi les études conduites sur le développement de l'enfant ont montré le rôle décisif de la motricité chez le jeune enfant, aussi bien pour le développement de son intelligence (Piaget, 1936) que pour celui de sa personnalité (Wallon, 1959). Les apprentissages sensorimoteurs (cf. Schmidt, 1982) chez le sujet adulte montrent la persistance de ce rôle. Dans ce cas le mouvement, loin d'être un moyen d'expression de la vie mentale, en devient une source.

3. Mais surtout le mouvement, n'est pas tant le lieu d'expression de processus divers que le lieu de leur intégration : intégration de processus automatiques innés, de processus adaptatifs et cognitifs; intégration de processus sensoriels et moteurs (ce qui a été relevé de façon contemporaine par Paillard, 1960, et Bernstein, 1967). Or cette question de l'intégration est théoriquement et épistémologiquement fondamentale, d'une part parce qu'aucune discipline ne peut se prévaloir de détenir les « mystères » du comportement humain (pas plus la psychologie que la biologie, que la sociologie, voire l'économie; ce qui correspond à quelques exemples bien connus de réductionnisme); d'autre part, parce qu'il faut identifier l'apport de la psychologie cognitive. Ainsi, par exemple, sous-estimer les bases automatiques, non cognitives, du comportement (ce qui est souvent le cas) conduit inéluctablement à en surestimer les bases cognitives et par là même à méconnaître la place réelle des processus cognitifs eux-mêmes.

Nous avons choisi cet axe « intégration » comme axe principal du chapitre en privilégiant donc les aspects fondamentaux, c'est-à-dire les mécanismes qui sous-tendent la production motrice. Existe-t-il des principes organisateurs qui sous-tendent l'infinie variété des gestes humains? Si oui, quels sont-ils? Qu'y a-t-il de différent ou de commun entre les mouvements que partagent la plupart des espèces vivantes, comme la locomotion, et ceux spécifiques à l'espèce humaine, comme l'écriture? Quels sont les modes de déclenchement et de contrôle de ces mouvements? Autant de questions générales que nous allons tenter d'éclairer dans ce chapitre.

Dans l'analyse du mouvement, deux axes théoriques sont à l'œuvre qui nécessitent d'être coordonnés. Le premier conçoit le mouvement comme une réponse aux sollicitations du milieu extérieur (les réflexes au niveau le plus élémentaire); le deuxième le conçoit comme une production autonome ayant pour but de maîtriser, voire de transformer, l'environnement. Historiquement, ces deux courants ont été séparés mais ils sont actuellement en train de se coordonner du fait du développement des perspectives intégratives dans la motricité; de toute évidence, les mouvements « réaction » et « action » sont étroitement articulés dans les comportements adaptatifs.

La participation des processus cognitifs à la planification, au déclenchement et surtout au contrôle du mouvement, devient alors une question importante (Magill, 1983). Ces processus sont souvent simples, élémentaires, notamment par rapport à ceux analysés dans les deux autres tomes de ce traité : il s'agira, par exemple, de mémoriser un geste ou la position d'un objet dans l'espace. Ils sont cependant différents selon la nature de la tâche (accent mis sur la précision ou sur la vitesse du geste par exemple), selon l'âge du sujet, son niveau d'apprentissage. Mais surtout, ils sont différents selon la nature même des mouvements : les processus sous-jacents à l'activité d'exploration visuelle de l'espace (mouvement des yeux) sont distincts de ceux mis en jeu dans l'exploration manuelle de ce même espace chez l'aveugle, car ce sont alors à la fois le contenu de l'information sensorielle et les dispositifs moteurs qui sont différents.

La vie mentale de l'homme est ainsi largement alimentée par des interfaces sensorimotrices et la compréhension du fonctionnement cognitif ne peut être totalement indépendante des propriétés des entrées et des sorties du système cognitif.

Il est donc essentiel pour la psychologie cognitive de comprendre :
– la place et le contenu des traitements sensoriels des informations en provenance du milieu extérieur (extéroception), mais surtout des informations qui sont engendrées par les activités motrices elles-mêmes (conséquences sensorielles de l'action),
– la place et le contenu des systèmes moteurs qui permettent aux processus cognitifs, grâce à une infrastructure neurophysiologique élémentaire,de contrôler le mouvement et non la contraction (et la décontraction antagoniste!) de chacun des muscles qui participent au mouvement (Heuers & Sanders, 1987). De ce fait, le recours à des résultats issus des disciplines neuroscientifiques est nécessaire dans ce domaine. En effet, il s'agit de recenser les propriétés pertinentes – pour la psychologie cognitive – de l'organisme et non d'un « coup de chapeau » (souvent rituel dans les manuels) aux infrastructures neurobiologiques impliquées dans les comportements. De la même façon qu'un psycholinguiste doit connaître un certain nombre de bases en linguistique, qu'un didacticien ne peut ignorer les matières enseignées, un psychologue de la sensorimotricité doit connaître certaines propriétés de l'organisme (la grammaire du mouvement!). Il en va ainsi de la notion de schéma corporel, où la représentation qu'a le sujet de son corps ne peut être indépendante des propriétés objectives du corps lui-même – la maladresse de l'adolescent lors d'une poussée de croissance illustre bien cette question et l'on ne saurait réduire cette maladresse à la seule poussée de croissance.

En outre, la psychologie et les neurosciences ont souvent utilisé les mêmes comportements sensorimoteurs. Ces comportements étant souvent élémentaires (préhension par exemple), ils sont de ce fait étudiés chez l'animal – le singe par exemple – et donc susceptibles de donner lieu à des approches neurobiologiques, telles que l'enregistrement cellulaire chez l'animal chronique, l'injection de drogue, des lésions expérimentales.

Les niveaux d'explication psychologiques et neuroscientifiques ne sont pas en compétition, au contraire l'analyse des déterminants psychologiques des comportements sensorimoteurs étaie et est étayée par l'analyse de l'infrastructure neurophysiologique de ces mêmes comportements (Hécaen & Jeannerod, 1978); enfin la charnière entre neurosciences et psychologie cognitive est un lieu de recherche; l'étiquette de neurosciences cognitives est tout à fait éclairante à ce sujet. L'apparition de techniques (comme l'imagerie cérébrale) d'analyse du fonctionnement *in vivo* du cerveau, permettant des recherches sur l'homme normal, conduit déjà à des collaborations fructueuses interdisciplinaires.

Étant donné le contexte général de ce traité, nous mettrons l'accent sur les liens qui unissent les processus cognitifs et les activités sensorimotrices (ce qui laisse dans l'ombre d'autres questions fondamentales pour la psychologie, en particulier celle des liens entre émotion et sensorimotricité). Nous avons choisi de mettre en exergue les déterminants psychologiques de la production du mouvement, c'est-à-dire d'une part sa programmation (ce qui préexiste avant l'exécution), d'autre part son contrôle (ce qui permet d'ajuster, de rectifier, voire d'interrompre le mouvement).

1 LE MOUVEMENT : QUELQUES GÉNÉRALITÉS UTILES

Avant d'analyser les phénomènes fondamentaux qui régissent la programmation et le contrôle du mouvement, il est souhaitable d'être informé sur quelques propriétés générales du mouvement. Il s'agit ici de sensibiliser le lecteur à quelques problèmes concernant la production du mouvement sans lesquels on ne peut savoir ce qui est réellement programmé et contrôlé (Kelso, 1982, Schmidt, 1982, Beaubaton, 1983). Les distinctions dichotomiques dont il est question par la suite ont pour but d'indiquer des axes centraux de réflexion; elles ne correspondent pas directement à des propriétés isolables du geste.

1.1. Conditions préalables à la production du mouvement

Pour produire un geste efficace, certaines conditions préalables doivent être remplies au niveau tonique et postural (Paillard, 1976).

La fonction *tonique* conditionne principalement la disponibilité de l'appareil moteur, sa capacité à répondre; elle se traduit concrètement par la résistance (faible ou forte) du muscle lorsqu'on l'étire. Le tonus est très lié à la vigilance du sujet, ainsi il est faible si le sujet dort. En outre, comme l'a bien montré Wallon (1986), il y a un lien entre l'activité tonique et les états émotionnels (ce lien est essentiel dans le développement psychologique du nourrisson). Sans une tonicité harmonieuse sur l'ensemble des muscles du corps (donc par exemple, plus « active » pour les muscles antigravitaires), la motricité ne peut être que malhabile parce que mal formée.

La *posture* constitue la base sur laquelle le mouvement va se greffer; grossièrement, elle se traduit par une mise en place des différentes pièces du squelette les unes par rapport aux autres. Paillard (1976) distingue deux grands types d'activités posturales :
– antigravitaire, de lutte contre le pesanteur qui permet la station érigée, où on peut dégager le rôle de la surface d'appui, du poids du corps et le repérage visuel de la verticale,
– directionnelle permettant la capture des stimuli sensoriels, dans laquelle « trois moments successifs, le plus souvent solidaires, peuvent être isolés : l'immobilisation attentive, précurseur et accompagnateur de l'orientation spécifique de la tête du corps, elle même nécessaire aux positionnements des organes sensoriels et des segments mobiles du corps, qui assureront la projection du mouvement dans l'espace ». (Paillard, 1976, p. 592).

On remarque au passage que le maintien d'une posture n'est pas immédiatement donné, il nécessite au même titre que la genèse d'un mouvement, l'émission d'une commande nerveuse. Seul l'objectif auquel répond cette commande diffère; il est de stabiliser une position donnée dans le premier cas, d'établir une nouvelle position à travers une trajectoire dans le second.

1.2. L'environnement du geste

L'environnement physique dans lequel s'inscrit le mouvement présente une grande importance. Il peut exercer des contraintes directes sur la motricité (mouvement dans l'eau, en apesanteur, dans un milieu vibrant – hélicoptère par exemple...). Nous ne retiendrons ici que le caractère plus ou moins prédictible de l'environnement (directement lié à sa stabilité) pour son lien évident aux processus d'anticipation. Poulton (1957) a ainsi proposé de classer les activités sensorimotrices selon un continuum en fonction du caractère plus ou moins stable de l'environnement dans lequel elles sont réalisées. A l'un des extrêmes, on trouve les habiletés fermées exécutées en milieu tout à fait stable, donc entièrement prédictible (gymnastique); le problème consiste alors essentiellement, lorsque la tâche est maîtrisée, à reproduire les patrons de réponse motrice adéquats. A l'autre extrême, on trouve les habiletés ouvertes (à dominantes perceptive) qui se déroulent dans un milieu fluctuant (sport collectif), où il faut en permanence traiter l'information sensorielle, prendre des décisions et les appliquer au plus vite. Ces habiletés ouvertes et fermées peuvent se combiner au sein d'une même tâche. Ainsi, en conduite automobile, le positionnement de son véhicule dans le flux des autres véhicules nécessite une prise d'information visuelle constante mais la manipulation du véhicule lui-même constitue une véritable habileté fermée, grâce à la stabilité des propriétés du véhicule (les leviers ne changent pas de place) et du corps. De fait, on observe chez le conducteur confirmé un agrandissement du schéma corporel aux dimensions réelles du véhicule.

1.3. Le but du geste

Le but du mouvement peut être qualifié par un grand nombre de dimensions : il peut être d'exprimer une émotion ou de manipuler un objet, visible ou invisible, proche ou lointain. Nous ne retiendrons ici que la distinction entre les *morphocinèses* (mouvements engendrés par un modèle interne) et les *topocinèses* (mouvements dirigés vers un but spatial) (Paillard, 1974), dans la mesure où elle révèle les liens entre espace et motricité, donc le rôle de la représentation de l'espace dans la planification et le contrôle du geste. Les topocinèses sont des mouvements spatialement orientés; l'amplitude et la direction du geste sont déterminées par la position des objets dans l'espace. La saisie manuelle, la capture de la proie par le prédateur, en sont de bons exemples. Le projet est spatial et l'activité motrice est au service de ce projet spatial.

Il en va autrement dans les morphocinèses; la forme du geste est l'objectif même de l'activité du sujet, le projet porte sur le mouvement lui-même, l'espace n'étant que le support de la motricité. L'écriture, la danse des abeilles sont des activités morphocinétiques. On observe donc entre ces deux types d'activités un renversement du rôle de la motricité; on peut dès lors remarquer que le rôle des processus cognitifs dans la planification du geste et son contrôle va en être profondément bouleversé. On s'attend également à ce que les informations sensorielles servant à ce contrôle soient de nature différente, plus centrées sur l'espace du corps pour les morphocinèses, plus centrées sur l'environnement extérieur pour les topocinèses. Concernant la pertinence de cette distinction entre morpho- et topocinèse, on notera que certaines lésions pariéto-occipitales (Signoret & North, 1979) se traduisent par l'impossibilité d'effectuer des mimes en l'absence des objets (faire semblant de scier une planche, de planter un clou) alors que ces mêmes gestes dans leur contexte réel ne sont pas perturbés. En outre chez ces patients, les gestes symboliques (salut militaire, applaudissement...) sont profondément altérés (Seron & Feyereisen, 1987). On constate ici que le lien cognitif entre l'espace et la motricité s'inverse entre topocinèses et morphocinèses; même si le geste produit est identique, il convient donc de prendre en considération les conditions précédant son déclenchement.

1.4. Classification des mouvements : lents / rapides

Il y a bien entendu un grand nombre de classifications possibles du mouvement; par exemple, les mouvements d'ensemble du corps par rapport aux mouvements segmentaires, les mouvements simples par rapport aux mouvements complexes, les mouvements habiles par rapport aux mouvements perturbés... Sans nier l'intérêt de ces classifications faites en général dans des buts précis (ergonomiques, cliniques...), nous ne retiendrons ici que la distinction en fonction de la vitesse d'exécution (Bailey & Presgrave, 1958) pour son importance théorique quant aux rapports du geste aux processus cognitifs. Cette distinction, triviale au premier abord, est pourtant fondamentale. Ces deux grandes catégories de mouvements se différencient en effet d'une part par le mode de recrutement des fibres musculaires, d'autre part par la possibilité qu'a le sujet d'en corriger l'exécution.

1. a) Patterns électromyographiques (traces inférieures) enregistrés dans les muscles agonistes au cours de deux mouvements balistiques d'amplitude différente (traces supérieures). Le mouvement balistique est déclenché par une bouffée électromyographique brève (100 ms) – selon un mode de recrutement impulsif – dont l'intensité détermine, dans des conditions de freinage purement passif, la vitesse maximale du mouvement, et donc, son amplitude (d'après Paillard, 1982).
b) Cinématique d'un mouvement continu. De haut en bas, courbe de position, de vitesse et d'accélération. Les lignes en traits pleins délimitent le mouvement; la ligne en pointillé indique son maximum de vitesse, il correspond à une accélération nulle qui change de signe par la suite (d'après Brooks, 1973).

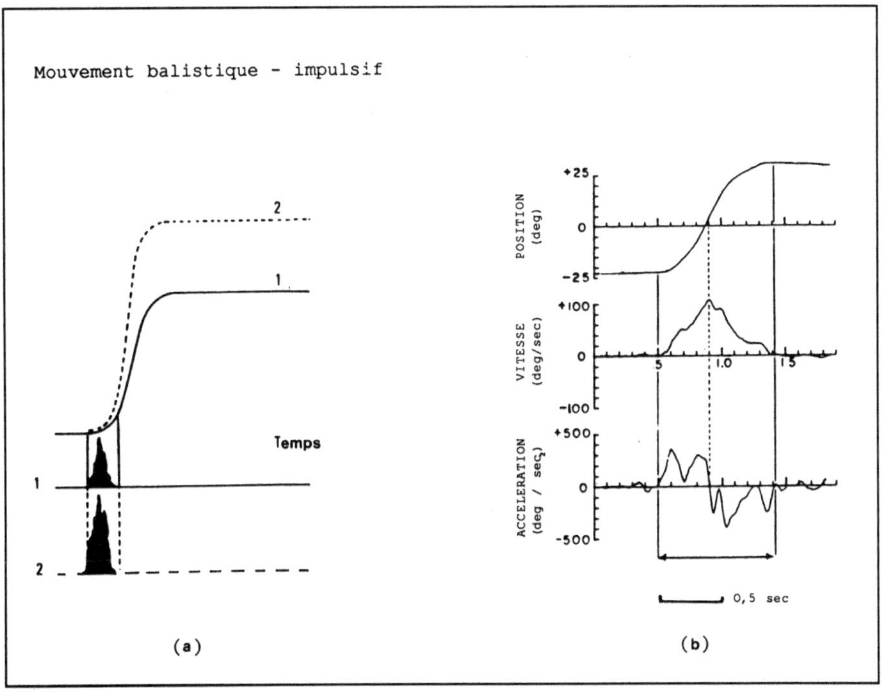

– Lors d'un mouvement très rapide (également appelé *balistique*) durant une centaine de millisecondes, toutes les fibres musculaires impliquées dans la tâche sont recrutées en même temps (sur un mode impulsif) (Paillard, 1982). Si le mouvement n'est pas freiné (figure la), son amplitude dépendra donc uniquement du nombre de fibres musculaires recrutées.

Si l'on s'intéresse à la *cinématique* d'un tel mouvement, c'est-à-dire à l'étude de ses trajectoire, vitesse et accélération (figure lb), on constate que sa trajectoire est continue (Brooks *et al,* 1973) : l'accélération ne s'annule qu'une fois. Toute la force étant appliquée au départ (cf. boulet de canon), le segment mobilisé passe très rapidement par un maximum d'accélération puis par un maximum de vitesse avant d'être freiné (l'accélération est alors négative) par les forces de résistance passives (résistance de l'air) ou actives (commandées par le sujet). On comprend aisément, vu la rapidité d'un tel mouvement, que celui-ci ne puisse être corrigé en cours d'exécution. Tous ses paramètres doivent de ce fait être fixés avant son déclenchement.

On trouve dans cette catégorie de gestes le mouvement de pointage rapide (100 ms) obtenu sur consigne, le coup de poing d'un boxeur, les saccades oculaires. Il faut également noter que plusieurs gestes balistiques peuvent être enchaînés, c'est le cas au cours de la marche qui est la répétition d'oscillations brutales de la jambe entre lesquelles s'intercallent des périodes d'appui au sol. Au cours d'une exploration visuelle, les saccades oculaires sont également enchaînées.

– Lors d'un *mouvement en rampe,* les fibres musculaires sont recrutées au fur et à mesure que la tâche le nécessite (sur un mode progressif), l'amplitude du mouvement dépend cette fois non seulement du nombre de fibres musculaires impliquées mais également de la durée d'application de la force (figure 2a).

Il en va ainsi pour la plupart des mouvements de la vie courante : les mouvements normaux de pointage (400 ms environ), l'écriture d'une lettre, la montée de la jambe en arabesque (danse). De même que les mouvements rapides, les mouvements lents peuvent être enchaînés, on écrit des mots et même des phrases... Au cours d'un mouvement lent, le segment est bien souvent animé d'un mouvement discontinu (figure 2b) (l'accélération s'annule et change de signe plusieurs fois); il est accéléré et décéléré plusieurs fois en fonction des régulations nécessaires pour effectuer la tâche. On peut cependant concevoir qu'il soit « continu lent » dans le cas d'un tracking par exemple, où le sujet est entraîné à suivre du doigt ou des yeux une cible visuelle. Le traitement cognitif des messages sensoriels issus de l'exécution motrice joue ici un rôle primordial, puisque c'est sur cette base que le sujet va réguler son activité. On notera donc, en ce qui concerne ses modes de contrôle, qu'un mouvement lent peut être déclenché sans que tous les paramètres en soient spécifiés dans la mesure où le sujet aura le temps de le contrôler au cours de son exécution, essentiellement à partir des messages sensoriels qui en sont issus.

2a. Patterns électromyographiques (traces inférieures) enregistrés dans les muscles agonistes au cours d'un mouvement en rampe. Pour obtenir différentes amplitudes de mouvement (1 ou 2), on peut opérer soit à vitesse constante (constance de la pente de recrutement électromyographique) en modulant la durée (figure du haut), soit à durée constante en modulant la vitesse (figure du bas) (d'après Paillard, 1982).
2b. Cinématique d'un mouvement discontinu. De haut en bas, courbe de position, de vitesse et d'accélération (d'après Brooks, 1973).

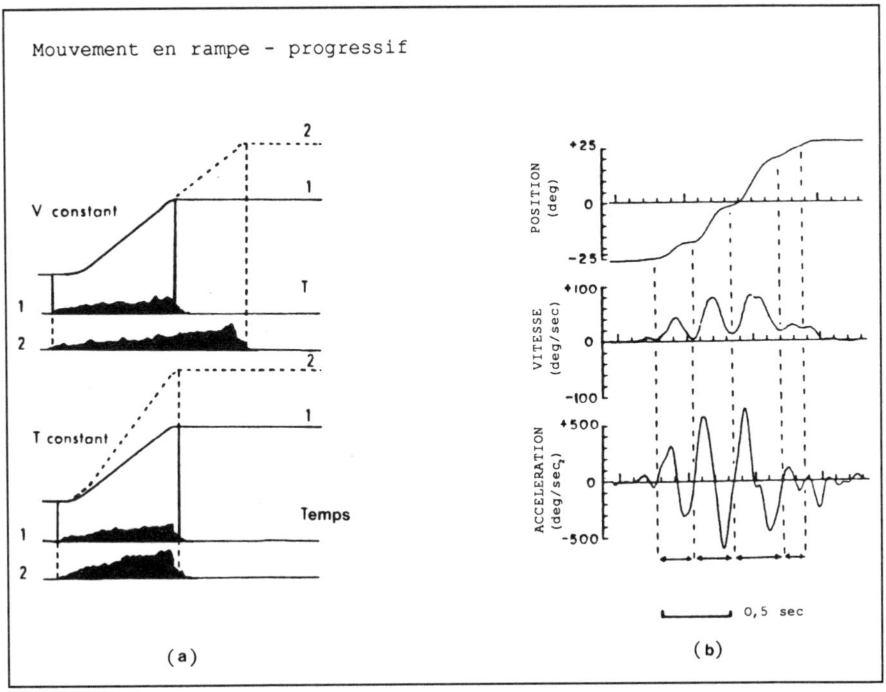

1.5. Des exemples de mouvements

La saccade oculaire, la saisie manuelle, la locomotion, l'écriture sont quatre exemples de mouvements assez bien représentatifs de la sensorimotricité humaine. Chacune de ces activités pourrait donner lieu à de longs développements, elles vont cependant ici simplement nous servir à cristalliser les distinctions précédentes.

– *La saccade oculaire* (Bahill *et al,* 1984) permet principalement de mettre dans la zone fovéale de l'œil différents lieux de l'espace visuel environnant, c'est donc au sens où nous l'avons défini précédemment une activité topocinétique : le mouvement a un objectif spatial. La faible masse de l'œil, la puissance de la musculature extraoculaire donnent à ce mouvement une vitesse très rapide (jusqu'à 1000° s) et donc une durée brève. Si l'on examine les vitesses et les accélérations, on constate que ce mouvement répond à la définition du mouvement balistique. Dans l'exploration visuelle, ces mouvements s'enchaînent, les saccades étant séparées par des pauses (fixation du regard). Les processus cognitifs ne peuvent donc intervenir au cours de la saccade pour en modifier l'amplitude ou la direction, en revanche, ils peuvent influencer la saccade suivante. Ce n'est ainsi pas au niveau de la balistique du mouvement qu'ils s'expriment mais dans sa répétitivité. Enfin, on peut remarquer qu'on n'apprend pas à faire une saccade oculaire : ce mouvement est inné; en revanche on apprend à « voir », ce qui se manifeste par des enchaînements différents de saccades pour le même stimulus, selon l'âge, l'apprentissage.

– *La saisie manuelle* comme la saccade oculaire est un mouvement topocinétique puisque son objectif est spatial. Cependant, pour les gestes naturels de saisie, le mouvement n'est pas très rapide (300-400 ms) et, de ce fait, le sujet peut intervenir au cours de son exécution pour en modifier l'amplitude et/ou la direction, afin d'améliorer la précision de son geste (Paillard & Beaubaton, 1978). Contrairement à la saccade oculaire qui permet de capturer automatiquement une cible, la coordination visuo-manuelle est longue à s'établir chez le bébé (Trevarthen, 1975, Mounoud, 1987, Hay, 1987).

– *L'écriture* (le geste et non la trace graphique), comme la danse, le mime, les gestes expressifs, est une activité morphocinétique : l'objectif est de produire une forme, l'espace n'étant que le support du projet moteur. C'est un geste discontinu présentant de nombreuses variations de vitesse et d'accélération, c'est une activité acquise qui présente du fait de la stabilité de l'environnement, les propriétés d'une habileté fermée. On peut facilement moduler volontairement son écriture (Viviani, 1981, Thomassen, 1983) : par exemple écrire plus grand... Ceci montre que, si l'écriture est fondamentalement morphocinétique, elle peut facilement s'adapter à des contraintes spatiales (écriture entre des lignes).

– *La locomotion* (Pailhous & Clarac, 1984, Viala, 1985, Ferrandez & Pailhous, 1986), activité alternée de flexion et d'extension des jambes, a de nombreux points communs avec l'exploration visuelle d'une part, et avec l'écriture d'autre part. Comme l'œil dans la saccade oculaire, le pied est animé d'un mouvement brutal (il passe d'une vitesse nulle à une vitesse de 6 m/s en 150 ms) qui rend impossible l'intervention des processus cognitifs pendant ce mouvement, comme pour l'œil chaque nouvelle avancée du pied est séparée par une pause; enfin ce mouvement est essentiellement génétiquement déterminé. Comme pour l'écriture, morphocinèse, la possiblité de moduler la vitesse de marche, la longueur de pas, la cadence permet à ce mouvement de s'adapter aux irrégularités du sol, à la taille des marches d'escalier...

Ces quatre types de mouvements sont actuellement très étudiés car ils représentent plutôt bien (par leur caractère inné ou acquis, rapide ou lent, adapté aux milieux stables ou instables, morphocinétique ou topocinétique) la gamme complète des conditions de programmation et de contrôle de la motricité. Nous les réutiliserons donc régulièrement tout au long de cet exposé.

2 PROGRAMMATION ET CONTRÔLE DU MOUVEMENT : ASPECTS CENTRAUX, ASPECTS PÉRIPHÉRIQUES

L'organisation de l'action motrice est le plus souvent conçue comme un processus ordonné dont on peut identifier au moins 3 étapes : la planification, la programmation et l'exécution motrice (Millers *et al,* 1960). Les deux premières étapes sont antérieures au déclenchement du geste, la *planification* concerne le(s) but(s) de ce geste, la programmation concerne son exécution. Au cours de l'étape de planification, après avoir pris la décision d'agir, le sujet décide globalement de la stratégie à adopter (choix du programme d'action), lors de la phase de programmation, il va devoir spécifier certaines variables (paramètres) de ce programme de manière à l'adapter à son but en prenant en compte les contraintes de l'environnement. Enfin lorsque toutes les commandes (dans le cas d'un geste balistique) ou suffisamment de commandes (dans le cas d'un mouvement en rampe qui pourra être contrôlé au cours de son exécution) sont prêtes, le sujet peut déclencher son mouvement, c'est la phase d'exécution.

Nous allons tout d'abord faire état des arguments qui mettent en évidence une mémoire centrale du geste; mémoire qui est réactualisée au cours des étapes de planification et de programmation précédant le déclenchement du mouvement.

2.1. Mise en évidence d'une mémoire centrale du geste

On ne produit jamais deux fois le même geste, des mouvements apparemment identiques effectués dans les mêmes conditions expérimentales se révèlent toujours différents dès qu'on en mesure précisément les paramètres spatiaux (amplitude du mouvement), temporels (durée), cinématiques (vitesse, accélération) ou électromyographiques. Les études cinématographiques de Higgins et Spaeth (1972) ont ainsi démontré l'infinie variété des gestes humains. A travers cette variété, on peut cependant assez clairement distinguer des grandes familles de gestes.

Par exemple, lorsqu'on observe un sujet en train d'effectuer des saisies manuelles d'objets (même si ceux-ci sont différents et plus ou moins distants du sujet), on remarque immédiatement entre tous ces gestes un certain nombre de points communs : une projection du bras vers l'objet dans un geste rapide, avec une ouverture de la main en cours de trajectoire (Jeannerod, 1984).

3. Trajectoire du poignet au cours de trois mouvements de saisie d'amplitude différente. Les points représentent les différentes positions du poignet toutes les 40 ms. A l'arrivée de la main près de l'objet, on notera le resserrement de ces points (indiquant un freinage du geste) et l'ouverture de la main (d'après Jeannerod, 1984).

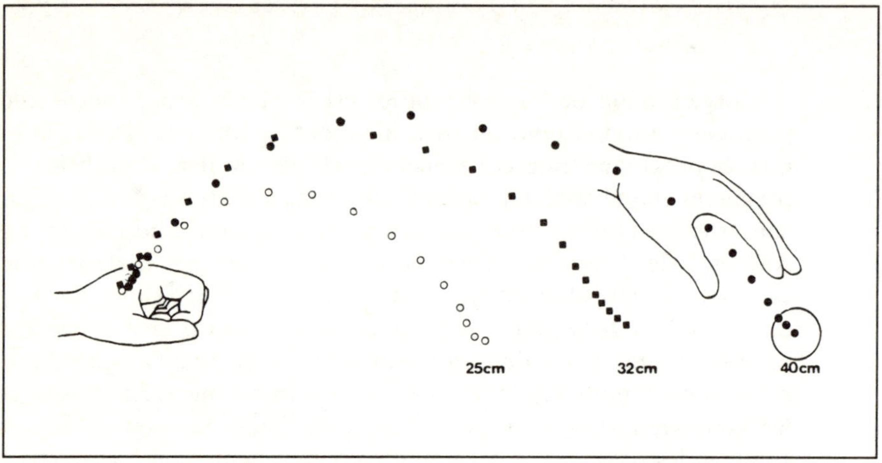

C'est ce que Piaget appelait le schème, c'est-à-dire la partie structurale préexistante, assimilatrice du comportement. Le schème – ici de préhension – qui est la structure commune de tous les gestes – de préhension – a donc un caractère éminemment génératif : un seul schème sous-tend une infinité de gestes.

Lorsqu'on marche, on enchaîne des mouvements de jambe ou enjambées. Une enjambée étant délimitée par deux posés du même pied, elle comprend une phase d'appui du pied au sol et une phase de transport de la jambe (permettant l'avancement); chacune de ces phases peut encore être décomposée en deux phases en tenant compte de facteurs biomécaniques. Si on fait marcher des sujets à différentes vitesses de marche, on obtient des enjambées de durées très différentes (de plus en plus courtes au fur et à mesure que la vitesse de marche augmente). On constate que quelles que soient les durées totales de ces enjambées, la durée relative de chacune des phases de l'enjambée par rapport à sa durée totale varie très peu (Shapiro, 1981). La structure temporelle du geste locomoteur se conserve donc quelle que soit la vitesse de marche.

On retrouve pour un geste complexe appris, comme l'écriture d'une lettre, le même type de résultats, ainsi lorsqu'on demande au sujet de varier la taille de ses lettres, on constate en général des variations corrélatives de la durée totale du mouvement d'écriture.

4. Durée relative de chacune des phases du cycle de marche (c'est-à-dire la phase de flexion F et les phases d'extension E1, E2, E3) par rapport à la durée totale du cycle pour différentes vitesses de marches (d'après Shapiro *et al,* 1981).

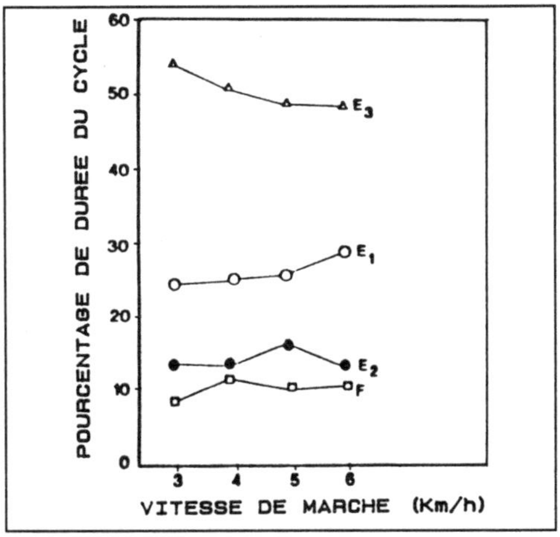

La figure 5 montre cependant que ces variations se répartissent proportionnellement sur chacune des composantes du geste, la durée relative de chaque portion de lettre écrite par rapport à la durée totale du geste reste donc inchangée (Viviani, 1981).

Si l'on analyse précisément la vitesse du mouvement, on remarque qu'elle est proportionnelle au rayon de courbure de la trajectoire du crayon, c'est-à-dire que la forme qu'on trace détermine la cinématique du geste.

5. Durée de chacune des composantes du mouvement d'écriture pour différentes lettres. Lorsque la durée totale du geste varie (parce que la lettre est écrite à une taille différente), on constate que la séquence temporelle des différentes composantes se contracte ou s'étire; les durées relatives de chaque composante par rapport à la durée totale du geste restent donc inchangées (d'après Viviani & Terzuolo, 1980).

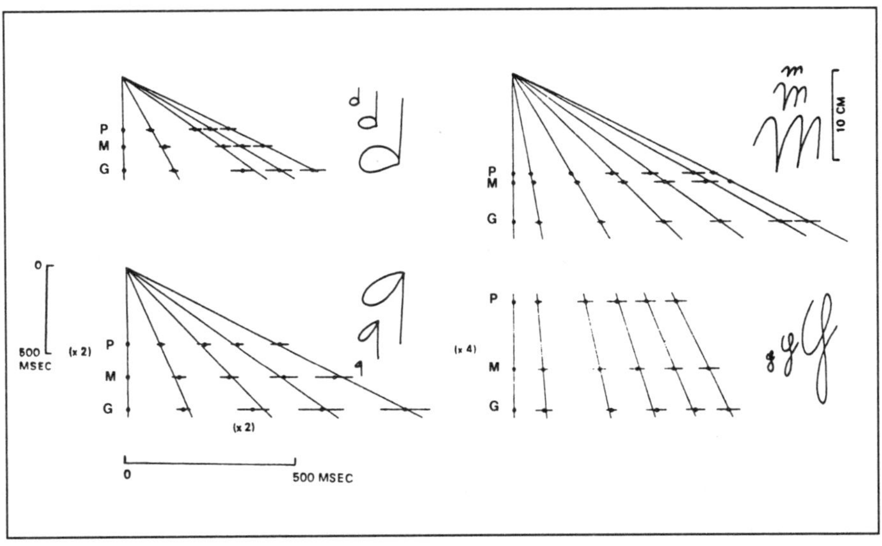

Quels principes organisateurs de la motricité peut-on évoquer pour rendre compte de la présence de telles structures de base dans les mouvements humains?

On fait généralement appel à l'existence, au niveau du système nerveux central, d'une mémoire du geste, on l'appelle également *programme moteur.* Comme on ne peut concevoir qu'à chaque geste correspond un programme moteur particulier (ne serait-ce que pour des raisons de limitation des capacités de stockage en mémoire), on a été amené à postuler l'existence d'un programme moteur généralisé (Schmidt, 1982), ou mémoire abstraite de la structure d'une famille de gestes (également appelé schéma moteur) (Turvey *et al,* 1977, Glencross, 1980, Van Galen, 1980, Stelmach *et al*, 1982). On notera que cette notion de programme moteur généralisé recouvre exactement celle de schème (Piaget, 1936).

L'exécution du geste engendre des informations sensorielles susceptibles de transformer le déroulement de ces programmes moteurs centraux (nous y reviendrons longuement par la suite). De ce fait, la suppression de tout ou partie de cette information sensorielle périphérique a constitué l'un des moyens privilégiés, et en tout cas le plus direct, de mise en évidence des programmes moteurs. Il est ainsi apparu que les informations sensorielles issues de l'exécution du mouvement ne sont pas indispensables à sa production. Deux grands types de situations expérimentales permettent d'aboutir à cette conclusion :

a. *Mouvement rapide :* On sait que l'acheminement des informations sensorielles nécessite un délai. Pour les informations d'origine visuelle, Keele & Posner (1968) l'ont estimé à 200 ms; des expériences plus récentes (Hay & Beaubaton, 1986) suggèrent cependant un traitement plus rapide de ces informations intervenant dès 100 ms. Pour les informations provenant des muscles, tendons et articulations, un délai de 110 à 130 ms serait nécessaire (Higgins & Angel, 1970). Pour tout mouvement de durée inférieure à ce délai, on peut donc exclure une participation des informations sensorielles au contrôle du mouvement en cours, tel est par exemple le cas pour des gestes de pointage effectués à vitesse maximale. Seashore (1938) a également mis en évidence l'existence de programmes moteurs chez le pianiste, où la durée du mouvement des doigts (60 ms environ) exclut toute possibilité de contrôle en cours d'exécution du geste par les informations sensorielles.

Pour que de tels mouvements soient possibles, le système nerveux central doit disposer de toutes les commandes nécessaires à la production du geste avant même de déclencher celui-ci, dans la mesure où, après son déclenchement, le geste est trop bref pour pouvoir être contrôlé sur la base des réafférences.

b. *Suppression partielle ou totale des informations sensorielles* (Lashley, 1917, Taub *et al,* 1968) : on constate chez le singe (Taub, 1976) à qui l'on a supprimé l'information sensorielle en provenance des pattes, par section des racines des nerfs sensoriels, et en l'absence de vision, une locomotion à peu près normale. Lashley (1917) avait déjà observé une motricité fonctionnelle chez un sujet humain présentant une anesthésie des membres inférieurs. Là encore, il apparaît qu'en l'absence de réafférences sensorielles périphériques, des programmes centraux suffisent à assurer la production du mouvement.

2.2. Actualisation de la mémoire centrale

Cette mémoire centrale du geste n'est cependant pas directement utilisable : lorsque le sujet a décidé du programme moteur généralisé qu'il veut utiliser, il lui faut encore actualiser celui-ci (spécification des paramètres du programme) en fonction du contexte dans lequel le mouvement va s'inscrire. Réalisées en utilisant des mouvements rapides (nécessitant donc une spécification de tous les paramètres avant le déclenchement du mouvement), les expériences de temps de réaction permettent de mettre en évidence et d'étudier cette étape de spécification (appelée également étape de programmation). Les travaux les plus significatifs à ce sujet consistent à donner au sujet des informations préalables (expériences de *precuing*) sur une ou plusieurs des caractéristiques du mouvement à effectuer (direction, amplitude, sens...) avant de lui donner l'ordre d'agir (signal d'action). On suppose alors que le temps de réaction (intervalle séparant l'ordre d'agir et la réponse motrice) est utilisé par le système pour identifier le signal d'action, spécifier les paramètres du programme pour lesquels le sujet n'avait aucune information préalable et déclencher la réponse motrice.

6. Principaux événements observables (traits pleins) et opérations effectuées par le sujet au cours d'expériences de temps de réaction avec information préalable (d'après Rosenbaum, 1980).

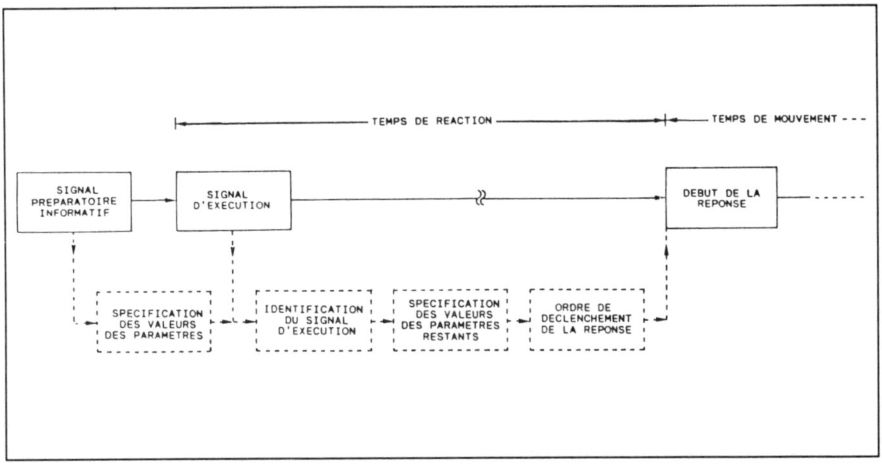

Une analyse chronométrique permet en outre de déterminer si ces paramètres sont spécifiés dans un ordre fixe ou variable, en série ou en parallèle. Par exemple, un sujet doit effectuer un pointage manuel vers une lumière avec la main droite ou la main gauche, vers le haut ou vers le bas, de faible amplitude ou de grande amplitude. Le sujet reçoit une information (par exemple, main droite, ou vers le bas...) et on analyse alors l'évolution des temps de réaction.

Rosenbaum (1983) obtient ainsi des temps de réactions moyens différents selon le caractère complet ou incomplet de l'information préalable.

7. Temps de réaction moyens obtenus selon le caractère complet ou incomplet de l'information préalable. A gauche, tous les paramètres sont contenus dans l'information préalable, il ne reste donc rien à spécifier (N); à l'inverse, le temps de réaction de droite est obtenu quand l'information préalable ne contient aucune indication sur les paramètres du mouvement, qui restent de ce fait tous à spécifier (ADB), entre ces deux extrêmes, on trouve des situations dans lesquelles il reste un seul paramètre à spécifier : soit l'amplitude (A), soit la direction (D), soit le bras (B), ou deux paramètres : amplitude et direction (AD), amplitude et bras (AB), direction et bras (DB) (d'après Rosenbaum, 1980).

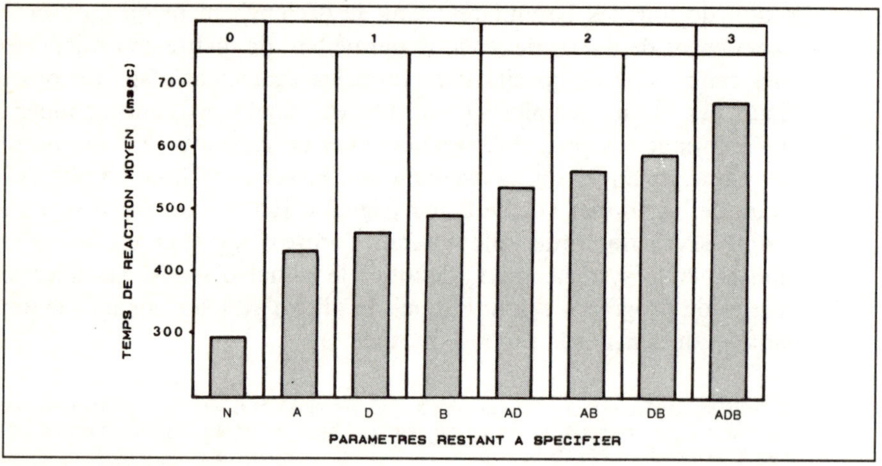

En ce qui concerne le contenu de ces programmes moteurs (paramètres codés par le système nerveux central), de vives discussions sont actuellement en cours (Stelmach, 1982, Stein, 1982), on peut cependant facilement démontrer que le programme n'est pas une mémoire des contractions musculaires mais une mémoire du mouvement, nous ne retiendrons ici qu'une évidence particulièrement facile à comprendre : celle dite des équivalences motrices (Hebb, 1949). Lorsqu'on demande à un sujet d'écrire une phrase en utilisant (de haut en bas sur la figure), la main droite (a), le bras droit (b), la main gauche (c), la bouche (d) ou le pied droit (e), on reconnaît bien la même phrase. Les gestes ainsi produits ont de nombreux points communs (même forme, invariants...), ils ont donc été générés par le même programme moteur; pourtant les muscles impliqués et partant les commandes envoyées à ces muscles pour produire le geste ont nécessairement été très différents.

8. Exemples de traces graphiques produites par une même personne en utilisant (de haut en bas) la main droite, le bras droit, la main gauche, la bouche et le pied (d'après Raibert, 1977).

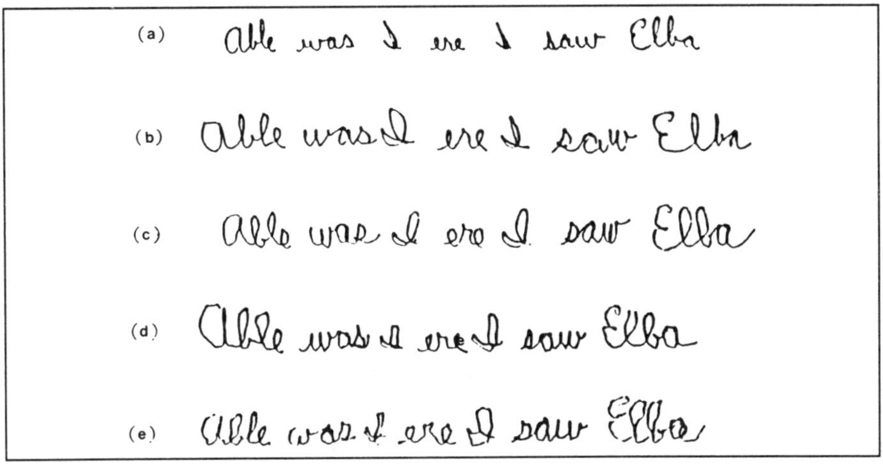

Il apparaît ainsi que le programme, qui s'actualise par une série de contractions musculaires organisées, n'est cependant pas une mémoire de ces contractions mais une mémoire du mouvement lui-même. S'il apparaît clairement que le programme moteur ne code pas les contractions musculaires mais bien le mouvement, la question de son contenu reste ouverte et fort débattue. On imagine d'ailleurs aisément que ces questions se posent différemment selon la nature des mouvements (caractère inné/acquis, objectif morpho- ou topocinétique, durée), et les caractéristiques du sujet (âge, niveau d'habileté pour les gestes appris).

La recherche systématique des propriétés *invariantes* de la performance (c'est-à-dire fixes, indépendantes des conditions d'exécution) peut fournir des informations intéressantes sur le contenu du programme. C'est d'ailleurs grâce à leur aide que nous avons démontré l'existence d'une mémoire centrale. En effet dans la figure 5 par exemple, nous avons vu une invariance homothétique temporelle qui montre que, dans l'écriture, la durée d'une fraction de lettre occupe le même pourcentage du temps total d'écriture de la lettre. Il faut donc conclure que la représentation centrale d'une lettre ne code pas sa durée (qu'il faudra pourtant spécifier, *confer* partie suivante) mais plutôt des rapports fixes de durée entre les éléments qui la composent; c'est-à-dire que la séquence temporelle de l'écriture peut être plus ou moins étalée dans le temps. Dans la figure 8 concernant les équivalences motrices, on constate une invariance de la forme des lettres par rapport à leur taille; ainsi si l'on prend la longueur totale de la lettre, on constate que, pour la même proportion de longueur, on écrit le même segment de lettre. Dans de nombreuses actions motrices (parole, locomotion, pointage, dactylographie...), les chercheurs ont dégagé ces invariants, qui ne sont d'ailleurs pas toujours relatifs (homothétiques) mais peuvent également être absolus. Ainsi la durée de la saccade oculaire, celle de l'oscillation de la jambe au cours de la marche sont quasi invariantes, elles ne changent pratiquement pas, quelle que soit l'amplitude du mouvement (isochronie).

Ces caractéristiques invariantes du mouvement sont de toute évidence l'expression de lois générales régissant l'organisation spatio-temporelle de la motricité, lois qui réduisent la complexité du contrôle du mouvement. Cependant dégager les propriétés invariantes d'un geste n'apporte qu'une indication indirecte sur les paramètres de ce geste centralement contrôlés. Ainsi, lorsqu'on constate l'homothétie spatiale dans l'écriture, on ne peut pas savoir si ce sont les pourcentages de longueur qui sont invariants ou, de façon équivalente, les pourcentages de force déployée. Ceci impliquerait dans un cas le contrôle de la longueur totale du trait, dans l'autre le contrôle de la force totale (énergie) du mouvement. Le contrôle des paramètres cinématiques (amplitude, direction, vitesse) versus celui des paramètres dynamiques (force, masse, raideur...) donnent ainsi lieu à de nombreux travaux. Le débat sur le contrôle de l'amplitude du mouvement de pointage est à ce titre illustratif, on peut en effet envisager trois grandes hypothèses. On peut faire l'hypothèse d'un contrôle spatial direct de l'amplitude du mouvement. Il y aurait alors une représentation centrale des commandes motrices en termes de trajectoire spatiale du bout du doigt (Morasso, 1981). Cette hypothèse implique l'existence d'un système de transformation des coordonnées spatiales en coordonnées articulaires (angulaires) du coude et de l'épaule (Pellionicz & Llinas, 1980). Ceci revient à dire que l'amplitude est déterminée pendant le mouvement par le contrôle de la trajectoire. On peut également faire l'hypothèse d'un codage de la force et de sa durée d'application, ces deux variables suffisent en effet à déterminer la vitesse, l'accélération et le point d'arrivée du mouvement, donc son amplitude. L'amplitude est donc ici déterminée indirectement (Schmidt *et al,* 1979), dès le départ du mouvement. Enfin, on peut faire l'hypothèse que le paramètre contrôlé est le point final du mouvement, conçu comme un point d'équilibre entre muscles agonistes et antagonistes en termes de longueur et de tension du muscle (Bizzi *et al,* 1976, 1978; Kelso *et al,* 1980); là encore le contrôle de l'amplitude serait indirect.

Maintenant que nous avons souligné les aspects proactifs du contrôle de la motricité, c'est-à-dire ses déterminants centraux, qui préexistent au déclenchement du geste, et évoqué les controverses dont ils font l'objet, nous allons voir que le mouvement est une source riche de stimulations sensorielles. Le problème est alors de savoir si ces informations sensorielles engendrées par le mouvement (conséquences sensorielles du geste) sont susceptibles de jouer un rôle dans son contrôle ou si le geste est entièrement déterminé avant son déclenchement.

2.3. Messages sensoriels

Deux grandes catégories d'informations sensorielles doivent être traitées pour rendre adaptée la motricité (Adams, 1971) :

– Informations sur l'environnement *(extéroceptives)* (Turvey, 1977, Conti & Beaubaton, 1980, Thomson, 1980, Velay & Beaubaton, 1986) : ces informations permettant d'appréhender l'environnement sont principalement de nature visuelle, auditive, olfactive. Elles permettent de guider l'action par rapport à l'environnement, c'est-à-dire de l'extérieur. Nous en parlerons peu ici (sauf dans la partie sur le développement, cf. infra) dans la mesure où elles font l'objet d'autres chapitres.

– Informations sur l'espace du corps (de nature *proprioceptive*) (Berthoz, 1978) : pour agir de manière pertinente, le sujet doit sentir son corps (somesthésie), c'est-à-dire, pour ce qui nous intéresse ici, être informé d'une part de la position initiale de ses différents segments corporels (statesthésie), d'autre part des mouvements qu'ils effectuent au cours de l'exécution d'un geste (kinesthésie).

Nous rappellerons ici que, selon la nature du geste (morpho- ou topocinétique), l'importance relative de ces deux grandes catégories d'informations sera différente. Pour un sujet voulant attraper un objet, l'information visuelle sera cruciale, alors qu'une danseuse effectuant une arabesque (figure dans l'espace arrière) se centrera principalement sur les informations concernant son corps (de nature proprioceptive).

2.3.1. *Informations extéroceptives*

Les informations extéroceptives (visuelles notamment), parce qu'elles permettent d'appréhender l'environnement, d'identifier et de localiser les objets qu'il contient, sont de toute évidence cruciales pour l'organisation de l'action (mais ce n'est pas spécifique à l'action motrice). Elles participent en effet à la détermination du but de l'action (planification) et des moyens d'action (choix et spécification du programme). Si je détecte un objet qui m'intéresse et que je décide de le saisir, soit il se trouve dans mon espace proche et je peux déclencher mon geste, soit il se trouve dans mon espace lointain et il me faut d'abord me déplacer pour l'inclure dans mon espace de préhension. De toute façon, le mouvement terminal de saisie tiendra compte, soit au moment de la spécification du programme soit pendant le contrôle de son déroulement, de l'adresse de l'objet et de sa forme (deux grandeurs appréhendables par les informations extéroceptives). Pour rendre compte des liaisons étroites existant plus spécifiquement entre perception et action motrice, Gibson (1958) a proposé le concept d'*affordance.* Les affordances de l'environnement sont ses valeurs utiles, ce qu'il offre comme possibilité d'action à l'individu en fonction des propriétés de son corps (taille, largeur...) (Rochat, 1987). L'environnement est dès lors conçu comme porteur de propriétés psychologiques; il détermine en partie les actions de l'individu. Ainsi, la largeur d'une porte conditionne la façon dont on la franchit, Warren et al (1987) ont déterminé un rapport critique (P/E = 1.30) entre la largeur de la porte (P) et la largeur des épaules (E), au-delà duquel le marcheur tourne ses épaules pour franchir la porte. De même, la hauteur d'une barrière détermine la façon dont on la franchit, ce sera soit en la sautant soit en passant dessous. Il apparaît ainsi que l'évaluation préalable de l'environnement par le traitement des informations extéroceptives est essentielle pour l'organisation de l'action.

On notera également que, si l'action se déroule dans un milieu ouvert (où l'incertitude est grande), ce traitement des informations extéroceptives devra s'effectuer en permanence. Par exemple, lorsqu'un prédateur veut intercepter une proie, on peut envisager qu'il dispose de deux grandes stratégies : il peut calculer (c'est-à-dire anticiper l'endroit et la date présumés de la rencontre si la proie continue à maintenir sa direction et sa vitesse de déplacement), mais il n'est pas forcément fort en math!

Il est donc plus probable qu'il régule en permanence sa trajectoire sur la base des informations visuelles en tenant compte de l'avancement réel du prédateur, des moyens simples sont alors à sa disposition, par exemple garder l'angle visuel avec la proie constant.

9. Interception d'une proie par un prédateur. Un « moyen » simple pour intercepter une proie est de se déplacer en maintenant constant l'angle par rapport à la proie (d'après Pailhous *et al* 1987).

Nous voudrions maintenant souligner que, si une action adaptée ne peut être organisée sans prise en compte de l'environnement extérieur dans lequel elle s'inscrit, elle ne peut pas l'être non plus sans référence au corps. Nous allons donc nous intéresser maintenant aux informations dites « proprioceptives» qui permettent au sujet d'être informé à tout moment des positions et des mouvements de son corps.

Deux grands types de récepteurs sensoriels informant sur l'espace du corps nous semblent devoir être distingués :

– Les récepteurs portés par les effecteurs (muscles, tendons, articulations, peau) : le maintien d'une posture ou l'exécution d'un mouvement nécessite un travail musculaire pour mobiliser ou immobiliser des articulations. Toutes les structures impliquées dans le mouvement (muscles, tendons, articulations, peau) sont dotées d'un équipement sensoriel leur permettant d'informer le système nerveux central de leurs positions relatives.

– L'œil et les vestibules : il est important de noter que la tête porte en outre deux organes primordiaux quant au contrôle de la motricité : les vestibules (oreille interne) et l'œil, qui permettent de la situer dans l'espace et d'y contrôler ses déplacements.

2.3.2. *Informations proprioceptives : récepteurs portés par les effecteurs*

a. *Physiologie (Guyton, 1984)*

– Les muscles, effecteurs de la motricité, sont également à considérer comme organes des sens. Ils contiennent en effet des récepteurs sensoriels (appelés fuseaux neuro-musculaires disposés parallèlement aux fibres musculaires) renseignant sur leur état d'allongement lorsque le sujet maintient une position (condition statique) et sur les variations de longueur qu'ils subissent lorsque le sujet effectue un mouvement (condition dynamique).

– Les tendons (rattachant les muscles au squelette) contiennent eux aussi des récepteurs sensoriels (organes tendineux de Golgi) disposés en série par rapport aux muscles. Ils sont sensibles aux variations de force et peut-être à l'intensité des forces mises en jeu lors de la concentration musculaire. Ils renseignent sur l' «effort» produit au cours d'un mouvement actif ou passif (imposé par l'expérimentateur).

– Les articulations renferment des récepteurs articulaires, dont on pense actuellement qu'il n'émettent de messages que lorsque l'articulation est dans une position extrême. Ces messages seraient, de ce fait, plutôt à l'origine de réflexes de protection de l'articulation qu'à l'origine d'une connaissance des positions respectives des segments corporels.

– Plus superficiels (cutanés, sous-cutanés), les récepteurs tactiles informent sur les déformations imposées à la peau. Lorsque je saisis un objet, je sens la pression que j'exerce sur ses contours.

Véhiculés par les voies somesthésiques, les messages issus de tous ces récepteurs sont intégrés à différents niveaux (figure 10), notamment au niveau du cortex somesthésique; ils se projettent alors (comme le montre la figure 16) de façon extrêmement ordonnée (messages concernant le pouce puis la main...), et, dans la plupart des cas, d'autant plus précise que la gestualité de la région corporelle est fine. Les messages sensoriels ventilés à tous les niveaux du système nerveux participent aux régulations sensorimotrices (intégration sensorimotrice) et à l'émergence de sensations conscientes (intégration perceptive).

10. Principaux récepteurs somesthésiques et voies d'acheminement de leurs messages jusqu'au système nerveux central (d'après Guyton, 1984).

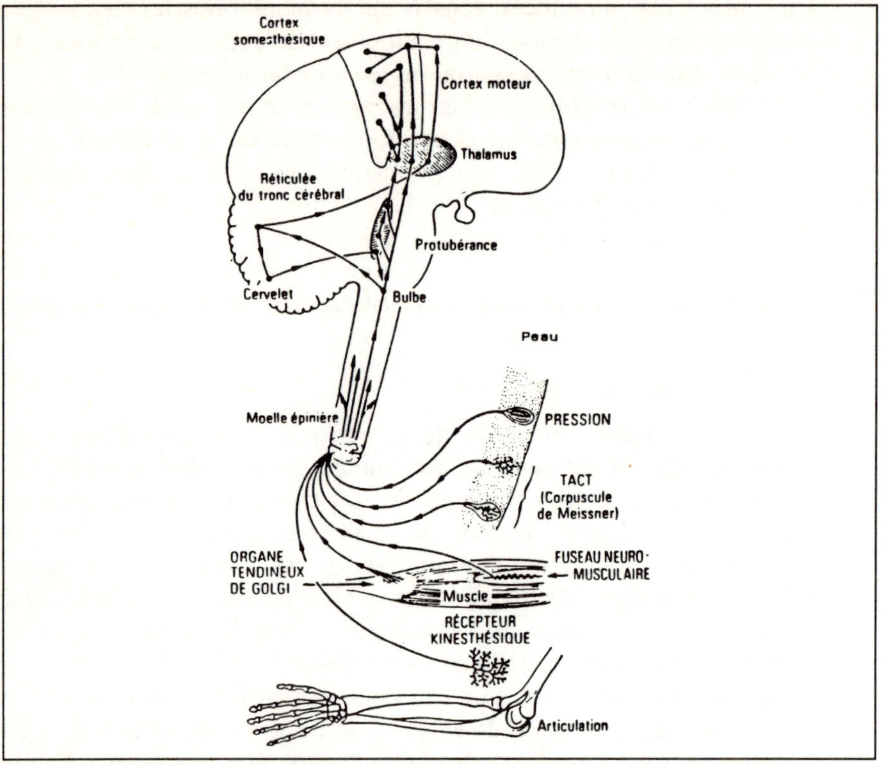

b. *Intégration perceptive de ces messages sensoriels*

Au niveau cortical, leur intégration nous permet d'avoir conscience des positions et mouvements respectifs de nos segments corporels même lorsque nous ne les voyons pas (Roll, 1987), le psychologue parle de schéma corporel. On peut évoquer deux grands types de troubles altérant cette fonction somato-sensible (Paillard, 1982) :

– *Troubles périphériques :* lorsque le fonctionnement des récepteurs est altéré, le sujet est en permanence obligé d'avoir recours aux informations visuelles pour guider sa motricité de l'extérieur afin de pallier en partie le manque d'informations. Il est par exemple très difficile de se maintenir debout et de marcher les yeux fermés lorsqu'on est atteint de troubles de la sensibilité de ses jambes.

– *Troubles centraux :* lorsque l'intégration des messages sensoriels au niveau cortical ne peut plus se faire (par suite de lésions des aires somesthésiques primaires), le sujet souffre de troubles du schéma corporel, il ne peut plus localiser précisément les stimulations sensitives exercées par l'expérimentateur ni avoir connaissance des différentes positions et mouvements de son corps s'il ne les voit pas. Là encore un recours accru aux informations visuelles est indispensable pour guider le mouvement de l'extérieur puisqu'il ne peut plus l'être de l'intérieur.

L'expérimentation a également permis par « chirurgie environnementale » de préciser l'importance des messages sensoriels issus des effecteurs pour la connaissance de son corps. On ne peut, chez l'homme, manipuler directement le cerveau (excepté par des approches neuropharmacologiques – injection de médicaments – et neuropsychologiques – travail avec des lésés cérébraux –), on peut par contre assez simplement diminuer les messages sensoriels qui y parviennent en manipulant la périphérie (par anesthésie locale par le froid – cryogénie – ou des substances chimiques). On peut également créer artificiellement des messages sensoriels correspondant à un mouvement alors que le sujet est au repos, par vibration d'un tendon. On induit alors chez celui-ci une sensation de mouvement (Goodwin *et al,* 1972, Roll, 1981).

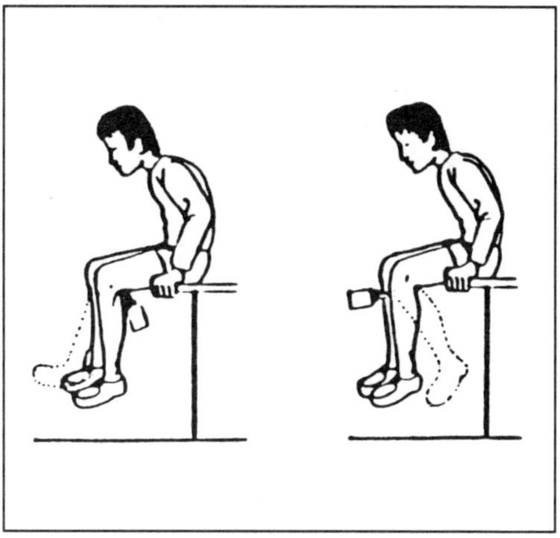

11. Illusions de mouvement induites par l'application de vibrations (70 hz) au niveau des muscles ischio-jambiers et quadriceps. La jambe en pointillé indique le déplacement perçu par le sujet dans ces deux situations (d'après Roll et al, 1986).

Ainsi si l'on applique des vibrations sur le tendon des muscles ischio-jambiers (attachant les muscles de l'arrière de la cuisse au fémur) d'un sujet assis les yeux fermés, celui-ci sent sa jambe bouger dans le sens d'une extension (Roll *et al,* 1986). Cette illusion de mouvement semble due à l'intégration au niveau cortical des messages sensoriels issus des fuseaux neuro-musculaires des muscles ischio-jambiers, principaux récepteurs activés par la vibration. Les messages issus des fuseaux neuro-musculaires participent donc à l'émergence de sensations conscientes concernant les positions et les mouvements du corps.

2.3.3. *Informations proprioceptives : vestibules, œil*

La tête joue un rôle particulièrement important dans la motricité dans la mesure où le système nerveux central est informé de manière beaucoup plus précise que pour les autres segments de ses positions ou changements de position. En effet, si son immobilisation ou sa mobilisation entraîne des messages sensoriels issus des récepteurs des muscles du cou permettant de la situer par rapport aux autres segments corporels, elle provoque aussi des messages réafférents issus de l'œil et des vestibules (oreille interne). La plupart du temps, l'œil permet de la référencer en permanence par rapport à l'environnement (référentiel extérieur) et les vestibules par rapport aux forces de gravité (référentiel géocentré). La tête est de ce fait située en permanence en position relative par rapport au reste du corps et en position absolue dans l'espace. On ne s'étonnera dès lors pas qu'elle joue un rôle crucial dans le contrôle de la motricité. Une danseuse voulant effectuer une pirouette (rotation rapide sur elle-même) « lance » d'abord sa tête puis organise les mouvements du reste de son corps par rapport à cette référence qu'elle peut finement contrôler. Nous allons maintenant rappeler quelques données physiologiques de base sur le vestibule et l'œil avant de montrer comment les messages qui en sont issus contribuent à la perception des mouvements du corps.

a. *Physiologie*

– *Appareil vestibulaire (Parker, 1980) :* situé à l'intérieur de l'oreille, l'appareil vestibulaire est constitué d'une série de renflements et de trois canaux semi-circulaires orthogonaux situés dans les trois plans de l'espace, le tout est rempli d'un liquide gélatineux.

L'intérieur de ces renflements est tapissé de récepteurs sensoriels ciliés dont les prolongements se dressent dans le liquide. Lorsque la tête (portant l'appareil vestibulaire) se déplace dans un sens, le liquide gélatineux suit ce mouvement avec un certain retard durant lequel les cils, étant à la fois attachés par leur base à l'appareil et prisonniers du liquide par leur prolongement, sont courbés dans le sens inverse du mouvement. Cette courbure fait décharger les récepteurs qui sont à la base du cil. Le message nerveux ainsi produit est envoyé vers différentes zones du cerveau. Il renseigne sur l'amplitude de l'inclinaison du cil (c'est-à-dire sur l'amplitude de l'accélération de la tête) ainsi que sur le sens et la direction de cette accélération. Au cours d'une accélération linéaire (lors d'un mouvement de translation), ce sont les récepteurs maculaires (utricule et saccule) qui déchargent. Les canaux semi-circulaires sont quant à eux particulièrement sensibles aux accélérations angulaires (produites par des mouvements de rotation de la tête).

– *Œil :* Les données physiologiques ayant trait à la perception visuelle étant développées dans le chapitre 1), nous y renvoyons le lecteur.

Nous rappellerons simplement ici qu'en ce qui concerne la perception du mouvement deux grandes manières (non exclusives) de percevoir le mouvement sont à notre disposition : le dériver des positions successives ou le percevoir directement.

Pour la perception directe, deux grands systèmes répondant à deux fonctions différentes semblent exister :

– Un système (rétino-tectal) permettant de détecter les mouvements locaux d'objets dans le champ visuel,

– Un système (voie optique accessoire) informant sur les glissements rétiniens de l'ensemble de la scène visuelle (Frost, 1982) qui résultent des mouvements propres de l'individu et qui, pour ce qui nous concerne ici, a donc une valeur proprioceptive.

Les propriétés de ces deux systèmes sont rappelées dans le tableau suivant.

Tableau 1 : Propriétés des deux systèmes visuels impliqués dans le traitement du mouvement (d'après Frost, 1985).

	VOIE RÉTINO-TECTALE	**VOIE OPTIQUE-ACCESSOIRE**
Stimulus optimal	Répond mieux aux stimuli en mouvement de petite taille	Répond mieux aux mouvements de l'ensemble de la scène visuelle ou à des stimulations larges
Vitesse optimale	Réponse optimale aux vitesses moyennes (15-30°/sec.)	Réponse optimale aux vitesses lentes (1-2°/sec.)
Adaptation de l'activité cellulaire	Les cellules réduisent généralement leur réponse en cas de stimulation durable	Les cellules maintiennent leur réponse en cas de stimulation durable
Direction préférentielle	La plupart des cellules ont des directions privilégiées	Toutes les cellules ont des directions privilégiées, qui sont alignées avec celles des canaux semi-circulaires
Fonction proposée	Détection des objets en mouvement. Distinction figure - fond	Détection des mouvements de l'individu dans les trois plans de l'espace

On remarquera que les cellules de la voie optique accessoire ne s'habituent pas, c'est-à-dire qu'elles répondent de manière identique quelle que soit la durée de la stimulation, condition indispensable pour qu'elles soient impliquées dans le contrôle des déplacements, actions pouvant être de longue durée. Soulignons enfin que l'existence de deux systèmes différents de traitement du mouvement répond à une nécessité biologique; en distinguant les déplacements propres du sujet de ceux des objets de son environnement, elle permet au prédateur d'attraper une proie également en mouvement, au sportif de recevoir un ballon, à l'automobiliste d'éviter (le plus souvent!) la collision avec d'autres véhicules.

b. *Intégration perceptive des messages visuels et vestibulaires*

Si l'on imagine l'œil immobile dans l'orbite, on constate qu'à tout mouvement de la tête correspond une transformation continue de la scène visuelle appelée *«flux optique»* par Gibson (transformation notamment traitée par la voie optique accessoire) (Lee, 1980). Ce mouvement visuel dépend de la vitesse et de la direction du mouvement de la tête. Lorsqu'on tourne la tête à droite, le champ visuel bouge en sens inverse vers la gauche, d'autant plus vite que la tête tourne vite. La figure 12 montre la nature de ce flux visuel dans le cas d'une translation de la tête.

12. Représentation du flux optique. On donne ici l'exemple de l'atterrissage d'un avion. Le flux optique, résultant d'un déplacement rectiligne de l'observateur en direction de la piste, est représenté sous la forme d'un champs de vecteurs. Le mouvement d'un point de l'environnement dans la scène visuelle est décrit par l'orientation et l'amplitude du vecteur qui lui est associé. Le focus d'expansion du flux optique est le point immobile à partir duquel le flux est en expansion radiale. Il représente le point d'intersection entre la trajectoire de l'observateur et la piste d'atterrissage (d'après Gibson, 1950).

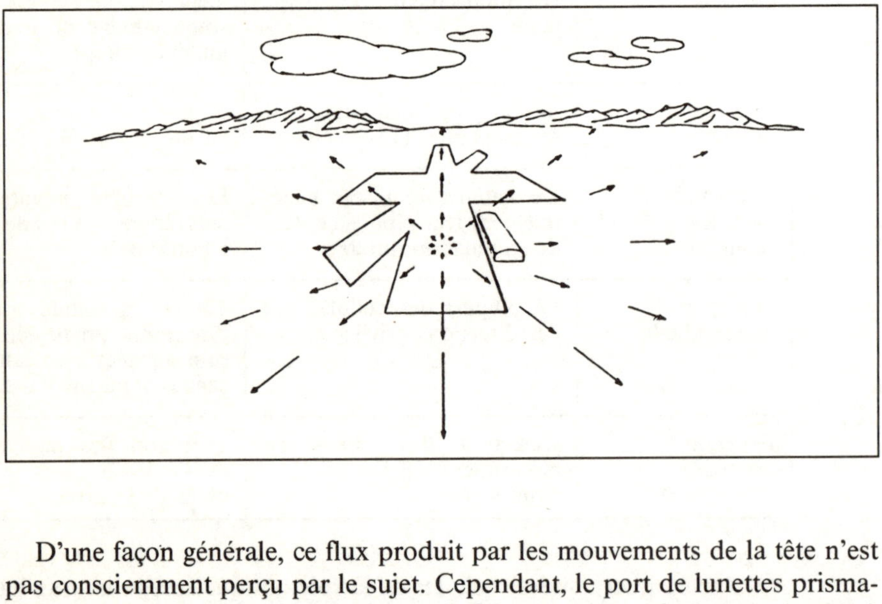

D'une façon générale, ce flux produit par les mouvements de la tête n'est pas consciemment perçu par le sujet. Cependant, le port de lunettes prismatiques inversantes (qui se traduit par le fait que, si le sujet tourne la tête à droite, le flux bouge aussi vers la droite) provoque la perception immédiate d'un mouvement de l'environnement. Lorsqu'en l'absence de mouvement de la tête, on présente au sujet une stimulation visuelle artificielle, qui serait normalement induite par un mouvement de tête déterminé (par exemple un flux lent vers la droite), le sujet a l'illusion d'une rotation lente de son corps vers la gauche (Mach, 1875). Cette illusion, parfois appelée sensation de vection, a été étudiée assez systématiquement (Andersen *et al,* 1985). Ainsi, si on met un sujet à l'intérieur d'un cylindre, dont la face interne est peinte de bandes verticales noires et blanches, qui tourne dans un sens, le sujet se croit en rotation en sens inverse (Brandt *et al,* 1973). Si l'on supprime la vision centrale, le sujet a toujours cette illusion; en revanche, si l'on supprime la vision périphérique, le sujet voit le cylindre tourner et n'a donc pas l'illusion d'un mouvement propre de son corps. La taille de la stimulation, sa position sur la rétine sont donc des éléments importants dans la vection (ainsi d'ailleurs que les fréquences spatiales et temporelles de la stimulation) (Pavard & Berthoz, 1976). On constate donc que, comme dans le cas de la vibration, la stimulation visuelle a une valeur proprioceptive : en l'absence de mouvement, elle induit une sensation de déplacement. Nous verrons par la suite que non seulement elle induit une sensation consciente de mouvement en son absence mais aussi qu'elle participe au contrôle de ce mouvement lorsqu'il a réellement lieu.

3 PROGRAMMATION ET CONTROLE DU MOUVEMENT : ARTICULATION DES ASPECTS CENTRAUX ET PÉRIPHÉRIQUES

Nous avons, dans un premier temps, mis en évidence les déterminants centraux de la motricité, qui préexistent au déclenchement du mouvement et qui peuvent permettre à eux seuls d'en assurer l'exécution; nous avons ensuite souligné que le mouvement était une source importante de stimulation sensorielle. Il nous faut donc maintenant savoir quels messages sensoriels sont utiles au contrôle du mouvement (nous les appellerons *réafférences sensorielles);* nous envisagerons alors l'articulation du traitement de ces réafférences (aspects périphériques ou rétroactifs) avec les aspects centraux préexistant au déclenchement du geste dans le contrôle de la motricité, ce que l'on appelle généralement l'intégration sensorimotrice. Il semble en fait que, si une action motrice peut être effectuée en boucle ouverte (c'est-à-dire pilotée centralement sans intervention des messages sensoriels engendrés par son exécution), elle n'est alors jamais finement adaptée (Laszlo & Bairstow, 1971, Bossom, 1972, Marsden *et al,* 1984). Ainsi, s'il est vrai (comme nous l'avons vu précédemment) qu'un singe déafférenté (ne sentant plus ses pattes) peut marcher en l'absence de vision, on constate cependant que ses pas ne se succèdent plus avec autant de régularité qu'auparavant, de plus il ne peut souvent plus marcher aussi vite sans qu'apparaissent des décoordinations (Taub, 1976). En ce qui concerne les mouvements rapides, nous avons déjà souligné qu'en cas d'erreur de programmation, ils ne pouvaient être corrigés, un pianiste chevroné jouant sur un clavier muet sait qu'il vient de taper sur une fausse touche, il n'a pourtant pas eu le temps de corriger son mouvement au cours de son exécution, celui-ci apparaît dès lors comme inadapté. Les réafférences sensorielles du mouvement, si elles ne sont pas obligatoires pour exécuter ce mouvement, semblent ainsi nécessaires pour le contrôler finement.

3.1. Mise en évidence de l'intégration sensorimotrice

A travers l'exemple des régulations posturales, nous nous proposons d'illustrer l'articulation des facteurs centraux préexistants et des aspects périphériques dans le contrôle de la motricité.

Nous avons déjà mentionné le fait que le maintien d'une position nécessite une commande d'origine centrale. Certains de ces programmes posturaux sont élaborés au cours de l'apprentissage (équilibre sur les mains, ou appui tendu renversé, en gymnastique); d'autres sont essentiellement génétiquement déterminés, c'est par exemple le cas du programme de maintien de la station érigée (Bonnet *et al,* 1976).

On peut démontrer expérimentalement (en utilisant les mêmes techniques que pour l'intégration perceptive) que les messages sensoriels contribuent au contrôle de la station debout. Lorsqu'on applique des vibrations sur le tendon d'Achille (reliant le muscle soléaire – mollet – au tibia) d'un sujet debout les yeux fermés ou ouverts, on constate que celui-ci se penche en arrière dans les deux cas; l'amplitude de l'oscillation est cependant plus grande lorsque le sujet a les yeux fermés.

Le fait qu'un message proprioceptif musculaire ajouté artificiellement par vibration, et non produit par un mouvement naturel du corps vers l'avant, conduise le sujet à osciller vers l'arrière montre que ce type de messages participe aux régulations de l'équilibre. Cependant, le fait que cette oscillation soit plus importante lorsque le sujet a les yeux fermés que lorsqu'il a les yeux ouverts montre que les messages proprioceptifs issus des effecteurs ne sont pas seuls impliqués dans le contrôle de la posture debout, ce qui nous amène directement à évoquer d'autres sources d'informations utilisées pour contrôler la motricité : l'œil et les vestibules.

13. Réponses motrices obtenues par application de vibrations (70 Hz) au niveau des tendons d'Achille (2) ou des tendons des muscles jambiers antérieurs (3). On constate dans les deux cas un déplacement important du corps soit vers l'arrière soit vers l'avant, dont l'amplitude dépasse de beaucoup celle des oscillations posturales obtenues en condition contrôle (1) (d'après Eklund, 1972).

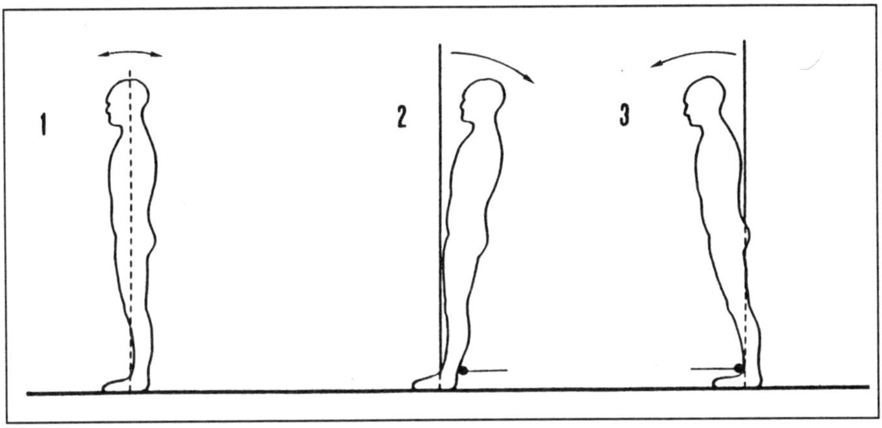

Si l'on réduit massivement le champ visuel d'un sujet (par le port de lunettes tubulaires), le traitement du flux optique n'apporte plus autant d'informations (puisque la taille de la stimulation visuelle n'est pas suffisante pour assurer un fonctionnement optimal de la voie optique accessoire), on constate alors que l'amplitude des oscillations de ce sujet autour de la position verticale est plus importante, c'est-à-dire que celui-ci est plus instable.

En ce qui concerne les messages d'origines vestibulaires, on a pu constater chez les patients atteints de la maladie de Mégnaire (déficit vestibulaire) des troubles importants de la posture.

Ainsi, bien que le maintien de la station érigée soit commandé par un ordre d'origine centrale (programme postural), nous venons de montrer que trois grands systèmes sensoriels contribuent à assister cette commande en détectant tout écart par rapport à la posture voulue : les systèmes visuel, vestibulaire et proprioceptif musculaire, articulaire et tendineux.

Il apparaît dès lors que si, dans un souci didactique, nous avons jusqu'à présent dissocié les différentes sources de réafférences sensorielles pour mieux analyser leur contenu informatif respectif ainsi que leur contribution au contrôle du mouvement, il nous faut maintenant souligner que très généralement le mouvement stimule toutes les sources sensorielles. C'est donc une pluralité de messages sensoriels qui doit être intégrée au niveau du système nerveux central pour participer au contrôle du mouvement. Il n'est pas impossible qu'à un niveau élevé du système ce traitement soit amodalitaire (Pailhous & Mestre, 1989), c'est-à dire qu'il ne respecte plus l'individualité de chacune des sources d'origine mais ne considère que le contenu de ces messages en regard du geste produit.

Le problème se pose dès lors de la capacité de traitement de l'information parvenant au système nerveux central. Comment les messages sensoriels peuvent-ils être en permanence traités, nous permettant ainsi à la fois de percevoir le monde qui nous entoure et de contrôler les actions que nous y menons? Comment est-il possible qu'alors que nous marchons en discutant avec quelqu'un, nous ne tombions pas lorsque notre pied arrive dans un trou insoupçonné? Peut-on concevoir que tous ces actes soient contrôlés par les plus hauts niveaux du système nerveux central (cortex).

3.2. Les niveaux d'intégration sensorimotrice

Les expériences neurobiologiques de «lésions étagées» du système nerveux permettent de répondre à cette question : le comportement de l'animal est analysé avant et après l'exclusion d'une ou plusieurs structures nerveuses effectuée soit par ablation ou section, soit en y injectant un courant ou une substance chimique (lésion irréversible), soit en la refroidissant (lésion réversible). Trois grands niveaux d'intégration sensorimotrice ont ainsi été distingués (Guyton, 1984).

3.2.1. *Réponse réflexe : intégration par la moelle épinière (niveau 1)*

Chez un animal spinal (c'est-à-dire après une section plus ou moins haute de la moelle épinière qui la sépare du reste du système nerveux), un stimulus excitant les récepteurs sensoriels des effecteurs déclenche une réponse motrice immédiate ou réflexe. Ainsi lorsque la patte d'un tel animal touche le sol, on observe une extension de celle-ci, de même que lorsqu'on touche une surface brûlante avec sa main, on la retire brusquement de la proximité de la source chaude. La moelle épinière est ainsi capable de générer des mouvements élémentaires dits réflexes (Sherrington, 1906). Il apparaît en fait que les cellules nerveuses de commande des muscles (motoneurones *alpha*) sont localisées à ce niveau. Les activités réflexes s'expriment à travers des circuits simples de cellules nerveuses, un message sensoriel (issu d'un récepteur périphérique musculaire, tendineux...) «entre» par la corne dorsale de la moelle épinière et va plus ou moins directement (c'est-à-dire en passant et en étant traité par une ou plusieurs cellules nerveuses selon qu'il est mono- ou polysynaptique) exiter un motoneurone situé dans la corne antérieure de la moelle, ce qui provoque une contraction des fibres musculaires innervées (commandées) par ce motoneurone.

14. Les trois grands niveaux d'intégration sensorimotrice. Pour simplifier le schéma, seules les voies descendantes (motrices) sont représentées ici. Pour les aspects sensoriels (montants), il convient donc de se reporter à la figure 10 pour les voies somesthésiques et au texte pour ce qui est des afférences d'origine visuelle et vestibulaire (d'après Guyton, 1984).

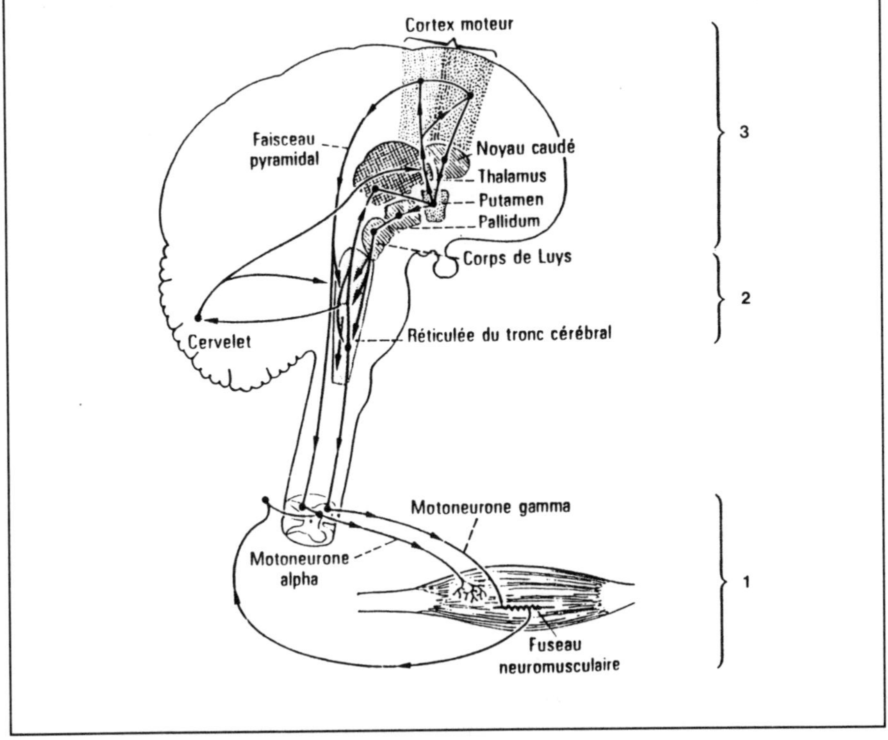

En outre, il existe déjà à ce niveau des boucles de contrôle permettant des réglages de sensibilité des motoneurones (Guyton, 1984).

Si les réflexes présentent indiscutablement un caractère d'innéité (ils font partie du patrimoine comportemental immédiatement disponible de l'espèce), il n'en faut pas pour autant sous-estimer les possibilités adaptatives. Ainsi, lorsque ce même animal marche et qu'on lui applique une stimulation cutanée (pression qui serait naturellement produite par le heurt d'un obstacle) sur l'extrémité de la patte, deux réponses motrices réflexes sont observées selon que la patte est en oscillation ou en appui au sol. Dans le premier cas, on observe une augmentation de la flexion du membre stimulé qui a donc pour effet de permettre d'enjamber l'obstacle, dans le deuxième une augmentation de l'extension qui accroît la propulsion du corps vers l'avant permettant encore de surmonter l'obstacle (Viala, 1985). On voit bien que cette réponse, présente également chez l'homme, pourrait être à tort interprétée comme la résultante d'un calcul (étant donnée la hauteur de l'obstacle, si je maintiens l'amplitude de l'oscillation de ma jambe, je vais le heurter, il faut donc que j'accentue ma flexion pour pouvoir le surmonter) étant donné son aspect «intelligent» (adaptatif), il n'en est rien, c'est une intégration réflexe au niveau de la moelle épinière.

Sur ces circuits intégrés relativement simples (et pourtant déjà très adaptatifs) vont se greffer des influences (dites supra-spinales) provenant de niveaux hiérarchiquement plus élevés du système nerveux, dont nous avons vu au préalable qu'ils traitaient également (et de manière plus intégrée) les messages sensoriels; l'intervention de ces niveaux sur les motoneurones de la moelle épinière va conduire le plus souvent à moduler et à organiser leur activité. On peut cependant être parfois obligé d'inhiber ces circuits réflexes pour apprendre une habileté motrice, ainsi en sport, pour effectuer un tour arrière à la barre fixe, il faut pouvoir maintenir son menton sur sa poitrine, ce qui nécessite d'inhiber les réflexes d'alignement de la tête avec le tronc (vestibulocollic reflex).

3.2.2. *Réponse automatique : intégration par le tronc cérébral (niveau 2)*

Intégrant des messages issus de différentes sources sensorielles (visuelles, vestibulaires, proprioceptives, musculaires...), ce niveau participe à la régulation d'actions motrices automatiques (s'effectuant sans intervention de processus conscients). Un animal (subthalamique), dont la moelle épinière et le tronc cérébral sont coupés du reste du système nerveux central, peut conserver son équilibre, bouger sa tête, ses yeux, marcher (il n'évite cependant pas les obstacles et présente des périodes de progression obstinée – il continue à marcher contre un objet alors qu'il n'avance plus). Certains nouveaux-nés anencéphales, c'est-à-dire n'ayant pas de structures cérébrales supérieures au tronc cérébral ont pu être observés, ils sont capables de téter, de recracher de la nourriture désagréable, de porter leurs mains à la bouche, de bailler, de s'étirer, de pleurer, de suivre de la tête et des yeux un objet (Ajuriaguerra, 1978). Il apparaît donc clairement qu'un certain nombre de fonctions motrices rudimentaires sont intégrées à ce niveau. Lorsqu'on vous pousse brutalement dans le dos, vous ne tombez qu'extrêmement rarement ; selon l'amplitude du déséquilibre induit par cette poussée vous présentez soit un réajustement au niveau de la cheville, soit un pas en avant, soit plusieurs pas. Ces réactions de redressement interviennent très rapidement (beaucoup plus rapidement que si elles avaient été l'objet d'un calcul), elles proviennent d'une intégration des messages sensoriels au niveau du tronc cérébral.

3.2.3. *Réponse volontaire : intégration au niveau du cortex (niveau 3)*

Ce dernier niveau intervient notamment dans le cas d'actions volontairement dirigées (motricité volontaire), il traite les messages sensoriels avant l'action, nous permettant d'appréhender l'environnement dans lequel notre geste va s'inscrire, et au cours du mouvement, nous informant ainsi de son déroulement.

L'organisation de la motricité volontaire fait intervenir plus particulièrement certaines structures centrales.

15. Principales structures nerveuses impliquées au cours des différentes étapes de l'organisation et de la production d'un mouvement volontaire (d'après Allen & Tsukahara, 1974).

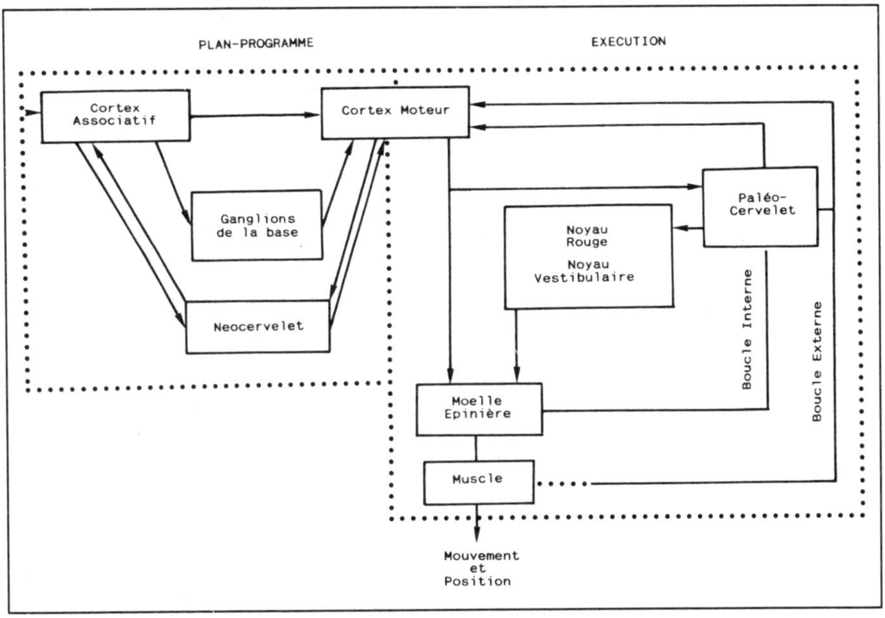

Toute élaboration de motifs et de plans d'action (qu'elle soit motrice ou non) fait intervenir de nombreuses zones corticales (aires préfrontales, frontales...) et non corticales (système limbique).

Pour ce qui concerne plus particulièrement l'intégration sensorimotrice, il semble que le cortex pariétal associe les messages sensoriels issus de différentes modalités (visuelle, somesthétique...) pour construire le cadre de référence spatial dans lequel se déroulera l'action.

a. *Cortex moteur*

Il est à l'origine de la commande motrice volontaire; on le présente généralement constitué de deux parties :

Cortex moteur primaire

Cette région est dite primaire dans la mesure où, lorsqu'on y applique une stimulation éléctrique de très faible intensité, on provoque un mouvement localisé sur l'hémicorps controlatéral (une flexion du doigt...). Si l'on déplace l'électrode, on produit (de manière répétable) un autre mouvement. En répétant maintes fois l'opération, on peut dresser dans le cortex moteur primaire une cartographie très précise des régions de commande des différents segments corporels (homonculus) (Pennfield & Rassmussen, 1968).

16. Représentation des différentes régions corporelles sur le cortex somato-sensoriel et le cortex moteur (d'après Pennfield & Rasmussen, 1968).

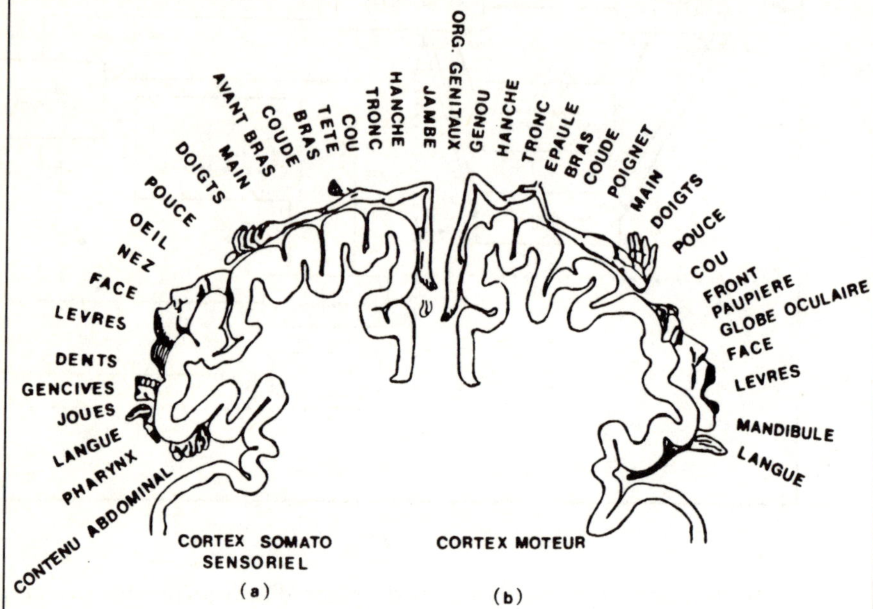

Chaque région corporelle est représentée dans le cortex moteur par une zone plus ou moins étendue selon la précision des mouvements dans lesquels elle est engagée. Ainsi, dans la zone du pouce et des doigts (qui occupe à elle seule une partie importante du cortex moteur), une stimulation faible entraîne la contraction d'un seul muscle, ou même d'un seul faisceau de fibres musculaires. La même stimulation portée dans la région du tronc déclenche la contraction de 30 ou 40 muscles synergiques (dont le travail a le même effet fonctionnel). Il apparaît ainsi dans le premier cas des capacités très fines de contrôle (qui conditionnent la finesse de la gestualité des doigts) et dans le second un contrôle plus global s'effectuant sur plusieurs muscles à la fois. Si on fait le rapprochement entre l'homoncule moteur et l'homoncule somesthésique (dont nous avons parlé précédemment), on note que les régions du corps (pouce, doigt) grandement représentées au niveau du cortex moteur (dont les mouvements sont finement contrôlés) sont également fortement représentées au niveau du cortex somesthésique, les positions et mouvements de ces régions donnent donc lieu à des sensations précises. Cette ressemblance des deux homoncules illustre encore l'articulation étroite existant entre les aspects perceptifs et les aspects moteurs. Le cortex moteur primaire donne naissance à plusieurs voies motrices (descendantes) qui vont agir sur les motoneurones de la moelle ou directement (voie cortico-spinale ou pyramidale) ou indirectement en établissant des relais à travers différents noyaux (voies cortico-rubrique, cortico-striée, cortico-bulbaire...).

Cortex moteur non primaire

On le dit non primaire car il est très difficile de déclencher des mouvements par sa stimulation, et lorsqu'on y arrive on se trouve devant des mouvements complexes (vocalisation, mouvements rythmiques de flexion et d'extension du membre inférieur, mouvements conjugués des yeux, de mastication, de contorsion de différentes parties du corps). Le cortex moteur non primaire comprend le cortex prémoteur et l'aire motrice supplémentaire. La majorité des cellules du cortex prémoteur modifient leur décharge avant le début du mouvement, mais uniquement pour une direction particulière de celui-ci. Le cortex prémoteur semble donc lié à des phénomènes de préparation motrice. En ce qui concerne le rôle de l'aire motrice supplémentaire, peu d'arguments permettent de s'avancer. On pense cependant qu'elle intervient lors de la préparation de gestes volontaires suffisamment complexes (tâche bimanuelle, enchaînement d'actions motrices) pour nécessiter un recours aux représentations mentales. Quoi qu'il en soit, ces structures opèrent en liaison étroite avec le cortex moteur primaire.

b. *Les ganglions de la base*

Il semble tout d'abord que les différentes structures anatomiques composant cet ensemble aient des fonctions différenciées (le noyau caudé intégrerait diverses informations, le putamen jouerait un rôle plus moteur). On fait souvent appel à la notion de boucle pour illustrer le fonctionnement de cet ensemble car l'information y circule de manière organisée (partant par exemple du cortex passant par les corps striés, le thalamus et remontant au cortex), gagnant en spécificité à chacun des différents relais, pour aboutir à un réglage fin des zones motrices corticales. La diversité des résultats obtenus dans les études sur les ganglions de la base en rend l'interprétation délicate (Beaubaton, 1983).

Marsden propose cependant que les ganglions de la base participent à la planification de l'action, leur rôle serait d'adapter finement les plans moteurs, élaborés dans les aires corticales, aux exigences de la situation.

Moll & Kuipers (1977) ont par exemple montré qu'alors qu'un singe normal, face à une plaque de plexiglas, effectue un détour du bras pour aller attraper une cacahuète placée derrière cette plaque, un singe après lésion des aires prémotrices ne le peut plus; il déclenche immédiatement son geste et bute contre la plaque. Ceci souligne une autre fonction des ganglions de la base, qui est d'inhiber le mouvement immédiat pour permettre un traitement plus complet de la situation et l'émergence d'une réponse adaptée. Les ganglions de la base semblent donc être une structure intégrative de « haut niveau » au sens où ils permettent l'extraction d'informations pertinentes provenant d'origines diverses (système limbique, aires corticales, thalamus...) et leur mise en relation pour produire une réponse adaptée.

c. *Cervelet*

Les patients cérébelleux ne présentent pas de troubles cognitifs importants, ils choisissent sans difficulté les buts de leurs actions et les stratégies pour y parvenir; le cervelet ne semble de ce fait pas intervenir dans les opérations de planification de l'action. Il paraît plus proche de la motricité, semblant jouer un rôle dans des opérations d'optimalisation de la performance. La partie latérale du cervelet répartirait temporellement les activités musculaires prévoyant plus particulièrement les phases critiques du geste (accélération, freinage), ce qui expliquerait les perturbations de la cinématique du mouvement et les dysmétries (erreurs en amplitude) des cérebelleux. La décomposition de leur geste, dès qu'ils doivent effectuer une séquence motrice complexe, permet d'envisager que le cervelet intervient dans l'organisation synergique du mouvement en facilitant l'enchaînement des différentes actions élémentaires constituant la sortie motrice. Il faut également souligner le rôle du cervelet aux stades ultimes de l'apprentissage. On interprète souvent les symptômes cérébelleux comme résultant d'une perte de l'action automatisée. Le patient semble en effet contraint d'utiliser en permanence, au cours de l'exécution motrice, les réafférences du mouvement pour adapter la commande motrice qu'il n'a pu ajuster finement de manière anticipée. La partie intermédiaire du cervelet semble plus particulièrement impliquée dans le traitement de ces réafférences. On peut donc concevoir le cervelet comme un système d'optimalisation des commandes motrices organisées par d'autres centres nerveux (soit avant l'exécution du mouvement sur la base des représentations internes – partie latérale –, soit sur la base des retours sensoriels issus de l'exécution – partie intermédiaire).

En conclusion, nous voudrions souligner que si nous avons choisi d'illustrer ces trois niveaux d'intégration sensorimotrice par des arguments comportementaux, il ne saurait être question pour nous d'attacher un comportement moteur donné à un niveau d'intégration fixé. Un « simple » réflexe peut être contrôlé volontairement, on a ainsi pu montrer que l'amplitude du réflexe de Hoffman était considérablement modulée par la consigne donnée au sujet. C'est donc essentiellement le contexte dans lequel s'effectue l'action sensorimotrice qui va déterminer son niveau d'intégration.

Après l'évocation des soubassements neurophysiologiques des actions motrices volontaires (Beaubaton, 1983, Massion, 1984), nous allons maintenant envisager les processus psychologiques impliqués.

3.3. Les théories du contrôle moteur

Si l'intervention des processus cognitifs au cours des étapes de planification et de programmation du mouvement a été bien identifiée, il n'en va pas de même pour leur intervention au cours de l'exécution motrice (Zanone & Hauert, 1987). Cela provient en particulier du caractère élémentaire et souvent non-conscient de ces processus, consécutif la plupart du temps à leur automatisation au cours de l'ontogénèse ou de l'apprentissage. « Il est en effet certain que la plupart des chaînes que nous déroulons du réveil au coucher n'appellent qu'une faible intervention consciente..., elles se décident dans une pénombre psychique dont le sujet ne sort qu'en cas d'imprévu dans le déroulement des séquences. Dans les gestes que l'on enchaîne au cours de la toilette, du repas, de l'écriture, des déplacements et transports, si exceptionnel que soit le retour à la lucidité, il est décisif... on ne peut en effet imaginer ni un comportement opératoire qui exigerait une constante lucidité, ni un comportement totalement conditionné qui ne la ferait jamais intervenir; l'un parce qu'il aboutirait à réinventer le moindre geste, l'autre parce qu'il correspondrait à un cerveau totalement préconditionné... l'intervention lucide est non seulement ce qui assure l'orientation du processus opératoire, mais ce qui permet de répondre aux situations accidentelles » (Leroi-Gourhan, 1964, p. 29).

L'acquisition de ces chaînes opératoires (ou de ces habiletés) implique, au moins dans le premières phases de l'apprentissage, une intervention dense des processus cognitifs (par exemple, Adams, 1971, « verbal motor stage »), mais ces phases correspondent plus à l'établissement du projet d'action qu'à son contrôle pendant l'exécution. Ce n'est que par la suite qu'on peut réellement traiter de l'évolution des modes de contrôle de l'action dans l'organisation même de celle-ci.

On distingue fréquemment les habiletés mentales des habiletés motrices, cependant de nombreux points communs existent entre elles; notamment dans la mesure où, dans tous les cas, les auteurs sont conduits à souligner la diminution, voire la disparition, d'une activité cognitive consciente, sauf bien entendu en ce qui concerne le déclenchement de l'action.

Nous n'aborderons brièvement ici que le contrôle des activités motrices dans la mesure où, sur cette question, les oppositions partielles entre les théories d'Adams (1971) et Schmidt (1975) sont illustratives de conceptions du rôle joué par les processus psychologiques (mémoire d'évocation et de reconnaissance, attente perceptive, schéma...) dans le contrôle et l'apprentissage du geste.

En résumant succinctement la position d'Adams, on peut remarquer qu'il met l'accent dans le contrôle sur le rôle des réafférences du mouvement. Ces réafférences (conséquences sensorielles de la production du geste) sont comparées à une mémoire des réafférences *(perceptual trace)* correspondant au geste souhaité (un *feed-back* attendu), c'est principalement sur la base des écarts observés que le geste se contrôle. Cependant, ces seules réafférences ne pouvant assurer le geste, Adams est conduit à postuler une mémoire pour choisir la direction du geste, le déclencher, et lui donner une poussée initiale vers la cible, ce qu'il appelle joliment un programme moteur modeste.

C'est principalement à cause des performances obtenues lors de la production de gestes rapides (sans donc que les réafférences aient le temps d'être traitées, c'est-à-dire comparées aux attentes, cf. *supra*) que Schmidt a proposé un modèle (appelé théorie des schémas) qui met l'accent sur la notion de programmation du geste et de schéma moteur (donc sur le caractère proactif du comportement) tout en soulignant le rôle important des réafférences dans les gestes lents et l'apprentissage.

Cependant certains problèmes restent encore entiers, principalement sur les liens entre processus cognitifs et réafférences en ce qui concerne les mouvements dits en « boucle ouverte ». Schmidt (1982) lui-même souligne ce point dans la mesure où son modèle sépare assez radicalement mémoire d'évocation, qui a trait à la production du mouvement lui-même (et donc le précède), et mémoire de reconnaissance (trace perceptive chez Adams), qui porte sur les conséquences sensorielles du mouvement – dont il faut remarquer par ailleurs que, pour Schmidt, elles suivent plus la production du mouvement qu'elles ne l'accompagnent. De fait, celui-ci a une certaine tendance dans son argumentation à confondre les gestes rapides (à vitesse élevée) mais qui peuvent être durables, comme l'écriture, et les gestes brefs (faible durée totale du mouvement).

L'idée même de schéma a son origine dans la psychologie cognitive, elle s'enracine dans le concept de règle de transformation. Un schéma moteur est une règle qui s'applique aux propriétés de l'organisme ; en ce sens, et comme toutes les règles, le schéma se définit par un espace de problèmes dans lequel il est pertinent (d'où la nécessité d'élément déclencheur, condition initiale du schéma) et par sa puissance (son caractère algorithmique par exemple). Dans son expression la plus élémentaire, le schéma n'indique que l'orientation du geste. Nous suivons alors complètement Adams sur le « modeste programme moteur » et nous irons même plus loin en acceptant le simple « réflexe d'orientation » vers la stimulation (décrit par Pavlov (1927) comme étant à la base de la possibilité de conditionnement) comme une base même de schéma. Il faut alors remarquer :

1. qu'à la base de tout geste, il y a un schéma ;

2. que le rôle de ce schéma dans la production du geste est plus ou moins important (depuis une simple orientation du corps jusqu'aux invariants spatio-temporels de l'écriture);

3. que ce schéma doit être spécifié dans ses paramètres (par exemple, spécification d'une direction particulière dans un pointage). On serait ici au niveau de ce que Van Galen (1980) appelle le « focal system » et Piaget un schéme d'assimilation;

4. que cette spécification des paramètres n'est en général pas suffisante pour produire le geste mais seulement sa structure. Par exemple, dans un pointage visuo-manuel, c'est la projection du bras en direction de la cible qui serait programmée et donc spécifiée en valeur à ce niveau. L'amplitude du geste serait par contre, la plupart du temps, sous contrôle des réafférences. Bien entendu, lorsqu'on fait exécuter un geste de nombreuses fois dans des conditions initiales identiques, ce geste peut devenir entièrement programmé. Il est alors en général plus rapide mais peu transférable en cas de changement de ces conditions initiales; c'est ce qu'on appelle communément un automatisme, qui se distingue ainsi des habiletés;

5. que cette spécification « non schématique » (ambiant system de Van Galen) d'un geste particulier nécessite l'utilisation, pour le contrôle du geste, de réafférences, donc une certaine durée;

6. que les réafférences auxquelles donne lieu tout geste dans des conditions normales ne sont pas forcément utilisables dans le contrôle du geste, et ceci est vrai non seulement pour les gestes rapides et brefs, mais aussi pour les gestes rapides et durables, nécessitant de fréquents changements dans l'exécution : écriture, piano... (accommodation du schème d'assimilation chez Piaget). En effet, dans ces gestes, alors qu'on est dans le même programme moteur (exécution d'une signature par exemple), quand les réafférences deviennent utilisables le geste est à un tout autre moment de l'exécution; elles ne peuvent donc servir à la correction du geste. Le sentiment de fausse note ressenti par un pianiste jouant sur un clavier muet intervient bien sûr après la production de la fausse note, elle indique d'ailleurs une anomalie non dans un mouvement particulier d'un doigt mais dans la séquence correspondant au programme.

On peut penser qu'une distinction entre ce qui est le contrôle du déroulement d'un geste et le contrôle du déroulement du programme manque au modèle de Schmidt, ceci d'autant plus que le contrôle du déroulement du programme ne peut avoir aucun effet sur le geste lui-même. Ces réafférences interviendraient alors non dans le contrôle du geste mais dans le contrôle du déroulement du programme. Dans ce cas, ce ne serait pas les réafférences du geste lui-même qui seraient utilisées, mais celles de ses propriétés structurales, qui correspondent à son schéma et qui nécessitent un traitement central au niveau cognitif. Ainsi, il ne s'agira pas directement du traitement des réafférences proprioceptives de ma signature, mais du traitement de ses rapports de proportions spatio-temporels. Ce contrôle du déroulement du programme ne peut avoir d'effet correctif sùr le geste en cours d'exécution car celui-ci s'exécute avec des spécifications qui ne portent pas sur le schéma moteur. Il s'agit donc là uniquement d'un contrôle «pro-forma» du programme, détecteur d'incidents dans le programme. En ce qui concerne le geste, ces réafférences ne peuvent avoir qu'un effet d'interruption (de suspension) puisqu'elles nécessitent un retour au schéma lui-même.

Ceci revient à associer en mémoire d'évocation aussi bien le schéma moteur qui organise la commande de la structure du geste que les réafférences qui correspondent à cette structure. Ce point de vue théorique peut paraître un peu gratuit puisqu'il affirme que cette mémoire structurale des réafférences n'a pas d'effet correctif sur le geste mais seulement une possibilité d'interruption, néanmoins il présente un certain nombre d'avantages empiriques et théoriques.

La partie schématique du geste est, par définition, adéquate à la classe de questions auxquelles ces gestes répondent, aussi ce contrôle du programme est-il en général silencieux («dans une pénombre psychique», comme dit joliment Leroi-Gourhan (1964)). Cependant il faut envisager les incidents, dont Schmidt ne prévoit que ceux qui sont dus à un événement extérieur inattendu (une bouffée de vent sur la balle de tennis). Il exclut par là-même les incidents de programmation du geste; ils sont rares mais ils existent (signatures ratées, fausses notes dans un morceau connu, etc.). Dans ce cas, le recours à des processus cognitifs souvent conscients, portant non sur le projet mais sur le schéma, est très général. La figure 17 exprime les traits essentiels de cette position.

Ce point de vue consiste à dire qu'on peut évoquer les conséquences sensorielles du programme (donc la structure de la trace perceptive) et non simplement reconnaître que le geste qu'on fait correspond bien aux attentes perceptives qu'on en a. De fait, on a là un lien immédiat entre mémoire d'évocation et mémoire de reconnaissance qui portent alors toutes deux sur les réafférences sensorielles. Sont donc indissociablement liés en mémoire le schéma moteur et les réafférences qui lui correspondent. Un résultat intrigue Schmidt: comment se fait-il que la «pratique mentale du geste (en son absence donc) ait un effet sur la performance pour les hauts niveaux d'habileté alors que les éléments cognitifs sont présumés être déjà appris»? C'est que l'évocation du schéma moteur induit celle du «schéma des réafférences» (rappelons que ce «schéma des réafférences» n'évoque pas les conséquences sensorielles d'un geste particulier mais une structure générale du geste). L'obstacle rencontré dans les modèles théoriques sur le contrôle du geste tient dans le fait qu'on assimile les processus cognitifs à des processus conscients et complexes, ce qui est souvent le cas lors de l'élaboration des schémas mais n'est plus le cas lors de leur utilisation, qui n'implique souvent qu'une faible charge attentionnelle. Ainsi, dans un autre domaine, lorsqu'un adulte à la question «trois fois sept» répond «vingt-et-un» instantanément, on ne peut dire, comme le dirait Schmidt, que ce 21 n'est pas cognitif puisque déjà appris; nous dirons par contre que le processus cognitif ici impliqué (indexation en mémoire) est considérablement plus simple que ceux impliqués lors de l'apprentissage de la table de multiplication.

17. Contribution des processus cognitifs au contrôle du geste. (1) Le projet moteur était-il adéquat (opération consciente)? (2) Le geste projeté a-t-il été exécuté (opération consciente)? (3) Les réafférences du geste correspondent-elles aux attentes? (dans le cas de gestes rapides et de courte durée, celles-ci ne peuvent avoir d'effet que sur le geste suivant – «geste amendé», Beaubaton, 1983). (4) La structure des réafférences correspond-elle à celle du programme? (c'est-à-dire les invariants du geste sont-ils présents dans le geste exécuté). Si oui, alors le programme continue de se dérouler («dans la pénombre psychique»); si non, alors il est interrompu avec retour au projet moteur (et donc avec «prise de conscience»). (5) Plus le geste est programmé, moins il est à spécifier et réciproquement. Cependant, le modèle indique clairement que programmation et spécification (à doses variées) sont nécessaires pour qu'il y ait déclenchement d'un geste. (6) La réitération des gestes largement spécifiés est la base de l'extraction de leurs invariants et donc de l'augmentation de leur programmation. (7) Cette double flèche est centrale dans le modèle, elle exprime le caractère du programme moteur stocké en mémoire (génératif d'une infinité de gestes) et de la mémoire des réafférences (correspondant aux invariants du programme). On conçoit ainsi que la «pratique mentale», qui est l'évocation des réafférences et non de la commande, joue un rôle positif même pour les gestes fortement programmés (résultat qui intrigue parfois). Dans ce modèle, le programme n'est pas «derrière» l'infinité des gestes qu'il engendre mais «dans» la fraction programmée de chacun d'entre eux, et donc parfaitement observable (d'après Pailhous, 1987).

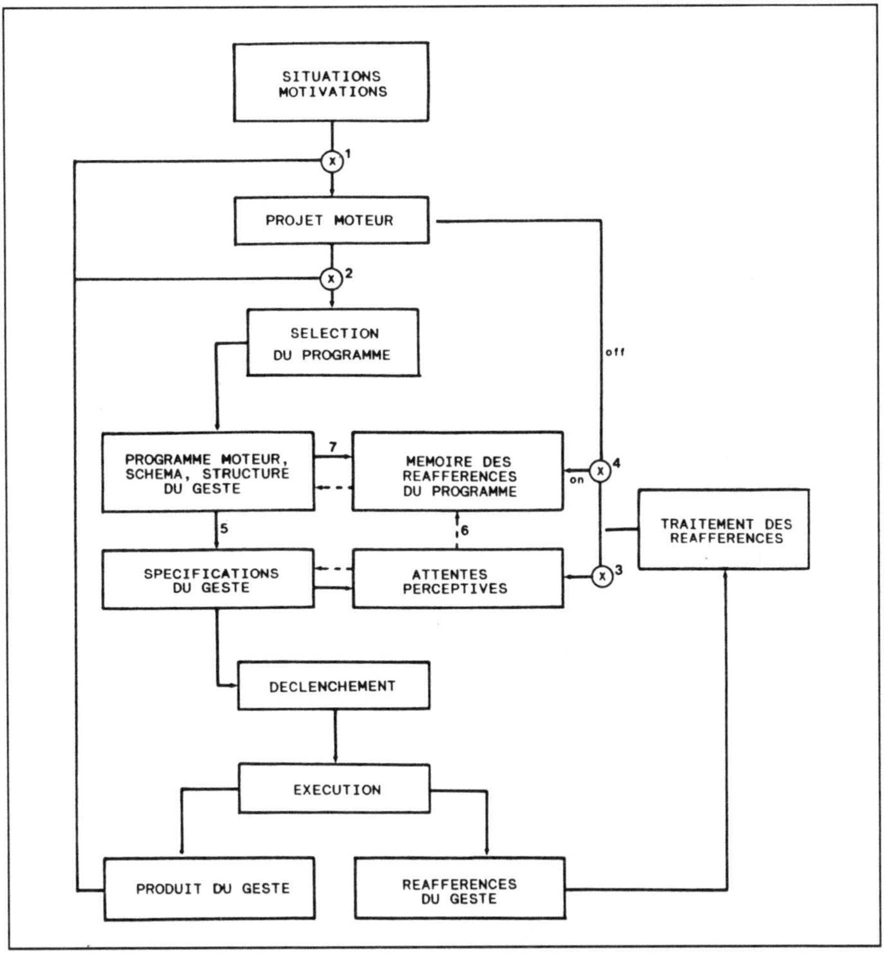

Les conséquences sensorielles d'un mouvement sont en général multiples et redondantes. Néanmoins, leur rôle dans le contrôle du mouvement a toujours été plus ou moins controversé. Le geste habile en particulier semble se passer de ce contrôle : ainsi, je lace mes chaussures sans regarder mes mains («ouverture de la boucle visuelle») et en soutenant une conversation («ouverture de la boucle cognitive») mais, de fait, la boucle proprioceptive fonctionne et la boucle cognitive n'est qu'une métaphore. Il vaudrait mieux dire qu'elle est faiblement chargée par la surveillance de la tâche : un fonctionnement de haut niveau à bas régime en quelque sorte. Nous pensons que cette liaison entre le proprioceptif musculaire et des processus cognitifs très élémentaires (simple surveillance du bon fonctionnement) sous-tend la plupart de nos gestes familiers, donc hautement schématisés. Remarquons d'ailleurs que ces gestes sont en général rapides, durables et complexes, alors que les gestes étudiés en laboratoire, rapides ou lents, sont en général brefs et simples. Lorsqu'un incident survient dans ce dialogue peu coûteux entre proprioceptif et cognitif élémentaire, un nouveau dialogue s'installe entre visuel et cognitif élaboré (au niveau du projet moteur lui-même). Le rôle de la proprioception a été relativement méconnu, ceci d'autant plus que la programmation du geste est apparue évidente.

3.4. Conditions du contrôle

Nous venons donc de voir que les conséquences sensorielles des mouvements jouent un rôle important dans leur contrôle. Le traitement central de ces réafférences (qu'il implique ou non les processus cognitifs) permet de vérifier le bon déroulement du programme et de contrôler (parfois même de corriger) le déroulement du geste. Nous avons vu que, pour ce faire, on postule l'existence d'une comparaison entre projet du geste et geste réel sur la base des réafférences sensorielles. Une question capitale reste donc de savoir comment cela peut s'effectuer. Nous n'évoquerons ici que deux problèmes théoriquement importants : celui de l'influence de la commande motrice sur le traitement sensoriel et celui de la simplification du contrôle pour les gestes complexes (pluriarticulaires).

3.4.1. *Modulation du traitement sensoriel par la commande motrice*

Il revient principalement à Mc Closkey (1981) d'avoir éclairé cette question, il apparaît en fait que l'activité motrice change le traitement sensoriel lui-même, et donc éventuellement ce que «sent» le sujet. Avant de développer ce point très important pour la psychologie, illustrons-le par un exemple simple et frappant. Lorsque nous bougeons nos yeux (avec la musculature de l'œil) pour examiner une scène immobile, bien que le signal rétinien bouge, nous percevons le monde immobile, ce qui pourrait être interprété comme un phénomène cognitif: «nous voyons le monde immobile parce qu'il l'est et que nous le savons». Cependant, faites l'expérience suivante : faites bouger votre œil par une pression de votre doigt et vous verrez alors ce monde que vous savez immobile se déplacer. Une même conséquence sensorielle, «glissement de la scène sur la rétine», donne donc lieu à deux sensations conscientes différentes, parce que l'activité motrice est différente.

On pense actuellement que la commande descendante (ordre) d'un centre moteur vers un effecteur (qui peut être un centre plus bas du système nerveux, un muscle, un membre, le corps entier) produit, à l'intérieur du système nerveux central, un changement qui est fortement corrélé avec cette commande. En même temps que la commande motrice se propage vers les effecteurs (efférences), sont envoyés à partir des mêmes centres moteurs vers d'autres régions du système nerveux central, des messages qui informent l'organisme de cette commande motrice. Ces messages sont appelés par Mc Closkey «irradiation de la commande motrice», et les voies qui les conduisent «collatérales de la commande motrice». Certaines de ces collatérales informent les centres sensoriels et, à ce titre, sont susceptibles d'affecter les sensations du sujet – comme on vient de le voir pour le cas particulier des mouvements de l'œil. On appelle ces messages allant aux centres sensoriels des *«décharges corollaires»*.

Trois types de mécanismes (illustrés dans la figure 18) ont été évoqués pour expliquer le rôle sensoriel de la commande motrice.

18. Modification du traitement sensoriel par la commande motrice d'après les hypothèses de Mc Closkey (1981). Les doubles flèches représentent l'«irradiation de la commande motrice centrale». Les flèches numérotées de 1 à 3 représentent la partie de cette irradiation intéressant les centres sensoriels : (1) Sens de l'innervation, (2) Copie d'efférence qui annule les réafférences, donc, permet de dégager les exafférences, (3) Décharge corollaire qui module le traitement sensoriel.

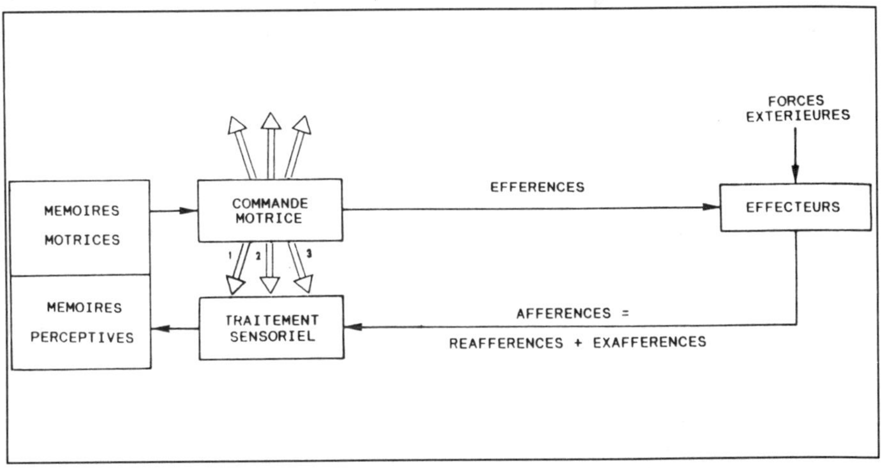

a. Les centres sensoriels auraient la capacité de traiter directement l'information motrice. C'est-à-dire que nous serions munis d'un sens (ne donnant pas réellement lieu à des sensations conscientes, et donc largement ignoré) de la commande motrice elle-même. Historiquement, on l'a appelé d'un nom adapté : la sensation d'innervation (Jeannerod, 1983, pour ce concept). Des débats existent encore à ce sujet, qui nous conduiraient trop loin, notamment dans les aspects dynamiques du mouvement.

b. La commande motrice a la capacité de modifier le traitement central des informations sensorielles venant de la périphérie. Bien entendu, par périphérie on entend système nerveux périphérique (hors cerveau et moelle épinière). L'information venant de la périphérie (voies ascendantes ou afférences) est donc traitée en « tenant compte » de la commande motrice; grâce à la décharge corollaire, les centres sensoriels sont prédisposés, préparés à traiter l'information sensorielle périphérique due à la production du mouvement lui-même.

Ce phénomène très général est d'une grande importance pour la psychologie cognitive qui, en ce qui concerne les aspects périphériques, est volontiers sensorialiste. Comme nous l'avons vu, les sens ont une double fonction : informer le sujet sur le monde extérieur (extéroception) ou l'informer sur ses propres actions (proprioception). Démêler ces deux fonctions l'une de l'autre n'est pas toujours facile, et c'est pourtant essentiel car, si l'information sensorielle de nature proprioceptive est modulée par la commande motrice, ce n'est pas le cas de l'information extéroceptive. Ce problème se pose principalement pour l'information visuelle dans la mesure où l'information en provenance des muscles, des articulations et du labyrinthe, n'a pas à proprement parler de valeur extéroceptive (cf. vision).

c. Un cas particulier de décharge corollaire qui a été théoriquement distingué consiste en l'envoi, depuis les centres moteurs vers les centres sensoriels, d'une copie exacte de la commande envoyée aux effecteurs (appelée *copie d'efférence*). La propriété fondamentale de cette copie serait d'annuler strictement les conséquences sensorielles dues à la seule commande motrice (réafférences). La fonction principale de cette copie d'efférence serait alors de dégager, dans les afférences sensorielles, celles qui ne sont pas dues à la commande motrice (les réafférences) et, par différence, celles qui sont dues à des forces extérieures s'exerçant sur les mouvements du sujet (les exafférences). En effet, à un ordre moteur correspond un geste d'une certaine amplitude avec une certaine vitesse; si aucune force externe ne s'applique sur ce geste, les récepteurs fusoriaux et articulaires enverront un message conforme à l'ordre donné et ces informations seront annulées. Si une force externe s'applique (imaginez-vous en train de marcher contre un vent fort), alors les récepteurs fusoriaux et articulaires indiqueront une valeur différente puisque le geste est ralenti; la copie d'efférence permettra alors de connaître directement la différence, donc la valeur de la force externe (la force du vent). C'est un mécanisme de cet ordre qui a souvent été évoqué pour la saccade oculaire.

3.4.2. *Simplification du contrôle pour les gestes complexes*

Il peut paraître a priori absurde de parler en terme générique de programmation et de contrôle de la motricité quand celle-ci recouvre des gestes aussi hétérogènes qu'une flexion du doigt – qui mobilise une articulation et quelques muscles –, la marche ou les sauts périlleux – qui mobilisent le corps entier, c'est-à-dire une grande partie de nos 792 muscles et de notre centaine d'articulations.

Il revient à Bernstein (1967) d'avoir démontré que le contrôle d'une activité complexe n'est pas aussi difficile qu'il y paraît à première vue et qu'un mouvement complexe peut, de ce fait, obéir aux mêmes principes de contrôle qu'un mouvement simple (Turvey *et al,* 1982). Il suffit pour cela de considérer :

– que les 792 muscles et la centaine d'articulations du corps humain sont liés, ce qui contraint leurs possibilités d'action autonome, donc réduit le nombre de degrés de liberté du mouvement et facilite d'autant son contrôle par le système nerveux central,

– que le mouvement d'une des pièces du squelette se propage et entraîne la mobilisation des autres, ce qui peut parfaitement être utilisé pour produire un mouvement complexe pluriarticulaire.

a. *Réduction des degrés de liberté*

Le nombre de *degrés de liberté* d'un système est le nombre de coordonnées indépendantes nécessaires pour définir les positions des éléments de ce système sans altérer les contraintes géométriques. Ainsi, pour un système de deux éléments indépendants A et B projetés sur deux axes, chaque élément doit être défini par deux coordonnées. Ce système a donc quatre degrés de liberté puisque quatre coordonnées doivent être connues pour l'identifier.

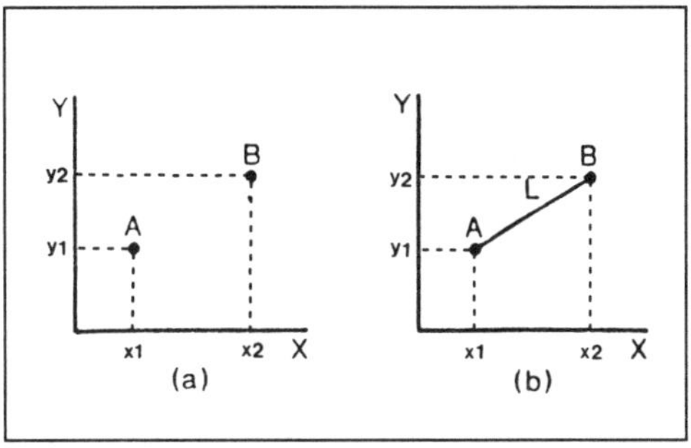

19. Représentation de deux systèmes simples composés chacun de deux éléments A et B, dont les coordonnées respectives dans un espace bidimensionnel sont (X1, Y1) et (X2, Y2). Le premier système (a) a quatre degrés de liberté alors que le deuxième (b), dans lequel les deux éléments sont liés, n'a que trois degrés de liberté (d'après Turvey et al, 1982).

Cependant, si on relie ces éléments par une barre rigide de longueur fixe, les deux points ne sont alors plus indépendants, et la position de l'un influence celle de l'autre. Si les deux coordonnées de A sont choisies, seule une des coordonnées de B pourra être également choisie, l'autre sera fixée.

Ainsi établir un lien (une contrainte) entre les deux éléments permet de réduire le nombre de degrés de liberté à contrôler. Il en va ainsi pour nos 792 muscles et notre centaine d'articulations. Un contrôle indépendant de chacun n'est pas nécessaire puisqu'ils sont reliés entre eux, d'une part par des contraintes mécaniques (os), d'autre part par des contraintes nerveuses. A propos de ces liens nerveux, dont nous n'exposerons pas le détail ici, il faut savoir qu'il existe au niveau de la moelle épinière des couplages entre motoneurones (organes de commande des muscles) par des interneurones, ce qui oblige certains muscles soit à coopérer soit à travailler en opposition de phase. Les centres nerveux supérieurs vont pouvoir agir sur ces interneurones, influençant ainsi plusieurs muscles à la fois, œuvrant en quelque sorte comme un marionnettiste, qui pour faire effectuer un mouvement complexe à sa marionnette n'a besoin que de tirer sur quelques fils.

b. *Interaction dynamique*

Selon Bernstein (1967), toute théorie du mouvement ne prenant en compte que les forces produites par un travail musculaire et ignorant le reste des forces (inertielle...) ne peut que mimer le mouvement et non l'expliquer. En effet, le corps est une chaîne dynamique articulée dont les différents segments s'entre influencent. Si on mobilise la hanche, il apparaît que la cuisse mais aussi la jambe et le pied sont animés d'un mouvement. Le mouvement du membre inférieur qui en résulte paraît alors extrêmement complexe pour l'observateur (pluriarticulaire...), pourtant seule une mobilisation de la hanche a été programmée par le système nerveux central. Le mouvement de la cuisse est donc dû à des forces musculaires, le mouvement du reste de la jambe est dû à des forces non musculaires (forces réactives, inertielles...). Il semble ainsi qu'une bonne partie de la complexité apparente du mouvement n'ait pas à être produite par des commandes musculaires issues du système nerveux central, qui utiliserait des forces non musculaires pour produire et contrôler une partie des mouvements complexes.

Le point de vue de Bernstein sur les problèmes de coordination et de régulation des mouvements complexes est bien illustré par l'observation d'apprentissage de gestes complexes (Tuller *et al,* 1982). Lorsqu'on regarde un débutant lancer un javelot, la première chose que l'on remarque est que le mouvement de son bras entraîne des mouvements parasites du reste de son corps; situation quasi incontrôlable face à laquelle sa première solution est de rigidifier une grande partie de son corps (en contrebalançant toutes les forces dues à la dynamique de son mouvement de bras) et de ne permettre que le mouvement de son bras. C'est là un premier moyen de réduire les degrés de liberté de son mouvement pour en faciliter le contrôle. A long terme, la situation n'est pourtant pas satisfaisante car elle ne permet pas de projeter l'engin très loin. Le sujet va donc progressivement débloquer les articulations les plus proches (épaules puis hanche, cheville...) afin d'intégrer petit à petit les forces réactives qui s'y exercent aux forces propulsives (musculaires) qu'il développe pour lancer son engin. Il est donc obligé d'augmenter les degrés de liberté de son geste pour exécuter la tâche, mais cette fois-ci il organise et contrôle l'activité des différentes parties de son corps, Kelso *et al.* (1984) diront qu'il élabore une structure coordinative. A terme il pourra se servir de tout son corps et non plus de son seul bras, de toutes les forces et non plus des seules forces musculaires pour effectuer la tâche.

4 ASPECTS DIACHRONIQUES : ÉVOLUTION DES MODES DE CONTRÔLE

Nous avons brossé un panorama rapide des processus qui sous-tendent la production des gestes. Au-delà des différences entre les catégories de mouvement, cette production implique toujours :

1. La collaboration de processus de haut niveau, notamment cognitifs (pour ce qui est de la relation au but du geste par exemple) et de processus élémentaires (réflexes par exemple).

2. Une intégration sensorimotrice dans la mesure où une part essentielle de l'information sensorielle produite par l'activité motrice elle-même est utilisée pour son contrôle. On constate que le schéma stimulus-réponse ne peut s'appliquer ici.

3. Une programmation (potentiel existant avant le déroulement du geste) et un contrôle en cours d'exécution, que ce contrôle s'effectue principalement sur la base de la commande motrice (contrôle proactif) ou principalement sur la base des réafférences sensorielles du mouvement (contrôle rétroactif). Cependant, au cours du temps, le geste évolue; la collaboration entre les différents niveaux d'intégration sensorimotrice et l'articulation programmation-contrôle changent. Au cours du développement (de la naissance à la mort), les compétences générales du sujet évoluent – processus lent –, en particulier parce que le sujet doit sans cesse actualiser ses compétences pour s'ajuster aux caractéristiques des tâches (apprentissage). Le *développement* est ici simplement considéré comme le produit des apprentissages et de phénomènes de maturation (ils ne sont d'ailleurs pas indépendants). Les thèmes du développement et de l'apprentissage sont des thèmes centraux en psychologie cognitive; ils ont donné lieu à de nombreux travaux dans le domaine sensorimoteur (du fait notamment des recherches ayant une dimension appliquée – activités physique et sportives, travail manuel –). Nous ne retiendrons ici que les aspects permettant au psychologue de mettre en jeu les distinctions conceptuelles et les faits abordés dans les chapitres précédents.

4.1. Évolution à long terme : développement sensorimoteur

4.1.1. *Descriptif*

Avant d'envisager les différentes étapes du développement sensorimoteur, il nous faut préciser son point de départ, c'est-à-dire le comportement sensorimoteur du nouveau-né. Après avoir été successivement sous-estimées, puis surestimées (Bower, 1987, Mounoud, 1983), les compétences du bébé sont actuellement mieux connues (Lipsitt *et al,* 1987). Ses capacités perceptives visuelles (Fantz 1961, Bower, 1966), olfactives (Engen & Lipsitt, 1965)... mais également imitatives (Vinter, 1985), ainsi qu'un certain nombre de mécanismes de reconnaissance, comme celle du visage de la mère (de Schonen & Mathivet, 1989), celle de sa voix (Melher *et al,* 1976), ont été mis en évidence. On a pu également démontrer des coordinations sensorimotrices précoces entre vision et succion (Lipsitt, 1970), vision et posture (Bullinger, 1977), flux visuel et posture (Butterworth *et al,* 1981), vision et préhension (Bower *et al,* 1970, Trevarthen *et al,* 1975) qui lui confèrent dès la naissance des capacités de réaction à des patterns de stimulation complexes. Si certaines finalités comportementales sont ainsi assurées dès la naissance, la motricité qu'elles mettent en jeu mais surtout les processus qui la sous-tendent s'avèrent cependant différents de ceux mis en jeu par l'enfant ou l'adulte.

Nous avons déjà souligné la base tonique indispensable à l'établissement d'une motricité harmonieuse. Il ne sera donc pas surprenant d'observer que la motricité du bébé évolue en relation étroite avec une redistribution du tonus à travers les différents muscles. Le tonus de la musculature axiale (cou, dos) passe ainsi de faible à la naissance à fort au cours de la première année, ce qui permet notamment de contrôler les mouvements de la tête, alors que le tonus de la musculature distale (membres) décroît progressivement (libérant le nourrisson de ses postures en flexion). Cette évolution tonique s'effectue selon une progression céphalo-caudale, c'est-à-dire qu'elle intéresse successivement les muscles du cou, puis ceux des bras, ceux du tronc et enfin ceux des jambes.

Nous ne traiterons ici que du développement de la locomotion et de la saisie manuelle, comportements précédemment utilisés pour mettre en évidence les modes de contrôle du geste.

– L'apparition de la locomotion est quasiment dépendante des capacités de maintien de la station debout, elles-mêmes étroitement liées à la redistribution du tonus musculaire précédemment mentionnée. Les principales étapes du développement locomoteur sont représentées sur la figure 20.

20. Principales étapes du développement postural et locomoteur. La longueur des étiquettes représente la dispersion des âges d'apparition d'un comportement donné (d'après Keogh & Sugden, 1985).

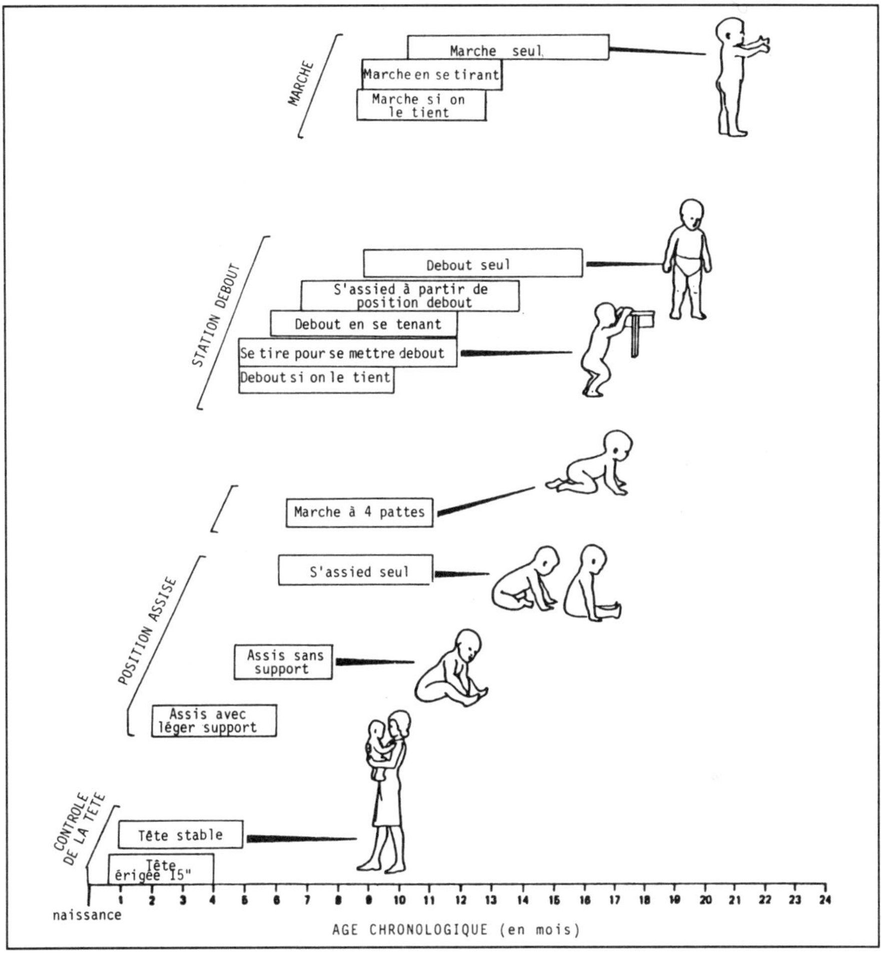

Ainsi que nous l'avons précisé dès le début, le comportement locomoteur a donc une base essentiellement génétiquement déterminée, il n'attend pour s'exprimer que des conditions toniques et posturales favorables.

– Le développement de la saisie manuelle, s'il est également favorisé par la redistribution du tonus postural fait également intervenir des processus plus complexes. Deux grandes sources d'amélioration de l'efficacité de ce comportement sont à distinguer : d'une part l'amélioration du programme de transport du bras qui amène celui-ci de manière plus précise près de l'objet, d'autre part l'apparition de la « pince digitale » (figure 21) qui permet de saisir et de manipuler plus finement l'objet.

21. Principales étapes de développement du contrôle manuel. La longueur des étiquettes représente la dispersion des âges d'apparition d'un comportement donné (d'après Keogh & Sugden, 1985).

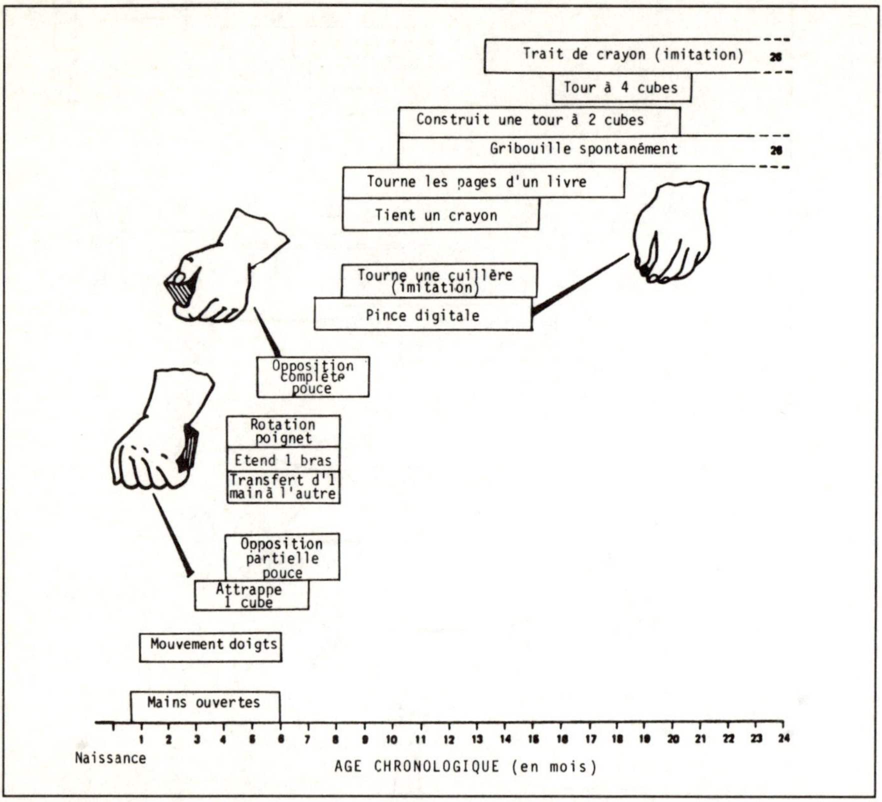

4.1.2. *Niveaux d'intégration du comportement sensorimoteur au cours du développement*

Nous allons évoquer maintenant les différents niveaux d'intégration du comportement sensorimoteur au cours de son développement.

a. *Motricité réflexe*

A la naissance, le comportement sensorimoteur de l'enfant est essentiellement d'origine souscorticale; il est de ce fait, ainsi que nous l'avons souligné ci-dessus, de nature réactive, réflexe. Ces coordinations réflexes (Debakan,

1970), dont certaines préexistent à l'état fœtal, vont avoir des destinées différentes. Certaines sont définitives, elles persistent en leur état tout au long de la vie (réflexe de respiration, réflexe rotulien), d'autres sont dites archaïques car elles disparaissent dans le courant de la première année (réflexe de Moro), d'autres encore sont intégrées dans des comportements plus complexes (le réflexe d'extension est intégré dans le maintien de la posture érigée).

b. *Motricité volontaire*

Un accord quasiment unanime existe pour considérer l'âge de deux mois comme première transition importante menant l'enfant vers le début d'un contrôle intentionnel (Vurpillot & Bullinger, 1983). On peut considérer que cette transition s'opère principalement sous l'effet conjugué de deux facteurs : la maturation du système nerveux central et l'exercice sensorimoteur.

– *Maturation du système nerveux central*

La maturation du système nerveux central est loin d'être achevée à la naissance. Elle nécessite une bonne dizaine d'années et consiste essentiellement en une augmentation de la taille des cellules nerveuses, une augmentation du nombre de connexions qu'elles établissent entre elles (qui va permettre le traitement et l'échange des informations) et des différenciations biochimiques.

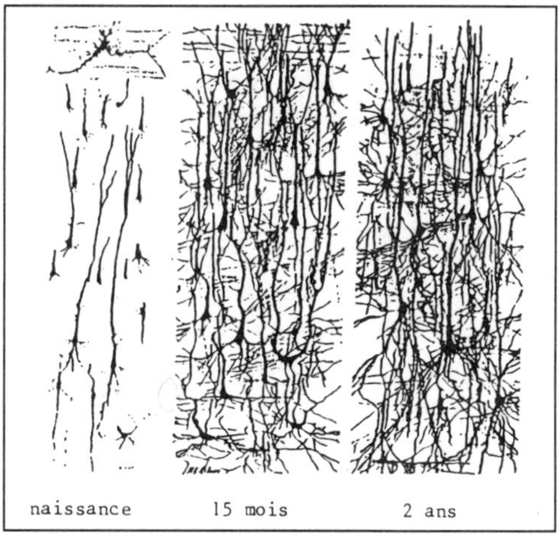

22. Coupes histologiques transversales au niveau du cortex moteur à la naissance, à 15 mois et à 2 ans. On note que le nombre de neurones reste approximativement le même, mais que la richesse des arborisations dendritiques croît, ce qui augmente les possibilités d'échange entre neurones (d'après Conel, 1947, 1955, 1959, cité dans Altman, 1967).

Elle s'accompagne également d'une myélinisation des axones qui va permettre de conduire l'information plus vite, donc de manière plus efficace. Ce phénomène se déroule de la naissance à l'adolescence selon une séquence fixe. Yakolev et Lecours (1967) ont étudié l'évolution de la myélinisation des cellules nerveuses de différentes structures nerveuses.

23. Période de myélinisation des neurones de différentes régions du système nerveux central en fonction de l'âge. Les traits verticaux en indiquent approximativement la fin (d'après Yakolev & Lecours, 1967).

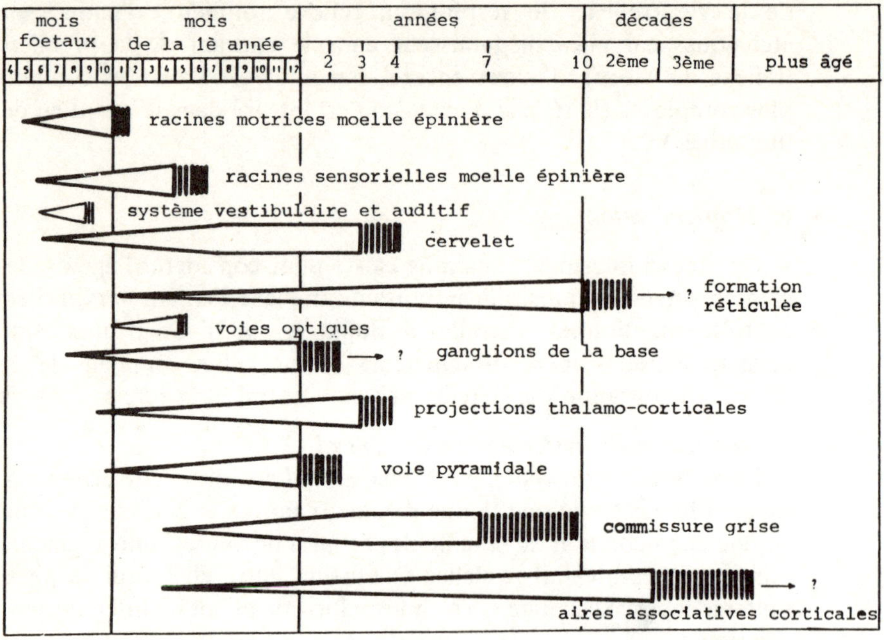

Ils ont ainsi montré que les différentes structures participant au contrôle de la motricité volontaire (dont le cortex, les ganglions de la base, le cervelet) achèvent leur maturation (donc sont réellement fonctionnelles) au cours des premières années de la vie (figure 23). On constatera en revanche que les racines motrices et sensorielles de la moelle épinière, qui assurent l'intégration réflexe, sont matures à la naissance pour les premières et quelques mois plus tard pour les dernières.

– *Rôle de l'exercice sensorimoteur*

Pour illustrer cette notion importante, nous développerons ici les travaux de Held et Hein (1963) sur le comportement visuo-moteur du chaton. Des chatons préalablement élevés pendant 8 semaines dans l'obscurité ont ensuite été exposés à la lumière pendant 3 heures par jour dans des conditions d'exploration du milieu, soit actives (où les conséquences sensorielles du mouvement étaient produites par l'activité de l'animal), soit passives (où les conséquences sensorielles d'un déplacement étaient renvoyées au chaton sans qu'elles soient produites par son propre déplacement). Le carroussel utilisé est présenté dans la figure suivante, il permet de soumettre les deux animaux à une expérience visuelle identique.

Chaque jour, les deux chatons ont été testés sur la présence de l'extension des pattes, réponse observée chez les chatons normaux lorsqu'on approche une surface de leurs yeux.

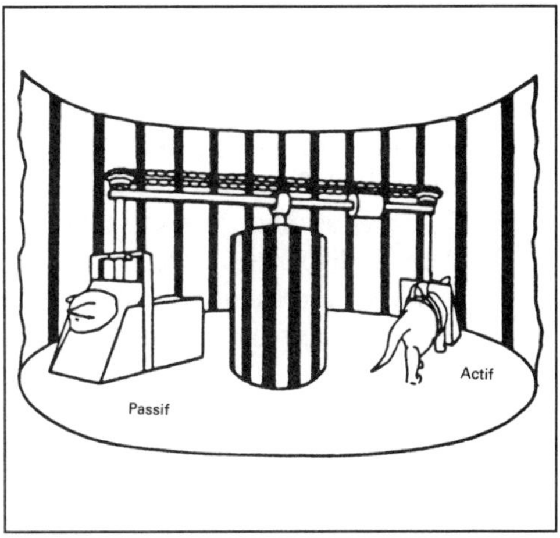

24. Dispositif expérimental permettant de soumettre deux chatons à une expérience visuelle identique associée, soit à une exploration active (chaton actif), soit à une exploration passive (chaton passif); dans cette condition, le chaton passif est promené dans une nacelle tirée par le chaton actif (d'après Held & Hein, 1963).

Seuls les chatons élevés en conditions actives présentaient cette réponse, les chatons passifs ne montrant cette extension que lorsque leur museau ou leur pattes touchaient la surface. La réponse de placement nécessite donc pour apparaître une coordination, mise en place à travers la motricité active, entre les mouvements propres du sujet et les conséquences visuelles qu'ils induisent. Il apparaît dès lors que la maturation des voies nerveuses est une condition nécessaire mais non suffisante pour que s'expriment certains comportements.

c. *Liens entre motricité réflexe et motricité volontaire*

Avant d'évoquer la filiation de ces deux niveaux d'intégration comportementale, il convient de signaler que la distinction n'en est pas aussi tranchée; par exemple, en ce qui concerne le comportement visuo-manuel, l'approche quasi-volontaire de la main vers un objet par le nourrisson de plus de deux mois n'est pas toujours si différente de l'approche manuelle du bébé plus jeune. Ainsi, on peut observer une motricité «libérée» (Bower *et al,* 1970) chez le nourrisson après certaines manipulations posturales.

Celle-ci semble émerger dès lors qu'on parvient à inhiber la motricité primitive d'origine réflexe; elle consiste en des mouvements d'approche manuelle relativement lents et harmonieux ressemblant à ceux des enfants plus âgés, qui peuvent à tout moment être remis en cause par la réapparition d'un réflexe. Ces mouvements d'approche semblent adaptés en direction et en vitesse et, d'une façon plus grossière, adaptés en distance.

Deux grands types d'hypothèses concernant les liens entre motricité réflexe et motricité volontaire ont été avancés (Hay, 1987):

– Le mouvement volontaire dérive du mouvement réflexe, il naît d'une réorganisation des éléments constitutifs de différents réflexes. Ainsi, selon Piaget (1936), la motricité réflexe a pour principal effet d'engager l'organisme dans une interaction avec le milieu, ceci occasionne des recoupements entre différentes sphères sensorimotrices, qui sont source de nouvelles coordinations. Les partisans d'une intégration de la motricité réflexe dans la motricité volontaire (Twitchell, 1970, Zelazo, 1983, Thelen, 1983) argumentent souvent à partir de l'effet provoqué par une sollicitation systématique du réflexe. Ainsi, si l'on entretient l'activité réflexe de pédalage du nourrisson, on peut empêcher sa disparition précoce et on favorise le développement de la marche (André-Thomas et Saint-Anne Dargassies, 1952). Il semble donc exister une succession directe entre activité réflexe et motricité volontaire.

– La motricité volontaire se développe en contradiction avec la motricité réflexe (Bower, 1977, Von Hofsten 1979) : nous avons déjà mentionné le fait qu'une approche manuelle est observée chez le nouveau-né pour peu qu'on inhibe sa motricité primitive par certaines manipulations posturales. Très généralement on observe avant l'apparition d'une action motrice volontaire une récession du contrôle réflexe de ses éléments constitutifs. Selon Bruner & Bruner (1968), la réorganisation de ces éléments constitutifs de la réponse va dès lors être possible, elle va s'effectuer grâce au fil directeur de l'intentionalité.

4.1.3. *Évolution des modes de production et de contrôle*

Lorsqu'on s'intéresse au développement sensorimoteur, on constate que les données dont nous disposons mettent principalement l'accent sur le développement du jeune enfant (nourrisson et bébé). En effet, au cours de cette période, d'une part une grande partie du répertoire sensorimoteur banal de l'espèce humaine est acquis, ce qui a stimulé les recherches spécifiquement sensorimotrices, d'autre part la motricité joue un rôle décisif dans la construction de l'intelligence (cf. tome II de ce traité), ce qui a stimulé les recherches psychologiques. En général, ces deux orientations de recherche sont restées séparées; on trouvera cependant une tentative de synthèse théorique chez Mounoud (1983). Nous axerons les propos qui suivent sur une conduite particulière : la conduite de préhension. En effet, contrairement à d'autres types de mouvements (mouvement des yeux, locomotion...) qui sont génétiquement surdéterminés, la préhension donne lieu, au cours du développement, à une élaboration impliquant une activité réelle du sujet lui permettant notamment de coordonner les espaces proprioceptif et visuel.

– *Nourrisson et bébé*

Un des événements importants dans le développement initial du geste de préhension va être la prise en compte progressive des informations visuelles sur le mouvement de la main.

A la naissance, le nourrisson (de 0 à 1 mois) présente des réponses globales de préhension face à certaines stimulations parfois complexes; par exemple, il projette sa main en direction d'une cible en mouvement (Von Hofsten, 1979, 1987).

tableau 2 : Les différents niveaux de programmation et de contrôle des activités de préhension manuelle du bébé (d'après Mounoud, 1983).

0 à 1 mois	Programmation d'ensemble du mouvement « complexe de préhension (synergies)	Mouvements balistiques
1 à 3 mois	Programmation locale d'activités élémentaires (intervenant dans la préhension) avec contrôle rétroactif immédiat	Mouvements discontinus
3 à 4 mois	Programmation globale des activités élémentaires juxtaposées avec contrôle rétroactif immédiat et successif	Mouvements discontinus
4 à 6 mois	Programmation d'ensemble de l'activité composée de préhension avec contrôle proactif (ou rétroactif différé)	Mouvements balistiques
6 à 14 mois	Programmation d'ensemble de l'activité de préhension et programmation locale de ses différentes composantes avec contrôles proactif et rétroactif dissociés	Mouvements discontinus
14 à 18 mois	Programmation conjuguée de l'activité de préhension et de ses composantes avec contrôles proactif et rétroactif couplés (ou contrôle mixte, ou contrôle distribué)	Mouvements (non balistiques)

Les mouvements produits sont déclenchés en réponse à une stimulation (ici visuelle), ils sont extrêmement rapides (balistiques); leurs paramètres sont entièrement fixés avant le déclenchement du geste, ils ne sont aucunement contrôlés au cours de leur exécution. Le mouvement est évalué après avoir été exécuté (en terme d'échec ou de réussite), mais « il ne semble pas que le bébé utilise l'information provenant de l'exécution d'une première action pour en exécuter une deuxième. Si la projection de son bras en direction d'un stimulus visuel n'a pas entraîné de contact avec ce dernier, il n'aura pas plus de chances de réussite lors de la deuxième tentative » (Mounoud, 1983, p. 90). Il apparaît en fait qu'il existe bien, à la naissance, une mémoire centrale globale du geste de préhension (mémoire d'évocation) mais que le bébé ne dispose cependant pas immédiatement d'une mémoire de reconnaissance lui permettant de corriger ses conduites sur la base des conduites précédemment effectuées.

De un à quatre mois, le bébé contrôle de plus en plus à la fois son but et les conduites qu'il met en jeu pour y parvenir, les différents éléments constitutifs des réponses globales de préhension présentées ci-dessus vont être programmés indépendamment puis réassemblés afin de permettre l'atteinte du but. Le mouvement de préhension devient alors discontinu, il est contrôlé de proche en proche au cours de son déroulement sur la base des écarts au but (ici écarts à la cible).

A cinq mois, l'enfant est capable de spécifier de manière anticipée les paramètres de son mouvement. Celui-ci redevient donc balistique, il n'est plus contrôlé au cours de son déroulement. Si on montre une cible à l'enfant et qu'on éteint la lumière avant qu'il ne déclenche son mouvement, il a autant de chance de l'attraper que si on lui laisse la lumière allumée (Wishart *et al,* 1978).

25. Précision de l'atteinte manuelle d'un objet en lumière normale et dans l'obscurité à différents âges (d'après Wishart, 1978).

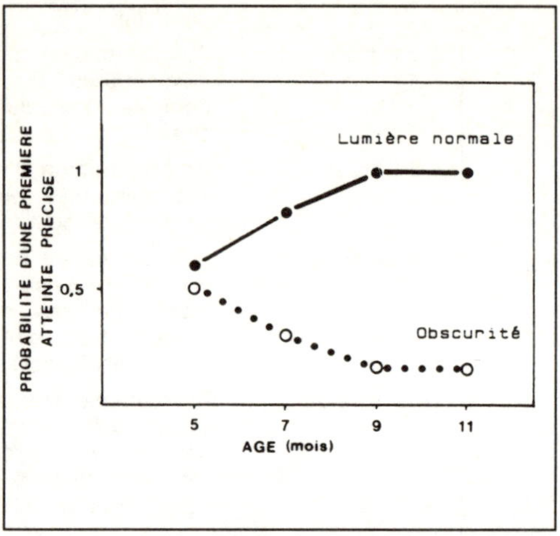

De six à quatorze mois, l'enfant va utiliser à la fois les modalités proactive et rétroactive de contrôle, ainsi spécifie-t-il toujours certains paramètres de son mouvement avant son déclenchement mais, à cet âge pour certaines phases du mouvement, il tire profit de la vision de son geste, sa production motrice est de ce fait à nouveau discontinue.

Il arrive ainsi à une plus forte probabilité d'atteinte d'une cible (figure 25). Si on lui retire l'information visuelle au cours de son mouvement, sa performance se dégrade. Entre 14 et 18 mois, il associe de mieux en mieux les deux modalités de contrôle, le geste est alors continu et assez lent pour pouvoir être contrôlé pendant son exécution. On ne peut plus en discerner les différents éléments de réponse.

Au cours des deux premières années, les modes de contrôle du geste (ici de préhension) évoluent donc en permanence (on parle de processus discontinu), l'enfant tire de plus en plus profit des informations visuelles sur le mouvement de son membre, ce qui lui permet de produire un geste de plus en plus efficace.

– *Enfant*

Nous allons maintenant voir que ce type de contrôle mixte (proactif/rétroactif), utilisant les informations visuelles sur le mouvement, n'est pas installé définitivement. Bard & Hay (1983) ont ainsi étudié, à différents âges, la précision de gestes de pointage d'une cible en boucle ouverte visuelle (c'est-à-dire sans vision de la main). La figure 26 montre ainsi qu'à 5 ans la performance n'est pas dégradée par l'absence d'informations visuelles sur le mouvement, qu'elle l'est en revanche fortement entre 7 et 9 ans, avant de redevenir à peu près normale à l'âge adulte.

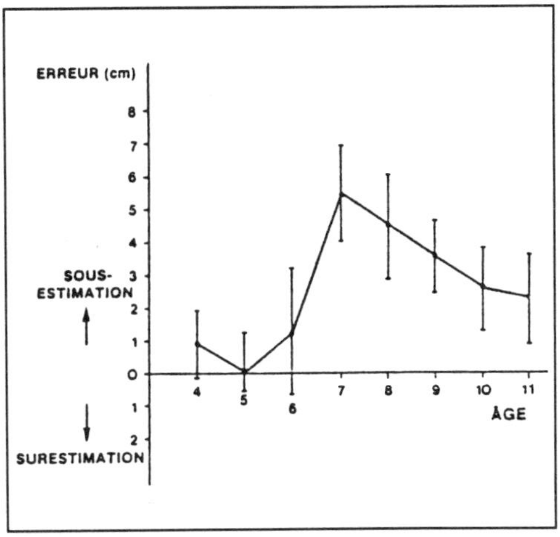

26. Erreur moyenne de mouvements de pointage obtenus en l'absence de vision de la main à différents âges (d'après Bard & Hay, 1983).

Si l'on prend en compte la cinématique des mouvements naturellement produits dans ces conditions, on constate qu'à 5 ans la majorité des gestes sont balistiques, leur vitesse est la plupart du temps plus élevée que celle des mouvements d'enfants plus âgés.

A 7 ans, la majorité des mouvements sont discontinus, ce qui témoigne d'un contrôle en cours d'exécution. L'information visuelle joue un rôle important dans ce contrôle, elle semble en fait nécessaire pour réguler les activités de freinage. Lorsque l'enfant ne dispose pas de vision (figure 26), sa performance est très dégradée.

Entre 9 et 11 ans, les gestes sont à peu près semblables, un peu plus directs toutefois, leurs mécanismes de freinage se sont progressivement calibrés, leur contrôle peut de plus s'effectuer sur la base des informations proprioceptives (conséquences sensorielles de mouvement). L'absence de la vision du geste ne perturbe de ce fait plus autant la performance, puisque le sujet dispose d'une référence interne permettant le contrôle du mouvement.

L'enfant évolue ainsi lentement vers un type de contrôle du mouvement ressemblant à celui de l'adulte. L'utilisation par celui-ci des informations visuelles sur le mouvement de sa main a été étudiée très précisément par Conti & Beaubaton (1976). Ces auteurs ont demandé à leurs sujets de produire des mouvements de pointage lents (supérieurs à 700 ms), normaux (de 200 à 700 ms) et rapides (inférieurs à 200 ms) en leur permettant soit de voir toute la trajectoire de leur main, soit de n'en voir que le début, le milieu ou la fin, ou encore en l'absence totale de vision. La figure 27 montre que, sans vision de la main, la précision des gestes de pointage de l'adulte (de l'ordre de 18 mm) est meilleure que celle de l'enfant. Même lorsqu'on lui retire la vision de sa main, il reste encore à l'adulte suffisamment d'informations sur son mouvement (d'origine proprioceptive) pour contrôler celui-ci de manière fine.

27. Vision de différentes phases du mouvement et précision du pointage chez l'adulte. Les histogrammes fournissent les erreurs de pointage pour différentes vitesses d'exécution (R : mouvements inférieurs à 200 ms, N : compris entre 200 et 700 ms, L : supérieurs à 700 ms) ; dans des conditions de vision totale (V), d'absence de vision ($\overline{V}$), ou de limitation de la vision du geste au début (VD), à la fin (VF), à la phase intermédiaire de la trajectoire (VI), ou à l'exclusion de celle-ci ($\overline{VI}$) (d'après Conti & Beaubaton, 1976).

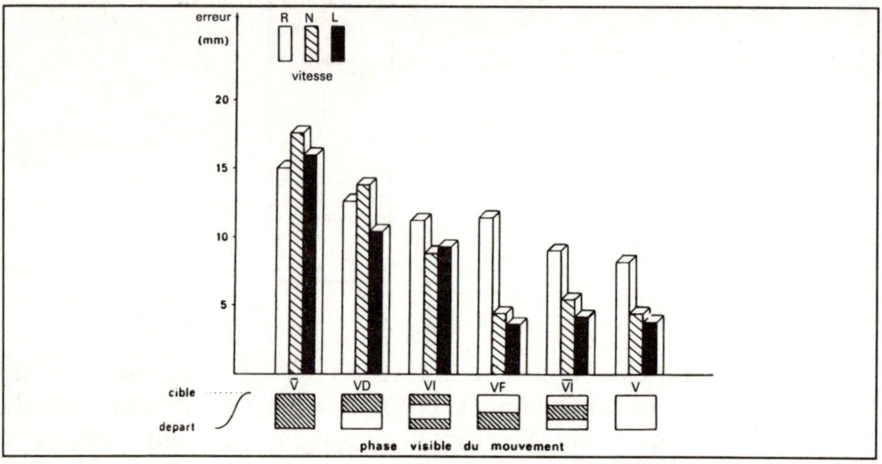

Notons que la précision des gestes rapides est généralement moins bonne que celle des gestes normaux et lents, ils ne peuvent en effet que partiellement bénéficier d'un contrôle en cours d'exécution puisque leur durée ne permet pas un traitement complet des réafférences sensorielles. Pour les gestes normaux et lents, on notera que la vision de n'importe quelle partie de la trajectoire permet d'améliorer la performance obtenue en boucle ouverte visuelle. Cependant c'est la vision de la main à la fin du mouvement qui permet le meilleur gain, elle permet en fait un ajustement plus précis.

– *Personnes âgées*

L'évolution de la sensorimotricité ne se termine pas à l'âge adulte, il est bien connu qu'au cours du vieillissement, des modifications fondamentales interviennent, qui se traduisent principalement par une perte des capacités motrices et mnésiques (Welford, 1964). En ce qui concerne les aspects sensorimoteurs, le trait le plus immédiatement perceptible du comportement des personnes âgées est la lenteur de tous leurs gestes. Ainsi, pour les mouvements du bras, un geste de pointage dure en moyenne (temps de réaction et temps de mouvement compris) 350 ms chez les 18-25 ans, 400 ms chez les sujets de 40-50 ans et 650 ms chez des sujets âgés (65-75 ans) (Stelmach *et al,* 1987). On peut s'interroger sur les causes de ce ralentissement. Est-il dû à une augmentation du temps de réaction? Dans cette perspective, existe-t-il une difficulté à programmer le geste (par exemple à en spécifier la direction et l'amplitude) ou une difficulté à le déclencher? Ce ralentissement est-il dû à une augmentation du temps de mouvement? Dans ce cas, est-ce expliquable par une simple perte de la force musculaire, rendant difficile la production du mouvement ou est-ce dû à un problème de contrôle sensoriel de son exécution? On peut aborder ce genre de questions en utilisant la technique de «precuing» (rappelons qu'il s'agit de l'analyse de l'influence d'une information préalable sur le mouvement) (*supra* 2.1). Stelmach a ainsi demandé aux trois groupes de sujets précédents d'effectuer un mouvement avec la main droite ou la main gauche, vers le haut ou vers le bas, de petite ou de grande amplitude en donnant une information préalable plus ou moins complète sur le mouvement à venir. La figure 28 montre l'évolution des temps de réaction (28a) et de mouvement (28b) selon la précision de cette information pour les différents groupes d'âge.

On observe dans tous les cas un parallélisme approximatif des courbes. Le temps de réaction augmente bien entendu avec le nombre de paramètres restant à spécifier, mais de la même façon quel que soit l'âge. Ceci permet de dire que la spécification des paramètres du programme moteur ne prend pas notablement plus de temps chez les personnes âgées que chez les jeunes. Ainsi, la spécification de l'amplitude quand on connaît au préalable toutes les autres informations «coûte» 20 à 30 ms quel que soit l'âge. Cette capacité ne vieillit donc pas (dans les âges observés); par contre le déclenchement du mouvement prend plus de temps. En ce qui concerne les temps de mouvement, les courbes sont non seulement parallèles mais aussi horizontales. Elles ne témoignent donc d'aucune évolution en fonction de l'information préalable fournie au sujet. Elles soulignent cependant que la vitesse du mouvement des personnes âgées est plus faible (puisque leur durée est plus importante). Ce type de résultats est fréquemment observé chez les personnes âgées dans le domaine de la motricité. Lorsqu'on prend la précaution de sélectionner ces personnes de manière à ce qu'elles soient exemptes de troubles neurologiques, les processus évolutifs observés (appelés souvent vieillissement physiologique) ne montrent pas, contrairement à ce que nous avons observé chez l'enfant (par exemple à l'âge de sept ans pour des gestes de pointage), de discontinuité (pour la locomotion cf. Ferrandez *et al,* 1988). L'âge ralentit donc les processus sans en modifier la structure, jusqu'à des âges assez avancés tout au moins.

28. Temps de réaction (28a) et temps de mouvement (28b) obtenus dans un protocole de temps de réaction avec information préalable plus ou moins complète (se référer à la légende de la figure 7) pour différents groupes d'âge (d'après Stelmach et al, 1987).

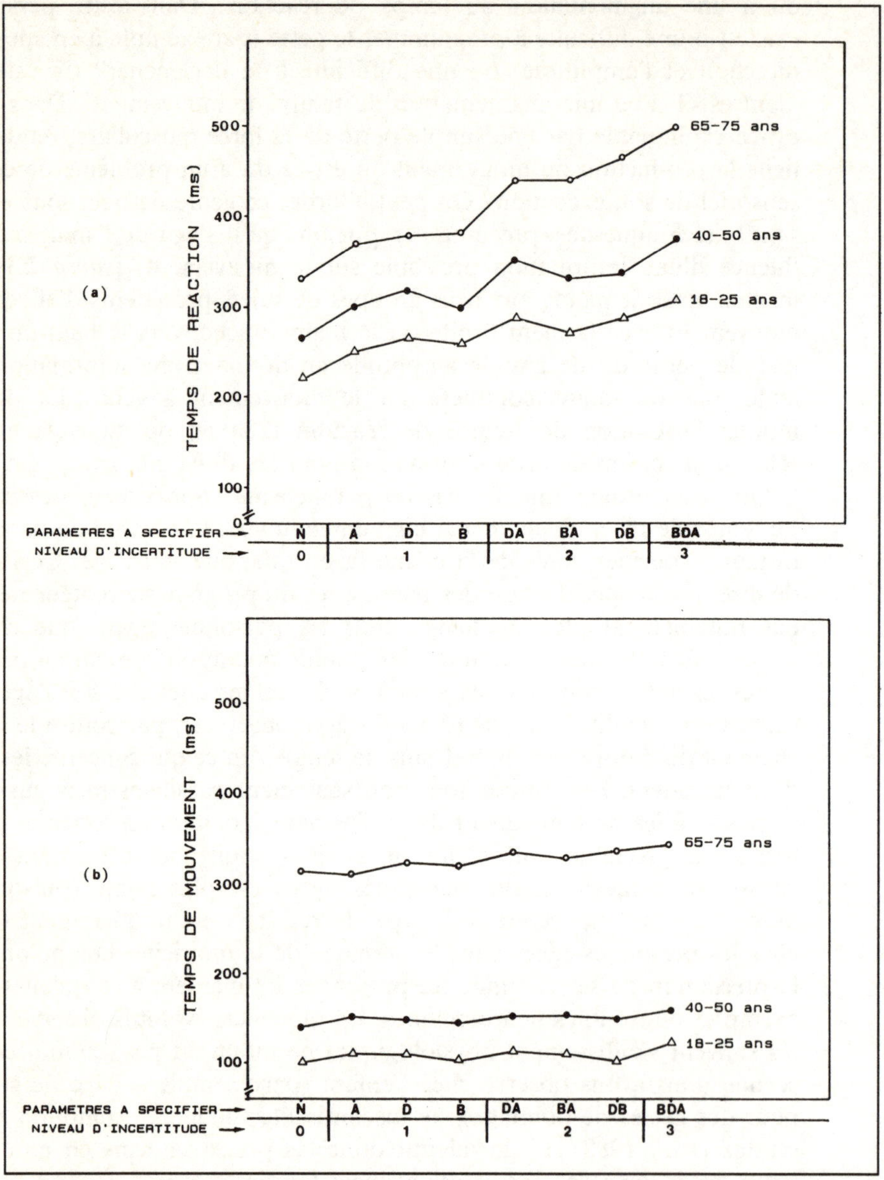

L'évolution observée au cours du développement des gestes de pointage et de préhension est généralisable sur bien des points à la motricité en général, notamment en ce qui concerne les modifications dans les modes de contrôle. Dans des délais plus brefs, l'apprentissage est également source de modifications du comportement sensorimoteur.

4.2. Évolution à court terme : apprentissage sensorimoteur

L'*apprentissage* sensorimoteur est un « ensemble de processus associés à l'exercice ou l'expérience conduisant à des modifications relativement permanentes du comportement habile » (Schmidt, 1982, p. 438).

Il ne peut être question de développer ici, faute de place, les bases mêmes de ces apprentissages ; il y aurait matière à un chapitre entier tant ces questions sont importantes. Elles ont d'ailleurs donné lieu à de nombreuses recherches et à des ouvrages de synthèse auxquels le lecteur pourra se rapporter (en français, Simonet, 1985 ; en anglais, Schmidt, 1982, Kelso, 1982). On y trouvera notamment des précisions sur l'évolution des modes de contrôle au cours de l'apprentissage, une description des différents stades, le rôle de la connaissance des résultats... Nous ne retiendrons ici, pour des raisons d'homogénéité, que le rôle des processus cognitifs dans l'exécution du mouvement à travers le bouclage biorétroactif et la pratique mentale.

Si le rôle des processus cognitifs est, comme nous l'avons déjà mentionné, bien connu dans l'étape initiale de l'apprentissage (étape dite « cognitive »), il est en général moins bien identifié par la suite. En effet, au cours de cette première étape, le sujet établit un lien cognitif entre le mouvement et son but, c'est-à-dire qu'il élabore les opérations de planification du mouvement (qui précèdent son déclenchement), et l'information utile est principalement de nature extéroceptive. Au cours des étapes d'automatisation, conduisant à l'habileté, le rôle des processus cognitifs est plus obscur car ils sont alors discrets et élémentaires et l'information utile plutôt de nature proprioceptive. Deux classes de situations d'apprentissage permettent d'illustrer théoriquement et de manière complémentaire cette question. Il s'agit des apprentissages par biorétroaction qui, en fournissant au sujet des informations extéroceptives isomorphes aux informations proprioceptives, facilitent l'évolution des modes de contrôle et réciproquement des apprentissages par pratique mentale, qui en l'absence du mouvement et donc de ses réafférences proprioceptives, facilitent sa structuration temporelle par le seul fait d'en imaginer l'exécution.

4.2.1. *Le bouclage biorétroactif (biofeedback)*

La *biorétroaction* est une technique qui utilise des capteurs ou des instruments le plus souvent électroniques dans le but de rendre perceptibles des événements internes essentiels à la performance en les traduisant en signaux externes (visuels ou auditifs) isomorphes. C'est alors en manipulant volontairement ces signaux externes que l'individu modifie les événements internes et améliore ses performances. Howell (1956) a ainsi comparé, pour l'apprentissage du départ de sprint, une méthode traditionnelle à une procédure consistant à présenter, après chaque essai, une représentation graphique de la force (mesurée par une jauge de contrainte placée sur la surface d'appui du pied du coureur) exercée sur le starting block en fonction du temps (figure 29a), c'est-à-dire de l'impulsion à la sortie des blocks. Notons que cette information est isomorphe à celle donnée (mais difficilement utilisable pour les débutants) pour les récepteurs sensoriels de pression situés sous la plante du pied (*supra* 2.3.2.). Afin d'obtenir un démarrage optimal, c'est-à-dire pour développer la force maximale le plus tôt possible, les sujets avaient pour consigne de réduire la surface hachurée (figure 29a).

29. a) Représentation graphique d'une courbe de force d'impulsion en fonction du temps présentée au sujet dans l'expérimentation de Howell (1956) (d'après Newell & Walter, 1981). **b)** différence de surface par rapport à la courbe idéale obtenue par le groupe expérimental (bénéficiant d'une biorétroaction) et le groupe témoin (bénéficiant d'un apprentissage « classique »), dans l'apprentissage du départ de sprint (d'après Howell, 1956).

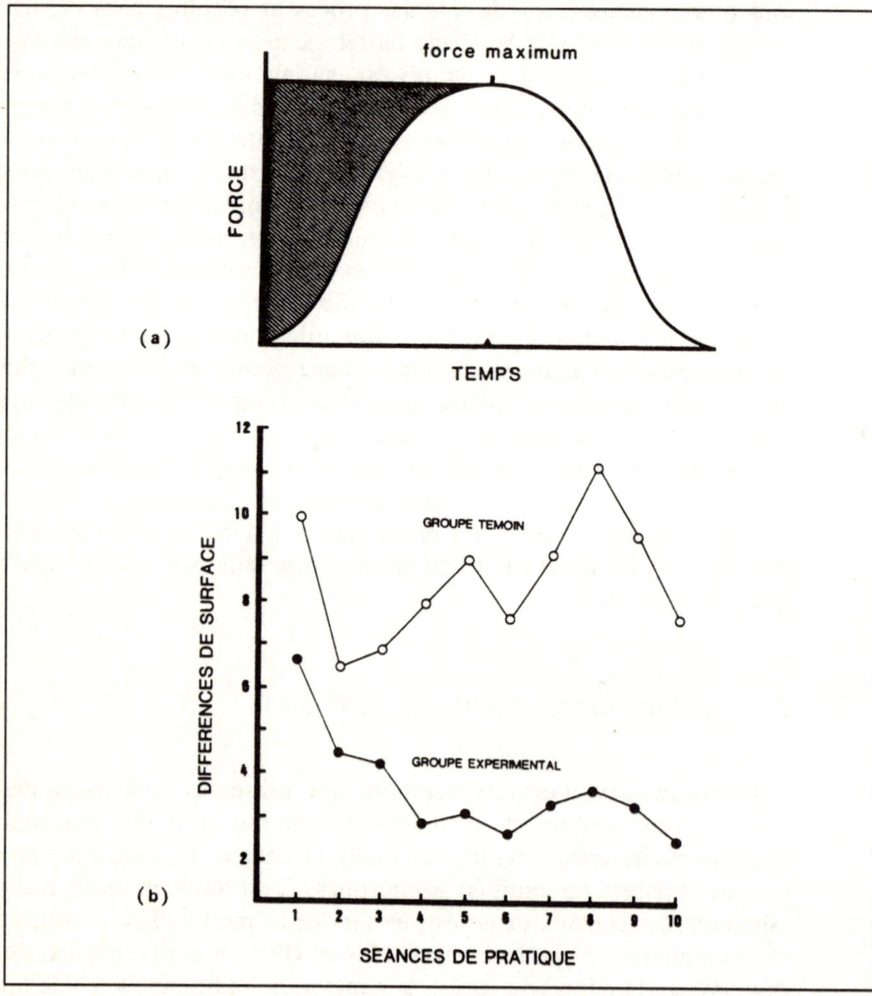

La figure 29b montre les performances obtenues par les deux groupes; après dix séances d'entraînement, les athlètes du groupe expérimental ont réduit de manière plus importante la surface hachurée et témoignent donc d'une meilleure impulsion à la sortie des blocks. Le même type d'approche a été réalisée par Lionvale (1977, cité dans Keele, 1977) pour l'apprentissage du geste de lancer par des pêcheurs. Après audition d'un pattern sonore « modèle » représentant le déplacement de l'articulation du coude au cours d'un lancer exécuté par un expert, les sujets disposaient, après chacun de leurs mouvements, du pattern sonore qu'ils avaient eux-mêmes produit. Ce pattern sonore était la traduction en son du pattern de déplacement de leur coude mesuré par un goniomètre, il fournissait donc le même type d'information que les réafférences musculaires et articulaires. Les résultats concluent à une meilleure performance de lancer pour le groupe disposant de ce type de rétroaction. Dans ces deux exemples, il convient de remarquer qu'étant donnée la nature balistique des mouvements mis en jeu (sortie des starting blocks, lancer) la biorétroaction (de nature visuelle dans le premier cas, de nature auditive dans le second) n'était utilisable que pour l'amendement de l'essai suivant. Dans d'autres activités, la biorétroaction va pouvoir être utilisée en cours d'exécution, permettant ainsi de mieux ajuster le mouvement actuel. Par exemple, en natation, on peut fixer des plaquettes munies de capteurs de force aux mains du nageur. L'information issue de ces capteurs, qui est fonction de la qualité de la propulsion du nageur, est codée en signal sonore puis transmise en direct à des écouteurs disposés sous le bonnet de bain. Des expérimentations menées par Chollet (1987) ont ainsi montré que la qualité technique de la performance (notamment l'amplitude du mouvement de bras) est améliorée par un apprentissage utilisant la biorétroaction. L'originalité et l'apport de ces techniques semblent donc résider dans les points suivants :

- elles objectivisent et quantifient des événements essentiels à la performance, qui jusqu'alors étaient difficilement voire non accessibles au sujet.
- elles permettent parfois un retour en direct de l'information, au cours même de l'exécution du mouvement.

4.2.2. *La pratique mentale*

Nous avons au cours de ce chapitre insisté sur l'importance de l'exécution réelle du mouvement, notamment parce que celle-ci produit des informations sensorielles, qui servent à son contrôle. Dans la partie précédente sur la biorétroaction, nous avons même vu les effets positifs d'un renforcement de cette information. Cependant, depuis plus de cinquante ans, un phénomène curieux (et même paradoxal sous bien des aspects) est remarqué par les chercheurs travaillant dans le domaine des habiletés sensorimotrices. Il s'agit des effets bénéfiques de la pratique mentale d'un geste sur son exécution. Les sujets ont pour consigne de s'imaginer en train d'exécuter le geste sans le produire réellement (donc sans en sentir les réafférences sensorielles). Dès

1948, Rey qui étudiait l'image motrice par des techniques de pratique mentale (les sujets s'imaginant tracer une figure simple – une grecque-) insistait sur la nécessité d'empêcher le sujet de bouger. Ceux-ci avaient en effet tendance à effectuer des mouvements de la tête correspondant à la forme à dessiner. Nous avons vu, à propos des équivalences motrices, que la mémoire d'un geste n'est pas celle des contractions de groupes musculaires particuliers et que, par conséquent, le transfert du mouvement de la tête au mouvement du bras est possible. Rawling *et al* (1972), ayant pris les précautions élémentaires pour empêcher tout mouvement effectif de leurs sujets, ont donné un exemple frappant des effets de la pratique mentale. Ils ont utilisé une tâche de poursuite visuo-manuelle circulaire, où les sujets avaient pour consigne de suivre le mouvement de la cible; leur performance était alors évaluée par la durée pendant laquelle ils y parvenaient. L'ensemble de leurs sujets effectuaient réellement 25 essais de la tâche le premier jour; puis, du deuxième au neuvième jour, ils étaient divisés en trois groupes; le premier groupe effectuait 25 essais de pratique réelle chaque jour, le second 25 essais de pratique mentale, le troisième ne pratiquait pas. Le dixième jour, tous les groupes étaient testés sur 25 essais de pratique réelle. La figure 30 montre les principaux résultats.

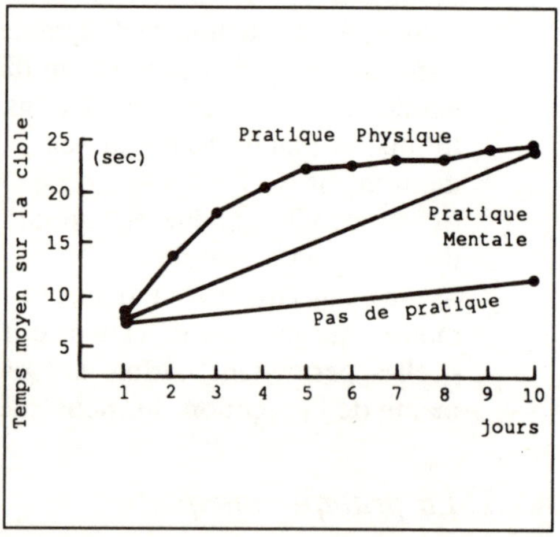

30. Étude comparée des effets de la pratique mentale et de la pratique réelle sur les performances obtenues dans une tâche de poursuite visuo-manuelle circulaire (d'après Rawling et al, 1972).

On observe la similitude des performances pour les deux groupes ayant eu une pratique de la tâche, que celle-ci soit réelle ou mentale, et bien entendu une absence de progrès lorsque les sujets n'ont bénéficié d'aucune pratique. Les mécanismes qui sous-tendent les effets de la pratique mentale sont encore largement mystérieux. De façon un peu caricaturale, on peut dégager deux familles d'interprétations, que nous résumerons ainsi :

1. Quelles que soient les précautions prises, la pratique mentale n'est pas purement mentale; en effet, lors de la répétition mentale du geste, le sujet produit une activité musculaire faible, c'est-à-dire insuffisante pour produire le mouvement mais suffisante pour engendrer des réafférences proprioceptives (fusoriales notamment). Ainsi, le programme moteur pourrait être réellement déclenché et une information sensorielle, certes très différente en ce qui concerne les forces mais valable pour l'organisation temporelle, serait alors utilisable. C'est sur cette base que se réaliserait le progrès dans l'exécution du mouvement. Cette théorie est appelée « psycho-neuromusculaire » (Jacobson, 1932).

2. L'exécution d'une action motrice ne peut être considérée comme purement physique; elle a en particulier des composantes cognitives qui peuvent être très variables selon la nature de cette activité. Ce serait l'amélioration au niveau de ces composantes au cours de la pratique mentale qui expliquerait le progrès obtenu dans l'exécution réelle du geste. Cette théorie est appelée « symbolique-perceptive » (Sackett, 1934).

Bien que ces deux courants se soient souvent opposés (le second essayant de démontrer l'insuffisance du premier), il est évident que les processus ascendants *(inflow* ou *bottom-up)* et les processus descendants *(outflow* ou *top-down)* sont susceptibles de coopérer à des degrés divers selon la nature de la tâche pour expliquer les effets de la pratique mentale, comme l'a montré Savoyant (1988).

CONCLUSIONS

Les rapports entre processus cognitifs et motricité sont multiples, ce chapitre ne prétend pas à l'exhaustivité; au contraire, nous avons délibérément mis l'accent sur les processus ascendants au détriment des processus descendants. Deux raisons principales ont guidé notre choix :

1. Il est ainsi possible de souligner le caractère adaptatif de nombreux traitements non-cognitifs, et par conséquent de dégager le rôle réel des processus cognitifs. En effet, l'intégration des aspects sensoriels et moteurs ne s'effectue pas principalement au niveau cognitif mais au niveau sensorimoteur; l'appareil cognitif va cependant intervenir sur ces boucles plus élémentaires.

2. Les processus descendants n'ont pas de réelles spécificités dans le domaine des activités sensorimotrices. Il s'agit du rôle des processus cognitifs dans l'action en général. Pour être opératoires, ces processus doivent s'appuyer sur des représentations efficaces (pas forcément fidèles) de la réalité (cf. Chatillon, 1985). En ce qui concerne les activités sensorimotrices, la réalité à laquelle est confronté le sujet est, avant tout, les propriétés objectives de son organisme; elles ont été largement abordées dans les premières parties de ce texte. Comme Schmidt (1982) le dit en substance, apprendre dans le domaine moteur, c'est apprendre des propriétés méconnues de son corps. La représentation de l'espace extérieur et le schéma corporel sont sûrement les concepts cognitifs les plus pertinents dans ce domaine. Se représenter le mouvement nécessite de se représenter l'espace qui le contient (son référentiel, Pailhous *et al,* 1987) et l'espace du corps qui le produit. On trouvera chez Paillard (1982-1985) des vues particulièrement pénétrantes sur les liens existant entre espace et motricité. Dans ce domaine, l'apport de la neuropsychologie est important; à partir de l'analyse des comportements humains après des lésions corticales focales, de nombreuses données sur les processus descendants ont été mis en évidence (Hécaen *et al,* 1983, Seron & Feyereisen, 1987). Comme nous l'avons souvent souligné, le poids des processus varie au cours de l'apprentissage, du développement et, bien entendu, en fonction des caractéristiques de la tâche. De ce point de vue, deux grands types de liens descendants peuvent être dégagés : la motricité peut être «pilotée» par les processus cognitifs ou «modulée» (Heuer & Fromm, 1986). Il s'agit bien sûr de deux pôles, entre lesquels il est impossible d'établir une coupure franche. Prenons l'exemple de la locomotion : c'est un comportement à la fois automatique (série d'extensions et de flexions alternées des deux jambes) et adaptatif (qui s'adapte très aisément aux accidents du terrain). L'adaptation volontaire du mouvement consiste en une modulation de l'activité automatique des jambes : on module la longueur des enjambées (modulation d'amplitude) ou leur cadence (modulation de fréquence), ceci nous permet de changer de vitesse, de direction... Il arrive que, pour rétablir une motricité correcte après arrachement accidentel des muscles extenseurs, on transforme chirurgicalement certains muscles fléchisseurs en muscles extenseurs (Scherb, cité in Paillard, 1960). On constate alors qu'après rééducation, le sujet peut toujours piloter cognitivement sa motricité (par exemple écrire avec son pied ou même marcher en concentrant son attention) mais que sa marche spontanée reste profondément perturbée. Il ne peut plus réellement moduler l'automatisme, non du fait d'une diminution de ses capacités de modulation mais du fait des perturbations de l'automatisme lui-même. En ce qui concerne les activités sensorimotrices, le passage d'une activité pilotée à une activité modulée est fréquent; ainsi lorsque l'enfant apprend à écrire, il pilote sa main (en référence au modèle) mais il lui est alors difficile de changer volontairement la taille des lettres, la vitesse d'écriture..., ce qu'il fera aisément quelques années plus tard. De plus, prendre en main (piloter) une activité motrice implique souvent la capacité cognitive d'inhiber une autre activité motrice non désirée (en négligeant un traitement sensoriel par exemple) normalement déclenchée dans la situation. Quoi qu'il en soit, l'influence des processus cognitifs sur l'action (y compris motrice) est en soi un vaste sujet; les deux tomes suivants de ce traité y reviendront fréquemment. Notre intention centrale était d'alerter le lecteur sur l'importance des traitements non-cognitifs et sur la nature des collaborations entre ces niveaux de traitements et les processus cognitifs. En distinguant un « générateur de projet » et un « générateur d'actes », Chatillon et Bullinger (à paraître) soulignent le danger épistémologique pour la psychologie cognitive du « tout cognitif » qui réduit le sujet à un « appareil psychique » directement en contact avec le monde.

Nous tenons à remercier vivement C. Bonnet, J. Leplat et J.L. Velay pour leur lecture amicale de ce chapitre et leurs conseils judicieux.

LECTURES CONSEILLÉES

En français :

MASSION J. (1984). *Fonctions motrices. Encyclopédie médico-chirurgicale, Neurologie.* 17002 D10. 11-1984. Paris.

PAILLARD J. (1986). *Itinéraire pour une psychophysiologie de l'action. Neurosciences et activités physiques et sportives.* Marseille : Éditions Actio.

SIMONET P. (1985). *Apprentissage moteurs. Processus et procédés d'acquisition.* Paris : Édition Vigot. Collection Sport et Enseignement.

En anglais :

BROOKS V. B. (1986). *The neural basis of motor control.* New York : Oxford University Press.

KESLO J. A. (1982). *Human motor behavior, an introduction.* Hillsdale, N. J. : Lawrence Erlbaum Associates.

KEOGH J. & SUGDEN D. (1985). *Movement skill development.* New York : Macmillan Publishing Company.

SAGE G. H. (1977). *Introduction to motor behavior : a neuropsychological approach.* Reading, MA. : Addison Wesley Publishing Company.

Chapitre 4

LA PERCEPTION DU LANGAGE PARLÉ

JUAN SEGUI

Directeur de recherche
au CNRS

SOMMAIRE

INTRODUCTION

Pendant longtemps les études consacrées à la perception du langage parlé ont été conduites presque exclusivement avec un matériel verbal non significatif. Le but de ces travaux était de découvrir les procédures permettant à l'auditeur d'associer un message phonétique discret à un signal acoustique essentiellement continu.

Une telle orientation de recherche a permis de mieux connaître les indices acoustiques exploités par l'auditeur pour identifier les différents sons de sa langue. Elle a également mis en évidence un certain nombre de phénomènes perceptifs très spécifiques qui semblent étroitement liés au traitement des sons de parole.

Malgré l'intérêt indéniable de ces travaux, auxquels nous ferons référence dans la première partie de ce chapitre, on assiste depuis une quinzaine d'années à un élargissement de ceux-ci par leur intégration dans le cadre plus général des études consacrées à la perception et à la compréhension du langage. Ainsi, la perception des sons de parole n'est pas étudiée nécessairement pour elle-même, mais comme constituant une étape importante des processus qui visent à terme à atteindre le sens. De ce point de vue, les recherches actuelles reprennent l'idée essentielle exprimée par Jakobson d'après laquelle si l'on parle pour être entendu c'est pour être compris qu'on cherche à être entendu. L'étude du traitement de l'information acoustique va donc être abordée en relation avec les niveaux supérieurs de traitement, lexical et syntaxique, et non uniquement avec le niveau phonétique de représentation. Quoiqu'il en soit c'est en référence à ce dernier niveau de représentation qu'un grand nombre de travaux ont et continuent à être conduits dans le domaine précis de la perception de la parole (speech perception) et c'est par eux que nous commencerons ce chapitre.

1 LA PERCEPTION DE LA PAROLE

1.1. Description linguistique des sons de parole

Il est clair que si nous sommes intéressés par l'étude de la perception des sons de parole il faut disposer avant tout d'une caractérisation adéquate de ceux-ci. Cette caractérisation doit permettre, d'une part, de définir les différents sons de la langue étudiée et, d'autre part, elle doit être capable de refléter les éventuelles relations que ces sons entretiennent entre eux.

Les linguistes ont abordé depuis longtemps l'étude des sons de parole en tenant compte de leur *fonction distinctive.* Par fonction distinctive on fait référence à celle qui permet de distinguer entre eux les mots de la langue. Ainsi, les sons /b/ et /p/ ont en français une fonction distinctive car la substitution de l'un par l'autre dans un contexte tel que «–as» transforme un mot de la langue («bas») en un autre mot de la langue («pas»).

En tenant compte de la fonction distinctive des sons de la langue il est alors possible d'établir l'inventaire des *phonèmes* (sons ayant une valeur distinctive) de cette langue et d'étudier ensuite les règles qui régissent leur combinaison dans la chaîne parlée. Selon ce type de description chaque mot de la langue est envisagé comme une séquence particulière de phonèmes. Ainsi, la description phonétique du mot «bateau» est donnée par la séquence de quatre phonèmes /b/-/a/-/t/-/o/ (on remarquera immédiatement qu'il n'existe pas une correspondance stricte entre les phonèmes et les lettres de l'alphabet).

Ces descriptions linguistiques ont clairement montré que les phonèmes d'une langue constituent un système en ce qu'ils entretiennent des relations structurelles bien définies. Afin d'exprimer ces relations et de définir les différents phonèmes les linguistes ont dégagé un certain nombre de propriétés acoustiques ou articulatoires qui permettent de les caractériser (voir Malmberg, 1975*a* et *b* pour une introduction à la phonétique). Ces propriétés distinctives ou *traits distinctifs* (car ils permettent de distinguer les phonèmes entre eux) sont en nombre limité et conduisent à envisager chaque phonème comme étant constitué par un faisceau particulier de traits. Ainsi, selon la description phonétique la plus courante, le phonème /b/ sera caractérisé par les traits suivants :

1. «consonne»,
2. «occlusive» (qui signifie qu'il existe une fermeture totale du chenal phonatoire pour la production de ce son),
3. «bilabiale» (la fermeture maximale du chenal se fait au niveau des lèvres),
4. «sonore» (signifiant la mise en vibration des cordes vocales au moment de l'articulation).

La caractérisation des phonèmes d'une langue sous la forme de faisceaux de traits distinctifs (théoriquement un phonème « n'est » qu'un faisceau particulier de traits distinctifs et nullement un « son ») permet donc, d'une part, de définir chaque phonème et, d'autre part, d'exprimer d'une manière précise l'ensemble des relations qu'entretiennent les différents phonèmes de la langue. Les catégories de phonèmes (consonnes, fricatives, etc.) sont alors définies en fonction des traits partagés par les exemplaires. C'est donc en terme de traits distinctifs que le système phonologique d'une langue peut être explicité (Jakobson, 1976; Chomsky et Halle, 1968; Dell, 1973).

La possibilité de définir les traits distinctifs à un haut niveau d'abstraction a permis d'utiliser ceux-ci pour caractériser les phonèmes de n'importe quelle langue naturelle. Cette forme de description permet alors de comparer entre eux les systèmes phonologiques correspondant à différentes langues.

Cette présentation très sommaire de la description des sons de parole montre que les linguistes envisagent le message phonétique (correspondant à un mot ou à une séquence quelconque de sons) comme étant constitué d'une succession bien définie d'unités phonétiques ou phonèmes. Chaque phonème est défini par un faisceau particulier de traits distinctifs. Pour le psychologue intéressé par l'étude de la perception de la parole un problème fondamental sera d'établir grâce à quelles procédures l'auditeur est capable d'inférer le message phonétique véhiculé par un signal acoustique particulier.

1.2. Quelques propriétés fondamentales du signal acoustique de parole et de sa perception

Dans le paragraphe précédent nous avons examiné sous quelle forme les linguistes envisagent le message phonémique. Cette forme de représentation répond aux objectifs de la description linguistique et caractérise d'une manière abstraite l'objet de la perception de la parole. Il est clair cependant que du point de vue psychologique le stimulus de parole est constitué par le signal acoustique qui atteint le système perceptif de l'auditeur. Il est donc nécessaire de partir de la prise en considération des propriétés fondamentales de ce signal afin d'avancer des hypothèses plausibles sur son mode de traitement. Il s'agira principalement de connaître quels sont les indices acoustiques exploités par le sujet pour identifier les différents phonèmes de sa langue.

L'hypothèse la plus simple à laquelle on peut songer est celle d'une correspondance simple et point par point entre les propriétés du signal acoustique et celles de notre perception. D'après cette hypothèse les indices acoustiques correspondant aux différents phonèmes d'une séquence seraient invariants et disposés de manière discrète et linéaire dans l'onde acoustique.

Un examen rapide des représentations graphiques correspondant à des séquences de parole naturelle met en évidence la non-pertinence de cette hypothèse.

Une manière classique de décrire la structure des sons de parole est de le faire à l'aide d'une représentation visuelle spectographique ou *spectographe* qui fournit une caractérisation de leurs composantes fréquentielles et de leur évolution en fonction du temps. L'axe des ordonnées indique les différentes bandes de fréquence tandis que l'abscisse correspond à la variable temps. La densité des points ou le degré de noircissement signale la distribution des concentrations d'énergie (voir figure 1).

1. Spectographe de l'énoncé « mille neuf cent quatre-vingt-sept ».

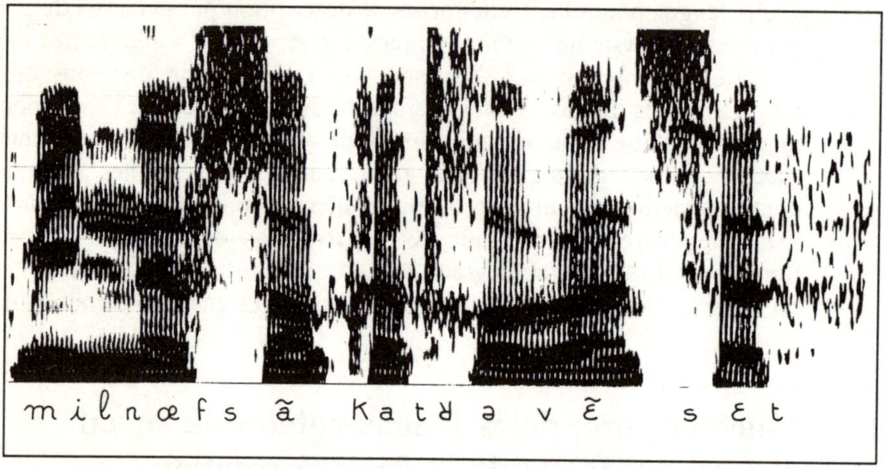

Ce spectographe met en évidence deux propriétés fondamentales du signal acoustique de parole, d'une part, des concentrations d'énergie dans des bandes de fréquence bien définies ou *formants* et, d'autre part, des modifications très rapides de l'énergie qui précèdent ou suivent ces parties stables ou *transitions.* Les formants caractérisent les sons vocaliques de la langue tandis que les transitions correspondent aux sons consonantiques. Le formant correspondant à la fréquence la plus faible est dit le premier formant, celui immédiatement supérieur le deuxième formant, etc. Les transitions sont désignées par référence au formant correspondant, transition du premier formant, transition du deuxième formant, etc. Certains sons de parole tels les consonnes fricatives se caractérisent par une distribution très éparpillée de l'énergie sur une large bande de fréquences.

Comme on peut le constater dans la figure 1, le signal de parole a une forme essentiellement continue qui contraste avec la nature discrète de notre perception. Par ailleurs, les recherches conduites depuis une trentaine d'années à l'aide de stimulus de synthèse mettent en évidence le fait que les indices acoustiques donnant lieu à la perception d'un même son de parole varient de manière notable selon le contexte de réalisation et, de manière concomitante, un même indice acoustique peut donner lieu à la perception de deux sons distincts quand il apparaît dans deux contextes différents. Enfin, ces recherches ont également montré que les indices acoustiques correspondant à deux sons perçus clairement de manière successive se chevauchent largement l'un l'autre sur le plan temporel (Liberman, 1970).

Trois problèmes centraux sont ainsi posés pour l'étude de la perception de la parole :

1. la continuité de l'onde sonore opposée à la nature discrète de la perception,
2. l'absence d'invariants acoustiques correspondant à la réalisation des différents phonèmes,
3. la distribution non linéaire des indices acoustiques qui contraste avec la perception successive des sons de la chaîne parlée.

La complexité de la relation existant entre les propriétés du stimulus acoustique et la perception correspondante dérive essentiellement du fait que ces sons sont l'expression de gestes articulatoires complexes qui s'enchaînent temporellement donnant lieu à des phénomènes de *coarticulation.* Autrement dit, un son de parole constitue la « trace » d'un geste articulatoire complexe plutôt que le reflet d'une configuration statique du système phonatoire.

Malgré ces difficultés un nombre important d'indices acoustiques correspondant à différents aspects du message phonétique a pu être mis en évidence et nous ferons référence à certains d'entre eux dans d'autres paragraphes de ce chapitre.

La découverte de ces indices acoustiques « stables », quoique de nature généralement complexe et relationnelle, reste à l'ordre du jour et certains auteurs considèrent que les propriétés essentielles de la parole peuvent être spécifiées d'une manière univoque et invariante à partir de la prise en considération du stimulus acoustique (Stevens et Blumstein, 1981). Cette hypothèse de travail a été mise en question par d'autres chercheurs qui relient de manière étroite la perception des segments phonétiques aux commandes articulatoires impliquées dans leur production. Selon cette dernière orientation théorique c'est uniquement en termes de description articulatoire qu'il est possible de rationaliser l'aspect variable et continu du stimulus de parole. D'après cette théorie c'est le « geste articulatoire » qui constitue la cible de la perception de la parole (voir en particulier, Liberman et Mattingly, 1985, pour une formulation récente de cette perspective).

1.3. Le traitement du signal de parole

Une manière classique en psychologie cognitive d'aborder l'étude de la perception de la parole est de le faire en termes de traitement de l'information. Dans ce cadre théorique l'arrivée du signal acoustique au système sensoriel est envisagée comme étant à l'origine d'une série hypothétique d'étapes de stockage et de transformation de l'information conduisant d'un mode de représentation à un autre mode de représentation pour aboutir, à terme, à l'extraction du message véhiculé par le signal (Studdert-Kennedy, 1976).

Bien entendu, cette façon d'envisager les processus de perception sous la forme d'une série de procédures d'encodage de plus en plus abstraites est d'ordre logique et ne préjuge en rien d'une séquentialité temporelle stricte entre les différentes étapes. Le problème de l'autonomie ou de l'interaction entre ces étapes ou niveaux de traitement reste ouvert.

a. Au niveau du traitement périphérique un nombre important de travaux conduits ces dernières années a permis de mettre en relation les caractéristiques des pattern de décharge des fibres du nerf auditif et certaines propriétés fondamentales du signal acoustique de parole. Ces recherches visent à caractériser comment les différentes dimensions du stimulus de parole sont encodées à ce stade de l'analyse perceptive (Delgutte, 1984). Il s'agit en particulier de caractériser les indices neuronaux des différentes distinctions phonétiques.

b. Au niveau suivant, ou niveau auditif, l'information correspondant à la structure spectrale du son (fréquence fondamentale, intensité globale, etc.) est extraite et encodée dans une mémoire sensorielle à court terme permettant l'analyse des indices acoustiques pertinents. La nature de l'encodage effectué à ce niveau serait auditive et non pas phonétique.

c. Le troisième niveau correspond à celui d'un encodage de nature linguistique. Ce niveau phonétique serait abstrait du fait qu'il mettrait en relation les indices acoustiques fournis par l'étape précédente d'encodage et les propriétés de nature phonétique correspondant aux traits distinctifs. Comme nous le verrons par la suite à propos de la nature catégorielle de la perception, ainsi qu'à propos des recherches conduites chez le très jeune enfant, ce niveau a été abordé en relation à la notion de « détecteurs » spécifiques de traits.

d. Au niveau phonologique les informations de nature phonétique issues de l'étape précédente de traitement sont converties en entités phonologiques, c'est-à-dire en entités correspondant à la langue du sujet. C'est à ce niveau que le système perceptif « filtrerait » les variations phonétiques n'ayant pas de valeur distinctive.

La nature exacte des entités phonologiques élaborées reste à élucider. En particulier, des données récentes issues des recherches en linguistique et psycholinguistique suggèrent l'existence d'unités complexes de nature syllabique (Selkirk, 1984; Halle et Vergnaud, 1980; Treiman, 1983; Mehler, 1981; Segui, 1984). La séquence de phonèmes constituant le message phonémique serait « dérivée » de ces entités syllabiques.

e. Les niveaux supérieurs de traitement concerneraient les procédures d'accès au lexique et d'identification des mots ainsi que celles d'intégration des informations lexicales et syntaxiques. Nous examinerons ce point dans la deuxième partie de ce chapitre.

Le cadre théorique que nous venons d'esquisser a le mérite d'établir un pont entre la réception sensorielle d'un signal acoustique et l'élaboration d'une représentation abstraite correspondant à l'interprétation du message reçu. Cette mise en relation est effectuée en faisant référence à l'intervention de procédures intermédiaires d'encodage qui conduisent d'une forme de représentation à une autre forme de représentation. Un objectif majeur des recherches conduites dans ce domaine sera de caractériser d'une manière précise ces niveaux intermédiaires de représentation et les opérations qui les sous-tendent.

1.4. La segmentation de la chaîne de parole et les unités de perception

Dans le cadre théorique présenté ci-dessus, le processus de perception du langage est envisagé sous la forme d'une série d'étapes de codification de l'information. Une question importante est de connaître quelles sont les unités d'encodage correspondant à ces différents niveaux représentationnels et en particulier aux premiers niveaux de nature linguistique.

Cette problématique a été largement débattue dans la littérature en liaison avec celle de la segmentation perceptive de la parole.

Comme nous l'avons déjà indiqué le problème de la segmentation et de la classification perceptive des sons du langage est posé essentiellement par l'absence d'indices acoustiques invariants correspondant aux différents phonèmes ainsi que par la continuité de l'onde de parole.

Afin de répondre sur ce point certains auteurs ont proposé la syllabe comme constituant l'unité perceptive de base (Massaro, 1972). Malgré les critiques avancées à l'encontre de cette proposition, il semble bien établi que le niveau syllabique constitue une interface importante lors du processus de perception. En effet, d'une part, la syllabe est l'expression directe du geste articulatoire qui véhicule le contraste entre consonnes et voyelles et d'autre part, sa durée moyenne correspond assez précisément à la durée de stockage du système sensoriel (Massaro, 1974).

Plusieurs études récentes en psycholinguistique conduisent également à attibuer à la syllabe un statut privilégié dans la perception du langage. Ainsi, Mehler, Dommergues, Frauenfelder et Segui (1981) ont montré que la rapidité d'identification d'une séquence phonémique est fonction de sa valeur syllabique. Par exemple, la séquence /pal/ est plus rapidement détectée dans le mot «palmier» que dans le mot «palace» tandis que le contraire est observé pour la séquence /pa/. Ce résultat dépend cependant de la langue considérée (Cutler, Mehler, Norris et Segui, 1983, 1986).

Dans d'autres travaux conduits sur la détection de phonèmes (Segui, Frauenfelder et Mehler, 1981; Cutler, Mehler, Norris et Segui, 1987) il a été mis en évidence une corrélation étroite entre le temps d'identification du phonème initial d'une syllabe et la complexité interne de celle-ci, ce qui suggère que l'identification du phonème est étroitement liée à l'analyse de la syllabe.

L'ensemble de ces résultats, ainsi que d'autres que nous examinerons à propos de l'accès au lexique, conduit à envisager la syllabe comme constituant l'unité d'interface entre les niveaux prélexicaux et le niveau lexical de traitement.

1.5. La spécificité de la perception de la parole

Les recherches conduites sur la perception de la parole ont mis en évidence l'existence d'un certain nombre de phénomènes qui ont été considérés comme propres à ce domaine perceptif. C'est à partir de l'examen de ces phénomènes que Liberman et ses collaborateurs des Laboratoires Haskins ont formulé l'hypothèse d'après laquelle l'analyse du stimulus de parole est effectuée à l'aide d'un mécanisme et d'un mode de traitement spécialisé, c'est-à-dire distinct de celui impliqué dans l'analyse des sons non linguistiques.

Trois sortes de phénomènes ont été généralement avancés pour soutenir cette hypothèse :

1. La nature catégorielle de la perception de la parole,
2. Les effets de latéralité hémisphérique,
3. L'intégration intermodale des indices de parole.

Indépendamment de la validité de l'hypothèse du mode spécifique de traitement pour les sons de parole, la mise en évidence de ces phénomènes a eu un impact considérable sur le développement des travaux dans ce domaine.

1.5.1. *Le phénomène de la perception catégorielle et son interprétation*

Des recherches conduites à l'aide de stimulus synthétiques de parole ont permis de découvrir les paramètres acoustiques susceptibles de sous-tendre la distinction entre des phonèmes qui s'opposent sur une dimension phonétique particulière. Ainsi par exemple, la distinction entre les consonnes occlusives sonores et sourdes (b/vs/p/, /d/vs/t/, et /g/vs/k/) repose sur la différence du *temps d'attaque vocal* ou *VOT (voice onset time).* Ce paramètre acoustique correspond à l'intervalle temporel qui sépare le début de la transition du deuxième et troisième formant par rapport à celui du premier formant. Il exprime, au niveau articulatoire, la durée de l'intervalle qui s'écoule entre le relâchement des articulateurs et la mise en vibration des cordes vocales. Quand cet intervalle est inférieur à +25 ms le son perçu est sonore tandis que quand il dépasse +35 ms il est sourd (ces durées strictes sont utilisées à titre d'exemple, en fait celles-ci peuvent varier en fonction de la langue et d'un certain nombre de paramètres dont le débit de parole, Miller, 1980). La manipulation de cette dimension acoustique permet de construire des stimulus ayant différentes valeurs de VOT qui s'étendent par exemple de la syllabe /ba/ à la syllabe /pa/ (c'est-à-dire des stimulus dont le VOT initial sera par exemple – 10 ms, 0 ms, +10 ms, +20 ms, +30 ms, +40 ms, +50 ms, +60 ms, +70 ms). La présentation aléatoire de ces stimulus dans une tâche d'identification montre que ceux ayant des valeurs de VOT inférieurs à +20 ms donnent lieu à la même réponse /ba/ tandis que les stimulus dont le VOT est supérieur à +40 ms donnent lieu à la réponse /pa/. Les stimulus +30 ms de VOT donnent lieu parfois à une réponse /ba/ et parfois à la réponse /pa/ comme le montre la figure 2.

2. Représentation schématique des courbes d'identification et de discrimination dans un cas de perception catégorielle. La dimension considérée est le VOT ou temps d'attaque vocal.

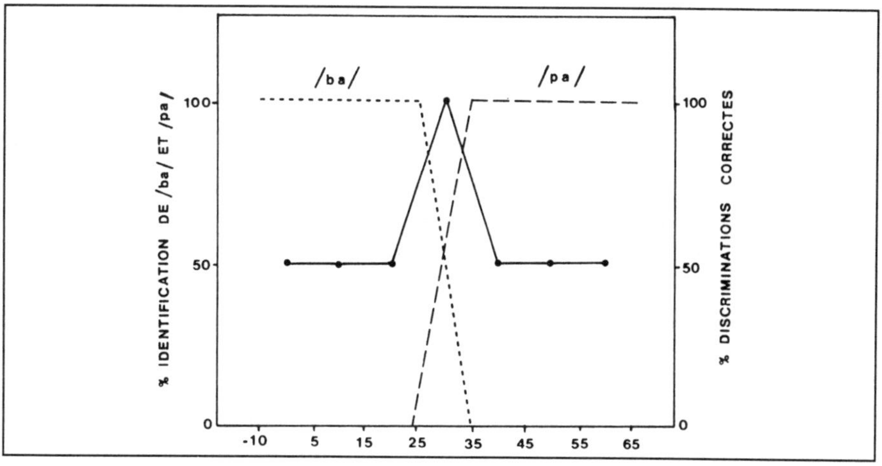

Cette figure indique l'existence d'une véritable frontière entre les deux catégories phonétiques. Si l'on présente d'une manière aléatoire des couples de stimulus extraits de cette série en demandant aux sujets de juger si ces stimulus sont différents ou bien s'il s'agit du même stimulus qui est répété (tâche de discrimination) les résultats montrent que les sujets ne discriminent entre eux que des stimulus qui ont été indentifiés préalablement comme appartenant à deux catégories phonétiques distinctes. Il est important de noter cependant que la distance physique pouvant exister entre les stimulus d'une même catégorie peut être supérieure à celle existant entre des stimulus de deux catégories. Par exemple, le sujet va bien discriminer entre les stimulus +20 et +40 mais il ne discriminera pas entre les stimulus –10 et +20.

Ces résultats ont été obtenus à l'aide de différents paradigmes de discrimination de type AX (on présente au sujet deux sons de parole et il doit indiquer si le deuxième est identique ou non au premier) ou ABX (on présente au sujet trois sons et il doit indiquer si le troisième d'entre eux est identique au premier ou au deuxième).

C'est en raison du fait que les performances de discrimination sont analogues à celles d'identification et prédictibles à partir de celles-ci que l'on dit que la perception des consonnes occlusives est *catégorielle.*

La nature catégorielle de la perception des consonnes occlusives a été démontrée pour d'autres dimensions que le VOT. C'est le cas par exemple de la dimension qui sous-tend la distinction entre les occlusives en fonction de leur point d'articulation et qui correspond à la valeur d'angle de la transition du deuxième formant (Pisoni, 1971).

Dans la perception catégorielle les patterns acoustiques seraient toujours perçus comme des occurrences identiques d'un même phonème car les différences acoustiques existant entre eux ne semblent pas être prises en considération par le système perceptif. Ainsi, les jugements perceptifs émis par les sujets semblent dériver d'un niveau phonétique ou phonologique de représentation et non pas d'un niveau auditif (Pisoni, 1971).

La nature catégorielle de la perception varie selon la classe des sons de parole considérés. En particulier, cette forme de perception n'est pas observée pour les voyelles qui seraient perçues de façon essentiellement continue. Les sons consonantiques seraient encodés à un niveau plus «profond», c'est-à-dire plus dépendant du contexte phonétique de réalisation, que les sons vocaliques d'où la présence d'une perception catégorielle.

La performance observée dans les expériences classiques de discrimination est fortement dépendante des exigences mnémoniques de la tâche. Par exemple, pour les sons consonantiques, la discrimination est nettement meilleure quand l'intervalle temporel qui sépare la présentation des deux stimulus à comparer est très bref. Un tel résultat suggère que des informations de nature auditive peuvent être exploitées dans certaines conditions expérimentales très contraignantes du point de vue temporel (Pisoni, 1975).

Afin de rendre compte de la perception catégorielle plusieurs hypothèses interprétatives ont été avancées. Selon certaines hypothèses la perception catégorielle résulterait de l'existence de mécanismes spécifiques mis en œuvre pour la perception du langage tandis que selon d'autres elle serait à attribuer aux propriétés ou limitations inhérentes au système auditif général. Nous n'envisagerons, dans ce qui suit, que le premier type d'interprétation car c'est cette hypothèse qui a donné lieu à un nombre important de travaux expérimentaux d'un grand intérêt. Toutefois, cette décision ne préjuge pas de la pertinence respective des deux interprétations exposées ci-dessus.

Il existe en fait deux interprétations qui postulent l'existence d'un mode spécifiquement linguistique de traitement des sons de parole qui serait responsable de la nature catégorielle de la perception.

D'après la première, la perception catégorielle résulterait du fait que la perception des consonnes occlusives s'effectue en référence aux gestes articulatoires impliqués dans leur production, or une caractéristique de ces gestes est leur discontinuité. La discontinuité perceptive s'expliquerait donc en référence à la discontinuité articulatoire dans le cadre d'une théorie motrice qui relie très directement la perception des sons de parole à leur production (Liberman, 1970).

Selon la seconde interprétation, la perception catégorielle serait liée à l'existence de *détecteurs spécifiques* de propriétés phonétiques. Il s'agirait dans ce cas de mécanismes neuronaux qui répondraient d'une manière spécifique à certaines caractéristiques acoustiques des stimulus de parole, celles qui sont pertinentes du point de vue linguistique, par exemple à la propriété de voisement (sonorité) d'une consonne (Eimas, 1982).

Deux sortes de résultats expérimentaux ont été avancés pour soutenir l'hypothèse des détecteurs phonétiques; il s'agit d'une part de ceux obtenus sur les capacités perceptives du très jeune enfant et, d'autre part, des résultats issus des expériences d'adaptation sélective.

Sur le premier point, Eimas, Siqueland, Jusczyk et Vigorito (1971) ont été les premiers à aborder l'étude des capacités de discrimination de très jeunes enfants (de 1 à 4 mois de vie) en utilisant une série de stimulus CV (consonne-voyelle) différant uniquement par la valeur de VOT de la consonne initiale. Dans cette recherche les auteurs ont montré que les performances obtenues chez ces enfants sont tout à fait analogues à celles observées chez des sujets adultes. En particulier, tandis que les enfants discriminent correctement entre des stimulus appartenant à deux catégories phonétiques distinctes de l'adulte ils sont incapables de discriminer entre des stimulus appartenant à une même catégorie phonétique. La perception des sons de parole chez l'enfant est donc de nature catégorielle. La présence d'une telle forme de perception chez le très jeune enfant d'un mois de vie suggère qu'elle est relativement indépendante de l'expérience linguistique du sujet. Ainsi, les catégories perceptives ne seraient pas apprises mais «imposées» par notre système perceptif.

Afin de rendre compte de ces résultats Eimas (1975) a formulé l'hypothèse d'après laquelle le nouveau-né serait équipé de détecteurs spécifiques qui répondent aux propriétés phonétiquement pertinentes des sons de parole. Ces propriétés sont celles susceptibles d'être utilisées par les langues naturelles pour discriminer entre les différents phonèmes.

Une manière de tester la pertinence de l'hypothèse des détecteurs spécifiques responsables de la nature catégorielle de la perception consiste à établir dans quelle mesure il est possible d'obtenir une *adaptation sélective* pour des stimulus qui partagent une propriété phonétique à laquelle est sensée répondre un détecteur spécifique (voir sur cette procédure les chapitres de C. Bonnet et de M. C. Botte dans ce volume). L'adaptation sélective se traduit par le fait que la présentation répétée d'un même stimulus appartenant à une catégorie perceptive X va conduire à une diminution du taux de réponse du détecteur pour les autres stimulus de cette catégorie et en particulier pour les stimulus les plus périphériques de celle-ci, c'est-à-dire ceux qui se trouvent près de la frontière phonétique. On assiste dans ce cas à un déplacement de cette frontière perceptive de la catégorie X, ce déplacement est généralement attribué à une fatigue sensorielle du détecteur correspondant.

Eimas et Corbit (1973) ont confirmé l'existence d'une adaptation sélective pour des stimulus de parole appartenant au continuum VOT (/ba/-/pa/ et /da/-/ta/). Ainsi par exemple, certains stimulus qui avaient été catégorisés comme /ba/ avant la phase d'adaptation avec ce stimulus vont être catégorisés comme /pa/ après cette phase d'adaptation. L'effet observé est particulièrement important pour les stimulus proches de la frontière phonétique.

3. Déplacement de la frontière d'identification entre /ba/ et /pa/ après présentation répétée du premier stimulus.

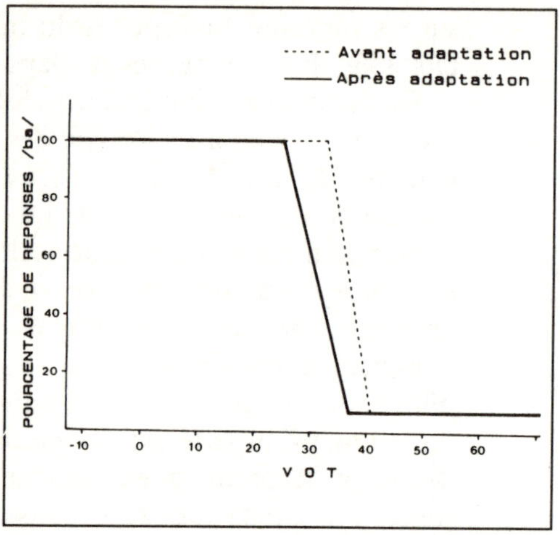

Eimas et Corbit concluent à l'existence de deux détecteurs complémentaires de sonorité qui seraient sensibles à une large gamme de valeurs de VOT et en particulier aux valeurs extrêmes de cette dimension. Les stimulus ayant des valeurs de VOT proches de la frontière phonétique exciteraient ces deux détecteurs complémentaires mais le niveau respectif de réponse à ces stimulus serait largement modifiable par la procédure de l'adaptation sélective.

Cette hypothèse des détecteurs de nature strictement « phonétique » a été largement critiquée par la suite. Toutefois, elle a joué un rôle capital dans l'évolution des recherches conduites dans le domaine de la perception de la parole. De même, la procédure de l'adaptation sélective reste l'un des paradigmes privilégiés pour l'étude de la perception du langage.

1.5.2. *Les effets de latéralité hémisphérique dans le traitement de la parole*

La spécialisation fonctionnelle de l'hémisphère gauche du cerveau pour le traitement du langage est un fait bien établi en neurologie et neuropsychologie.

Dans le domaine de la perception des sons de parole Liberman a émis l'hypothèse d'un mode spécifique de traitement qui serait sous-tendu par les structures de l'hémisphère gauche. Cette spécialisation concerne la capacité du système de traitement à extraire du signal acoustique de parole les indices pertinents du point de vue phonétique.

Kimura (1961) a été la première à avoir mis en évidence une asymétrie hémisphérique à l'aide de la procédure d'*écoute dichotique* (présentation simultanée des stimulus acoustiques différents dans l'une et l'autre oreille). De très nombreux travaux ont montré que les stimulus arrivant à l'oreille droite sont généralement mieux perçus et rappelés que ceux arrivant à l'oreille gauche. Compte tenu du fait que les liaisons nerveuses contrelatérales entre l'oreille et les hémisphères cérébraux sont plus importantes que les liaisons ipsilatérales, ce résultat suggère l'existence d'une dominance de l'hémisphère gauche pour le traitement de la parole.

Bien entendu, la mise en évidence d'une dominance de l'hémisphère gauche pour le traitement des sons du langage ne signifie pas nécessairement que cet hémisphère possède des capacités spécifiques pour traiter les sons de parole au niveau phonétique. On peut aussi soutenir que c'est parce que l'analyse des sons de parole exige la mise en œuvre de procédures analytiques très fines devant prendre place dans des conditions temporelles contraignantes que l'hémisphère gauche du cerveau se trouve davantage impliqué que le droit (Kinsbourne et Hicks, 1978; Morais, 1982). On peut également lier cette capacité de l'hémisphère gauche à la localisation des commandes motrices qui sous-tendent les mouvements articulatoires. L'origine biologique de la spécialisation de l'hémisphère gauche serait motrice et non pas perceptive (Studdert-Kennedy, 1982; Liberman et Mattingly, 1985).

Bien que non directement lié au problème de l'asymétrie hémisphérique, l'utilisation de la procédure de l'écoute dichotique a permis de démontrer l'existence d'un autre type de phénomène perceptif important, celui de la *« duplex perception »* ou perception double. La présentation simultanée d'une partie d'une syllabe (la base) dans une oreille et celle d'une autre partie, par exemple, la transition du deuxième formant qui constitue un indice du point d'articulation, dans l'autre oreille, conduit à percevoir une même information acoustique, celle correspondant à cette transition, comme étant de nature *linguistique* et intégrée au reste de la syllabe et *non linguistique* et perçue comme étant un crissement (Mann et Liberman, 1983).

Ce phénomène de perception double a été également attribué à la mise en œuvre d'un mode spécifique de traitement.

1.5.3. *L'intégration intermodale des indices de la parole*

Dans une série d'expériences conduites par McGurk et ses collaborateurs (McGurk et MacDonald, 1976; MacDonald et McGurk, 1978) il a été montré que la perception d'une syllabe présentée auditivement peut être affectée par la présentation visuelle simultanée d'un geste articulatoire. Ainsi, si la syllabe auditive est /ba/ et que le sujet voit en même temps sur un écran une bouche effectuant le geste articulatoire correspondant à la production de la syllabe /ga/ sa réponse sera généralement de dire qu'il a entendu la syllabe /da/. Cette syllabe /da/ occupe une position intermédiaire du point de vue de sa place d'articulation entre /ba/ et /ga/. Ceci indique clairement que les informations auditives et visuelles ont été « intégrées » par le sujet. La réponse de ce dernier traduisant un compromis entre les deux sortes d'informations contradictoires. Un point important serait d'établir dans quelle mesure cette intégration des informations visuelles (articulatoires) et auditives résulte d'un apprentissage préalable lié à l'expérience langagière du sujet.

Des expériences récentes conduites auprès de très jeunes enfants montrent que ceux-ci manifestent une préférence pour des couples de stimuli dans lesquels les informations acoustiques et visuelles sont appariées. L'enfant regarde plus longtemps la bouche dont le geste articulatoire correspond à la syllabe entendue que celle dont les mouvements articulatoires ne correspondent pas au son entendu (Kuhl et Meltzoff, 1982). Ces résultats suggèrent l'existence d'une liaison fonctionnelle et innée entre la perception et la production du langage. Cette interprétation s'accorde avec l'hypothèse d'un mode spécifique de traitement des informations phonétiques (Liberman et Mattingly, 1985).

1.6. La perception de la parole chez le jeune enfant

Comme nous l'avons signalé à propos de la perception catégorielle les recherches conduites chez le très jeune enfant ont été effectuées en grande partie pour établir dans quelle mesure quelques propriétés spécifiques de la perception de la parole résultent de certaines capacités de base du système qui seraient déterminées génétiquement et présentes dès les premiers jours de vie de l'enfant, c'est-à-dire avant que celui-ci ait eu un commerce important avec son environnement linguistique.

Indépendamment de la réponse susceptible d'être fournie sur ce point précis, les recherches conduites chez le très jeune enfant ont mis en évidence l'existence chez lui de capacités d'analyse des sons de parole tout à fait remarquables et insoupçonnées.

Le paradigme expérimental le plus couramment utilisé pour l'étude des capacités discriminatives du très jeune enfant est celui de la *succion non nutritive.* Cette technique consiste à relever les variations du taux de succion de l'enfant pendant que celui-ci reçoit les stimulus de parole.

Lors de ces expériences on observe que la présentation répétée d'un stimulus auditif à l'enfant (généralement il s'agit d'une syllabe) suscite son intérêt ce qui se traduit par une augmentation importante du taux de succion. Cette augmentation importante du taux de succion est suivie après quelques minutes d'une diminution plus ou moins rapide de ce taux. Quand cette diminution atteint un certain critère l'expérimentateur présente un nouveau stimulus. Si la présentation de ce nouveau stimulus donne lieu à une augmentation importante du taux de succion on considère que l'enfant a discriminé entre ce stimulus et celui présenté préalablement. En revanche si le taux de succion après le changement du stimulus n'entraîne pas une telle augmentation on conclut que l'enfant n'a pas discriminé entre les stimulus. Grâce à cette procédure il est possible d'étudier de manière très détaillée les capacités perceptives du jeune enfant en ce qui concerne les sons de parole.

Ces recherches ont démontré que l'enfant de quelques jours de vie est capable de discriminer entre des sons de parole qui s'opposent sur la base d'un seul trait distinctif (par exemple, entre les syllabes /ba/ et /pa/ ou encore entre /ta/ et /ka/).

4. Évolution du taux de succion après changement du stimulus. La présentation du nouveau stimulus (/pa/) donne lieu à une augmentation importante du taux de succion de l'enfant.

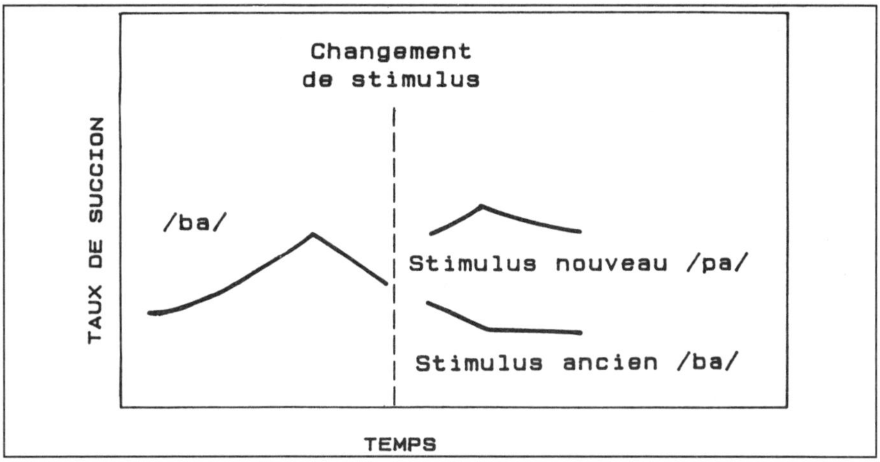

Un point tout à fait important est que les capacités de discrimination du très jeune enfant se manifestent pour toutes les oppositions susceptibles d'être exploitées à des fins phonétiques par les langues naturelles. Ce type de capacité n'est pas retrouvé chez l'adulte. En effet, celui-ci ne discrimine d'une manière naturelle qu'entre des sons qui s'opposent sur une dimension phonétiquement pertinente dans sa propre langue. Ainsi, l'auditeur japonais perçoit les deux séquences « roi » et « loi » comme étant identiques car dans sa langue l'opposition entre les consonnes liquides /l/ et /r/ n'est pas pertinente.

Autrement dit, tandis que les capacités discriminatives de l'adulte dépendent de sa propre langue, ce n'est pas le cas du très jeune enfant de quelques jours ou mois de vie. Il paraît donc bien établi en ce qui concerne le traitement des sons du langage que le système perceptif de l'enfant est non seulement fonctionnel à la naissance mais encore très « ouvert ».

Ces extraordinaires performances discriminatives vont cependant très rapidement se réduire de telle manière qu'à la fin de sa première année de vie l'enfant est sensible essentiellement aux oppositions phonétiques qui sont pertinentes dans la langue de son environnement (Werker et Tees, 1984). On assiste donc à une sélection et à une spécialisation très rapide des capacités perceptives du jeune enfant sous l'impact du système linguistique environnant.

Cet « affaiblissement » des capacités discriminatives de l'enfant pourrait résulter d'une modification du niveau de représentation qu'il a élaboré. Ce niveau serait d'abord « auditif », ensuite « phonétique », et enfin « phonologique ». C'est au niveau phonologique que les distinctions non pertinentes seraient « filtrées » par le système perceptif.

Il est important de noter que la remarquable capacité discriminative de l'enfant pour les sons de parole ne signifie pas que celui-ci réponde à n'importe quelle différence acoustique car, comme nous l'avons indiqué, l'enfant de deux mois a une perception de nature « catégorielle » pour certains sons. Par ailleurs, des recherches récentes montrent que le jeune enfant peut « ignorer » certaines différences acoustiques qui n'ont pas de valeur phonétique (Kuhl, 1983).

Les recherches sur la discrimination démontrent d'une manière très claire que l'enfant peut détecter des différences acoustiques très subtiles entre les sons de parole, toutefois, malgré l'intérêt indéniable de ces travaux, ils ne nous informent guère sur la nature même des représentations perceptives de l'enfant. En effet, pour réussir une discrimination il suffit de détecter une différence entre deux stimulus, mais cela ne signifie pas que l'enfant possède une représentation structurée de ceux-ci.

Une manière d'aborder le problème des représentations perceptives de l'enfant consiste à étudier quels sont les critères qu'il utilise pour catégoriser les sons de parole selon leur similarité. Il peut être important, en particulier, d'établir, par exemple, si la similarité perçue entre deux syllabes est fonction du nombre et du type de segments phonémiques partagés par celles-ci ou bien si elle repose sur la prise en considération de leur forme globale. Certains résultats préliminaires obtenus dans ce domaine suggèrent assez nettement que les représentations perceptives du jeune enfant ne sont pas structurées en termes de segments phonémiques élémentaires mais sous une forme de nature syllabique (Jusczyk et Derrah, 1987; Bertoncini, Bijeljac-Babic, Jusczyk, Kennedy et Mehler, 1988).

Du point de vue de l'acquisition d'une langue particulière il est important pour le jeune enfant de dégager très rapidement les principes de l'organisation phonologique et prosodique de la langue de son environnement. Sur ce point précis, Mehler, Jusczyk, Lambertz, Halsted, Bertoncini et Amiel-Tison (1988) ont montré que l'enfant de 4 jours discrimine les énoncés appartenant à sa langue de ceux appartenant à une langue étrangère. La familiarisation avec les propriétés de la langue de son milieu prend place très rapidement et les très jeunes enfants manifestent une « préférence » pour les sons de cette langue. Il reste toutefois à connaître quels sont les indices acoustiques utilisés par l'enfant pour effectuer ces discriminations. Bien qu'il n'existe pas à l'heure actuelle de réponse univoque sur ce point l'utilisation des indices prosodiques semble intervenir de manière décisive dans ces performances.

1.7. Les théories de la perception de la parole

La plupart des auteurs s'accordent pour considérer qu'il n'existe pas à l'heure actuelle de véritable « modèle » de la perception de la parole. Néanmoins, différents cadres théoriques ont été proposés dans la littérature et nous les examinerons très brièvement dans les paragraphes suivants.

1.7.1. *La théorie motrice de la perception de la parole*

L'idée fondamentale de cette théorie est d'envisager l'existence de processus communs à la perception et à la production des sons de parole. Autrement dit, on suppose que ces deux sortes de modalités de traitement partagent les mêmes mécanismes sous-jacents. Percevoir les sons en tant que sons de parole implique de les envisager comme l'expression de gestes articulatoires.

Selon cette théorie le problème de l'invariance perceptive peut être résolu si l'on rattache celle-ci aux mouvements et aux mécanismes articulatoires impliqués dans la production des sons plutôt qu'aux seuls indices acoustiques correspondant à ces sons. Ainsi, l'invariance phonémique a son origine dans la mise en relation du perceptif et du moteur. Ce processus de mise en correspondance ne résulte pas d'un apprentissage mais fait partie des capacités biologiques de base pour le traitement de la parole. La perception des « gestes articulatoires » visés par le locuteur est « directe » et gouvernée par un « module » génétiquement déterminé qui interprète le signal acoustique en termes articulatoires. Liberman et Mattingly (1985) font référence à la notion de *module* cognitif telle que celle-ci a été développée par Fodor (1983). La propriété essentielle d'un système modulaire de traitement est sa nature informationnellement encapsulée. Le comportement d'un tel système est déterminé de manière stricte par les informations provenant des niveaux inférieurs de traitement et par sa propre base de données.

Comme nous l'avons déjà indiqué préalablement, le cadre théorique fourni par la théorie motrice a permis de rationaliser un grand nombre de phénomènes perceptifs (perception catégorielle, intégration intermodale, perception duplex, etc.) et elle joue à l'heure actuelle un rôle fondamental dans le domaine de la perception du langage parlé.

Toutefois, il est nécessaire de signaler que les évidences empiriques avancées en sa faveur sont loin d'être décisives et que certains aspects centraux de sa formulation théorique restent peu précis. Il reste, en particulier, à spécifier à quel niveau de traitement et grâce à quelles opérations peut prendre place la mise en relation des informations acoustiques et articulatoires.

1.7.2. *Les théories d'analyse par synthèse*

Il existe plusieurs versions de ce type de modèle dont la plus connue est celle due à Halle et Stevens (1962).

L'hypothèse fondamentale avancée par cette théorie est que la transformation du signal acoustique en message phonémique est médiatisée par un processus actif de génération de patrons phonatoires. Ce processus de génération continue jusqu'à ce qu'il y ait un bon ajustement entre les patrons générés et le signal d'entrée. Autrement dit, l'auditeur s'efforce de produire à un niveau abstrait de représentation les configurations articulatoires correspondant à la séquence de phonèmes véhiculée par le signal acoustique. De ce point de vue la théorie d'analyse par synthèse se rapproche de la théorie motrice, toutefois, contrairement à ce qui est proposé par cette dernière, la théorie de l'analyse par synthèse n'envisage pas de lien « direct » et « préétabli » entre le signal et le système de production. Il s'agit ici d'un processus de vérification permettant au système de production de contribuer aux décisions phonémiques quand les informations purement acoustiques correspondant à la réalisation de certains phonèmes (en particulier les consonnes occlusives) sont ambiguës et ne permettent pas de le faire.

D'autres modèles de type « analyse par synthèse » envisagent principalement l'intervention d'informations lexicales et syntaxiques dans le processus de vérification. Ainsi par exemple Zue (1986) propose un modèle comportant trois étapes de traitement; une première de segmentation et de classification de l'input dans des catégories phonétiques très grossières (fricatives, occlusives, etc.), une seconde étape de génération de candidats lexicaux compatibles avec le résultat de l'analyse préalable et, enfin, une troisième étape de sélection parmi ces candidats d'un mot particulier grâce à un processus détaillé de vérification phonétique.

1.7.3. *Les théories des détecteurs de propriétés*

Ces théories envisagent le processus perceptif sous la forme d'une séquence d'étapes de traitement liées à la mise en œuvre de détecteurs spécifiques; détecteurs de propriétés acoustiques, détecteurs de traits ou propriétés phonétiques, détecteurs de phonèmes, détecteurs de mots, etc.

Cette perspective théorique, dont nous avons préalablement parlé (voir paragraphe 1.3) présuppose la pertinence perceptive des constructions linguistiques en termes de niveaux de représentation. Son objectif est de caractériser les unités mises en jeu à ces différents niveaux et de rendre compte de leur mode d'intervention lors du processus général de perception du langage parlé (Studdert-Kennedy, 1976).

1.7.4. *Le modèle d'intégration des traits*

Le problème soulevé par ce genre de modèle est celui de savoir comment les informations provenant des différents détecteurs de traits phonétiques sont intégrées pour sous-tendre les décisions phonémiques ou syllabiques. Ainsi, Massaro (1987) propose que la perception des syllabes comporte un processus de détection de différentes propriétés acoustiques indépendantes – ou « traits » – suivi d'une procédure d'appariement de celles-ci avec une spécification prototypique de la syllabe. Cet appariement exige l'application d'une métrique susceptible de mesurer le degré d'appariement existant entre les traits et les propriétés prototypiques. Les valeurs considérées peuvent varier entre 0 et 1.0.

Le choix des paramètres acoustiques utilisés pour trouver les meilleurs ajustements constitue un aspect critique pour ce type de modèle.

2 DU SON AU SENS : LA PERCEPTION ET LA COMPRÉHENSION DU LANGAGE PARLÉ

2.1. Perception de phonèmes et lexique

Dans la première partie de ce chapitre nous avons examiné les études qui visent à comprendre les procédures utilisées par les auditeurs pour dégager le message phonétique véhiculé par le signal acoustique de parole.

Dans le cadre de ces recherches le matériel expérimental était sans signification car les stimulus utilisés n'étaient pas des mots de la langue. Les informations de nature lexicale ne pouvaient donc pas être exploitées afin de catégoriser phonétiquement les sons entendus. Il est cependant important de savoir dans quelle mesure cette catégorisation peut être affectée par le contexte lexical dans lequel les sons apparaissent. Autrement dit, nous nous poserons maintenant la question de savoir si l'élaboration de la représentation phonétique d'une séquence varie selon que celle-ci constitue ou non un mot de la langue.

Trois types de paradigmes expérimentaux ont été utilisés afin d'aborder cette problématique : la restauration phonémique, la catégorisation phonétique et la détection de phonèmes.

2.1.1. *La restauration phonémique*

Warren (1970) a montré que si l'on substitue, à l'intérieur d'un mot parlé, l'un de ses phonèmes par un son non linguistique (par exemple un toussotement) et que l'on fait entendre ce mot à un sujet celui-ci dit généralement l'entendre « intact ». Le système perceptif semble donc être en mesure de compenser l'information sonore manquante de manière telle que l'auditeur est victime d'une véritable illusion perceptive. D'après Warren ce fait peut s'expliquer de la manière suivante : si le contexte phonétique restant après substitution d'un phonème « x » est suffisant pour activer la représentation phonologique d'un mot dans le lexique mental du sujet, alors, c'est cette représentation activée qui va sous-tendre la perception du stimulus. Selon cette interprétation, les informations lexicales affectent d'une manière directe la perception des unités phonétiques. Autrement dit, les décisions prises par l'auditeur à propos des propriétés phonétiques du stimulus sont modulées par les informations provenant du lexique. Il s'agit donc d'une interprétation interactive du phénomène de la *restauration phonémique.*

Samuel (1981) a montré par la suite que l'importance de cet effet de restauration dépend dans une large mesure d'un paramètre de nature acoustique, à savoir le degré de similarité entre le son original et le son de substitution. Par exemple, si le phone original est une consonne occlusive on observe davantage de restaurations s'il est remplacé par un bruit plutôt que par un ton pur tandis que le contraire se produit quand le phone d'origine est une voyelle. Samuel en conclut que le phénomène de la restauration phonémique exige pour se produire une « confirmation » acoustique des attentes générées par le contexte lexical. Les informations sensorielles et lexicales participent donc au phénomène de la restauration phonémique.

Samuel et Ressler (1986) ont montré récemment que la restauration phonémique pouvait être éliminée si le sujet avait la possibilité de focaliser son attention sur le phone susceptible d'être remplacé par le bruit, c'est-à-dire sur le phone-test. Dans cette condition expérimentale le sujet connaît à l'avance le mot qui va lui être présenté ainsi que le phonème susceptible d'être remplacé par un bruit. Dans ces conditions expérimentales on n'observe pas d'effet de restauration du phonème manquant.

Afin de rendre compte de ces résultats Samuel et Ressler proposent que dans les conditions ordinaires de communication l'auditeur focalise son attention sur le niveau lexical de traitement afin de saisir le contenu du message transmis ce qui permet la manifestation de l'effet de restauration. Toutefois, si la procédure expérimentale utilisée conduit le sujet à focaliser son attention sur le niveau infra-lexical alors les décisions phonémiques seront déterminées uniquement par les propriétés du signal acoustique sans intervention des connaissances lexicales.

Ces résultats mettent en évidence le rôle des facteurs attentionnels dans la détermination des procédures de traitement de la chaîne de parole.

2.1.2. *La catégorisation phonétique*

Comme nous l'avons vu dans la première partie de ce chapitre les recherches effectuées sur la discrimination phonétique à l'aide de stimulus synthétiques de parole ont permis de dégager les paramètres acoustiques responsables de certaines oppositions phonétiques correspondant par exemple à la place d'articulation ou encore à la sonorité. Compte tenu de ceci il est donc possible de construire des stimulus de synthèse qui ne diffèrent les uns des autres que par leur emplacement sur la dimension acoustique responsable de ces oppositions. Ainsi par exemple, comme nous l'avons déjà vu, il est possible d'élaborer des stimulus de parole ayant différentes valeurs de VOT qui se placent entre les valeurs extrêmes ou prototypiques d'une opposition (ex. entre /b/-/p/). Ce sont ces stimulus intermédiaires, susceptibles de donner lieu tantôt à la perception de l'un ou de l'autre des termes de l'opposition, qui sont généralement utilisés afin d'établir dans quelle mesure leur perception peut être affectée par le contexte lexical.

Un nombre important de travaux conduits dans ce domaine a permis de démontrer l'influence du contexte lexical sur la catégorisation phonétique effectuée par l'auditeur. Ainsi, un même stimulus ambigu sur la dimension du VOT sera perçu comme /b/ dans le contexte «-ateau» et comme /p/ dans le contexte «-alace» (Ganong, 1980; Connine et Clifton, 1987).

Malgré la généralité et la robustesse de ces effets de lexicalité l'interprétation de ces résultats reste problématique en ce qui concerne leur localisation fonctionnelle dans le système psychologique de traitement. Les effets de lexicalité observés traduisent-ils une modification des étapes précoces de la catégorisation perceptive ou bien sont-ils liés aux étapes plus tardives (post-perceptives) d'interprétation du message?

Afin de répondre sur ce point Fox (1984) a demandé aux sujets de décider le plus rapidement possible de l'identité du phonème initial de la séquence-stimulus. Cet auteur a montré que dans ces conditions les réponses des sujets les plus rapides ne sont pas affectées par le niveau lexical (c'est-à-dire qu'ils choisissent autant /b/ que /p/ dans les contextes -ateau et -alace) tandis qu'un effet important de lexicalité est observé pour les réponses des sujets «lents». Ces résultats suggèrent que les informations lexicales peuvent être utilisés «après-coup» par les sujets afin de confirmer ou de modifier une catégorisation préalablement effectuée à partir de l'analyse du seul signal acoustique.

Les résultats obtenus dans ces travaux montrent que la catégorisation phonémique peut être affectée dans certaines conditions expérimentales par les informations provenant du niveau lexical de traitement. Toutefois, il semble bien établi que ces effets lexicaux se manifestent essentiellement ou même uniquement pour la catégorisation des sons phonétiquement ambigus et qu'ils semblent prendre place à une étape relativement tardive du traitement perceptif.

2.1.3. *La détection de phonèmes*

Dans le paradigme expérimental de la détection de phonèmes le sujet reçoit une liste d'items (syllabes, mots, phrases) et sa tâche est de répondre le plus rapidement possible (appui sur une clé de réponse) à la présence d'un phonème-cible préalablement spécifié. Ce phonème correspond toujours au phonème initial d'un item. Ainsi, par exemple, le sujet a pour consigne de répondre dès qu'il entend un item commençant par le phonème /b/. Il reçoit ensuite les items /ra/, /pli/, /ga/, /bo/... et doit donc répondre au dernier item de cette série. L'expérimentateur enregistre le temps de réponse. Les travaux conduits à l'aide de cette procédure expérimentale ont montré que les propriétés lexicales de l'item comportant le phonème-cible affectent le temps de réponse quand les items expérimentaux sont monosyllabiques mais on n'observe aucun effet de lexicalité pour les items multisyllabiques (Segui, Frauenfelder et Mehler, 1981; Cutler, Mehler, Norris et Segui, 1987).

Afin de rendre compte de ces résultats Mehler (1981) et Segui (1984) ont formulé l'hypothèse d'après laquelle la syllabe constitue une unité naturelle de segmentation du langage. C'est à partir de cette unité que le sujet peut effectuer les analyses phonémiques nécessaires pour la détection du phonème cible. Selon cette hypothèse la syllabe constitue également le code d'accès au lexique interne; autrement dit, les représentations lexicales sont contactées à partir de la syllabe initiale du mot-stimulus. Cette hypothèse conduit à prévoir que pour les items monosyllabiques la représentation lexicale du mot devient immédiatement disponible lors de la présentation de l'item et peut être utilisée pour formuler la réponse. En revanche, quand le phonème cible à détecter constitue le phonème initial d'un mot multisyllabique alors la réponse de détection serait effectuée à partir de l'analyse de la syllabe initiale, c'est-à-dire «avant» l'accès à la représentation lexicale du mot. Cette interprétation syllabique propose que la réponse de détection peut être effectuée à partir de deux codes distincts; un code pré-lexical ou phonétique et un code lexical ou phonologique. Ces deux codes s'élaborent de manière indépendante de façon telle qu'il n'existe pas d'interaction entre les informations lexicales et infra-lexicales. La réponse du sujet sera dérivée d'un code ou de l'autre en fonction de l'état d'élaboration de ceux-ci (Cutler, Mehler, Norris et Segui, 1987). Cette interprétation s'oppose à une autre de nature interactive qui postule que les informations provenant du lexique modifient l'état d'activation des unités phonémiques utilisées pour la détection de la cible (McClelland et Elman, 1986).

Certaines recherches récentes s'accordent avec l'hypothèse autonome du double code en montrant que des facteurs de nature attentionnelle peuvent déterminer le type de code utilisé par le sujet pour formuler sa réponse (voir sur ce point, Segui et Frauenfelder, 1986). En particulier, le code lexical est utilisé quand le phonème-cible à détecter peut occuper n'importe quelle position dans le mot. Dans ce type de tâche expérimentale dite de « détection généralisée du phonème », le sujet ne peut pas « focaliser » son attention sur une propriété particulière du mot (sa partie initiale) et sa réponse est alors affectée par le contexte lexical d'apparition de ce phonème. L'emploi de cette nouvelle version du paradigme de la détection de phonème peut être utilisée pour aborder l'étude de l'accès au lexique lors de la perception du langage parlé. Frauenfelder et Segui (1989) ont pu mettre en évidence la sensibilité de cette tâche au rôle des facteurs contextuels. Quand le mot comportant la cible est précédé par un autre mot sémantiquement associé, la réponse est plus rapide que quand le même mot est précédé par un mot non associé.

2.2. Les procédures d'analyse du signal de parole et l'identification des mots

La plupart des modèles proposés en Psycholinguistique afin de rendre compte de la nature des représentations mentales des mots et des procédures d'accès à ces représentations (procédures *d'accès au lexique*) ont été construits à partir de données provenant des études effectuées sur les activités de lecture. Bien que l'hypothèse de leur validité dans le domaine de la perception auditive ait été généralement implicite ces modélisations ont rarement pris en considération la spécificité du signal de parole ainsi que celle du système auditif pour caractériser les processus et représentations pertinentes (pour une présentation générale des modèles d'accès au lexique, voir Segui, sous presse).

Il est clair cependant que les caractéristiques du stimulus correspondant à la réalisation du mot parlé diffèrent assez radicalement de celles du mot écrit. Ceci concerne non seulement l'extrême variabilité de réalisation des phonèmes selon un grand nombre de paramètres mais également la durée intrinsèque du signal ainsi que son organisation séquentielle. La prise en considération de ces deux dernières propriétés du signal de parole conduit à envisager les procédures mises en œuvre pour son traitement perceptif comme étant assez radicalement différentes de celles impliquées dans la perception du mot écrit. En effet, tandis que l'information correspondant à un mot écrit bisyllabique de 4 ou 5 lettres peut être traitée de manière efficace et simultanée après une présentation de quelques dizaines de millisecondes cela n'est guère envisageable sur le plan auditif. La durée moyenne d'une syllabe est d'environ 150/200 ms et la chaîne de parole se déroule dans le temps de façon telle que l'information pertinente pour identifier le mot n'est pas disponible d'emblée mais de manière successive. Compte tenu des contraintes imposées au système de perception par la nature même du signal de parole il peut paraître paradoxal de constater l'extrême rapidité et aisance avec laquelle les êtres humains comprennent les énoncés de leur langue, compréhension qui exige bien entendu non seulement l'identification des unités lexicales qui les constituent mais encore leur intégration dans une structure significative. En particulier, si le traitement lexical de chaque mot d'un énoncé ne pouvait prendre place qu'après la réception complète du signal correspondant on aurait beaucoup de difficultés à rendre compte des performances observées.

Afin de résoudre ce paradoxe la plupart des modèles de perception du langage parlé font appel à l'exploitation en temps réel par l'auditeur d'un vaste ensemble d'informations de nature très diverse portant non seulement sur les propriétés phonétiques et prosodiques des mots mais encore sur leurs caractéristiques syntaxiques et sémantiques ainsi que sur les informations fournies par le contexte.

Cet appel au rôle du contexte ne va pas sans difficultés et il ne peut être abordé de manière adéquate que si l'on précise préalablement sa nature et son mode d'action. En particulier, il faudra établir « quand » et « comment » les informations contextuelles sont susceptibles d'intervenir dans l'identification des mots (Segui, 1986; Tyler et Frauenfelder, 1987). Avant d'aborder ce point nous examinerons dans ce qui suit l'identification des mots isolés.

2.2.1. *L'identification des mots isolés*

Si l'appel au contexte s'impose pour rendre compte du traitement des mots qui constituent un énoncé, il est néanmoins clair que nous sommes capables de comprendre des mots isolés et cela très rapidement et sans difficulté apparente. Il est donc utile de commencer en examinant ce point.

Les principales questions que nous pouvons nous poser à propos de l'identification des mots isolés sont de savoir :

1. quelle est la nature des informations exploitées par le système pour effectuer cette tâche,

2. dans quelle mesure nos connaissances lexicales interviennent de manière active pendant la réception du signal acoustique pour faciliter et accélérer le processus d'identification?

Un nombre important de données expérimentales milite en faveur d'une utilisation en temps réel de l'information lexicale ce qui se traduit par un intérêt croissant pour relier les recherches conduites sur l'analyse de la parole au domaine lexical de traitement et non seulement au domaine phonétique.

Dans ce qui suit nous examinerons comment les modèles de traitement du langage parlé envisagent cette relation entre l'analyse du signal de parole et l'identification du mot.

a. *Le modèle Cohorte de Marslen-Wilson*

D'après ce modèle (Marslen-Wilson et Welsh, 1978; Tyler et Marslen-Wilson, 1982; Marslen-Wilson, 1987) le système d'identification exploite la redondance lexicale afin d'extraire le maximum d'information lexicalement pertinente au fur et à mesure de la réception du signal. L'hypothèse centrale du modèle est qu'un mot peut être identifié à partir du moment où il est le seul compatible avec la séquence de sons préalablement reçue. Ce moment à partir duquel un mot devient «théoriquement» identifiable est appelé son *point d'identification.* Ainsi par exemple le point d'identification du mot «vocabulaire» correspond au son représenté par la lettre «u» car il n'existe aucun autre mot français commençant par la séquence «vocabu». Il est important de souligner que, généralement, ce point d'identification ne correspond pas à la fin du mot et que donc le mot peut être identifié avant la fin de sa réalisation acoustique (voir cependant, Grosjean et Gee, 1987).

Il est clair d'après ce qui précède que le bon fonctionnement du système exige une mise en correspondance permanente de l'information sensorielle avec les informations contenues dans le lexique et il faut préciser comment cela est théoriquement possible.

Le mécanisme envisagé par Marslen-Wilson consiste en un processus d'activation de mots-candidats à partir des premiers sons entendus (tous les mots qui partagent ces sons initiaux constituent la *cohorte*) suivi d'un processus de sélection par élimination de tous les mots-candidats qui deviennent incompatibles à chaque moment du traitement avec l'information sensorielle reçue. Un mot peut être identifié quand il constitue l'unique candidat compatible avec l'information sensorielle. Comme nous le verrons plus loin une telle exigence ne sera pas maintenue quand il s'agira de rendre compte de l'identification de mots présentés dans un contexte phrastique.

Afin de tester la validité empirique du modèle de la cohorte Marslen-Wilson a étudié comment varie le temps nécessaire pour détecter un phonème-cible placé à l'intérieur d'un mot en fonction de sa position par rapport au point d'identification de ce mot. Si la stratégie privilégiée pour répondre à un phonème cible placé n'importe où dans un mot est de le faire à partir de la représentation phonologique de ce mot, alors, on devrait observer des temps de réponse plus courts quand le phonème-cible est placé après le point d'identification du mot que dans le cas où le phonème-cible précède ce point d'identification. Les résultats obtenus dans ces recherches (Marslen-Wilson, 1978, 1984) confirment cette prédiction et mettent en évidence une très forte corrélation entre le temps de détection du phonème-cible et la distance de celui-ci par rapport au point d'identification du mot (voir aussi Frauenfelder, Segui et Dijkstra, sous presse). Ces résultats suggèrent donc que le mot peut être effectivement identifié quand l'information sensorielle reçue permet d'atteindre son point d'identification. Il a été également montré que les points d'identification définis selon les critères exposés plus haut sont fortement corrélés avec des mesures plus directes de la quantité d'information sensorielle nécessaire pour identifier le mot. Ces mesures sont établies à partir de l'utilisation de la procédure de *gating* qui consiste à présenter la partie initiale d'un mot par des fragments de plus en plus longs du signal acoustique (par étapes de 30 ms, par exemple) jusqu'à ce que le mot soit correctement identifié (Grosjean, 1980). On peut de cette façon établir pour chaque mot quelle est la quantité d'information acoustique nécessaire à son identification.

L'hypothèse formulée par Marslen-Wilson d'après laquelle ce sont les premiers sons du mot qui sont utilisés pour enclencher le processus d'accès au lexique (c'est-à-dire pour définir la «cohorte» initiale) est partagée par la plupart des autres modèles théoriques d'accès au lexique et ceci indépendamment du fait que ces modèles soient de type activation ou de type recherche active dans le lexique. L'importance des sons initiaux d'un mot pour son identification a été mise en évidence à plusieurs reprises. Ainsi, Cole (1973) montre que la probabilité de détection d'une erreur de prononciation est nettement plus faible quand elle porte sur la partie initiale du mot que sur sa partie médiane ou terminale. Puisque la détection de l'erreur exige l'identification préalable du mot ce résultat indique que cette identification est plus difficile quand les sons initiaux de celui-ci sont modifiés.

Si l'accord sur le rôle de la partie initiale du mot pour l'accès au lexique est assez général, des interprétations divergentes subistent en ce qui concerne la manière de caractériser cette partie informative ou code d'accès. Certains auteurs proposent de le faire en termes de «durée» de l'information sensorielle utile (Tyler, 1984) tandis que d'autres avancent des hypothèses de nature structurelle en proposant que c'est la syllabe initiale du mot qui constitue son code d'accès (Mehler, 1981; Spoher, 1981). D'autres encore soutiennent que c'est la syllabe accentuée du mot et non pas nécessairement sa première syllabe qui sert de clé pour l'accès (Connine, Clifton et Cutler, 1987).

Quoiqu'il en soit, le statut privilégié attribué par le modèle de la cohorte aux sons initiaux du mot, en tant que déterminants de la cohorte initiale, fait de celui-ci un modèle fortement «orienté» du traitement de l'information. Ce sont les décisions prises sur les premiers sons du mot qui conditionnent de manière stricte la suite du traitement. Dans ces conditions une décision erronée sur les premiers sons reçus va avoir des conséquences dramatiques car dans ce cas le mot à identifier ne fait pas partie de la cohorte initiale. Cette particularité du modèle de la cohorte rend celui-ci incapable de rendre compte d'une manière naturelle du fait que les sujets peuvent identifier un nombre important de mots à partir de la seule information correspondant à leur partie terminale (Nooteboom, 1981). Ce type de problème lié à la directionnalité stricte du traitement ne se pose pas pour des modèles moins « orientés » dont les catégorisations initiales sont plus flexibles comme c'est le cas par exemple du modèle « Trace » de McClelland et Elman (1987) que nous examinerons dans la section suivante.

b. *Le modèle Trace de McClelland et Elman*

Dans le modèle Trace le traitement est effectué par un ensemble d'unités de différents niveaux; unités traits, unités phonèmes et unités mots. Ces unités (qui constituent des « détecteurs » de propriétés acoustico-phonétiques ou lexicales) sont reliées entre elles par des liens de nature excitatrice ou inhibitrice. Ainsi, l'unité phonémique /d/ entretient des liens excitateurs avec les unités mots qui contiennent le phonème /d/ et des liens inhibiteurs avec les autres unités de son propre niveau. Par conséquent, quand l'unité /d/ est activée au-delà de son seuil elle envoie des signaux d'excitation vers les unités mots comportant /d/ (date, indice...) et des signaux d'inhibition vers les autres unités phonémiques (/t/, /b/...). Au cours du traitement les différentes unités vont recevoir et envoyer des signaux d'excitation et d'inhibition aux autres unités de manière telle que leur état d'activation varie de façon permanente. La nature interactive du modèle dérive du fait que le niveau d'activation de chacune de ses unités dépend non seulement des signaux d'excitation provenant des unités plus élémentaires de traitement ou du signal proprement dit mais encore des signaux excitateurs ou inhibiteurs provenant des autres unités du système. Chaque unité de traitement reçoit donc des signaux des autres unités du même niveau et des unités des niveaux inférieurs et supérieurs du système. Ainsi par exemple, le phénomène de la restauration phonémique dont nous avons parlé plus haut est expliqué par le fait qu'une unité du niveau phonémique peut atteindre son seuil en absence de l'information acoustique correspondante et cela grâce aux signaux d'excitation provenant de l'unité lexicale dont le phonème manquant fait partie.

Dans le modèle Trace un mot est indentifié quand l'unité-mot correspondant atteint un certain niveau d'excitation ou seuil.

La nature dynamique du fonctionnement du modèle Trace fait que les informations intégrées dans un deuxième temps sont susceptibles de modifier le traitement de celles préalablement intégrées. En effet, il n'existe pas, à proprement parler, dans ce modèle une catégorisation phonétique stricte et définitive des sons déjà entendus tant que l'unité lexicale n'a pas donné lieu à l'identification du mot. Cette caractéristique du modèle rend compte du fait que le sujet peut accéder à la représentation lexicale adéquate même si l'information correspondant aux premiers sons du mot est absente ou a été incorrectement analysée par le système perceptif.

c. *Le modèle LAFS (Lexical Acces from Spectra) de Klatt*

Le modèle LAFS (Klatt, 1988) propose que les patterns spectraux correspondant aux mots sont stockés dans un réseau de décodage de séquences de spectre dans la mémoire permanente du système. Ces formes sont accédées d'une manière « directe » à partir de l'analyse du signal acoustique correspondant. Il n'existe pas dans ce modèle de niveau intermédiaire de représentation ni de procédures de segmentation. Les représentations du réseau de décodage correspondant à une forme-mot sous ses différentes variantes de réalisation (prononciation) sont flexibles et modifiables en fonction de l'expérience du sujet.

La nature directe de l'accès à ces représentations spectrales permet d'utiliser toute l'information pertinente pour l'identification de la forme globale du mot sans filtrage phonologique préalable. Les variantes allophoniques de réalisation peuvent ainsi être exploitées par le système pour la reconnaissance des mots.

Le processus de décision porte sur l'item lexical lui-même et non pas sur ses composantes plus élémentaires syllabiques ou phonémiques. Le propre de ce modèle est donc de court-circuiter le calcul des représentations intermédiaires (infra-lexicales).

2.2.2. *Discussion*

Les modèles que nous avons considérés ci-dessus, et en particulier les deux premiers, sont ceux qui ont donné lieu au plus grand nombre de recherches expérimentales et qui ont eu l'impact théorique le plus important en psycholinguistique. Il est clair cependant que d'autres modèles plus ou moins élaborés ont été proposés dans la littérature. En particulier, Luce (Luce, 1986; Pisoni, Nusbaum, Luce et Slowiaczek, 1985) a élaboré un modèle de reconnaissance des mots parlés qui attribue une importance fondamentale aux relations de voisinage ou de proximité acoustico-phonétique globale entre le mot-stimulus et tous les autres mots du lexique qui lui sont proches. La reconnaissance du mot-stimulus exige de dégager celui-ci de l'ensemble des autres mots-candidats. Cet auteur a montré qu'un paramètre fondamental dans la détermination de la reconnaissance d'un mot n'est pas tant sa propre fréquence que celle des autres mots qui lui sont proches du point de vue acoustico-phonétique. Un autre facteur d'importance est le nombre des voisins phonétiques du mot-stimulus.

L'hypothèse d'un processus précoce d'activation d'un ensemble de candidats lexicaux suivie d'une procédure de sélection d'un candidat particulier joue un rôle tout à fait fondamental dans ce modèle et le rapproche d'autres modèles théoriques avancés à propos de l'identification des mots écrits.

Avant de conclure il est important de signaler le développement récent de nombreux travaux effectués sur la perception des mots, mettant en évidence la possibilité d'exploiter en temps réel l'information véhiculée par les indices acoustiques de coarticulation présents dans le signal. Une utilisation adéquate de ceux-ci peut permettre d'accélérer de manière importante les procédures d'accès au lexique mental.

Ainsi par exemple, Blumstein et Stevens (1980) ont montré en utilisant des syllabes CV (dont la consonne initiale est une occlusive) qu'à partir des premiers 15 à 20 ms du signal acoustique de cette syllabe le sujet peut identifier et la consonne et la voyelle correspondante. De même, Warren et Marslen-Wilson (1987) ont pu démontrer qu'à partir de l'information acoustique considérée traditionnellement comme correspondant exclusivement au segment vocalique d'une syllabe fermée CVC le sujet peut extraire des informations précises sur la sonorité ou encore la place d'articulation de la consonne terminale. En absence d'informations sensorielles suffisantes on observe un important biais de lexicalité de réponse. Ainsi par exemple quand le sujet a reçu comme seule information sensorielle celle correspondant à la partie commune initiale des mots « dog » et « dock » et qu'il doit décider quel est celui des deux mots qu'il a entendu, sa réponse est généralement qu'il s'agit de « dog ». Ce biais de réponse s'explique par la plus grande disponibilité du mot « dog » dont la fréquence d'usage dans la langue est supérieure à celle de « dock ». Il est important de souligner cependant que ces biais de réponse induits par des informations de nature lexicale ne sont plus observés quand l'information sensorielle est suffisante pour caractériser la nature sonore ou sourde du phonème terminal.

Une autre direction importante de travaux s'intéresse à l'utilisation en temps réel par le locuteur de ses connaissances sur l'organisation phonologique de sa langue afin d'accéder aux représentations lexicales. Ainsi, le calcul d'unités intermédiaires de représentation entre le phonème et le mot comme par exemple les syllabes et leurs constituants peut permettre de limiter de façon très rapide le nombre des mots candidats à examiner lors des processus de reconnaissance (Church, 1987).

La rapidité avec laquelle un sujet est capable d'identifier la partie initiale d'un mot dépend de l'organisation structurelle de la langue considérée. Par exemple, Cutler, Mehler, Norris et Segui (1983, 1986) ont montré que tandis que les sujets français segmentent la chaîne de parole dans des unités de nature syllabique, ce n'est pas le cas pour des sujets anglais. Cette différence de performance s'explique par le fait que tandis que la syllabe initiale des mots français est généralement bien marquée sur le plan acoustique, il n'en est pas de même pour les mots anglais. Ainsi par exemple, tandis que la syllabe initiale du mot français « balance » est sans doute « ba » celle du mot anglais « balance » comporte un segment ambisyllabique. Le phonème /l/ appartient en fait à la première *et* à la deuxième syllabe de ce mot. Cette ambisyllabicité de l'anglais pourrait expliquer pourquoi les locuteurs de cette langue n'utilisent pas une procédure syllabique de segmentation. En fait, il a été montré que les procédures de segmentation mises en œuvre lors du traitement du signal dépendent davantage des propriétés phonologiques de la langue des locuteurs que des propriétés acoustiques du stimulus auquel ils sont confrontés. Les sujets anglais s'avèrent incapables d'exploiter la présence d'indices de syllabicité quand ils reçoivent des mots français. En revanche des résultats récents indiquent que les locuteurs anglais peuvent exploiter d'une manière efficace l'emplacement de l'accent pour identifier les mots de leur langue (Connine, Clifton et Cutler, 1987). Il faut rappeler sur ce point qu'en anglais l'accent n'a pas une position fixe et que par conséquent sa prise en considération peut être indispensable pour distinguer des mots dont l'organisation segmentale est identique (FORbear et forBEAR).

L'ensemble des travaux préalablement examinés indique clairement que l'efficacité du système de traitement réside dans la possibilité d'utiliser en temps réel un grand nombre de connaissances linguistiques de différents niveaux afin d'analyser d'une manière adéquate l'information véhiculée par le signal acoustique.

2.2.3. *L'identification des mots en contexte*

Il est d'observation courante que nous traitons plus facilement un mot quand celui-ci fait partie d'une phrase dans laquelle il est relativement prédictible que quand nous l'entendons en dehors de tout contexte.

Un tel fait peut suggérer que les processus mis en jeu pour accéder à la représentation lexicale d'un mot varie selon son contexte de réalisation et beaucoup de modèles théoriques d'accès au lexique acceptent ce point de vue en proposant par exemple que la représentation mentale d'un mot peut être «activée» par le seul contexte préalable, c'est-à-dire avant toute information sensorielle sur le mot lui-même. Ainsi, dans le modèle de Morton (Morton, 1969) un mot est identifié quand le niveau d'activation de son détecteur correspondant (ou *logogène*) atteint un certain seuil, or ce niveau d'activation peut être modifié par l'information provenant du contexte. De manière comparable, dans le modèle Trace les informations provenant des niveaux supérieurs syntaxiques et sémantiques de traitement peuvent modifier le niveau d'activation des unités-mots. Ces modèles dans lesquels l'information purement contextuelle peut affecter d'une manière «directe» le niveau d'activation des unités lexicales sont fortement interactifs en ce sens qu'ils envisagent une double directionalité du flux de l'information.

En revanche, d'autres modèles d'accès au lexique proposent que les informations contextuelles provenant des niveaux supérieurs de traitement (informations syntaxiques et sémantiques) ne peuvent pas moduler les procédures d'accès au lexique. Toutefois, elles peuvent affecter les étapes plus tardives de nature interprétative et inférentielle (Garrett, 1978; Forster, 1979). Dans le cadre de ces modèles, dits «autonomes», les informations issues du contexte syntaxique ou sémantique ne peuvent donc intervenir qu'après que l'accès à un item lexical particulier ait eu lieu. Ce sont donc les procédures d'intégration du mot à la phrase qui sont affectées par le contexte et non pas celles plus précoces d'accès aux représentations lexicales.

Le modèle Cohorte de Marslen-Wilson occupe une position intermédiaire par rapport aux modèles préalablement envisagés. En effet, d'une part, ce modèle dénie au contexte la possibilité d'activer une cohorte de mots candidats en absence de l'information sensorielle correspondant aux sons initiaux du mot à identifier tandis que, d'autre part, il permet au contexte d'accélérer la procédure de rétrécissement de la cohorte par le biais des contraintes syntaxiques ou interprétatives. Ainsi, quand un mot apparaît dans un contexte qui le rend prédictible il pourra être identifié «avant» que l'auditeur n'ait reçu la quantité d'information acoustique nécessaire pour son identification hors contexte. Le point d'identification d'un mot varie donc selon le contexte de sa réalisation.

A l'appui de cette hypothèse d'une utilisation précoce de l'information contextuelle on peut citer nombre de recherches qui montrent qu'un même mot est plus rapidement identifié quand il est présenté dans un contexte linguistique normal que dans un contexte anormal ou agrammatical. A titre d'exemple, Tyler et Marslen-Wilson (1982) observent que le temps moyen de détection d'un même mot-cible est de 275 ms dans le premier cas, de 336 ms dans le second et de 360 ms dans le troisième.

Le modèle Cohorte considère que lors de l'identification d'un mot la première étape d'activation de la cohorte initiale est autonome et déterminée exclusivement par les propriétés du signal acoustique, tandis qu'une étape ultérieure de sélection du candidat à identifier et d'intégration de cet item avec les autres éléments du contexte est interactive et donc sensible aux informations provenant des niveaux supérieurs de traitement. Selon cette interprétation le contexte peut agir sur la reconnaissance d'un mot seulement après que la cohorte initiale ait été calculée à partir de la seule information sensorielle (Tyler, 1984).

Si l'information sensorielle permet de sélectionner un candidat particulier c'est ce candidat qui émergera lors du processus de reconnaissance et ceci même s'il est incompatible avec le contexte. De même, si le contexte conduit à attendre un candidat unique, celui-ci ne sera pas sélectionné si l'information sensorielle initiale contredit ces attentes. Il existe donc une certaine asymétrie dans le poids respectif des informations contextuelles et sensorielles. Ce sont toujours les informations sensorielles qui ont la priorité. Ce principe de priorité donné par le modèle à l'information de bas niveau vise à permettre au système de reconnaissance de garder le contact avec la stimulation sensorielle tout en permettant une variation de la quantité nécessaire de cette information pour identifier un mot en fonction de l'importance des contraintes issues du contexte. Grosjean (1980) a ainsi montré, à l'aide de la procédure de «gating», que la durée moyenne de signal acoustique nécessaire pour identifier un mot est de l'ordre de 330 ms quand le mot est présenté en dehors de tout contexte et de moins de 200 ms quand le même mot est présenté dans un contexte phrastique. Dans ce dernier cas la durée du signal nécessaire à l'identification du mot est fonction de sa probabilité de transition dans la phrase. Cet auteur montre également que l'identification d'un mot de haute fréquence exige moins d'information sensorielle que celle d'un mot de faible fréquence.

Malgré ces résultats qui semblent trancher en faveur d'une interprétation interactive du traitement du langage, le problème de la nature modulaire ou interactive des procédures d'accès au lexique reste à l'heure actuelle un problème largement ouvert en psycholinguistique. En effet, si ces études montrent que le contexte facilite l'identification des mots, elles ne permettent pas de conclure quant à la localisation pré ou post-accès de ces effets (voir sur ce point Segui et Beauvillain, 1988). Autrement dit, il reste à établir si les effets observés sont effectivement perceptifs et prennent place très tôt au cours du traitement ou bien s'ils traduisent davantage un biais de réponse.

A l'appui de la thèse de l'autonomie de l'accès au lexique on peut mentionner le fait que lors de la présentation d'un item lexicalement ambigu tel que « glace » toutes ses acceptions (miroir, sorbet) semblent être disponibles pendant un temps très bref. Cependant, quelques centaines de millisecondes après, seule l'acception de ce mot compatible avec le contexte resterait disponible (Swinney, 1982). Ce fait suggère que le contexte ne peut pas « pré-sélectionner » l'acception du mot qui sera activée lors de sa présentation.

2.3. De l'identification des mots à la perception des énoncés

Dans ce qui précède nous avons abordé le problème du rôle du contexte en tant que facteur affectant l'identification des mots. Comme nous l'avons souligné l'identification des mots est sans doute essentielle pour la compréhension d'un énoncé car c'est à partir des multiples informations linguistiques véhiculées par ces unités (informations phonologiques, morphologiques, syntaxiques, sémantiques) qu'une partie primordiale du traitement de l'énoncé peut s'effectuer. Il est clair cependant que la compréhension d'un énoncé exige bien autre chose que la seule identification des mots qui le composent. En particulier, cette compréhension exige l'élaboration d'une représentation intégrée susceptible d'être construite par l'auditeur en « temps réel », c'est-à-dire à fur et à mesure que celui-ci reçoit les mots individuels. D'après la proposition théorique de Marslen-Wilson cette élaboration est possible grâce au fait que le locuteur exploite de manière presque immédiate ses connaissances lexicales, syntaxiques, sémantiques et pragmatiques. Chaque mot reçu est ainsi « intégré » dans une représentation en phase de construction, représentation qui sous-tend l'interprétation de l'énoncé entendu. Nous n'examinerons pas dans ce texte la nature de cette représentation et sa relation avec le « modèle mental » du locuteur (voir sur ce point Johnson-Laird, 1983) nous limitant à considérer de manière succincte dans quelle mesure les informations acoustiques, et en particulier celles concernant la prosodie, jouent un rôle dans la construction d'une représentation de la phrase.

Nombre de recherches ont mis en évidence que la présence ou l'absence d'indices prosodiques correspondant par exemple à l'évolution de la fréquence fondamentale dans différentes parties d'un énoncé peut affecter de manière importante l'intelligibilité du discours (ex. Huggins, 1978). Cependant, les travaux les plus importants dans ce domaine sont liés à l'évolution des théories phonologiques actuelles qui ont montré que la structure prosodique de l'énoncé est liée de manière étroite à ses propriétés syntaxiques et sémantiques (Selkirk, 1984). Ainsi, Tyler et Warren (1987) ont observé que la transgression de la structure prosodique locale ou globale affecte de manière importante l'élaboration d'une représentation intégrée de l'énoncé. La dimension intonative de la phrase semble donc faciliter la construction d'unités de traitement cohérentes sur le plan syntaxique et sémantique.

De même, Gee et Grosjean (1983) ont montré que l'emplacement des pauses lors de la lecture reflète d'une manière fidèle l'organisation prosodique de la phrase. Ces auteurs ont également souligné l'importance des paramètres prosodiques en montrant que l'accès aux mots d'un énoncé peut être mieux compris si l'on attribue au sujet la capacité d'exploiter d'une manière adéquate les indices prosodiques véhiculés par le signal. A titre d'exemple on peut mentionner que la prise en considération de l'emplacement des syllabes accentuées et non accentuées à l'intérieur du mot peut jouer un rôle fondamental pour le calcul de l'organisation syntaxique de la phrase. C'est en termes de syllabes accentuées et non accentuées qu'il semble possible de rendre compte de la différence de traitement observée entre les mots grammaticaux et les mots à contenu.

D'après ce qui précède il semble donc bien établi que les procédures mises en œuvre dans le calcul de la structure interne d'un énoncé bénéficient largement de la présence des informations suprasegmentales.

Néanmoins, l'étude précise de ce type de paramètres pose beaucoup de difficultés. En effet, comme nous l'avons souligné, ces informations sont généralement en liaison étroite avec d'autres informations linguistiques ce qui rend très difficile une évaluation précise de leur importance relative. C'est essentiellement en construisant un matériel qui transgresse ces corrélations que l'on peut aborder leur impact sur la perception.

CONCLUSION

Dans ce chapitre nous nous sommes efforcés d'effectuer une présentation générale des recherches consacrées à la perception du langage parlé et en particulier de celles consacrées aux étapes précoces de ce processus.

Comme le lecteur aura pu le constater, la plupart des études mentionnées sont très récentes ce qui explique le caractère assez exploratoire de nombre d'entre elles. Ceci est dû principalement aux difficultés techniques soulevées par ce genre de travaux qui exige une manipulation précise des propriétés acoustiques du signal de parole. Ce n'est que depuis peu, et grâce aux possibilités offertes par les systèmes de digitalisation et de synthèse du signal de parole, que des telles manipulations sont devenues possibles.

Le développement très rapide de ces recherches et des cadres théoriques qui les sous-tendent permettent cependant d'espérer que dans un futur proche nous arriverons à une connaissance approfondie de ce qui constitue sans aucun doute le moyen naturel et privilégié de communication entre les êtres humains. Nous pourrons alors mettre un terme à cette situation paradoxale qui veut que la plupart des études consacrées en psychologie depuis une centaine d'années au traitement du langage portent presque exclusivement sur le langage écrit plutôt que sur le langage parlé.

LECTURES CONSEILLÉES

En français :

MEHLER J., NOIZET G. Textes pour une Psycholinguistique. Partie II : *Aspects phonologiques.* Paris, Mouton. 1974.

En anglais :

SCHWAB E. C., NUSBAUM H. C.. PATTERN RECOGNITION BY HUMANS AND MACHINES. VOL. 1. *Speech Perception.* London, Academic Press, 1986.

TYLER L. K, FRAUENFELDER U. *Spoken word recognition.* Cambridge, M.I.T. Press, 1987.

Bibliographie

Les ouvrages signalés par un * sont des ouvrages introductifs généraux, ceux qui sont signalés par deux ** sont des ouvrages de référence, généralement des ouvrages collectifs.

ABDI H. (1986). Faces, prototypes, and additive tree representations. In H.D. ELLIS, M.A. JEEVES, F. NEWCOMBE, A.W. YOUNG (Eds.), *Aspects of face processing*. Dordrecht : Nijhoff.

ADAMS J.A. (1971). A closed-loop theory of motor learning. *Journal of Motor Behavior, 3,* 111-150.

AJURIAGUERRA J. de (1978). Ontogenèse de la motricité. In H. HÉCAEN, M. JEANNEROD (Eds.), pp. 133-157.

ALLEN G.I., TSUKAHARA N. (1974). Cerebro-cerebellar communication systems. *Physiological Review, 54,* 957-1006.

ALTMAN J. (1967). Postnatal growth and differentiation of the mammalian brain with implication for a neurological theory of memory. In G. QUARTON (Ed.), *The neurosciences.* New York (N.Y.) : Rockefeller University Press, pp. 723-743.

AMIEL-TISON C., GRENIER A. (1980). *Évaluation neurologique du nouveau-né et du nourrisson.* Paris : Masson.

ANDERSEN G.J., BRAUNSTEIN M.L. (1985). Induced self motion in central vision. *Journal of Experimental Psychology : Human Perception and Performance, 11,* 122-132.

* ANDERSON J.R. (1985). *Cognitive Psychology and its implications.* New York (N.Y.) : W.H. FREEMAN and Co. (1ère éd. 1980).

ANDRÉ-THOMAS, SAINT-ANNE-DARGASSIES S. (1952). *Études neurologiques sur le nouveau-né et le jeune nourrisson.* Paris : Masson.

** ARAN J.-M., DANCER A., DOLMAZON J.-M., PUJOL R., TRAN BA HUY P. (1988). *Physiologie de la Cochlée.* Paris : INSERM-SFA, Éditions Médicales Internationales.

ARDITI A. (1986). Binocular vision. In K.R. BOFF, L. KAUFMAN, J.-P. THOMAS (Eds.), pp. 23.1-23.41.

ASHBY F.G., PERRIN N.A. (1988). Toward a unified theory of similarity and recognition. *Psychological Review, 95,* 124-150.

ASLIN R.N., SMITH L.B. (1988). Perceptual development. *Annual Review of Psychology, 39,* 435-473.

BACHEM A. (1950). Tone height and tone chroma as two different pitch qualities. *Acta Psychologica, 48,* 80-88.

BAHILL T., STARK L. (1984). Les mouvements saccadés de l'œil. In C. BONNET (Ed.), pp. 90-100.

BAILEY G.B., PRESGRAVE R. (1958). *Basic motion time study.* New York (N.Y.) : McGraw Hill.

BAIRD J.C. (1970). *Psychophysical analysis of visual space.* New York (N.Y.) : Pergamon Press.

BALL K., SEKULER R., MACHAMER J. (1983). Detection and identification of moving targets. *Vision Research, 23,* 229-238.

BALLARD D.H. (1986). Cortical connections and parallel processing : Structure and function. *Behavior and Brain Science, 9,* 67-120.

BANKS M.S., DANNEMILLER J.L. (1987). Infant visual psychophysics. In P. SALAPATEK, L. COHEN (Eds.), *Handbook of Infant Perception : From sensation to perception,* Vol. 1. New York (N.Y.) : Academic Press, pp. 115-184.

BANKS W.P., PRINZMETAL W. (1976). Configurational effects in visual information processing. *Perception & Psychophysics, 19,* 361-367.

BARD C., HAY L. (1983). Étude ontogénétique de la coordination visuomanuelle. *Revue Canadienne de Psychologie, 37,* 390-413.

BARLOW H.B. (1972). Single units and sensation : A neuron doctrine for perceptual psychology. *Perception, 1,* 371-394.

BARROW H.G., TENENBAUM J.M. (1986). Computational approaches to vision. In K.R. BOFF, L. KAUFMAN, J.-P. THOMAS (Eds.), pp. 38.1.-38.70.

BARUCH C. (1987). Étude d'une interaction binaurale : l'adaptation induite de la sonie. Thèse de Doctorat de Psychologie de l'Université Paris V.

BEAUBATON D. (1983). Contrôles proactifs et rétroactifs de la motricité : rôle des ganglions de la base et du cervelet dans la programmation et le contrôle du mouvement. Thèse de Doctorat ès Sciences de l'Université Aix-Marseille II.

BECK J. (1966). Perceptual grouping produced by changes in orientation and shape. *Science, 154,* 538-540.

** BERANEK L.L. (1986). *Acoustics.* New York (N.Y.) : American Institute of Physics for the Acoustical Society of America.

BERNSTEIN N. (1967). *The coordination and regulation of movement.* New York (N.Y.) : Pergamon Press.

BERTHOZ A. (1978). Rôle de la proprioception dans le contrôle de la posture et du geste. In H. HÉCAEN, M. JEANNEROD (Eds.), pp. 187-224.

BERTONCINI J., BIJELJAC-BABIC R., JUSCZYK P.W., KENNEDY L.G., MEHLER J. (1988). An investigation of young infants' perceptual representations of speech sounds. *Journal of Experimental Psychology : General, 117,* 21-33.

BIEDERMAN I. (1981). On the semantics of a glance at a scene. In M. KUBOVY, J.R. POMERANTZ (Eds.), pp. 213-253.

BIEDERMAN I. (1987). Recognition-by-components : A theory of human image understanding. *Psychological Review, 94,* 115-145.

BIODINI A.R., MATIELLO M.L.F. (1985). Suprathreshold contrast perception at different luminance levels. *Vision Research, 25,* 1-9.

BIZZI E., POLIT A., MORASSO P. (1976). Mechanisms underlying achievement of final head position. *Journal of Neurophysiology, 39,* 435-444.

BIZZI E., DEW P., MORASSO P., POLIT A. (1978). Effects of load disturbance during centrally initiated movements. *Journal of Neurophysiology, 41,* 542-556.

BLAKEMORE C.B., CAMPBELL F.W. (1969). On the existence of neurons in the human visual system selectively sensitive to the orientation and size of retinal images. *Journal of Physiology, 203,* 237-260.

BLAKEMORE C.B., JULESZ B. (1971). Stereoscopic depth after-effect produced without monocular cue. *Science, 171,* 286-288.

BLAKEMORE C.B., NACHMIAS J., SUTTON P. (1970). The perceived spatial frequency shift : Evidence for frequency selectivity neurons in the human brain. *Journal of Physiology, 210,* 727-750.

** BLAUERT J. (1983). *Spatial Hearing. The Psychophysics of Human Sound Localization.* Cambridge (Ma.) : MIT Press.

BLUMSTEIN S.E., STEVENS K.N. (1980). Perceptual invariance and onset spectra for stop consonants in different vowel environments. *Journal of Acoustical Society of America, 66,* 1001-1017.

** BOFF K.R., KAUFMAN L., THOMAS J.-P. (Eds.) (1986). *Handbook of Perception and Human Performance.* Vol. I *Sensory Processes and Perception.* Vol. II *Cognitive Processes and Performance.* New York (N.Y.) : John Wiley and Sons.

* BONNET C. (Ed.) (1984). *La Perception Visuelle.* Paris : Bibliothèque Pour la Science.

* BONNET C. (1986, a). *Manuel pratique de Psychophysique.* Paris : Armand Colin.

BONNET C. (1986, b). Visual Perception in Context. *Cahiers de Psychologie Cognitive, 6,* 137-155.

BONNET C. (1988, a). La perception visuelle des formes et du mouvement. *Intellectica, 5,* 57-87.

BONNET C. (1988, b). Les temps de traitement dans la perception visuelle des formes. In J.P. CAVERNI, C. BASTIEN, P. MENDELSOHN, G. TIBERGHIEN (Eds.), *Processus cognitifs : modèles et méthodes d'étude en Psychologie.* Grenoble : Presses Universitaires de Grenoble, pp. 309-328.

BONNET C., BOTTE M.-C., MOLNAR F. (1986). De l'automatique à l'intelligence artificielle en perception. In C. BONNET, J.-M. HOC, G. TIBERGHIEN (Eds.), *Psychologie, automatique et intelligence artificielle.* Bruxelles : Mardaga, pp. 223-241.

BONNET C., BRETTEL H. (1987). *Information globale et information locale dans la perception visuelle des formes.* Rapport de recherches effectuées dans le cadre d'une A.T.P. du C.N.R.S., « Traitement de l'image fixe et animée ».

BONNET M., GURFINKEL V.S., LIPSHITS M.I., POPOV K.E. (1976). Central programming of lower limb muscles activity in the standing man. *Agressologie, 17,* 35-42.

BORING E.G. (1942). *Sensation and perception in the history of experimental psychology.* New York (N.Y.) : Appleton-Century-Crofts.

BOSSOM J. (1972). Movement without proprioception. *Brain Research, 71,* 285-296.

BOTTE M.-C. (1980). Données psychoacoustiques et mécanismes du système auditif périphérique. I. La perception de l'intensité sonore. In *Les récepteurs Cochléaires. Structure et Fonctionnement.* Lannion : Monographie du G.A.L.F., PubliTregor, pp. 191-209.

** BOTTE M.-C., CANEVET G., DEMANY L., SORIN C. (à paraître). *Psychoacoustique et Perception Auditive.* Paris : INSERM-SFA-CNET, Éditions Médicales Internationales.

BOTTE M.-C., CHOCHOLLE R. (1979, a). La fatigue auditive. Résultats de quelques nouvelles méthodes de mesure chez l'homme. *Journal of Psychology, 1,* 5-21.

BOTTE M.-C., CHOCHOLLE R. (1979, b). Étude de la fatigue auditive chez l'homme. Comparaison de la récupération au niveau du seuil et aux niveaux supraliminaires. *Audiology, 18,* 125-132.

* BOTTE M.-C., CHOCHOLLE R. (1984). *Le Bruit.* « Que sais-je ? », 855, 4e édition. Paris : Presses Universitaires de France.

BOTTE M.-C., BARUCH C., SCHARF B. (1986). Loudness reduction and adaptation induced by a contralateral tone. *Journal of Acoustical Society of America, 80,* 73-81.

BOTTE M.-C., SCHARF B. (1980). La sonie. Effets simultanés de fatigue et de masque. *Acustica, 46,* 100-106.

BOUCART M. (1988). Psychophysique de la perception des formes visuelles : approche neuropsychologique. Thèse de Doctorat de l'Université Paris V.

BOWER T.G.R. (1966). The visual world in infants. *Scientific American, 215,* 80-92.

BOWER T.G.R. (1977). Le développement de l'enfant : disparition et résurgence des aptitudes. *Pour la Science, 12,* 93-105.

BOWER T.G.R. (1987). Les fonctions d'organisation des conduites et des données. In J. PIAGET, P. MOUNOUD, J.-P. BRONCKART (Eds.), *Psychologie.* Paris : Gallimard, Encyclopédie de la Pléiade, pp. 370-417.

BOWER T.G.R., BROUGHTON J.M., MOORE M.K. (1970). Demonstration of intention in the reaching behavior of neonate human. *Nature, 228,* 679-681.

BOYNTON R.M. (1988). Color Vision. *Annual Review of Psychology, 36,* 69-100.

BRADDICK O.J., CAMPBELL F., ATKINSON J. (1978). Channels in vision : Basic aspects. In R. HELD, H.W. LEIBOWITZ, H.-L. TEUBER (Eds.), pp. 3-38.

BRANDT T., DICHGANS J., KOENIG E. (1973). Differential effects of central versus peripheral vision on egocentric and exocentric motion perception. *Experimental Brain Research, 23,* 471-489.

BREGMAN A.S. (1977). Perception and behavior as compositions of ideals. *Cognitive Psychology, 9,* 250-262.

BREGMAN A.S. (1980). The conceptual basis of perception and action. In *Perception and Cognition II : Presentations on Art Education Research.* Montréal : Université Concordia, *4,* 73-85.

BREGMAN A.S., CAMPBELL J. (1971). Primary auditory stream segregation and the perception of order in rapid sequences of tones. *Journal of Experimental Psychology, 89,* 244-249.

BREGMAN A.S., PINKER S. (1978). Auditory streaming and the building of timbre. *Canadian Journal of Psychology, 32,* 19-31.

BREGMAN A.S., ABRAMSON J., DOEHRING P., DARWIN C. (1985). Spectral integration based on common amplitude modulation. *Perception & Psychophysics, 37,* 483-492.

BREITMEYER B.G. (1984). *Visual masking: An integrative approach.* New York (N.Y) : Oxford University Press.

BREITMEYER B.G. (1986). Eye movements and visual pattern perception. In E.C. SCHWAB, H.C. NUSBAUM (Eds.), pp. 65-87.

BRIGNER W.L., GALLAGHER M.B. (1974). Subjective contour : Apparent depth and simultaneous brightness contrast. *Perception and Motor Skills, 38,* 1047-1053.

BROOKS V.B., COOKE J.D., THOMAS J.S. (1973). The continuity of movements. In R.B. STEIN, K.G. PEARSON, R.S. SMITH, J.B. REDFORD (Eds.), *Control of posture and locomotion.* New York (N.Y.) : Plenum Press, pp. 257-273.

BROWNELL W.E., BADER C.R., BERTRAND D., de RIBAUPIERRE Y. (1985). Evoked mechanical responses of isolated outer hair cells. *Science, 227,* 194-196.

BRUCE V., YOUNG A.W. (1986). Understanding face recognition. *British Journal of Psychology, 77,* 305-327.

BRUNER J.S., BRUNER B.M. (1968). On voluntary action and its hierarchical structure. *International Journal of Psychology, 3,* 239-255.

BRUYER R. (1987). *Les mécanismes de reconnaissance des visages.* Grenoble : Presses Universitaires de Grenoble.

BULLINGER A. (1977). Orientation de la tête du nouveau-né en présence d'un stimulus visuel. *L'Année Psychologique, 77,* 357-364.

BURNS E.M., VIEMEISTER N.F. (1981). Played-again SAM : further observations on the pitch of amplitude-modulated noise. *Journal of Acoustical Society of America, 70,* 1655-1660.

* BUSER P., IMBERT M. (1986). *Vision.* Paris : Hermann.

* BUSER P., IMBERT M. (1987). *Audition.* Paris : Hermann.

BUTTERWORTH G., POPE M.J. (1981). *Origine et fonctions de la proprioception visuelle chez l'enfant humain.* Conférence APSLF (XVIIIe journées d'étude). Grenoble. Octobre.

CALFORD M.B., WEBSTER W.R., SEMPLE (1983). Measurement of frequency selectivity of single neurons in the central auditory pathway. *Hearing Research, 11,* 395-401.

** CALLIOPE (à paraître). *La parole et son traitement automatique.* Paris : Masson.

CAMPBELL F.W., KULIKOWSKI J.J. (1966). Orientation selectivity of the human visual system. *Journal of Physiology, 187,* 437-455.

CAMPBELL F.W., MAFFEI L. (1984). Contraste et fréquence spatiale. In C. BONNET (Ed.), pp. 62-68.

CAMPBELL F.W., ROBSON J.G. (1968). Application of Fourier analysis to the visibility of gratings. *Journal of Physiology, 197,* 551-566.

CARLSON R., FANT C.G.M., GRANSTROM B. (1975). Two-formants models, pitch and vowel perception. In C.G.M. FANT, M.A.A. TATHAM (Eds.), *Auditory Analysis and Perception of Speech.* Londres : Academic Press, pp. 55-82.

** CARTERETTE E.C., FRIEDMAN M.P. (Eds.) (1975). *Handbook of Perception,* Vol. 3, *Seeing.* New York (N.Y.) : Academic Press.

CHARRON S., BOTTE M.-C. (1988). Frequency selectivity in loudness adaptation and auditory fatigue. *Journal of Acoustical Society of America, 88,* 178-187.

CHATILLON J.F. (1985). Problèmes théoriques posés par l'analyse des conduites sensorimotrices complexes. Les niveaux de régulation. La prise de conscience. In P. ARNAUD, G. BROYER (Eds.), *Psychopédagogie des Acti-*

vités Physiques et Sportives. Toulouse : Privat, pp. 313-334.

CHATILLON J.F., BULLINGER A. (à paraître). From sensorimotor functionnings to complex finalized actions. In J. VALCINER, J. OPPENHEIMER (Eds.), *The origins of action.* Berlin : Springer-Verlag.

CHERRY E.C. (1953). Some experiments on the recognition of speech with one and with two ears. *Journal of Acoustical Society of America, 25,* 975-979.

CHOLLET D. (1987). L'utilisation du bouclage bio-rétroactif externe comme moyen d'auto-contrôle moteur. In M. LAURENT, P. THERME (Eds.), *Recherches en Activités physiques et sportives, II.* Aix-Marseille II : Centre de Recherche de l'U.E.R.E.P.S., pp. 271-285.

** CHOMSKY N., HALLE M. (1968). *The sound pattern of English.* New York (N.Y.) : Harper and Row.

CHURCH K.W. (1987). Phonological parsing and lexical retrieval. *Cognition, 25,* 53-69.

** CLYNES M. (1982). *Music, Mind and Brain.* New York (N.Y.) : Plenum Press.

COLÉ R.A. (1973). Listening for mispronunciations : a measure of what we hear during speech. *Perception & Psychophysics, 13,* 153-156.

CONNINE C.M., CLIFTON C. (1987). Interactive use of lexical information in speech perception. *Journal of Experimental Psychology : Human Perception and Performance, 13,* 291-299.

CONNINE C.M., CLIFTON C., CUTLER A. (1987). Effects of lexical stress on phonetic categorisation. *Phonetica, 44,* 133-146.

CONTI P., BEAUBATON D. (1976). Utilisation des informations visuelles dans le contrôle du mouvement : étude de la précision des pointages chez l'homme. *Le Travail Humain, 39,* 19-32.

CONTI P., BEAUBATON D. (1980). Structured visual field and visual reafference in the accuracy of pointing movements. *Perceptual and Motor Skills, 50,* 239-244.

COOLEY J.W., TUKEY J.W. (1965). An algorithm for the machine calculation of complexe Fourier series. *Mathematics of Computation, 19,* 297-301.

** CORNSWEET T.N. (1970). *Visual Perception.* New York (N.Y.) : Academic Press.

COREN S. (1972). Subjective contour and apparent depth. *Psychological Review, 79,* 359-367.

COREN S., GIRUS J.S. (1980). Principles of perceptual organization and spatial distorsion : The Gestalt illusions. *Journal of experimental Psychology : Human Perception and Performance, 6,* 404-412.

COREN S., THEODOR L.H. (1977). Neural interactions and subjective contours. *Perception, 6,* 107-111.

CUTLER A., MEHLER J., NORRIS D., SEGUI J. (1983). A language specific comprehension strategy. *Nature, 304,* 159-160.

CUTLER A., MEHLER J., NORRIS D., SEGUI J. (1986). The syllable's differing role in the segmentation of French and English. *Journal of Memory and Language, 25,* 385-400.

CUTLER A., MEHLER J., NORRIS D., SEGUI J. (1987). Phoneme identification and the lexicon. *Cognitive Psychology, 19,* 141-177.

DE BOER E. (1976). On the « residue » and auditory pitch perception. In W.D. KEIDEL, W.D. NEFF (Eds.), *Handbook of Sensory Physiology.* Vienne : Springer-Verlag, *3,* pp. 479-583.

DE LANGE H. (1958). Research into the dynamic nature of the human foveacortex systems with intermittent and modulated light. I Attenuation characteristics with white and colored light. *Journal of the Optical Society of America, 48,* 777-784.

DELGUTTE B. (1984). Codage de la parole dans le nerf auditif. Thèse de Doctorat d'État ès Sciences de l'Université Paris VI.

* DELL F. (1973). *Les règles et les sons.* Paris : Hermann.

** DEMANY L. (1987). La perception de la hauteur tonale. Thèse de Doctorat d'État ès Sciences Naturelles de l'Université Paris VI.

DEMANY L., ARMAND F. (1984). The perceptual reality of tone chroma in early infancy. *Journal of Acoustical Society of America, 76,* 57-66.

DEMANY L., SEMAL C. (1988). Dichotic fusion of two tones one octave apart : Evidence for internal octave templates. *Journal of Acoustical Society of America, 83,* 687-695.

DE MONASTERIO F.M., GOURAS P. (1975). Functional properties of ganglion cells of the rhesus monkey retina. *Journal of Physiology, 251,* 167-195.

DENIS M. (1979). *Les images mentales.* Paris : Presses Universitaires de France.

DE SCHONEN S., MATHIVET E. (1989). First come, first served : a scenario about the development of hemispheric specialization in face recognition during infancy. Target Paper with Peer Commentaries. *Cahiers de Psychologie Cognitive, European Bulletin of Cognitive Psychology, 9,* 3-44.

DE VALOIS R.L., DE VALOIS K.K. (1988). *Spatial vision.* New York (N.Y.) : Oxford Science Publication.

DOBSON V., TELLER D.Y. (1978). Visual acuity in human infants : A review and comparison of behavioral and electrophysiological studies. *Vision Research, 18,* 1469-1483.

** DOWLING W.J., HARWOOD D.L. (1986). *Music cognition,* New York (N.Y.) : Academic Press.

DRESP B. (1988). Étude psychophysique d'un phénomène de structuration perceptive : le triangle de Kanizsa. Mémoire du DEA Processus Cognitifs, Université Paris V.

EIMAS P.D. (1975). Speech perception in early infancy. In L.B. COHEN, P. SALAPATEK (Eds.), *Infant Perception.* New York (N.Y.) : Academic Press.

EIMAS P.D. (1982). Speech perception : A view of the initial state and perceptual mechanisms. In J. MEHLER, E.C.T. Walker, M. GARRETT (Eds.), *Perspectives on Mental Representation,* Hillsdale (N.J.) : Lawrence Erlbaum Ass.

EIMAS P.D., SIQUELAND E.R., JUSCZYCK P.W., VIGORITO J. (1971). Speech perception in infants. *Science, 171,* 303-306.

EIMAS P.D., CORBIT J.D. (1973). Selective adaptation of linguistic feature detectors. *Cognitive Psychology, 4,* 99-109.

EKLUND G. (1972). Position sense and state of contraction : the effects of vibration. *Journal of Neurology, Neurosurgery and Psychiatry, 35,* 606-611.

ELLIS H.D. (1981). Theoretical aspects of face recognition. In G. DAVIES, H.D. ELLIS, J. SHEPHERD (Eds.), *Perceiving and remembering faces.* Londres : Academic Press, pp. 171-197.

ENGEN T., LIPSITT L.P. (1965). Decrement and recovery of responses to olfactory stimuli in the human neonate. *Journal of Comparative and Physiological Psychology, 59,* 312-316.

FANTZ R.L. (1961). The origin of a form perception. *Scientific American, 204,* 66-72.

FERRANDEZ A.M., PAILHOUS J. (1986). From stepping to adaptive walking : modulations of an automatism. In M.G. WADE, H.T.A. WHITING (Eds.), *Motor development in children.* Dordrecht : Martinus Nijhoff Publishers BV., pp. 265-278.

FERRANDEZ A.M., PAILHOUS J., SERRATRICE G. (1988). Locomotion in the elderly. In B. AMBLARD, A. BERTHOZ, F. CLARAC (Eds.), *Posture and gait : development, adaptation and modulation.* Amsterdam : Elsevier.

FINKE R.A., SHEPARD R.N. (1986). Visual functions of mental imagery. In K.R. BOFF, L. KAUFMAN, J.-P. THOMAS (Eds.), Vol. II, pp. 37.1-37.55.

FIORENTINI A. (1972). Mach band phenomena. In D. JAMESON, L.M. HURVICH (Eds.).

FLETCHER H.F. (1940). Auditory patterns. *Review of Modern Physics, 12,* 47-65.

FLETCHER H.F., MUNSON W.A. (1933). Loudness, its definition, measurement and calculation. *Journal of Acoustical Society of America, 5,* 82-108.

FLORENTINE M., BUUS S. (1981). An excitation-pattern model for intensity discrimination. *Journal of Acoustical Society of America, 70,* 1646-1654.

FLORENTINE M., BUUS S., MASON C.R. (1987). Level discrimination as a function of level and frequency between 0.25 et 16 kHz. *Journal of Acoustical Society of America, 81,* 1528-1541.

FLORENTINE M., BUUS S., SCHARF B., ZWICKER E. (1980). Frequency selectivity in normally hearing and hearing-impaired observers. *Journal of Speech and Hearing Research, 23,* 646-669.

** FODOR J.A. (1983). *The modularity of the mind : An essay on faculty psychology.* Cambridge (MA.) : The MIT Press. Trad. Française : *La modularité de l'esprit : essai sur la Psychologie des facultés.* Paris : Éditions de Minuit, 1986.

FORSTER K.I. (1979). Levels of processing and the structure of the language processor. In W.E. COOPER, E.C.T. WALKER (Eds.), *Sentence processing : Psycholinguistics studies presented to Merrill Garrett.* Hillsdale (N.J.) : Lawrence Erlbaum Ass., pp. 27-85.

FOSTER D.H., MASON R.J. (1980). Irrelevance of local position information in visual adaptation to random arrays of small geometric elements. *Perception, 9,* 217-221.

FOX R.A. (1984). Effect of lexical status on phonemic categorization. *Journal of Experimental Psychology : Human Perception and Performance, 10,* 526-540.

FRAUENFELDER U.H., SEGUI J. (1989). Evidence for associative context effects in phoneme monitoring. *Memory and Cognition, 17,* 2, 134-140.

FRAUENFELDER U.H., SEGUI J., DIJKSTRA T. (sous presse). Lexical effects in phoneme monitoring : Facilitatory or inhibitory? *Journal of Experimental Psychology : Human Perception and Performance.*

FRAZIER L. (1987). Structure in auditory word recognition. *Cognition, 25,* 157-187.

FROST B.J. (1982). Mechanisms for discrimining object motion from self-induced motion in the pigeon. In D.J. INGLE, M.A. GOODALE, R.J.W. MANSFIELD (Eds.), *Analysis of visual behavior.* Cambridge (MA.) : MIT Press, pp. 177-197.

FROST B.J. (1985). Neural mechanisms for detecting object motion and figure ground boundaries, contrasted with self-motion detecting systems. In D.J. INGLE, M. JEANNEROD, D.N. LEE (Eds.), *Brain mechanisms and spatial vision.* Dordrecht : Martinus Nijhoff Publishers BV., pp. 415-451.

FULD K., O'DONNEL K. (1984). Brightness matching and scaling of the Ehrenstein illusion. In L. SPILLMANN, B.R. WOOTEN (Eds.), pp. 461-469.

GANONG W.F. (1980). Phonetic categorization in auditory word recognition. *Journal of Experimental Psychology : Human Perception and Performance, 6,* 110-125.

GARRETT M. (1978). Word and sentence perception. In R. HELD, H.W. LEIBOWITZ, H.L. TEUBER (Eds.).

GEE J.P., GROSJEAN F. (1983). Performance structures : A psycholinguistic and linguistic appraisal. *Cognitive Psychology, 15,* 411-458.

GERVAIS M.J., HARVEY L.O., ROBERTS J.O. (1984). Identification confusions among letters of the alphabet. *Journal of Experimental Psychology : Human Perception and Performance, 10,* 655-666.

GIBSON J.J. (1950). *The perception of the visual world.* Boston (MA.) : Houghton Mifflin.

GIBSON J.J. (1958). Visually controlled locomotion and visual orientation in animals. *British Journal of Psychology, 49,* 182-194.

GIBSON J.J. (1979). *The ecological approach to visual perception.* Boston (MA.) : Houghton Mifflin.

GILINSKY A.S., DOHERTY R.S. (1969). Interocular transfer of orientational effects. *Science, 164,* 454-455.

GILLAM B. (1984). Les illusions géométriques. In C. BONNET (Ed.), pp. 11-19.

GINSBURG A.P. (1986). Spatial filtering and visual form perception. In K.R. BOFF, L. KAUFMAN, J.-P. THOMAS (Eds.), pp. 34.1-34.41.

GINSBURG A.P., EVANS D.W. (1982). Predicting visual illusions from filtered images based upon biological data. *Journal of the Optical Society of America, 69,* 1443.

GLENCROSS D.J. (1980). Levels and strategies of response organization. In G.E. STELMACH, J. REQUIN (Eds.), *Tutorials in motor behavior.* Amsterdam : North-Holland Publishing Company, pp. 550-566.

GOODWIN G.H., MAC CLOSKEY D.I., MATTHEWS P.B.C. (1972, a). The contribution of muscle afferents to kinaesthesia shown by vibration induced illusions of movement and by the effects of paralysing point afferents. *Brain, 95,* 705-748.

GOODWIN G.H., MAC CLOSKEY D.I., MATTHEWS, P.B.C. (1972, b). Proprioceptive illusions induced by muscle vibration : contribution by muscle spindles to perception? *Science, 175,* 1382-1384.

GOREA A., TYLER C.W. (1986). New look at Bloch's law for contrasts. *Journal of the Optical Society of America, A3,* 250-259.

** GRAHAM C. (Ed.) (1965). *Vision and Visual Perception.* New York (N.Y.) : John Wiley and sons.

GRAHAM N. (1981). Psychophysics of spatial-frequency channels. In M. KUBOVY, J.R. POMERANTZ (Eds.), pp. 1-25.

GRAHAM N., NACHMIAS J. (1971). Detection of grating patterns containing two spatial frequencies : A comparison of single-channel and multiple-channel models. *Vision Research, 11,* 251-259.

** GREEN D.M. (1988). *Profile Analysis. Auditory Intensity Discrimination.* New York (N.Y.) : Oxford University Press.

GREEN D.M., SWETS J.A. (1966). *Signal detection theory and Psychophysics.* New York (N.Y.) : John Wiley and sons. (Réimpression : Huntington (N.Y.) : Kreiger, 1974).

GREGORY R.L. (1968). Visual illusions. *Scientific American, 219,* 66-76.

GREGORY R.L. (1972). Cognitive contours. *Nature, 238,* 51-52.

GREGORY R.L. (1981). Question of pattern and object perception by man and computer. In J. LONG, A. BADDELEY (Eds.), *Attention and Performance IX.* Hillsdale (N.J.) : Lawrence Erlbaum Ass., pp. 97-116.

GREY J.M. (1977). Multidimensional perceptual scaling of musical timbres. *Journal of Acoustical Society of America, 61,* 1270-1277.

GREY J.M., MOORER J.A. (1977). Perceptual evaluations of synthesized musical instrument tones. *Journal of Acoustical Society of America, 62,* 454-462.

GROSJEAN F., (1980). Spoken word recognition process and the gating paradigm. *Perception & Psychophysics, 28,* 267-283.

GROSJEAN F., GEE J.P. (1987). Prosodic structure and spoken word recognition. *Cognition, 25,* 135-155.

GUILLAUME P. (1937). *La Psychologie de la Forme.* Paris : Flammarion.

* GULICK W.L. (1971). *Hearing, Physiology and Psychophysics.* New York (N.Y.) : Oxford University Press.

GUYTON A.C. (1984). *Neurophysiologie.* Paris, New York : Masson.

HALL J.W., HAGGARD M.P., FERNANDES M.A. (1984). Detection in noise by spectro-temporal pattern analysis. *Journal of Acoustical Society of America, 76,* 50-56.

HALLE M., STEVEN K.N. (1962). Speech recognition : A model and program for research. *IRE Transactions of Information Theory, IT-8,* 155-159.

HALLE M., VERGNAUD J.-R. (1980). Three dimensional phonology. *Journal of Linguistic Research, 1,* 83-105.

HALLETT P.E. (1986). Eye movements. In K.R. BOFF, L. KAUFMAN, J.-P. THOMAS (Eds.), pp. 10.1-10.112.

HARVEY L.O., GERVAIS M.J. (1981). Internal representation of visual textures as the basis for the judgement of similarity. *Journal of Experimental*

Psychology: Human Perception and Performance, 7, 741-753.

HAY D.C., YOUNG A.W. (1982). The human face. In H.D. ELLIS (Ed.), *Normality and pathology in cognitive functions,* Londres : Academic Press, pp. 173-202.

HAY L. (1987). Étude ontogénétique du contrôle d'un mouvement : l'approche manuelle. Thèse de Doctorat ès Sciences de l'Université Aix-Marseille II.

HAY L., BEAUBATON D. (1986). Visual correction of a rapid goal-directed response. *Perceptual and Motor Skills, 62,* 51-57.

HEBB D.O. (1949). *The organization of behavior.* New York (N.Y.) : John Wiley and Sons.

HÉCAEN H., JEANNEROD M. (1978). *Du contrôle moteur à l'organisation du geste.* Paris : Masson.

HÉCAEN H., LANTERI-LAURA G. (1983). *Les fonctions du cerveau.* Paris : Masson.

HECHT S., SHLAER S., PIRENNE M.H. (1942). Energy, quanta, and vision. *Journal of General Physiology, 25,* 819-840.

HELD R., HEIN A. (1963). Movement produced stimulation in the development of visually guided behavior. *Journal of Comparative and Physiological Psychology, 56,* 872-876.

** HELD R.M., LEIBOWITZ H.W., TEUBER H.-L. (Eds.) (1978). *Handbook of Sensory Physiology,* Vol. 8 *Perception.* Berlin : Springer-Verlag.

HEUER H., FROMM C. (1986). *Generation and modulation of action pattern.* Berlin : Springer-Verlag.

HEUER H., SANDERS A.F. (1987). *Perspectives on perception and action.* Amsterdam : North-Holland Publishing Company.

HIGGINS J.R., ANGEL R.W. (1970). Correction of tracking errors without sensory feedback. *Journal of Experimental Psychology, 84,* 412-416.

HIGGINS J.R., SPAETH R.K. (1972). Relationships between constancy of movement and environmental conditions. *Quest, 17,* 61-69.

HOC J.-M. (1986). L'organisation des connaissances pour la résolution de problèmes. In C. BONNET, J.-M. HOC, G. TIBERGHIEN (Eds.). *Psychologie, automatique et intelligence artificielle.* Bruxelles : Mardaga, pp. 00-00.

HOOD D.C., FINKELSTEIN M.A. (1986). Sensitivity to light. In K.R. BOFF, KAUFMAN, J.-P. THOMAS (Eds.), pp. 5.1.-5.66.

HOUTSMA A.J.M., DURLACH N.I., BRAIDA L.D. (1980). Intensity perception XI. Experimental results on the relation of intensity resolution to loudness matching. *Journal of Acoustical Society of America, 68,* 807-813.

HOWELL M.L. (1956). Use of force-time graphs for performance analysis in facilitating motor learning. *Research Quarterly, 27,* 12-22.

HUBEL D.H., WIESEL T.N. (1965). Receptive fields and functionnal architecture in two nonstriate visual areas (18 and 19) of the cat. *Journal of Neurophysiology, 28,* 229-289.

HUBEL D.H., WIESEL T.N. (1968). Receptive fields and functionnal architecture of monkey striate cortex. *Journal of Physiology, 195,* 215-243.

HUGGINS A.W.F. (1987). Speech timing and intelligibility. In J. REQUIN (Ed.), *Attention and Performance VII.* Hillsdale (N.J.) : Lawrence Erlbaum Ass.

HUMPHREYS G.W., RIDDOCH M.J. (Eds.) (1987). *Visual object processing : A cognitive neuropsychological approach.* Hillsdale (N.J.) : Lawrence Erlbaum Ass.

HUMPHREYS G.W., RIDDOCH M.J., QUINLAN P.T. (1988). Cascade processes in picture identification. *Cognitive Neuropsychology, 5,* 67-103.

IMBERT M. (1988). La vision naturelle : le traitement neuronal de l'information visuelle. *Intellectica, 5,* 3-31.

International Standards Organization (1959). *Expression of the physical and subjective magnitudes of sound,* R 131, New York (N.Y.).

JACOBS A.M., LEVY-SCHOEN A. (1987). Le contrôle des mouvements des yeux dans la lecture : questions actuelles. *L'Année Psychologique, 87,* 55-72.

JACOBSON E. (1932). Electrophysiology of mental activities. *American Journal of Psychology, 44,* 677-694.

* JAKOBSON R. (1976). *Six leçons sur le son et le sens.* Paris : Les Éditions de Minuit.

** JAMESON D., HURVICH L.M. (Eds.) (1972). *Handbook of Sensory Physiology,* Vol. 7/4, *Psychophysics.* New York (N.Y.) : Springer-Verlag.

JEANNEROD M. (1983). *Le cerveau-machine.* Paris : Arthème-Fayard, le temps des sciences.

JEANNEROD M. (1984). The timing of natural prehension movements. *Journal of Motor Behavior, 16,* 235-254.

JOHNSON-LAIRD P.N. (1983). *Mental Models.* Cambridge (MA.) : Cambridge University Press.

JOLICŒUR P., GLUCK M.A., KOSSLYN S.M. (1984). Pictures and names : Making the connection. *Cognitive Psychology, 16,* 243-275.

JULESZ B. (1971). *Foundations of cyclopean perception.* Chicago (Ill.) : The Chicago University Press.

JULESZ B. (1981). Figure and ground perception in briefly presented isopole textures. In M. KUBOVY, J.R. POMERANTZ (Eds.), pp. 27-54.

JULESZ B. (1984). Adaptation in the peephole : A texton theory of pre-attentive vision. In L. SPILLMANN, B.R. WOOTEN (Eds.), pp. 37-52.

JUNG R. (1973). Visual perception and neurophysiology. In R. JUNG (Ed.), *Handbook of Sensory Physiology,* Vol. VII/3, *Central Visual Information.* Berlin : Springer-Verlag, pp. 1-152.

JUSCZYK P., DERRAH C. (1987). Representation of speech sounds by young infants. *Developmental Psychology, 23,* 648-654.

KANIZSA G. (1979). *Organization in vision.* New York (N.Y.) : Praeger.

* KAUFMAN L. (1974). *Sight and Mind.* New York (N.Y.) : Oxford University Press.

KEELE S.W., POSNER M.I. (1968). Processing of visual feedback in rapid movement. *Journal of Experimental Psychology, 77,* 155-158.

KEELE S.W. (1977). Current status of the motor program concept. In D.M. LANDERS, R.W. CHRISTINA (Eds.), *Psychology of motor behavior and sport.* Champaign (Ill.) : Human Kinetics Publishers.

KELLY D.H. (1972). Flicker. In D. JAMESON, L.M. HURVICH (Eds.), pp. 273-302.

KELSO J.A.S. (1982). *Human motor behavior : an introduction.* Hillsdale (N.J.) : Lawrence Erlbaum Ass.

KELSO J.A.S., KOLT K.G. (1980). Evidence for a mass-spring model of human neuromuscular control. In C.H. NADEAU, W.R. HALLIWELL, K.M. NEWELL, G.C. ROBERTS (Eds.), *Psychology of motor behavior and sport.* Champaign (Ill.) : Human Kinetics Publishers.

KELSO J.A., TULLER B. (1984). A dynamical basis for action systems. In M.S. GAZZANIGA (Ed.), *Handbook of Cognitive Neuroscience.* Plenum Publishing Corporation, pp. 321-356.

KENNEDY J.M., LEE H. (1976). A figure-density hypothesis and illusory contour brightness. *Perception, 5,* 387-392.

KEOGH J., SUGDEN D. (1985). *Movement skill development.* New York (N.Y.) : Macmillan Publishing Company.

KIMURA D. (1961). Cerebral dominance and the perception of verbal stimuli. *Canadian Journal of Psychology, 15,* 166-171.

KINCHLA R.A., WOLFE J. (1979). The order of visual processing : "Top-Down", "Bottom-Up", or "Middle-Out". *Perception & Psychophysics, 25,* 225-231.

KING-SMITH P.E., KULIKOWSKI J.J. (1975). Pattern and flicker detection analyzed by subthreshold summation. *Journal of Physiology, 249,* 519-548.

KINSBOURNE M., HICKS R.E. (1978). Mapping cerebral functional space : competition and collaboration in human performance. In M. KINSBOURNE (Ed.), *Asymmetrical function of the brain.* London : Cambridge University Press.

KLATT D.H. (1989). Review of selected models of speech perception. In

W.D. MARSLEN-WILSON (Ed.), *Lexical Representation and Process.* Cambridge (MA.) : MIT Press.

KOENDERINK J.J., BOUMAN M.A., BUENO DE MOSQUITA A.E., SLAPPENDEL S. (1978). Perimetry of contrast thresholds of moving spatial sine wave patterns. *Journal of the Optical Society of America,* a à d, *68,* 845-865.

KOFFKA K. (1935). *Principles of Gestalt Psychology.* New York (N.Y.) : Harcourt, Brace and World.

KOHLER W. (1929). *Gestalt psychology: An introduction to new concepts in modern psychology.* New York (N.Y.) : Liveright. Trad. Française *Psychologie de la Forme.* Paris : Gallimard, Coll. Idées, 1964.

** KUBOVY M., POMERANTZ J.R. (Eds.) (1981). *Perceptual Organization.* Hillsdale (N.J.) : Lawrence Erlbaum Ass.

KUHL P.K., MELTZOFF A.N. (1982). The bimodal perception of speech in infancy. *Science, 218,* 1138-1144.

KUHL P.K. (1983). Perception of auditory equivalence classes for sppeech in early infancy. *Infant Behavior and Development, 6,* 263-285.

KULIKOWSKI J.J., ABADI R., KING-SMITH P.E. (1973). Orientational selectivity of gratings and line detectors in human vision. *Vision Research, 13,* 1479-1486.

KULIKOWSKI J.J., TOLHURST D.J. (1973). Psychophysical evidence for sustained and transient mechanisms in the human eye. *Journal of Physiology, 232,* 149-163.

LASHLEY K.S. (1917). The accuracy of movement in the absence of excitation from the moving organ. *American Journal of Physiology, 43,* 169-194.

LASZLO J.I., BAIRSTOW P.J. (1971). Accuracy of movement, peripheral feedback and efference copy. *Journal of Motor Behavior, 3,* 241-252.

LEE D.N. (1980). The optic flow field : the foundation of vision. *Philosophical Transaction of the Royal Society of London,* B. 290, 169-179. Trad. française in *Bulletin de Psychologie,* n. 383, tome XLI, Novembre-Décembre 1987.

** LEGRAND Y. (1964). *Optique Physiologique.* Paris : Éditions de l'Institut d'Optique.

* LEIPP E. (1984). *Acoustique et Musique,* 4e édition. Paris : Masson.

LENNIE P. (1980). Parallel visual pathways : A review. *Vision Research, 20,* 561-594.

LE PAGE E.L., JOHNSTONE B.M. (1980). Nonlinear mechanical behaviour of the basilar membrane in the basal turn of the guinea pig cochlea. *Hearing Research, 2,* 183-189.

LEPLAT J., PAILHOUS J. (1976). Les conditions cognitives de l'exercice et de l'acquisition des habiletés sensorimotrices. *Bulletin de Psychologie, 321,* 205-211.

LEROI-GOURHAN A. (1964). *Le geste et la parole : I. Technique et langage.* Paris : Albin Michel.

* LEVINE M.W., SHEFNER J.M. (1981). *Fundamentals of Sensation and Perception.* Reading (MA.) : Addison-Wesley Pub. Comp.

LEVINSON E., SEKULER R. (1975). The independance of channels in human vision selective for direction of motion. *Journal of Physiology, 250,* 347-366.

LIBERMAN A.M. (1970). The grammars of speech and language. *Cognitive Psychology, 1,* 301-323.

LIBERMAN A.M., HARRIS K.S., HOFFMAN H.A., GRIFFITH B.C. (1975). The discrimination of speech sounds within and across phoneme boundaries. *Journal of Experimental Psychology, 54,* 358-368.

LIBERMAN A.M., MATTINGLY I.G. (1985). The motor Htheory of speech perception revised. *Cognition, 21,* 1-36.

* LIENARD J.S. (1977). *Les Processus de la Communication Parlée. Introduction à l'Analyse et à la Synthèse de la Parole.* Paris : Masson.

* LINDSAY P.H., NORMAN D.A. (1977). *Human Information Processing : An introduction to Psychology.* New York (N.Y.) : Academic Press. Trad. fran-

çaise : *Traitement de l'Information et comportement humain, une introduction à la psychologie.* Montréal : Éditions Études Vivantes, Vigot, 1980.

LIPSITT L.P. (1970). Developmental psychology. In A. GILGEN (Ed.), *Contemporary scientific psychology.* New York (N.Y.) : Academic Press.

LIPSITT L.P., MUSTAINE M.G. (1987). Les processus sensoriels. In J. PIAGET, P. MOUNOUD, J.P. BRONCKART (Eds.), *Psychologie.* Paris : Gallimard, Encyclopédie de la Pléiade, pp. 318-370.

LINVINGSTONE M.S., HUBEL D.H. (1984). Anatomy and physiology of a color system of the primate visual cortex. *Journal of Neurosciences, 4,* 309-356.

LUCE P.A. (1986). Neighborhoods of words in the mental lexicon. In *Research on Speech Perception, Technical Report N° 6.* Bloomington, Ind., Dept. of Psychology, Speech Research Laboratory.

LUCE R.D. (1986). *Response times : Their role in infering elementary mental organization.* New York (N.Y.) : Oxford University Press.

MACDONALD J., MCGURK H. (1978). Visual influences on speech perception processes. *Perception and Psychophysics, 24,* 253-257.

MACH E. (1875). *Grundlinien der Lehre von den Bewegungsempfindungen.* Leipzig : Engelmann.

MAGILL R.A. (1983). *Memory and control of action.* Amsterdam : North-Holland Publishing Company.

* MALMBERG B. (1975). *La phonétique.* Que sais-je? Paris : Presses Universitaires de France.

* MALMBERG B. (1975). *Phonétique Française.* Malmo : Hermods Forlag.

MANN V.A., LIBERMAN A.M. (1983). Some differences between phonetic and auditory modes of perception. *Cognition, 14,* 211-235.

MARQUIE J.-C. (1986). Perception visuelle et vieillissement. *L'Année Psychologique, 86,* 573-608.

** MARR D. (1982). *Vision : A computational investigation into the human representation and processing of visual information.* San Francisco : W.H. Freedman.

MARSDEN C.D., ROTHWELL J.C., LAY B.L. (1984). The use of peripheral feedback in the control of movement. *Trends in Neurosciences,* July, 253-257.

MARSLEN-WILSON W.D. (1978). Sequential decision processes during spoken word recognition. Communication présentée à la Psychonomic Society, San Antonio, Texas.

MARSLEN-WILSON W.D. (1984). Functions and process in spoken word recognition. In H. BOUMA, D.G. BOUWHUIS (Eds.), *Attention and Performance X : Control of Language Processes.* Hillsdale (N.J.) : Lawrence Erlbaum Ass.

MARSLEN-WILSON W.D. (1987). Functional parallelism in spoken word recognition. *Cognition, 25,* 71-102.

MARSLEN-WILSON W.D., WELSH A. (1978). Processing interactions and lexical access during word recognition in continuous speech. *Cognitive Psychology, 10,* 29-63.

MASSARO D.W. (1972). Preperceptual images, processing time, and perceptual units in auditory perception. *Psychological Review, 79,* 124-145.

MASSARO D.W. (1974). Perceptual units in speech recognition. *Journal of Experimental Psychology, 102,* 99-208.

MASSARO D.W. (1987). A fuzzy logical model of speech perception. *Proceedings XIth International Congress of Phonetic Sciences,* Vol. 5. Tallinn, Estonia.

MASSION J. (1984). Fonctions motrices. *Encyclopédie Médico-chirurgicale, Neurologie,* 17002 D10, 11-1984, Paris.

MATIN L. (1986). Visual localization and eye movements. In K.R. BOFF, L. KAUFMAN, J.-P. THOMAS (Eds.), pp. 20.1-20.45.

MAUNSELL J.H.R., NEWSOME W.T. (1987). Visual processing in monkey extrastriate cortex. *Annual Review of Neurosciences, 10,* 363-401.

MAX J. (1981). *Méthodes et techniques de traitement du signal et applications aux mesures physiques.* Paris : Masson.

MCADAMS S. (1982, a). Spectral fusion and the creation of auditory images. In M. CLYNES (Ed.). *Music, Mind and Brain : the Neuropsychology of Music.* New York (N.Y.) : Plenum Press, pp. 279-298.

MCADAMS S. (1982, b). Contributions of sub-audio frequency modulation and spectral enveloppe constancy to spectral fusion in complex harmonic tones. *Journal of Acoustical Society of America, 72,* S11 (A).

MCADAMS S. (1983). Spectral fusion, spectral parsing and the formation of auditory images. Thèse de doctorat Phd., Université Stanford, Californie.

MCADAMS S. (1984). The auditory image : a metaphor for musical and psychological research on auditory organization. In W.R. CROZIER, A.J. CHAPMAN (Eds.), *Cognitive Processes in the Perception of Art.* Amsterdam : Elsevier Science Publishers, pp. 289-323.

MCADAMS S. (1987). Music : A science of the mind? In *Contemporary Music Review.* Londres : Harwood Academic Publishers, *2,* pp. 1-61.

MCCLELLAND J.L., ELMAN J.L. (1986). The TRACE Model of Speech Perception, Cognitive Psychology, 18, 1-86.

MC CLOSKEY D.I. (1981). Corollary discharges : motor command and perception. In V.B. BROOKS (Ed.), *Handbook of physiology, Sect. I : the nervous system, Vol. III, motor control.* Bethesda (M.D.) : American Physiological Society Editions, pp. 1391-1415.

MCGURK H., MCDONALD J. (1976). Hearing lips and seeing voices. *Nature, 264,* 746-748.

MEHLER J. (1981). The role of syllables in speech processing : infants and adults data. *Philosophical Transactions of Royal Society, 295,* 333-352.

MEHLER J., BARRIÈRE M., JASSIK-GERSCHENFELD D. (1976). La reconnaissance de la voix maternelle par le nourrisson. *La Recherche, 70,* 786-788.

MEHLER J., JUSCZYK P.W., LAMBERTZ G., HALSTED N., BERTONCINI J., AMIEL-TISSON C. (1988). A precursor of language acquisition in young infants. *Cognition,* 29, 143-178.

MILLER J.L. (1980). The effect of speaking rate on segmental distinctions : Acoustic variation and perceptual compensation. In P.D. EIMAS, J.L. MILLER (Eds.), *Perspectives on the study of speech.* Hillsdale (N.J.) : Lawrence Erlbaum Ass.

MILLER G.A., GALANTER E., PRIBRAM K.H. (1960). *Plans and the structure of behavior.* New York (N.Y.) : Holt.

MILLS J.H., GILBERT R.M., ADKINS W.Y. (1979). Temporary threshold shifts in human exposed to octave bands of noise for 16 to 24 hours. *Journal of Acoustical Society of America, 65,* 1238-1248.

MOLL L., KUYPERS H.G.J.M. (1977). Premotor cortical ablations in monkeys : contralateral changes in visually reaching behavior. *Science, 198,* 317-319.

* MOORE B.C.J. (1982). *An Introduction to the Psychology of Hearing,* 2e édition. Londres : Academic Press.

MOORE B.C.J., GLASBERG B.R. (1983). Suggested formulae for calculating auditory-filter bandwidths and excitation patterns. *Journal of Acoustical Society of America, 74,* 750-753.

MORAIS J. (1982). The two sides of cognition. In J. MEHLER, E.C.T. WALKER, M. GARRETT (Eds.), *Perspectives in Mental Representation.* Hillsdale (N.J.) : Lawrence Erlbaum Ass.

MORASSO P. (1981). Spatial control of arm movements. *Experimental Brain Research, 42,* 223-227.

MORGAN M.J. (1984). Computational theories of vision. *Quarterly Journal of experimental Psychology, 36A,* 157-165.

MORTON J. (1969). The interaction of information in word recognition. *Psychological Review, 76,* 165-178.

MOUNOUD P. (1983). L'évolution des

conduites de préhension comme illustration d'un modèle de développement. In S. DE SCHONEN (Ed.), *Les débuts du développement.* Paris : Presses Universitaires de France.

MOUNOUD P. (1987). L'utilisation du milieu et du corps propre par le bébé. In J. PIAGET, P. MOUNOUD, J.-P. BRONCKART (Eds.), *Psychologie,* Paris : Gallimard, Encyclopédie de la Pléiade, pp. 563-605.

MURPHY G.L., SMITH E.E. (1982). Basic level superiority in picture categorization. *Journal of Verbal Learning and Verbal Behavior, 21,* 1-20.

NAVON D. (1977). Forest before trees : The precedence of global features in visual perception. *Cognitive Psychology, 9,* 353-383.

NEISSER U. (1967). *Cognitive Psychology.* New York (N.Y.) : Appleton-Century-Crofts.

NEWELL K.M., WALTER C.B. (1981). Kinematic and kinetic parameters as information feedback in motor skill acquisition. *Journal of Human Movement Studies, 7,* 235-254.

NOOTEBOOM S.G. (1981). Lexical retrieval from fragments of spoken words : beginnings versus endings. *Journal of Phonetics, 9,* 407-424.

OGLE K.N. (1950). *Researches in binocular vision.* Philadelphie : Saunders.

OLZAK L.A., THOMAS J.-P. (1986). Seeing spatial patterns. In K.R. BOFF, L. KAUFMAN, J.-P. THOMAS (Eds.), Vol. I, pp. 7.1-7.56.

ORBAN G.A., KENNEDY H. (1981). The influence of eccentricity on receptive field types and orientation selectivity in area 17 and 18 of the cat. *Brain Research, 208,* 203-208.

O'REGAN J.K., LEVY-SCHOEN A. (1987). Eye-movement strategy and tactics in word recognition and reading. In M. COLTHEART (Ed.), *The psychology of reading. Attention and Performance XII.* Hillsdale (N.J.) : Lawrence Erlbaum Ass., pp. 363-384.

OWSLEY C.J., SEKULER R., SIEMSEN D. (1983). Contrast sensitivity throught adulthood. *Vision Research, 23,* 689-699.

PAILHOUS J. (1987). Les fonctions d'organisation des conduites et des données. In J. PIAGET, P. MOUNOUD, J.P. BRONCKART (Eds.), *Psychologie.* Paris : Gallimard, Encylopédie de la Pléiade, pp. 902-932.

PAILHOUS J., CLARAC F. (1984). Approche comportementale de la locomotion : éléments d'analyse chez l'homme et chez l'animal. In J. PAILLARD (Ed.), *Comportements, I.* Éditions du C.N.R.S., pp. 135-157.

PAILHOUS J., LEPECQ J.C., PERUCH P. (1987). Human spatial reference systems. In P. ELLEN, C. THINUS-BLANC (Eds.), *Cognitive processes and spatial orientation in animal and man.* Dordrecht : Martinus Nijhoff Publishers BV., *2,* pp. 233-249.

PAILHOUS J., MESTRE D. (1989). Interprétation spatiale des réafférences visuelles du mouvement. In J.P. CAVERNI, C. BASTIEN, P. MENDELSON, G. TIBERGHIEN (Eds.), *Psychologie cognitive : modèles et méthodes.* Grenoble : Presses Universitaires de Grenoble, pp. 111-123.

PAILLARD J. (1960). The patterning of skilled movements. In : *Handbook of Physiology, sect. I : Neurophysiology,* vol. III. Washington DC. : American Physiological Society, *67,* pp. 1679-1708. Trad. française in J. PAILLARD (Ed.), *Itinéraire pour une psychophysiologie de l'action.* Éditions Actio, 1986.

PAILLARD J. (1974). Le traitement des informations spatiales. In : *De l'espace corporel à l'espace écologique.* Symposium de l'Association de Psychologie de Langue Française, Bruxelles, 1972. Paris : Presses Universitaires de France.

PAILLARD J. (1976). Tonus, posture et mouvement. In C. KAYSER (Ed.), *Traité de physiologie,* tome III. Paris : Flammarion, pp. 521-728.

PAILLARD J. (1982). Le corps et ses langages d'espace. Nouvelles contributions psychologiques à l'étude du schéma corporel. In E. JEDDI (Ed.), *Le corps en psychiatrie.* Paris : Masson, pp. 53-69.

PAILLARD J. (1982). Le pilotage du moteur musculaire. In G. AZÉMAR,

H. RIPOLL (Eds.), *Éléments de neurobiologie des comportements moteurs.* Paris : Publications de l'INSEP.

PAILLARD J. (1985). Les niveaux sensorimoteur et cognitif du contrôle de l'action. In M. LAURENT, P. THERME (Eds.), *Recherches en A.P.S.I.* Marseille : Publication du centre de recherche de l'U.E.R.E.P.S., pp. 147-163.

PAILLARD J., BEAUBATON D. (1978). De la coordination visuomotrice à l'organisation de la saisie manuelle. In H. HÉCAEN, M. JEANNEROD (Eds.), *Du contrôle moteur à l'organisation du geste.* Paris : Masson.

PALMER S.E., ROSCH E., CHASE P. (1981). Canonical perspective and the perception of objects. In J. LONG, A. BRADDELEY (Eds.), *Attention and Performance IX.* Hillsdale (N.J.) : Lawrence Erlbaum Ass., pp. 135-152.

PARKER D. (1980). Oreille interne et équilibre. *Pour la Science, 39,* 62-74.

PARKS T.E. (1985). Apparent depth and texture differences in illusory figure patterns : A paradox resolved. *Perception & Psychophysics, 37,* 568-570.

PATTERSON R.D., NIMMO-SMITH I., WEBER D.L., MILROY R. (1982). The deterioration of hearing with age : Frequency selectivity, the critical ratio, the audiogram, and speech threshold. *Journal of Acoustical Society of America, 72,* 1788-1803.

PAVARD B., BERTHOZ A. (1976). Perception du mouvement et orientation spatiale. *Le Travail Humain, 39,* 207-226.

PAVLOV I.P. (1927). *Conditioned reflexes : an investigation of physiological activity of the central cortex.* London : Oxford.

PELLIONICZ A., LLINAS R. (1980). Tensorial approach to the geometry of brain function : cerebellar coordination via metric tensor. *Neurosciences, 7,* 2949-2970.

PENFIELD W., RASMUSSEN T. (1968). *Cerebral cortex of man : a clinical study of localization of function.* New York (N.Y.) : MacMillan Company.

PETRY S., MEYER G.E. (Eds.) (1987). *The perception of Illusory Contours.* New York (N.Y.) : Springer-Verlag.

PIAGET J. (1936). *La naissance de l'intelligence chez l'enfant.* Neuchâtel, Paris : Delachaux et Niestlé.

PIAGET J. (1961). *Les mécanismes perceptifs.* Paris : Presses Universitaires de France.

PICKLES J.O. (1986). The Neurophysiological basis of frequency selectivity. In B.C.J. MOORE (Ed.), *Frequency Selectivity in Hearing.* Londres : Academic Press, pp. 51-112.

PINKER S. (1984). Visual cognition : An introduction. *Cognition, 18,* 1-63.

PIRENNE M.H. (1970). *Optics, painting and photography.* Cambridge (MA.) : Cambridge University Press.

PISONI D.B. (1971). On the nature of categorical perception of speech sounds. *Supplement to status report on speech research.* New Haven (CT.) : Haskins Laboratories.

PISONI D.B. (1975). Auditory short-term and vowel perception. *Memory and Cognition, 3,* 7-18.

PISONI D.B., NUSBAUM H.C., LUCE P.A., SLOWIACZEK L.M. (1985). Speech perception, word recognition and the structure of the lexicon. *Speech Communication, 4,* 75-95.

PLOMP R. (1970). Timbre as a multidimensional attribute of complex tones. In R. PLOMP, G.F. SMOORENBURG (Eds.), *Frequency Analysis and Periodicity Detection in Hearing.* Leiden : Sijthoff, pp. 397-414.

** PLOMP R. (1976). *Aspects of tone sensation. A psychophysical study.* Londres : Academic Press.

POGGIO T. (1984). Vision humaine et vision par ordinateur. In C. BONNET (Ed.), pp. 144-154.

POMERANTZ J.R. (1981). Perceptual organization in information processing. In M. KUBOVY, J.R. POMERANTZ (Eds.), pp. 141-180.

POMERANTZ J.R., GARNER W.R. (1973. Stimulus configurations in selective attention tasks. *Perception & Psychophysics, 14,* 565-569.

POMERANTZ J.R., KUBOVY M. (1981). Perceptual organization : An overview.

In M. Kubovy, J.R. Pomerantz (Eds.), pp. 423-456.

Pomerantz J.R., Kubovy M. (1986). Theoretical approaches to perceptual organization : Simplicity and likelihood principles. In K.R. Boff, L. Kaufman, J.-P. Thomas (Eds.), pp. 36.1-36.46.

Posner M.I., Keele S.W. (1968). On the genesis of abstract ideas. *Journal of experimental Psychology, 77,* 353-363.

Poulton E.C. (1957). On prediction in skilled movements. *Psychological Bulletin, 54,* 467-478.

Prinzmetal W., Banks W.P. (1977). Good continuation affects visual detection. *Perception & Psychophysics, 21,* 389-395.

Puel J.L., Bonfils P., Pujol R. (1988). Selective attention modifies the active micromechanical properties of the cochlea. *Brain Research, 447,* 380-383.

** Pujol R. (à paraître). Anatomie fonctionnelle de la cochlée. In *Archives Internationales de Physiologie et de Biochimie.*

Pylyshyn Z.W. (1981). The imagery debate : Analogue media versus tacit knowledge. *Psychological Review, 88,* 16-45.

Raibert M.H. (1977). Motor control and learning by the state space model. Unpublished doctoral dissertation. Cambridge (MA.) : MIT Press.

Ransom-Hogg A., Spillmann L. (1980). Perceptive field size in fovea and periphery of the light – and dark – adapted retina. *Vision Research, 20,* 221-228.

Rawlings E.I., Rawlings I.L., Chen C.S., Yilk M.D. (1972). The facilitating effects of mental rehearsal in the acquisition of rotary pursuit tracking. *Psychonomic Science, 26,* 71-73.

Redies C., Crook J.M., Creutzfeldt O.D. (1986). Neuronal responses to borders with and without luminance gradients in cat visual cortex and dorsal lateral geniculate nucleus. *Experimental Brain Research, 61,* 469-481.

Reed S.K. (1973). *Psychological processes in pattern recognition.* New York (N.Y.) : Academic Press.

Regan D. (1982). Visual information channeling in normal and disordered vision. *Psychological Review, 89,* 407-444.

Regan D., Kaufman L., Lincoln J. (1986). Motion in depth and visual acceleration. In K.R. Boff, L. Kaufman, J.-P. Thomas (Eds.), pp. 19.1-19.46.

Rey A. (1948). L'évolution du comportement interne dans la représentation du mouvement. *Archives de Psychologie.*

Rhodes G. (1985). Lateralized processes in face recognition. *British Journal of Psychology, 76,* 249-271.

Riddoch M.J., Humphreys G.W. (1987). Picture naming. In G.W. Hum preys, M.J. Riddoch (Eds.), pp. 107-144.

Risset J.-C. (1971). Paradoxes de hauteur : le concept de hauteur sonore n'est pas le même pour tout le monde. *Proceeding of 7th International Congress on Acoustics.* Budapest, 20S10.

Ritsma R.J. (1967). Frequencies dominant in the perception of the pitch of complex sounds. *Journal of Acoustical Society of America, 42,* 191-198.

* Robinson J.O. (1972). *The psychology of visual illusion.* Londres : Hutchinson & Co.

Robson J.G. (1975). Receptive fields : Spatial and intensive representations of the visual image. In E.C. Carterette, M.P. Friedman (Eds.), pp. 82-116.

Rochat P. (1987). Le concept d'affordance et les connaissances du nourrisson. *Psychologie Française, 32,* 97-104.

Rock I. (1975). *An introduction to Perception.* New York (N.Y.) : Macmillan.

Rock I. (1986). The description and analysis of object and event perception. In K.R. Boff, L. Kaufman, J.-P. Thomas (Eds.), pp. 33. 1-33.71.

Rodieck R.W. (1965). Quantitative analysis of cat retinal ganglion cell response to visual stimuli. *Vision Research, 5,* 583-601.

ROLL J.P. (1981). Contribution de la proprioception musculaire à la perception et au contrôle du mouvement chez l'homme. Thèse de Doctorat ès Sciences de l'Université d'Aix-Marseille I.

ROLL J.P. (1987). Fonctions de prise d'information et d'exploration. In J. PIAGET, P. MOUNOUD, J.-P. BRONCKART (Eds.), *Psychologie.* Paris : Gallimard, Encyclopédie de la Pléiade, pp. 1476-1536.

ROLL J.P., VEDEL J.P., GILHODES J.C., RIBOT E. (1986). Proprioceptive sensory coding of motor activities in man. In S. RON, R. SCHMID, M. JEANNEROD (Eds.), *Sensorimotor plasticities.* Paris : INSERM, pp. 283-304.

ROLLS E.T. (1984). Neurons in the cortex of the temporal lobe and in the amygdala of the monkey with responses selective for faces. *Human Neurobiology, 3,* 209-222.

ROSCH E. (1975). Cognitive representation of semantic categories. *Journal of experimental Psychology : General, 104,* 192-233.

ROSCH E. (1976). Classification d'objet du monde réel : origines et représentations dans la cognition. In S. EHRLICH, E. TULVING (Eds.), *Bulletin de psychologie. La Mémoire sémantique. 00,* 242-250.

ROSENBAUM D.A. (1980). Human movement initiation : specification of arm, direction, and extent. *Journal of Experimental Psychology : General, 109,* 444-476.

ROSENBAUM D.A. (1983). The movement of precuing technique : assumptions, applications, and extensions. In R.A. MAGILL (Ed.), *Memory and control of action. Advances in psychology, 12.* Amsterdam : North-Holland Publishing Company.

ROVAMO J., VIRSU V. (1979). An estimation and application of the human magnification factor. *Experimental Brain Research, 37,* 495-510.

RUBIN E. (1921). *Visuell Wahrgenommene Figuren.* Copenhague : Glydendalske.

RUMELHART D.E., MCCLELLAND J.L. (1986). *Parallel distributed Processing.* Cambridge (MA.) : MIT Press.

SACHS M.B., YOUNG E.D. (1979). Encoding of steady-state vowels in the auditory nerve : representation in terms of discharge rate. *Journal of Acoustical Society of America, 66,* 470-479.

SACKETT R.S. (1934). The influence of symbolic rehearsal upon the retention of a maze habit. *Journal of General Psychology, 10,* 376-395.

SAMUEL A.G. (1981). The role of bottom-up confirmation in the phonemic restoration illusion. *Journal of Experimental Psychology : Human Perception and Performance, 7,* 1124-1131.

SAMUEL A.G., RESSLER W.H. (1986). Attention within auditory word perception : Insights from the phonemic restauration illusions. *Journal of Experimental Psychology : Human Perception and Performance, 12,* 70-79.

SAVOYANT A. (1988). Mental Practice : image and mental rehearsal of motor action. In M. DENIS, J. ENGELKAMP, J.T.E. RICHARDSON (Eds.), *Cognitive and neurophysiological approaches to mental imagery.* Dordrecht : Martinus Nijhoff Publishers BV.

** SCHARF B. (1970). Critical bands. In J.V. TOBIAS (Ed.), *Foundations of Modern Auditory Theory.* New York (N.Y.) : Academic Press, *1,* pp. 157-202.

** SCHARF B. (1978). Loudness. In E.C. CARTERETTE, M.P. FRIEDMAN (Eds.), *Handbook of Perception.* New York (N.Y.) : Academic Press, *4,* pp. 187-242.

** SCHARF B. (1983). Loudness adaptation. In J.V. TOBIAS, E.D. SCHUBERT (Eds.), *Hearing Research and Theory.* New York (N.Y.) : Academic Press, *2,* pp. 1-56.

** SCHARF B., BUUS S. (1986). Audition I. Stimulus, physiology, thresholds. In K.R. BOFF, L. KAUFMAN, J.-P. THOMAS (Eds.), pp. 14.1-14.71.

** SCHARF B., HOUTSMA A.J. (1986). Audition II. Loudness, pitch, localization, aural distorsion, pathology. In

K.R. BOFF, L. KAUFMANN, J.-P. THOMAS (Eds.), pp. 15.1-15.60.

SCHARF B., QUIGLEY S., AOKI C., PEACHEY N., REEVES A. (1987). Focused auditory attention and frequency selectivity. *Perception & Psychophysics, 42,* 215-223.

SCHMIDT R.A. (1975). A schema theory of discrete motor skill learning. *Psychological Review, 82,* 225-260.

SCHMIDT R.A. (1982). *Motor control and learning. A behavioral emphasis.* Champaign (Ill.) : Human Kinetics Publishers.

SCHMIDT R.A., ZELAZNIK H., HAWKINS B., FRANK J.S., QUINN J.J. (1979). Motor output variability : a theory for the accuracy of rapid motor acts. *Psychological Review, 86,* 415-451.

SCHOUTEN J.F. (1940). The residue and the mechanism of hearing. *Proceedings of the Koninklijke Nederlandse Akademie van Wetenschappen, 43,* 991-999.

SCHOUTEN J.F., RITSMA R.J., CARDOZO B.L. (1962). Pitch of the residue. *Journal of Acoustical Society of America, 34,* 1418-1424.

SCHUMANN F. (1904). Einige Beobachtungen Über die Zusammenfassung von Geseindruckern zu Binheiten. *Psychologische Studien, 1,* 1-32.

SCHWAB E.C., NUSBAUM H.C. (Eds.) (1986). *Pattern recognition by human and machines,* Vol. 2 *Visual Perception.* New York (N.Y.) : Academic Press.

SEASHORE C.E. (1938). *Psychology of Music.* New York (N.Y.) : McGraw Hill.

SEDGWICK H.A. (1986). Space perception. In K.R. BOFF, L. KAUFMAN, J.-P. THOMAS (Eds.), pp. 21.1-21-57.

SEGUI J. (1984). The syllabe : a basic perceptual unit in speech perception? In H. BOUMA, D.G. BOUWHUIS (Eds.), *Attention and Performance X, Control of Language Processes.* Hillsdale (N.J.) : Lawrence Erlbaum Ass., pp. 165-181.

SEGUI J. (1986). The role of context in language processing : when and how? In G. TIBERGHIEN (Ed.), Context and Cognition, numéro spécial de *Cahiers de Psychologie Cognitive, 6,* 175-186.

SEGUI J. (sous presse). L'accès au lexique : théories et données. In CALLIOPE (Ed.), *La parole et son traitement automatique,* Coll. Technique et Scientifique, C.N.E.T./E.N.S.T. Paris : Masson.

SEGUI J., BEAUVILLAIN C. (1988). Modularité et automaticité dans le traitement du langage : L'exemple du lexique. In P. PERRUCHET (Ed.), *Les automatismes cognitifs.* Bruxelle : Mardaga, pp. 13-25.

SEGUI J., FRAUENFELDER U., MEHLER J. (1981). Phoneme monitoring, syllable monitoring and lexical access. *British Journal of Psychology, 72,* 471-477.

SEGUI J., FRAUENFELDER U.H. (1986). The effects of lexical constraints upon speech perception. In F. KLIK, H. HAGENDORF (Eds.), *Human Memory and Cognitive Capabilities : Symposium in Memorian Hermann Ebbingaus.* Amsterdam : North-Holland Publishing Company, pp. 795-808.

SEKULER R. (1975). Visual motion perception. In E.C. CARTERETTE, M.P. FRIEDMAN (Eds.), pp. 387-430.

SELKIRK E. (1984). On the major class features and syllable theory. In M. ARONOFF (Ed.), *Language sound structure.* Cambridge (MA.) : MIT Press.

SERON X., FEYEREISSEN P. (1987). La désorganisation du geste dans l'apraxie. In J. PIAGET, P. MOUNOUD, J.P. BRONCKART (Eds.), *Psychologie.* Paris : Gallimard, Encyclopédie de la Pléiade, pp. 1277-1318.

SHAMMA S.A. (1985). Speech processing in the auditory system II. Lateral inhibition and the central processing of speech evoked activity in the auditory nerve. *Journal of Acoustical Society of America, 78,* 1622-1632.

SHAPLEY R., LENNIE P. (1985). Spatial frequency analysis in the visual system. *Annual review of Neurosciences, 8,* 547-583.

SHAPIRO D.C., ZERNICKE R.T., GREGOR R.J., DIESTEL J.D. (1981). Evidence for generalized motor programs using gait pattern analysis. *Journal of Motor Behavior, 13,* 33-47.

SHERRINGTON C.S. (1906). *The integrative action of the nervous system.* New Haven : Yale University Press.

SIGNORET J., NORTH P. (1979). Les apraxies gestuelles. In *Rapport de Neurologie.* Paris : Masson.

SIMONET P. (1985). *Apprentissages moteurs. Processus et procédés d'acquisition.* Paris : Édition Vigot. Collection Sport et Enseignement.

** SLOBODA J.A. (1985). *The musical mind.* Oxford : Clarendon Press.

SPILLMANN L., FULD K., GERRITS H.J.M. (1976). Brightness contrast in the Ehrenstein illusion. *Visual Research, 16,* 713-719.

SPILLMANN L., WOOTEN B.R. (Eds.) (1984). *Sensory experience, adaptation and perception.* Hillsdale (N.J.) : Lawrence Erlbaum Ass.

* SPOEHR K.T., LEHMKUHLE S.W. (1982). *Visual information Processing.* New York (N.Y.) : W.H. Freeman and Co.

SPOHER K.T. (1981). Word recognition in speech and reading : Toward a single theory of language processing. In P.E. EIMAS, J.L. MILLER (Eds.), *Perspectives in the study of speech.* Hillsdale (N.J.) : Lawrence Erlbaum Ass., pp. 239-282.

STARK L., OBRECHT G. (1987). *Presbyopia.* New York (N.Y.) : Professional Press-book, Fairchild Publication.

STEIN R.B. (1982). What muscle variable(s) does the nervous system control in limb movements? Target paper with peer commentaries. *Behavioral and Brain sciences, 5,* 535-570.

STELMACH G.E., DIGGLES V.A. (1982). Control theories in motor behavior. *Acta Psychologica, 50,* 83-105.

STELMACH G.E., GOGGIN N.L., GARCIA-COLERA A. (1987). Movement specification time with age. *Experimental Aging Research, 13,* 39-46.

STEVENS K.N., BLUMSTEIN S.E. (1978). Invariant cues for place of articulation in stop consonants. *Journal of Acoustical Society of America, 64,* 1358-1368.

STEVENS K.N., BLUMSTEIN S.E. (1981). The search for invariant acoustic correlates of phonetic features. In P.D. EIMAS, J. MILLER (Eds.), *Perspectives in the study of speech.* Hillsdale (N.J.) : Lawrence Erlbaum Ass.

STEVENS S.S. (1955). The measurement of loudness. *Journal of Acoustical Society of America, 27,* 815-829.

STEVENS S.S., VOLKMAN J. (1940). The relation of pitch to frequency : a revised scale. *American Journal of Psychology, 53,* 329-353.

STUDDERT-KENNEDY M. (1976). Speech Perception. In N.J. LASS (Ed.), *Contemporary issues in experimental phonetics.* New York (N.Y.) : Academic Press.

STUDDERT-KENNEDY M. (1982). A note on the biology of speech perception. In J. MEHLER, E.C.T. WALKER, M. GARRETT (Eds.), *Perspectives on Mental Representation.* Hillsdale (N.J.) : Lawrence Erlbaum Ass.

SUTHERLAND N.S. (1973). Object recognition. In E.C. CARTERETTE, M.P. FRIEDMAN (Eds.), *Biology of Perceptual Systems,* Vol. III. New York (N.Y.) : Academic Press, pp. 157-185.

SWINNEY D. (1982). Lexical processing during sentence comprehension : Effects of higher order constraints and implications for representation. In T. MYERS, J. LAVER, J. ANDERSON (Eds.), *The Cognitive Representation of Speech.* Amsterdam : North-Holland Publishing Company.

TAUB E. (1976). Motor behavior following deafferentation in the developping and motorically mature monkey. In R.M. HERMAN, S. GRILLNER, P.S. STEIN, D.G. STUART (Eds.), *Neural control of locomotion.* New York (N.Y.) : Plenum Press.

TAUB E., BERMAN A.J. (1968). Movement and learning in the absence of sensory feedback. In S.J. FREEDMAN (Ed.), *The neuropsychology of spatially oriented behavior.* Homewood : Dorsey Press.

TERHARDT E. (1974). Pitch, consonance

and harmony. *Journal of Acoustical Society of America, 55,* 1061-1069.

THELEN E. (1983). Learning to walk is still an old problem: a reply to Zelazo. *Journal of Motor Behavior, 15,* 139-161.

THOMAS J.-P., SHIMAMURA K.K. (1975). Inhibitory interaction between visual pathways tuned to different orientations. *Vision Research, 15,* 1375-1380.

THOMASSEN A.J.W.M., KEUSS P.J.G., VAN GALEN G.P. (1983). Motor aspects of handwriting. *Acta Psychologica, 54,* 1-354.

TIBERGHIEN G. (1988). Perception et mémoire des visages. *Intellectica, 5,* 89-111.

TREIMAN R. (1983). Word games and syllable structure. *Cognition, 15,* 79-84.

TREISMAN A. (1986). Properties, parts and objects. In K. BOFF, L. KAUFMAN, J. THOMAS (Eds.), pp. 35.1-35.70.

TREISMAN A., GELADE G. (1980). A feature integration theory of attention. *Cognitive Psychology, 12,* 97-136.

TREISMAN A., GORMICAN S. (1988). Feature analysis in early vision: Evidence for search asymmetries. *Psychological Review, 95,* 15-48.

TREVARTHEN C., HUBLEY P., SHEERAN L. (1975). Les activités du nourrisson. *La Recherche, 56,* 447-458.

TULLER B., FITCH H.L., TURVEY M.T. (1982). The Bernstein perspective: II. The concept of muscle linkage or coordinative structure. In J.A.S. KELSO (Ed.), *Human motor behavior: an introduction.* Hillsdale (N.J.): Lawrence Erlbaum Ass., pp. 253-271.

TURVEY M.T. (1977). Preliminaries to a theory of action with reference to vision. In R. SHAW, J. BRANSFORD (Eds.), *Perceiving, acting and knowing: toward an ecological psychology.* Hillsdale, (N.J.): Lawrence Erlbaum Ass.

TURVEY M.T., FITCH H.L., TULLER B. (1982). The Bernstein perspective. I. The problems of degrees of freedom and context-conditioned variability. In J.A.S. KELSO (Ed.), *Human motor behavior: an introduction.* Hillsdale (N.J.): Lawrence Erlbaum Ass., pp. 238-252.

TVERSKY A. (1977). Features of similarity. *Psychological Review, 84,* 327-352.

TWITCHELL T.E. (1970). Reflex mechanisms and the development of prehension. In K. CONNOLLY (Ed.), *Mechanisms of motor skill development.* New York (N.Y.): Academic Press.

TYLER C.W., NAKAYAMA K. (1984). Size interactions in the perception of orientation. In L. SPILLMANN, B.R. WOOTEN (Eds.).

TYLER L.K. (1984). The structure of the initial cohort: evidence from gating. *Perception & Psychophysics, 26,* 417-427.

TYLER L.K., FRAUENFELDER U.H. (1987). Editors, Spoken Word Recognition. *Cognition, 25,* 1-2.

TYLER L.K., MARSLEN-WILSON W.D. (1982). Conjectures and refutations: A reply to Norris. *Cognition, 11,* 103-107.

TYLER L.K., WARREN P. (1987). Local and Global Structure in Spoken Language Comprehension. *Journal of Memory and Language, 26,* 638-657.

TYLER R.S. (1986). Frequency resolution in hearing-impaired listeners. In B.C.J. MOORE (Ed.), *Frequency Selectivity in Hearing.* Londres: Academic Press, pp. 309-371.

ULLMAN S. (1984). Visual routines. *Cognition, 18,* 97-159.

UTTAL W.R. (1981). *A taxonomy of visual processes.* Hillsdale (N.J.): Lawrence Erlbaum Ass.

VAN NOORDEN L.P.A.S. (1977). Minimum differences of level and frequency for perceptual fission of tone sequences ABAB. *Journal of Acoustical Society of America, 61,* 1041-1045.

VAN NOORDEN L.P.A.S. (1982). Two channel pitch perception. In M. CLYNES (Ed.), *Music, Mind and Brain.* New York (N.Y.): Plenum Press, pp. 251-269.

VELAY J.L., BEAUBATON D. (1986). Influence of visual context on pointing movement accuracy. *Cahiers de Psychologie Cognitive, European Bul-*

letin of Cognitive Psychology, 6, 447-456.

VIALA D. (1985). Mécanismes de la locomotion chez les mammifères. *Journal de Physiologie, 80,* 141-155.

VIEMEISTER N.F. (1988). Intensity coding and the dynamic range problem. *Hearing Research, 34,* 267-274.

VINTER A. (1985). *L'imitation chez le nouveau-né.* Paris et Neuchâtel : Delachaux et Niestlé.

VIVIANI P., TERZUOLO C.A. (1980). Space-time invariance in learned motor skills. In G.E. STELMACH, J. REQUIN (Eds.), *Tutorials in motor behavior.* Amsterdam : North-Holland Publishing Company, pp. 525-533.

VIVIANI P. (1981). Les lois d'organisation motrice dans l'écriture. *Courrier du C.N.R.S., 39,* 62-76.

** VON BEKESY G. (1960). *Experiments in hearing.* New York (N.Y.): McGraw Hill.

VON BISMARK (1974). Timbre of steady sounds : A factorial investigation of its verbal attributes. *Acustica, 30,* 146-159.

VON DER HEYDT R., PETERHANS E., BAUMGARTNER G. (1984). Illusory contours and cortical neuron responses. *Science, 224,* 1260-1261.

VON HOFSTEN C. (1987). Catching. In H. HEUER, A.F. SANDERS (Eds.), *Perspective on perception and action.* Hillsdale (N.J.): Lawrence Erlbaum Ass., pp. 33-47.

VON HOFSTEN C., LINDHAGEN K. (1979). Observations on the development of reaching for moving objects. *Journal of Experimental Child Psychology, 28,* 158-173.

VOORHEES H., POGGIO T. (1988). Computing texture boundaries from images. *Nature, 333,* 364-367.

VURPILLOT E., BULLINGER A. (1983). Y a-t-il des âges clés dans la première année de la vie de l'enfant? In S. DE SCHONEN (Ed.), *Les débuts du développement.* Paris: Presses Universitaires de France.

WALLON H. (1959). Importance du mouvement dans le développement psychologique de l'enfant. *Enfance, 12,* 235-239.

WALLON H. (1986). *H. Wallon: écrits fondamentaux. Enfance.* 7e édition. Paris: Presses Universitaires de France.

WARD D.W. (1973). Adaptation and fatigue. In J. JERGER (Ed.), *Modern Developments in Audiology.* New York (N.Y.) : Academic Press, pp. 301-344.

WARREN C.E.J., MORTON J. (1982). The effect of priming in picture recognition. *British Journal of Psychology, 73,* 117-130.

WARREN R. (1970). Perceptual restoration of missing speech sounds. *Science, 167,* 392-393.

WARREN P., MARSLEN-WILSON W.D. (1987). Continuous uptake of acoustic cues in spoken word recognition. *Perception & Psychophysics, 41,* 262-275.

WARREN W.H., WHANG S. (1987). Visual guidance of walking through apertures: body scaled information for affordances. *Journal of Experimental Psychology, 13,* 371-383.

WATSON A.B. (1986). Temporal sensitivity. In K.R. BOFF, L. KAUFMAN, J.-P. THOMAS (Eds.), pp. 6.1.-6.43.

WEISSTEIN N., HARRIS C.S. (1974). Visual detection of line segments: An object superiority effect. *Science, 186,* 752-755.

WEISSTEIN N., WONG E. (1986). Figure-Ground organization and the spatial and temporal responses of the visual system. In E.C. SCHWAB, H.C. NUSBAUM (Eds.), pp. 31-64.

WELFORD A.T. (1964). *Vieillissement et aptitudes humaines.* Paris: Presses Universitaires de France.

WERTHEIMER M. (1923). Untersuchungen zur Lehre von der Gestalt, II. *Psychologische Forschung, 4,* 301-350.

WESTHEIMER G. (1986). The eye as an optical instrument. In K.R. BOFF, L. KAUFMAN, J.-P. THOMAS (Eds.), Vol. I. pp. 4.1-4.20.

WILLIAMS A., WEISTEIN N. (1978). Line segments are perceived better in a coherent context than alone: an object-line effect. *Memory and Cognition, 6,* 90.

WILLIAMS M.C., WEISTEIN N. (1984). The effect of perceived depth and connectedness on metacontrast functions. *Vision Research, 24,* 1279-1288.

WILSON H.R., BERGEN J.R. (1979). A four mechanism model for threshold spatial vision. *Vision Research, 19,* 19-32.

WISHART J.G., BOWER T.G.R., DUNKELD J. (1978). Reaching in the dark. *Perception, 7,* 507-512.

YAKOLEV P.I., LECOURS A.R. (1967). The myelogenetic cycles of regional maturation of the brain. In A. MINKOVSKI (Ed.), *Regional development of the brain in early life.* Oxford : Blackwell.

* YOST W.A., NIELSEN D.W. (1985). *Fundamentals of Hearing.* 2e édition, In New York (N.Y.) : Holt, Rinehart, Winston.

YOUNG A.W., HAY D.C., ELLIS A.W. (1985). The faces that launched a thousand slips : Everyday difficulties and errors in recognizing people. *British Journal of Psychology, 76,* 495-523.

ZANONE P.G., HAUERT C.A. (1987). For a cognitive conception of motor processes : a provocative standpoint. Target paper with peer commentaries. *Cahier de Psychologie Cognitive : European Bulletin of Cognitive Psychology, 7,* 107-222.

ZELAZO P.R. (1983). The development of walking : new findings and old assumptions. *Journal of Motor Behavior, 15,* 99-137.

ZUCKER S.W., DAVIS S. (1988). Points and endpoints : A size/spacing constraint for dot grouping. *Perception, 17,* 229-247.

ZUE V.W. (1986). Models of Speech Recognition III : The Role of Analysis by Synthesis in Phonetic Recognition. In P. MERMELSTEIN (Ed.), *Proceedings Montreal Satellite Symposium of Speech Recognition, XII International Congress on Acoustics,* pp. 68-69.

ZUSNE L. (1970). *Visual perception of form.* New York (N.Y.) : Academic Press.

ZWICKER E. (1974). On a psychoacoustical equivalent of tuning curves. In E. ZWICKER, E. TERHARDT (Eds.), *Facts and Models in Hearing.* Berlin : Springer-Verlag, pp. 132-141.

** ZWICKER E., FELDTKELLER R. (1981). *Psychoacoustique. L'oreille récepteur d'information* (Trad. française par C. Sorin de « Ohr als Nachrichtenempfänger », Stuttgart; Hirzel Verlag, 1967). Paris : Masson.

ZWICKER E., SCHARF B. (1965). A model of loudness summation. *Psychological Review, 72,* 3-26.

** ZWISLOCKI J.J. (1978). Masking : experimental and theoretical aspects of simultaneous, forward, backward, and central masking. In E.C. CARTERETTE, M.P. FRIEDMAN (Eds.), *Handbook of Perception,* vol. IV, E. New York (N.Y.) : Academic Press, pp. 283-336.

INDEX

T

V

Z

TABLE DES MATIÈRES

2. L'AUDITION : SYSTÈME AUDITIF, PERCEPTIONS ET ORGANISATION PERCEPTIVE ÉLÉMENTAIRES, *par Marie-Claire Botte*

3. PROGRAMMATION ET CONTRÔLE DU MOUVEMENT, *par J. Pailhous et M. Bonnard*

4. LA PERCEPTION DU LANGAGE PARLÉ, *par Juan Segui*

Aubin Imprimeur
LIGUGÉ, POITIERS

Dépôt légal : octobre 1989
N° d'impression : L 33277
Imprimé en France